解雇の研究

規制緩和と解雇法理の批判的考察

高橋賢司 著

III. Zivilsenat. Urt. v. 29. November 1911 i. S. B. (Bekl.) w. Krankenkassenverband des Aufsichtsbezirks Stadt Cöln (Kl.). Rep. III. 24/11.

　I. Landgericht Cöln.
　II. Oberlandesgericht daselbst.

　Der klagende Verband verfolgt nach § 2 seiner Satzungen u. a. den Zweck der „Abschließung gemeinsamer Verträge mit Ärzten"; jedoch bedarf deren Abschluß „der übereinstimmenden Beschlüsse der Generalversammlungen sämtlicher beteiligter Krankenkassen". Nach § 12 der Satzungen wird der Verband in vermögensrechtlichen Sachen durch den Vorstand vertreten, der nach § 6 aus 12 Personen besteht und zu dessen Beschlußfähigkeit die Anwesenheit von 5 Mitgliedern erforderlich ist.

法律文化社

目　次

序　章 ———————————————————————————————— 1
　1　解雇規制について何が問われるべきなのか　　1
　2　研究のアプローチと対象　　7

第Ⅰ部　ドイツ法における解雇制限法理

第1章　ドイツにおける解雇制限法と解雇法理の発展過程 ———————— 15
　1　ワイマール期以前の解雇法理　　15
　2　ワイマール期における事業所協議会法の成立と展開　　16
　3　国家社会主義時代における判例の発展と集団的労働法制の衰退　　28
　4　1951年解雇制限法の誕生とその後の判例法理の形成　　32
　5　ドイツにおける解雇規制の緩和とその検証　　40
　6　小　括　　51

第2章　解雇制限の目的（保護の目的）———————————————— 62
　1　解雇制限の目的　　62

第3章　ドイツ法における解雇制限法理 ———————————————— 68
　1　将来予測の原則——特に経営上の理由にもとづく解雇　　68
　2　最終的手段性の原則　　83
　3　社会的選択　　93

i

目　次

　　4　事業所委員会の異議申立て権　　106
　　5　大量解雇規制　　109
　　6　小括──第3章での考察をふまえて　　110

第4章　ドイツにおける解雇の補償と従業員代表の参加　　130

　　1　解消判決　　130
　　2　事業所委員会の参加、組織変更（Betriebsänderung）、
　　　　社会計画（Sozialausgleich）　　136
　　3　和　　解　　140
　　4　経営の必要性を理由とした解雇の場合の補償　　143
　　5　小　　括　　147

第Ⅱ部　日本法における解雇規制とその行方

第1章　解雇規制の緩和をめぐる考察　　159
　　1　解雇規制の緩和論　　159
　　2　日本の雇用慣行の特色と解雇規制の緩和論の矛盾点　　160
　　3　解雇規制の緩和論に対する疑問　　162
　　4　小　　括　　168

第2章　解雇規制の正当性をめぐって　　172
　　1　解雇規制の正当性をめぐる従来の学説　　172
　　2　解雇制約の法理をめぐる法原理　　179
　　3　解雇と差別禁止法理　　183

目　次

第3章　新自由主義思想のオールタナティブを求めて
　　　　——社会国家原理と社会的包摂————————189

1　社会国家原理の起源とその内容　　　　　189
2　貧困の克服と「社会的包摂」のための解雇法制　　190
3　新自由主義に対峙する社会国家原理　　　　194

第4章　整理解雇の新たな法理のために————————200

1　裁判例における整理解雇法理　　　　　200
2　人員削減・解雇回避努力義務に関する裁判例　　203
3　人員削減の必要性に関する新基準の試み　　　212
4　裁判例・学説における人選基準論　　　　217
5　日本社会における社会的包摂と配慮義務　　　228
6　まとめ　　　　　　　　　　　　　　　　251

第5章　疾病を理由とした解雇————————————267

1　疾病の場合における裁判例　　　　　　　268
2　新たな法理の可能性＝配慮義務の可能性　　273

第6章　能力・成果主義人事管理と解雇————————282

1　能力主義・成果主義雇用管理普及による解雇事件の増加　　282
2　能力不足（人事考課・勤務成績・欠勤・遅刻など）を理由とした解雇の裁判例　　284
3　従来の解雇法制と解雇法理の概要　　　　290
4　能力・業績不足を理由とした解雇の判断方法・判断基準　　292

第7章　労働審判制度と解雇に関する法の実現過程————303

1　労働審判制度のスタート　　　　　　　　303

2　労働審判における解雇事案　　　　　　　　　306

第8章　**退職勧奨の法的問題**　　　　　　　　　　327
　　　1　問題の所在　　　　　　　　　　　　　　327
　　　2　従来の判例及び学説　　　　　　　　　　328
　　　3　希望退職、退職勧奨、退職強要の問題　　330
　　　4　退職勧奨、退職強要についての新たな視点　332
　　　5　私法秩序における新たな法理　　　　　　333

終　章　　　　　　　　　　　　　　　　　　　　　339

初出一覧
あとがき

序　章

1　解雇規制について何が問われるべきなのか

1　解雇規制の緩和論議とその労働法学の迷走

　解雇規制の壁が高く立ちはだかるほど、長期失業者は労働市場に参入できず、失業の状態がさらに長期化してしまうことから、ヨーロッパ諸国（例えば、ドイツ、フランス）、日本においては解雇法制の緩和ないし廃止を迫る主張がなされてきた。解雇に関する法規制はインサイダーである労働契約拘束下の労働者を守るが、企業が失業者を含めた新規の採用を控えてしまう結果、労働市場の外にいるアウトサイダー（労働市場に入れない失業者）が労働市場に参入できなくなる、と説かれる[1]。解雇規制が労働市場からの退出を遮断し、雇用の障害となっているというものである。

　1990年代後半から、本格的に議論されたのは、日独の集団法的かつ個別法的な労働法制が、差別禁止法を軸としたアメリカのシンプルな個別的労働法規制を模範とすべきではないか、ということであった。労働法の保護と雇用法の保護が削減されたアメリカこそが、ドイツ法にとってはむしろ模範になるとまで認識されている。アメリカでは、「労働力不足が問題なのであって、失業なのではない」とドイツのハーナウ教授も述べつつ、アメリカでは"hire and fire"という原則が妥当し、雇う自由と解雇する自由は差別禁止法のみによって禁止され、解雇の容易さが採用を容易にしている、と認識されつつあると述べている[2]。

　市場メカニズムこそがすべてを解決するという新自由主義的な思想のもとに、ヒト、モノ、カネの適切な配分が自動的に行われる、という論理を通じて、規制を緩和し、市場原理を作動させることが唱えられた。小さな政府、構造改革により自由競争が促進され、資源の無駄がなくなり、効率的な配分がなされ、社会的にみて、人々の厚生水準の最大化が可能になると主張された。新

自由主義者は、経済が活性化し、パイが大きくなれば、その恩恵が世の中全体に浸透し、やがては誰もが豊かになると説いた[3]。しかし、リーマンショック以降、アメリカの失業率も9％をこえ、深刻な労働市場の状況となり、規制なきアメリカを模範とすれば、労働市場の問題は解消されるとはもはや言い難い状況にある。

　日本の労働法の分野でも、一方で、判例法理を通じた解雇のルールが不明確であり、労働者保護のために長期間の訴訟を必要とし、解雇規制が企業の採用意欲をそぐなどと主張された。判例法による解雇の「社会的合理性」の基準は、使用者にとってきわめて厳格で、「事実上の解雇禁止規制」と化していると説かれ、解雇規制に経済的合理性があるとする議論は支持できないといわれた[4]。正規従業員に対する解雇からその従業員を保護することは、非正規従業員の雇用を奪っていると指摘されるに至っている[5]。

　他方で、使用者が労働者の義務違反を主張して解雇するという機会主義的な行動を執るおそれがあるので、それを抑制するために解雇規制が正当化されるという見解も示されている[6]。

　最近では、さらに、「多様な正社員」論が説かれ、厚生労働省雇用政策研究会報告書（「持続可能な活力ある社会を実現する経済・雇用システム」平成22年7月）や有期労働契約研究会報告書（平成22年9月）においては、従来のようないわゆる正社員ではない、「多様な正社員」（従来の正社員でも非正規労働者でもない、職種や勤務地等が限定された無期労働契約で雇用される者なども含めた多様な類型の労働者を総称する）の環境整備も視野に入れることが有用であると言及されている。これにより、短時間社員との均等処遇のみならず、解雇権濫用法理の不適用も念頭に置かれるのではないかと懸念されている。

　日本法においても、そもそも、解雇の自由が立法において明文化されるべきかという問題も含めて、解雇規制が立法政策上の議論となった。現状よりも解雇規制を緩和しようとする主張も、また、逆に、規制を強化しようとする主張も存在した。特に、前者は、ドイツと同様に、経済学者から主に主張され、硬直的な解雇規制が新規雇用の阻害や企業の倒産を引き起こしかねないとして、随意雇用の原則の認められるアメリカのように解雇の自由が認められるべきであるとするものもあった。2003年の労基法改正において解雇の自由を明文化す

ることは避けられたものの、その後も、解雇規制の緩和は主張され続けており、解雇規制という労働者の保護の根幹部分に対する重大な挑戦がいまなお続いている。[7]

こうした規制緩和論の特徴は、一方で、モデルや理論に固執するあまり、そのモデルや理論の検証を経ていないことにある。また、労働市場の外にいるアウトサイダー（労働市場に入れない失業者）が労働市場に参入できなくなる障壁は本当に解雇規制そのものにあったのだろうか、という素朴な疑問が生じうるが、これに対して、すでに引用した経済学者によるこの間の論証は、積極的に行われてはいない。

科学の法則は、ある特殊な状況のみで成立するのではなく、普遍的な条件下で一般的に成立することが示されなければならない。また、異なった条件下であっても現象の予言ができそれを実証したり反証したりできる手続を提示することは可能であるが、そのような要件を欠いたものは、すべて疑似科学とは言わずとも、少なくとも科学の範疇には入らない[8]。いかなる手段によっても間違っていることを示す方法がない仮説は科学ではない、という[9]。現代の社会科学に対して向けられた挑戦に対して、1つひとつ解答を与えていくのが現代の労働法学の任務であるといえる。解雇規制は緩和ないし廃止すべきであるかという、この問いに解答を与えるためには、まず、解雇規制の緩和ないし廃止によって新規採用が増えるという事実（あるいは科学的な説得力のある仮説）が存在しなければならない。本書では、上のような経済学上の理論が正しいものかどうかを検討し、解雇規制の正当性を改めて問い直そうとするものである。本書は、規制緩和の経験の検証にとどまらず、現在多くの経済学的な著作においてモデルに依存して主張される、解雇規制の緩和の主張の根拠、正当性についても、多角的な検討を行う。同時に、昨今の新自由主義の潮流に対して、これに対抗できる何らかの理念の上でのオールタナティブ（代替案）を追及する。

ところで、経済学では、市場メカニズムが適正に働かず、望ましい資源配分が実現しない状態のことを市場の失敗と呼ぶ[10]。アメリカ型の市場原理を過度に導入するあまり、日本においても正社員と非正社員の格差が拡大しつつあり[11]、ワーキング・プアと呼ばれるフリーターや派遣社員が増え、ネットカフェ難民まで出現している。地球上に格差社会が出現しているのは、アメリカをはじめ

3

とする先進国の利己主義によって市場原理が歪められた結果であるといわれる。ノーベル経済学者スティグリッツ教授は、著書『世界に格差をバラ撒いたグローバリズムを正す』[12]の中で、不平等と貧困を放置した場合のほうが、暴力、外国人排斥、階級間闘争などの社会問題が発生するため、のちのち膨大なコスト支出を迫られることになると主張している。先進国が自己に都合のいいルールをつくったりするのをやめ、もっと適切な（民主的な）ルールをグローバル経済に導入すれば、現在の格差は最終的に解消するとスティグリッツ教授は説く[13]。現代のグローバル経済社会において、適切なルールとはなにかを改めて問い直さなければならない、という難題が突きつけられている。

2　解雇法理の実体法上の問題

　これらの経済学と法学を接合させるという規制のあり方の検討は、必然的に、解雇法理を内在させていた解雇法をめぐる法原理についての内省へと向かわせることになる。

　解雇に正当事由を要求する立場（正当事由説）と、使用者の解雇権を承認しつつ権利濫用禁止という民事法の一般ルールによって修正する解釈（権利濫用説）とがあったが、判例法理しか存在せず解雇権濫用法理が立法化されていない時点では、判例法理が制定法上の解雇の自由の原則と正面から抵触する解釈を採用するのは困難であったといわれる。しかし、2003年の労基法改正および2007年の労働契約法制定にあたっては、「解雇は、客観的に合理的な理由を欠き、社会通念上相当であると認められない場合は、その権利を濫用したものとして、無効とする」と規定され、権利濫用説が採られたとみられる。かかる権利濫用説が採用されたことで、解雇の自由が制定法上維持され、解雇権濫用法理という判例法理によって規制されたという理解もある[14]。しかし、これらの立法化によって、解雇の自由が保持されているかどうかは、法体系全体を把握した上での解釈によって改めて検討すべきであろう。この点については、労働基準法18条の2および労働契約法16条が創設される以前において、多くの学説によって、解雇権およびその制限法理の原理的考察が行われてきたところでもある。そこで、現行法においても解雇の自由が認められているかどうかも含めて、解雇権濫用法理の法原理的な考察を日独の学説をもとに行ないたいと考え

る。

　整理解雇については、①人員削減の必要性、②解雇回避努力義務（配転・出向、場合によっては希望退職を解雇をする前に実施しなければならない義務）、③被解雇対象者の人選の合理性、④解雇手続の相当性、という要件（ないし要素）が必要とされ、整理解雇の4要件（ないし4要素）と称された。整理解雇の4要件（ないし4要素）の立法化は見送られたものの、現在でも、裁判例においては、整理解雇にあたってこれらの4要件（ないし4要素）の充足の有無が審査されている。1999年から1年あまりに東京地裁の下した整理解雇に関する一連の判決・決定は、判例法理に大幅な修正を加える可能性を持っていただけに、かなりの衝撃をもって受け止められた。

　しかし、本書で問おうとしているのは、整理解雇の4要件・要素の要否といった抽象的な議論に終始するあまり、雇用関係に深く根ざした日本のリストラの特徴に応じた法理論を創造する努力を怠ってきたのではないか、ということである。例を挙げるなら、整理解雇をめぐる平成不況時の判例を見ると、リストラの対象とされているのは、中高年、疾病者、障害者、成績・勤務態度不良者、組合員等、少数の者である[15]。会社に融和しない個人や労働者グループへのいじめ、退職勧奨、リストラ解雇という形態をとって、前近代的な風土を抱えたままの日本の企業社会が鮮明になることが多い。仕事への意欲や潜在的な能力を引き出すことを目的として他従業員や経営側との協調性といった内面的事項が人事考課や整理解雇の基準として要求され[16]（新関西通信システムズ事件における営業譲渡の際の人選基準としての「全社一丸となって会社を盛り上げようと気概のある者、会社の方針を守る者」という基準）、組織への帰属意識を高める側面がある一方で、企業の管理が全人格的な領域に及ぶこともある[18]。こうした職場社会からの個の保護のあり方こそ問われるべきであるのにもかかわらず、差別類型に限りがある現在の差別禁止のもとでは、こうした労働者を自由権的に十分に保護できずにいる。ドイツ法において、社会的選択の法理（勤続年数の長い者、年齢の高い者、扶養義務のある者、障害のある者が解雇者として選定されないという法理、解雇制限法1条3項）を人選基準において考慮することが要求されているのと比較して、日本法においては、人選基準に関する日本の雇用関係に特有な問題に対応した十分な保護法理の形成に十分な努力がなされてきたとは言えない

のではないか。こうした議論の必要性は、疾病・能力を理由とした普通解雇の議論にもあてはまる。これらの使用者による恣意的で差別的な解雇から労働者を救済する途を用意してことこそ、法が日本の雇用社会の負の側面の廃絶につながると考えられる。本書では、こうした観点から、他の解雇の要件の検討も含めて、解雇に関する法理論を再検証するのが本書における第2の目的である。

3 不公正な解雇に対する救済

さらに、解雇規制・法理の検討は、単なる裁判所の判決の結果（裁判例）の分析にとどまってはならない。労働審判制度は、平成18年4月にスタートし、本書執筆現在、すでに満5年を経過した。労働審判制度は原則として3回以内の期日で審理を終結するものとされ、非訟事件として審理が進められる制度である。対象とされるのは、労働契約の存否その他労働関係に関する事項について、個々の労働者と事業主との間に生じた民事に関する紛争とされ（労働審判法1条）、使用者と労働者との間のいわゆる個別紛争が労働審判の対象となる。労働審判では、調停ないし審判を通じて、とりわけ、解雇をめぐる金銭解決が最も多く行われていることはよく知られている。解雇規制をめぐっては、労働契約法が成立する以前に金銭解決制度をめぐって活発な議論が展開されたことから、労働審判制度において解雇の金銭解決が労働審判実務においていかなる状況になっているかを知ることは、解雇の金銭解決をめぐる今後の議論を見据える上で重要な視座を提供すると思われる。従来、精密司法の下で、解雇が無効か有効かについては all（救済の全面救済）or nothing（救済なし）の処理となり、金銭解決の制度が用意されていないということが指摘された[19]。労働訴訟のうち事件数が最も多い解雇訴訟について訴訟の長期化が指摘され、それが訴訟の迅速化を要求する議論、ひいては、個別労働紛争解決制度ないし労働審判制度の議論へとつながった。しかし、もし、労働審判制度導入後調停や審判において、解雇について一定の迅速な金銭解決が図られているのであれば、今後、法政策上の金銭解決制度を必要としないのではないかという提言も可能になるところである。そこで、労働審判の調停・審判の解決を逐一分析することを通じて、労働審判制度が存在している現行法においても解雇の金銭解決制度が必要かどうかを改めて検討することが可能になると考える。これによって、

金銭解決制度の要否、就労請求権の要否を含めた「解雇訴訟のあり方」という実定法のあり方について掘り下げて考察する。

2　研究のアプローチと対象

　本書では、解雇規制が日独ともに緩和されるべきなのかどうか、また、解雇規制が維持されるべきであるとすれば、いかなる解雇規制が本来あるべき姿なのかを検討する。これとともに、契約自由の原則が適用され、解雇の自由が認められるべきであるか否かも合わせて本格的に検討しようとするものである。これに対し、ドイツでは、新自由主義な思想のもとに2度にわたって解雇規制の緩和政策を実行に移している。このため、ドイツの解雇規制緩和効果の検証により、解雇規制の緩和が新規採用を増やすという理論が正しいかどうかを実証することができる。そこで、本書では、ドイツにおける解雇規制緩和に関する壮大な実験を検証するとともに、解雇規制緩和が採用や失業率に与える効果を検討する（第Ⅰ部第1章5）。同時に、解雇の自由に対する制限の正当化原理が法的にはいかなるところにあるのかを考察する（第Ⅰ部第2章、第Ⅱ部第2章）。

　解雇制限は、集団法的労働法、および個別法的労働法の枠内において、それぞれ日本・ドイツ法において、異なった法原理、法理論を形成させてきた。労働契約の解約を制約するという議論は、ドイツでは19世紀前半、および本格的には、ワイマール期前後の法制、および、判例法理に遡る。とりわけ、ドイツ法を特徴づける諸法理は、集団法的な解雇の規制の枠組みの下で、ワイマール期の立法と判例法理によって本格的に形成されていった。解雇法理は、日独ともに、使用者の恣意から解雇対象者とされた者を保護すべきであるという機能を保持しつつ形成されている。これらの思想、歴史的な形成過程を考慮・検証することなしに、これらの法理の放棄を主張し、あるいは反対に、これらの法理の正当性を主張するのはやや早急な議論であると考える。また、比較法的考察のためには、比較される双方の法制度の関連付けあるいは異同が確かめられ、起源、継受、借用、自然的・自然発生的創造、同等の所与に対する類似性が確かめられることが不可欠と考える[20]。現行法の枠組みまでに至るこうした解雇制約法理を支える法制度、およびその法理の内容・特性を歴史的・理論的に

解明しなければならない（第Ⅰ部第1章）。

　同時に、ドイツにおける解雇には、経営的事由による解雇、労働者の個人的な事由・事情による解雇（＝人的理由に基づく解雇労働者の疾病・能力などを理由とする解雇）、労働者の行為事由による解雇（懲戒解雇）の3つの類型がある。ドイツにおいては、依然として、連邦労働裁判所の判例において、将来予測の原則[21]、最終的手段性の原則[22]、社会的選択の法理[23]が維持されている。特に、将来予測の法理については、経営を理由とした解雇に関して、具体的にはいかなる要件のもとに有効とされているのかという法的な検討を行う。ドイツ法の法原則は、結果的には、解雇類型を問わず、人員削減の必要性の要件を比較的適切に解釈するもので、日本法においてややもすれば緩やかに解釈されがちな解雇の要件につき、特に、整理解雇、普通解雇の必要性につき、あらたな要件の確立のため再考を促すものであると思われる。そこで、これとの関係で、ドイツにおける現代における解雇制限の法理の内容を明らかにしたいと考える。このうち、日本におけるドイツの解雇制限法に関する将来予測の原則、最終的手段性の原則については、小西國友教授[24]、村中孝史教授[25]、藤原稔弘教授[26]、野川忍教授[27]の論文があり、特に、ドイツの解雇制限法を研究してこられた根本到教授は、一般論として日本法におけるこれらの法理の導入を主張されている[28]。本書でも、日独の法理を比較法的視点から考察しながら、日独の解雇法理の特徴、歴史的経緯による制度の類似性と異同を明らかにする（第Ⅰ部第3章）。但し、普通解雇、能力・疾病などを理由とした解雇については、別稿で考察したことがあり[29]、本書では紙幅の関係上再度の検討を差し控える旨ご容赦いただきたい。

　これに対して、ドイツ法の社会的選択の法理を考察した上で、公正かつ社会的な人選基準の導入を説く日本の学説は必ずしも存在しない。ドイツでは、前述のごとく、解雇制限法の改正によって、社会的選択の法理は、条文上明文化されている[30]。つまり、「労働者を2項の意味における差し迫った経営の必要性から解雇するとき、使用者が、労働者の選択にあたり、労働者の勤続年数、年齢、扶養義務、重度障害を考慮しない場合、もしくは、十分に考慮しない場合、解雇は、社会的に正当化されない」と規定された（同法1条3項1文）。その規定の内容の具体化に当たっては判例法理が実務上大きな役割を果たしている。これに対し、日本法では、勤務成績のみで選定してもよいし、家族状況等

により選んでもよいとされる[31]。また、使用者が遅刻、早退、欠勤などを人選基準として解雇者を選定した場合、相当程度客観的かつ合理的な部類に属すると判断する裁判例もある[32]。しかも、整理解雇の人選基準を裁判所が判断するにあたって、判断基準の画一性・統一性がみられるとは言い難い。このため、本書では、ドイツにおける社会的選択の法理を検討し、解雇法理、特に整理解雇の場合の新たな法理を確立しようと考える（第Ⅰ部第3章3、および、第Ⅱ部第4章4および5）。

さらに、すでに述べたとおり、本書は、単に解雇の実体法上の要件を考察するにとどまらずに、解雇の救済方法について、金銭補償を中心に検討する。多くのヨーロッパの国では解雇の場合の金銭補償制度が導入されているが、ドイツにおいても、和解による補償のほか、裁判所の解消判決と呼ばれる場合の補償、社会計画とよばれる組織変更の場合の補償が行われてきた。日本においてもドイツ法の解消判決が研究され[33]、この導入が検討されたことがある[34]。これらの解雇の金銭解決制度をめぐっては、解雇の後職場復帰する労働者が少ないことから、金銭補償を対価として解雇を容易にすべきであるという主張がありうるが、その点が強調されるあまり、本来解雇法制が有していた労働契約関係を維持しようとする機能が損なわれることになりかねない。そこで、これらの解雇の場合の補償制度を考えるにあたっては、これまで解雇法制において少しずつ形作られた保護の砦が切り崩されないように、いかに法制度上あるいは実務上考慮されているのかという視点を持つことが必要である。こうした視点から、本書では、ドイツの補償制度について、制度の概要・趣旨、および判例、さらに補償の実務の全容を明らかにする（第2部第4章）。

日本法の今後を考える上で、解雇訴訟における金銭解決がいかなる内容をなすべきなのかというグランドデザインが考えられなければならないが、これらのドイツにおける解雇訴訟や補償実務の全体像と比較した上で、前述の労働審判の実務を明らかにし、最終的に日本法において金銭解決制度が必要かどうかを問うこととする（第Ⅱ部第7章）。

注
1） Löwisch, NZA 2004, S. 690; Möschel, in Donges / Eekhoff / Franz / Möschel, Neu-

mann, Flexibler Kündigungsschutz am Arbeitsplatz, Berlin, 2004, S. 32; Hanau, Deregulierung des Arbeitsrechts, (Schriftenreihe der Juristischen Gesellschaft zu Berlin; H. 154), Berlin, New York, der Gruyter, S. 6f(以下の引用ではDeregulierung des Arbeitsrechtsと省略する); Picker, "Regelungsdichte und ihr Einfluss auf die Beschäftigung", in: Regulierung-Deregulierung-Liberalisierung, Tübingen, 2001, S. 195, S. 204(以下の引用では"Regelungsdichte und ihr Einfluss auf die Beschäftigung"と省略する); Zöllner, ZfA 1994, S. 433ff. 日本において解雇規制の緩和を主張する学説として、小嶌典明「雇用の流動化と労働市場改革」NBL687号（2000年）22頁、八代尚宏『雇用改革の時代』（中央公論社・1999年）、常木淳「不完備契約理論と解雇規制緩和法理」大竹文雄／大内伸哉／山川隆一編『解雇法制を考える（増補版）』（勁草書房・2004年）33頁、黒田祥子「解雇規制の経済効果」同書173頁、宮本光晴『企業システムの経済学』（新世社・2004年）86頁以下。ほか書籍としては、大竹文雄／大内伸哉／山川隆一編『解雇法制を考える（増補版）』（勁草書房・2004年）、福井秀夫／大竹文雄編著『脱格差社会と雇用法制』（日本評論社・2006年）、神林龍編『解雇規制の法と経済』（日本評論社・2008年）、荒木尚志／大内伸哉／大竹文雄／神林龍編『雇用社会の法と経済』（有斐閣・2008年）。これに対して規制緩和に慎重な意見を述べるものとして、西谷敏「整理解雇判例の法政策的機能」ジュリスト1221号（2002年）29頁、吉田美喜夫「解雇法制と規制緩和」萬井隆令ほか編『規制緩和と労働者・労働法制』（旬報社・2001年）251頁、和田肇「整理解雇の見直しは必要か」季刊労働法196号（2001年）12頁以下、野川忍「書評・八代尚宏『雇用改革の時代』」日本労働研究雑誌480号（2000年）56頁。日本労働法学会誌99号（2002年）における、浜村彰「解雇法制と労働市場政策の今日的課題」同号3頁、本久洋一「解雇制限の規範的根拠」同号12頁、小宮文人「雇用終了における労働者保護の再検討」同号32頁、根本到「解雇事由の類型化と解雇権濫用の判断基準」同号52頁、島田陽一「解雇規制をめぐる立法論の課題」同号74頁、中窪裕也「アメリカにおける解雇法理の展開」千葉大学法学論集6巻2号（1991年）81頁。

2) Hanau, Deregulierung des Arbeitsrechts, S. 9. 中窪裕也「「解雇の自由」の現在――アメリカと日本」中嶋士元也先生還暦記念論集『労働関係法の現代的展開』（信山社・2004年）341頁（354頁）は、アメリカでは解雇自由原則が健在であり、1980年代には例外法の発展により、「例外が原則をのみ込むのではないか」と騒がれたが、現在は「例外は例外」という形に整序され、原則として随意雇用は再確認されていると指摘する。

3) 例えば、竹中平蔵『やさしい経済学』（幻冬舎・2005年）33頁、中谷厳『資本主義はなぜ自壊したのか』（集英社インターナショナル・2008年）20頁参照。

4) 八代尚宏『雇用改革の時代』（中央公論新社・1999年）85頁以下。

5) 大竹文雄／奥平寛子「雇用規制は雇用機会を減らし格差を拡大させる」福井秀夫／大竹文雄編『脱格差社会と雇用法制』（日本評論社・2006年）165頁（181頁以下）。

6) 中馬宏之「「解雇権濫用法理」の経済分析」三輪芳朗／神田秀樹／柳川範之『会社法の経済学』（東京大学出版会・1998年）425頁以下。

7) これに対しては、解雇規制の内容として人的資本の蓄積が適切であったかを基準とするのであれば、その判断の困難さを前提とする不完備契約理論とは調和しないと反論もなされている（常木淳「不完備契約理論と解雇規制法理」日本労働研究雑誌491号（2001年）

8) 池内了『疑似科学入門』(岩波書店・2008年) 21頁。
9) 池内了・前掲書 (注8) 17頁。
10) 中谷巌『資本主義はなぜ自壊したのか』(集英社インターナショナル・2008年) 77頁。
11) 高原正之「女性労働者の職種構成の変化が賃金格差に与えた影響」労働統計調査月報652号 (2003年) 11頁。
12) ジョセフ・E・スティグリッツ『世界に格差をバラ撒いたグローバリズムを正す』(徳間書店・2006年) 28頁。
13) スティグリッツ・前掲書 (注12) 392頁以下。
14) 荒木／大内／大竹／神林編・前掲書 (注1) 8頁〔大内教授執筆部分〕。
15) 高橋賢司「甦る解雇の自由 (四)」立正法学40巻2号 (2007年) 155頁 (164頁)。
16) 大阪地決平6・8・5労働判例668号48頁。
17) 同上。
18) 角田邦重「労使関係における労働者の人格的権利の保障」季刊労働法143号 (1987年) 20頁 (21頁)。
19) 荒木／大内／大竹／神林編・前掲書 (注1) 11頁〔大内教授執筆部分〕。
20) 大木雅夫『比較法概論』(東大出版会・1992年) 110頁。
21) 連邦労働裁判所の判例によれば、この原則は、後述のごとく、「事業所内の措置、または、事業所外のきっかけにより、解雇された労働者の職務の必要性が消滅するかどうかを、使用者の陳述は認識させるものでなければならない」という原則で、解雇の有効性を決する場合一定の予測を必要とさせる原則である (Vgl. BAG Urt. v. 27. 1. 1997, AP Nr. 1 zu § 1 KSchG Wiedereinstellungsanspruch)。
22) 連邦労働裁判所の判例によれば、この原則は、使用者がその利益の満足のため他のより負担の少ない手段を行使することができない場合、解雇が行使されうる、という原則である (z. B. BAG Urt. v. 30. 5. 1978 AP Nr. 70 zu § 626 BGB)。
23) 社会的選択とは、解雇制限法1条3項1文の原則である。これによれば、「労働者を2項の意味における差し迫った経営の必要性から解雇する場合、使用者が、労働者の選択にあたり、労働者の勤続年数、年齢、扶養義務、重度障害を考慮しない場合、もしくは、十分に考慮しない場合、解雇は社会的に正当化されない」と規定されている。
24) 小西國友「解雇の自由 (1) 〜 (6)」法学協会雑誌86巻9号1頁、86巻10号23頁、86巻11号31頁、86巻12号46頁 (以上1969年)、87巻1号15頁、87巻2号47頁 (以上1970年)。
25) 村中孝史「西ドイツにおける解雇制限規制の現代的展開 (上) (下)」季刊労働法135号 (1985年) 147頁、136号 (1985年) 181頁。
26) 藤原稔弘「ドイツ解雇制限法における社会的選択の法理」季刊労働法179号 (1996年) 121頁、同「ドイツにおける経営上の理由にもとづく解雇と事業所関連性原則」季刊労働法184号 (1997年) 78頁。
27) 野川忍『解雇法制』(社会生産制本部労働情報センター・2004年)。
28) 根本到「解雇事由の類型化と解雇権濫用の判断基準」日本労働法学会誌99号 (2002年) 52頁以下。ドイツ法については、同「ドイツにおける整理解雇法理の判断枠組み」季刊労働法196号 (2001年) 82頁。

29) ドイツにおける人的理由に基づく解雇法理（疾病、能力等を理由とした解雇法理）については、すでに考察している（高橋賢司「甦る解雇の自由（三）」立正法学40巻1号（2006年）61頁以下）。
30) 立法前の裁判例を詳細に分析し本格的な研究には、藤内和公「ドイツにおける整理解雇基準」岡山大学法学会雑誌45巻3号（1996年）27頁がある。
31) 例えば、大阪地判平12・9・8労働経済判例速報1757号12頁〔八興運輸事件〕。
32) 東京地判平12・1・12労働判例779号5頁〔明治書院（解雇）事件〕。
33) 野川忍『解雇法制』（社会生産制本部労働情報センター・2004年）、根本到「ドイツ解雇制限法における解消判決・補償金処理制度」季刊労働者の権利249号（2003年）100頁。
34) 日本労働弁護団「解雇等労働契約終了に関する立法提言と解説」季刊労働者の権利245号（2002年）3頁以下。

第Ⅰ部

ドイツ法における解雇制限法理

第1章

ドイツにおける解雇制限法と解雇法理の発展過程

　20世紀初頭までドイツの裁判所は解雇法に関して十分な努力を払うことはなかった。当時は雇用契約における解雇の自由が私法の原則として貫徹していたのである。しかし、これも判例や立法を通じて変貌を遂げていく。ドイツ法における解雇制限法の歴史的な発展過程をみるとき、ドイツ法を特徴づけるいくつかの立法や法思想と不可分に結びついていることがわかる。法理が歴史的経済的な事情や当時通有していた法思想と乖離して、発展するはずはなく、むしろ、時の法律や法解釈が歴史的な事実によって拘束を受け、そのときどきで発見され創造された法思想から演繹的に法理が導かれていた。解雇の自由を制限しようとする過去の判例や学説の試みも、時代の思想に拘束され、滅び行く国の思想に翻弄されていく。また、第二次世界大戦後の法史家の法意識ないし歴史意識には、戦後の民主主義を支えた個人主義を徹した思想的な態度が看取できる。歴史の記述はその時代の意識に拘束されたものでしかない。しかし、歴史家の厳格な眼からみた法理の発展の過程は、現在の法理のあり方をも鏡のように映し出す。以下では、ドイツ法における解雇法理や解雇規制の発展過程を概観しつつも、それと結びついた法思想や立法、ドイツ法史家による法的な洞察をも追加的に記述していく。

1　ワイマール期以前の解雇法理

　経済のリベラリズムを基礎として、20世紀初頭までは雇用契約における解雇の自由が当然のこととみなされてきた。しかし、ドイツでは、1911年に、期間の定めのある契約関係を即時に解約しようとした場合に、重要な理由が必要であるとライヒ裁判所民事部は判示している。

《民法626条の意味における重大な理由が個々の場合に存在するかどうかが重要な問題となる。(……) 控訴審が適切にその判断にあたっては契約の誠実（Vertragstrue）の保持の必要性を重要視している。(……) 契約の締結時に既に存在する事情で、契約締結者に認識され、この者にその意義と射程が斟酌されていたという事情のみがこの場合に問題になるときには、契約の即時の解消のために重要かつ正当化されうる理由は放棄されえない。》[1]これにより、契約の履行とその拒否によって生じる損害と費用の支払を求めた1審原告たる医師の訴えに対して、1審被告による上告が棄却されている。この判決の後、ポットホフ（Potthoff）博士は形式的には適法な解雇が、随意のもとに審査されうるか、という点を問うている。契約を信義にしたがって履行すべき義務は、これを信義誠実にしたがって解消してはならない義務まで包含すると述べている[2]。プライス教授によれば、解雇制限の思想は、1909年6月28日のプロイセン一般的鉱山法の改正において導入され、職務の期間中使用者は既に告知された理由でのみ解雇できるとされた[3]。

2　ワイマール期における事業所協議会法の成立と展開

1　復員のための命令による解雇法理の形成と解雇の自由

　ワイマール初期の解雇制限規定は、労働政策的な目的と個別的な労働者保護の目的とを併有したもので、第一次世界大戦後、立法者によって公布された。戦争終了後に公布された労働者の動員に関する規定の目的は、兵役から自由になった労働力の労働過程への再編入、これと関連のある大量失業の回避にあった[4]。

　経営を理由とした解雇については、ワイマール初期、事業所の縮小と閉鎖に分けて規制されていた[5]。これらの事業所の縮小または閉鎖を理由として労働者を解雇する場合、1920年2月12日命令または11月8日命令の動員命令による。これらの命令により戦争復員者の再雇用が考慮され、被解雇労働者の選択が自由なものではないとされた。つまり、1920年の同命令13条では、「労働者は労働者の数の削減のために解雇される場合には、その選択にあたっては、まず、経営関係、特に、経営の収益性との関係での個々の労働者の補充性が審査され

第1章　ドイツにおける解雇制限法と解雇法理の発展過程

なければならない。この場合、より年齢の高い労働者および扶養義務のある構成員が可能な限り職場にとどまれるよう、年齢、勤続年数、ならびに、労働者の家族構成が、考慮されなければならない」と規定される[6]。事業所を縮小する場合、まず操業の短縮を行わなければならず、使用者はフルタイムの労働者を労働時間の短縮により継続雇用しなければならないとされた[7]。

　これに対し、事業所を閉鎖する場合は、事業所を閉鎖しその事業所で雇用される労働者を解雇することは、使用者の自由であった。しかし、かかる閉鎖については、復員官庁に対して通知し、閉鎖の実施前通知後4週間の待機期間を設置するという要件が課されていた。待機期間中、復員官庁は、事業所をその状態で一時的に保持させることができるとされた。

　1923年10月15日の命令では、20人以下の労働者を擁するあらゆる事業所に対しては、一般に、解雇制限が適用されることはないとされた。

　また、これによれば、解雇制限は、事業の縮小の場合には適用されず、事業所の施設を閉鎖する場合に解雇制限が及ぶこととされた。このため、事業所を縮小する場合は、これ以前の命令は適用されないこととなる。

　これに対し、同命令によれば、事業所の閉鎖の場合には解雇禁止が適用される。これは、上述のように、それまで事業所を閉鎖する場合は、労働者を解雇することが使用者の自由であったことを改めるものである。

　事業所を閉鎖する場合は、労働者を解雇することが禁ぜられるが、それは、閉鎖が一定の範囲である場合に限る。つまり、閉鎖の場合、一定数の労働者のみが解雇の対象となるとされ、最低数は、事業所または事業所の独立した一部の従業員の5％とされていた。例えば、被解雇者の人数は、原則200人未満の事業所または事業所の独立した一部で10人、3000人の事業所または事業所の独立した一部で150人ということになる。

　上述の場合にも解雇は一般には禁止されず、解雇にあたっては官庁の承認を要するとしている。解雇しようとする使用者は、これを妨げられることはなく、復員のための官庁に対して、すなわち、プロイセンでは政府の大統領に対して、ベルリンでは上位の大統領に対して通知をし、その承認を得なければならない。この承認が付与されるならば、あらゆる解雇が有効となる。但し、反対に、承認がない間の待機中、単に解雇の効力が停止されるだけであった[8]。

17

他方で、継続した雇用の義務の履行が不能となったとき、使用者は労働者または職員の数を制限することができたが（1919年1月4日の経済的な動員期間中の営業的労働者の採用、解雇、及び賃金に関する命令5条、1919年2月24日の経済的な動員期間中の職員の採用、解雇、賃金に関する命令9条）、その不能かどうかの判断は、労働時間の上限が1日8時間、1週間で30時間とされていたかどうかが前提となった（1919年1月4日の経済的な動員期間中の営業的労働者の採用、解雇、及び賃金に関する命令5条）。同命令は、すべての産業の事業場に適用があった。これ以上の労働時間であった場合には、義務の履行が不能となったものとはみなされなかった。これに対し、1919年2月24日の経済的な動員期間中の職員の採用、解雇、賃金に関する命令では、かかる基準は要しないとされた。つまり、営業的労働者に対しては、労働時間の短縮措置を事前にとることなく解雇することはできないとされたのに対し、労働者および職員に対しては、こうした基準は存しなかった。

　1918年12月28日の動員に関する国家委員会の命令が交付され、労働者に対しては1918年12月31日以降、職員に対しては1919年2月28日以降適用される。

　また、労働時間の短縮によって、労働の機会の増加が使用者に対し期待されえない場合に、解雇を労働者の数の減少のために行うことが許される（1919年9月3日の経済的な動員期間中の労働者および職員の採用、解雇、及び賃金に関する命令12条）。つまり、「経営の諸関係により、労働時間の短縮によっても雇用機会の増加が使用者に期待できない場合にのみ、再雇用を理由として（3条、5条ないし7条）、または、労働者の数の削減のため、解雇は行うことが許される。これにあたって、労働者の週労働時間が24時間を下回ってはならない。」（12条1文）と規定され、解雇回避手段として労働時間短縮を行いうる旨が規定されている。これによれば、週労働時間の半分への労働時間の短縮が期待されない場合、解雇は適法となるというものであり、最終的手段性の原則が総動員命令12条によって妥当した。

　解雇は労働者ないし職員の代表の関与のもとになされ、代表に聴聞を受けなければならなかったが（1919年1月4日の経済的な動員期間中の営業的労働者の採用、解雇、及び賃金に関する命令6条、1919年2月24日の経済的な動員期間中の労働者および職員の採用、解雇、及び賃金に関する命令9条など）、解雇の有効性は、労働

第 1 章　ドイツにおける解雇制限法と解雇法理の発展過程

者代表の関与の有無によらないとされた。解約告知期間は 2 週間とされた（1919年 1 月 4 日の経済的な動員期間中の営業的労働者の採用、解雇、及び賃金に関する命令 8 条）。

　特徴的なのは、経済的ないし社会的観点が規定され、年齢、勤続年数、ならびに、家族構成（扶養義務）が考慮されるべきとされていたことである。1919年 2 月24日の命令では、解雇にあたって被解雇者の年齢ないし勤続年数、ならびに家族構成が考慮され、年齢の高く、扶養義務のある労働者が可能な限り事業所にとどまるべきであるとされた[9]。戦争遺族および、戦争負傷者も、相当に考慮される。当時の独立の事業者、または、戦争勃発時、または後に外国で雇われていた職員、並びに、教育訓練者は、雇用継続が保障された（1919年 2 月24日の経済的な動員期間中の職員の採用、解雇、及び賃金に関する改正命令）。教育関係または類似した専門教育訓練を受けている若い労働者は、可能な限り職場にとどまるものとされた（1919年 1 月 4 日の経済的な動員期間中の営業的労働者の採用、解雇、及び賃金に関する命令）。また、戦死者の遺族、戦争により身体障害を負った者も解雇されないとされた（1919年 1 月 4 日の経済的な動員期間中の営業的労働者の採用、解雇、及び賃金に関する命令 6 条）。同命令は1919年 5 月30日の命令によって補われ、新命令 2 条 a により、職員は、経済的および社会的観点を考慮してはじめて解雇されるとされた。現在裁判上の解雇法理において通用している社会的観点がすでにこの時期に見出される。

　解雇にあたっては、調停機関（Einigungsstelle）ないし仲裁機関（Schlichtungsstelle）が予定され（1919年 1 月 4 日の経済的な動員期間中の営業的労働者の採用、解雇、及び賃金に関する命令13条）、調停決定における労働者と使用者の票数の平等のもとに合意されないときには、委員長は新たな交渉後仲裁決定を行うこととされた（1919年 1 月 4 日の経済的な動員期間中の営業的労働者の採用、解雇、及び賃金に関する命令15条）。これらの命令により労働者に付与される権利は、社会的な保護の権利であり、このため、命令は不可変的で放棄し得ない強行的な権利としてみられていた。解雇制限法の性格を担う命令の諸規定は民法823条 2 項の意味における保護法としてみられ、有責的な侵害は損害賠償義務を生じさせた。また、これらの命令は、20人以上の労働者を企業において雇用していることが前提となっていた。

さらに、従来の法とは異なり、閉鎖が大規模な範囲の場合に、事前の通知ならびに待機期間の遵守、強制措置の受忍（差押、収用の受忍）が必要とされた。従来の命令と同様、使用者による労働者の労働の拒否は、随意の長い間適法ではなく、待機期間中、すなわち、通知後４週の期間のみ可能となるとされた。このため、この期間の間、使用者は労働者をフルタイムで雇用することができない場合に、復員のための委員長が操業短縮を命じえた。この場合、従来の命令と同様に、個々の労働者の週の労働時間が24時間以下に減じられることは許されない。４週の待機期間の経過後は、使用者は、操業の短縮を義務づけられることなく、随意の解雇を行いうる。[10]

このように、復員のための命令を通じて解雇規制が整えられるが、その命令の内容は頻繁に転換されていく。第一次世界大戦後の労働力の需給調整を目的とした政府による命令であるがゆえに、解雇規制の性格もこれに応じて柔軟に変化していったのである。しかし、一定の事業所の規模に応じて解雇規制を行い、官庁に対する通知義務を使用者に対して課すという手法は、現行の大量解雇規制と類似したものがすでにこの時期に形成されていたことを意味する。ただし、法的な解雇規制ではなく、行政的な規制に終始し、私法上の解雇の効力を裁判上で争うということを念頭に置いたものではなかった。司法の世界で私法上の解雇の無効を争うようになるのは、労働裁判所が創設される1926年を待たなければならなかった。

2　事業所協議会法上の解雇制限

ジンツハイマー（*Sinzheimer*）は、その著書において、次のように述べている。

《解雇の自由は、傭使契約に生活の基礎を置き、告知を受けたならばこの基礎を失う多数労働者の不自由となる。したがって、不公正な解雇に対する保護は、傭使契約の変革まで高められなければならない。職場の処分の無制限な自由に対するこの論争の主唱者は、1910年の著作「労働契約批判」のなかにその見解を著したカール・フレッシュであった。この彼の発議は効果を表わさなかった。彼の理念を実現する基礎を熟さしめるためには革命が必要であったと。》[11]

ワイマールの法の起草者は共同決定思想を推し進め、レーテ思想の精神を汲

み取り、後の事業所委員会の前身となる労働者委員会（Arbeiterausschüsse）の創設を憲法上謳った。労働者委員会は、1848年以降のパウルス教会の国民議会中にすでに起草され、1905年のプロイセン鉱山法の改正にその創設が規定されていた。第一次世界大戦中の1916年12月5日の祖国勤労奉仕法（Hilfedienstgesetz）によって50人以上の勤労奉仕（Hilfedienst）があるあらゆる事業場において、労働者委員会ないし職員代表委員会の設置が要請され、1918年12月23日の労働協約令においてその対象規模が20人以上に引き下げられていた。

　これらの代表制は、1918年11月3日キールでの騒乱に端を発したストライキにより質的転換を遂げていく。ストや騒乱は北ドイツ、ミュンヘン、ベルリンにまで及び、1918年11月9日には、ヴィルヘルム2世が退位しオランダに亡命し、社会民主主義者フリードリッヒ・エーベルトに権力が譲渡され、ベルリンの帝国議会において共和国制が宣言された。ドイツでは、革命の風が吹き荒れる中、重要な問いが提起された。レーテ国家、それとも、議会制民主主義か。

　1919年12月16日から21日開催された労兵議会（Reichsversammunlung der Arbeiter- und Soldatenräte）は、1919年1月19日の国民憲法制定議会のための選挙を決定した。1919年2月6日には憲法制定議会がワイマールで招集され、選挙の結果多数の議席を占めた社会民主党、中央党、民主党により妥協が図られたワイマール憲法が起草され、ついに1919年8月11日、ワイマール憲法が発布された[12]。

　レーテ運動と思想が憲法、その後には事業所協議会法のなかに部分的に挿入されていった。ワイマール憲法165条では、「労働者及び職員は、企業と共同して同権で、賃金その他の重要な労働条件ならびに、生産力のあらゆる経済的発展に関して、共同することに依拠しうる。この双方の組織とその合意は認められる。労働者及び職員は、その社会的経済的利益の確保のため、事業所の労働者委員会、ならびに経済領域に応じて組織される区域労働者委員会、ライヒ労働者委員会における法的な代表を保持しうる」とされ、労働者委員会の参加制度が規定された。これは、体制を社会主義化するものではない。資本主義体制の譲歩から、事業所の協議会を経済秩序と労働法へ挿入させたのであった[13]。つまり、憲法165条におけるいわゆるレーテ条項は、この内政的な危機の状況のなかで、憲法への規定化を通じて、資本主義と社会主義との間の平和を図ろう

21

とする政治的な目的を有していた。[14]

　この時期に、ライヒ労働省は法的な規定の整備を検討し、激しい論争のなかで、1920年2月4日、事業所協議会法が成立した。[15]解雇の制限は、事業所協議会法上の集団法的な共同決定を通じ事業所協議会の存立・活動に依存することとなった。「経済的民主主義の方向での一歩」を意味していた。[16]「企業家はもはや、独裁的な『一国一城のあるじ』ではなくなった」[17]のである。

　事業所協議会法によれば、解雇が、不公正（unbillig）で、労働者の行為によってあるいは事業所の関係によって苛酷さ（Härte）を意味する場合、事業所協議会に対する解雇異議の訴えは基礎づけられる（事業所協議会法84条1項4文）旨規定された。つまり、事業所協議会法84条1項は次のように規定する。

「　労働者は使用者による解雇に対して解雇後5日以内に労働者協議会（Arbeiterrat）または職員協議会に異議の申立てをすることができる。
　　1．解雇が、特定の性に属すること、政治的、軍事的、宗教上もしくは組合の活動を理由として、または、政治上、宗教上、もしくは職業上の結社または軍事上の団体に属すること、もしくは属さないことを理由して行われた、という根拠がある疑いが存するとき
　　2．解雇が理由の記載なく行われたとき
　　3．解雇が、労働者が採用の際合意されたものとは異なった労働を継続して行うのを拒否したことを理由としているとき
　　4．解雇が労働者の行動または経営の状態にもとづかずに不公正に苛酷であるとき」

　84条1項4文の異議申立ての根拠として、不公正で、かつ、苛酷な解雇であったことが要求されている。[18]

　労働者は、事業所協議会に異議申立てを行い、個人または事業所協議会がこの異議申立てを正当と認めるときは、労働者は労働裁判所に訴えることができ（労働裁判所法2条4号）、裁判所がこの訴えを認めると、補償を定めさせることを命じることができた。

　事業所協議会法による解雇制限は、個別法的な権利として構成されたのではなく、事業所協議会が被解雇労働者の異議申立てを審査するという手続をとる、集団法的な権利として構想された。協議会があらゆる解雇の場合に参加できるとの共同決定権を規定したものではない。反面で、労働契約法草案に規定

されていたように、協議会の参加を排除して個々の労働者の訴権があると規定されているわけではなかった。「集団思想の実現によるものでもなく、個々の労働者の個別的権利の実現が論じられるわけでもない。双方が独自の方法で互いに混合されている[19]」。

　解雇が、不公正（unbillig）で、苛酷さ（Härte）を意味する場合、事業所協議会に対する解雇異議の訴えは基礎づけられると規定されるが、労働者協議会または職員協議会は不公正な苛酷性があるか否かを予備審査し、労働者協議会または職員協議会が解雇の異議に正当な理由があると認めたときは、使用者との交渉をしなければならない。この交渉が妥結しないときは、労働者協議会または職員協議会、もしくは個人がそれから5日以内に労働裁判所に訴えを提起することができる（労働裁判所法2条4号参照）。使用者がかかる異議を認める場合でも、継続雇用に代えて、補償金を支払うことによって継続雇用を拒むことができた。

　この「不公正な苛酷性」の要件については社会的観点を考慮したかどうかを審査する判決において、課されている。疾病のため重い物を持ち上げられなくなった搾乳士が、31歳、既婚で4人の子がおり、そのうち1人の子が小児麻痺であるため、妻もその養育に追われ夫の仕事を手伝えない、という事情を有する場合に、この搾乳士が解雇されたという事件で、ヴュルツブルク・ラント労働裁判所は、証言によれば、何キロも持ち上げバターを抱える仕事はたまにしかないのであるから、解雇は事業所協議会法84条1項4文の意味における不公正な苛酷性を意味するという判断を示している[20]。

　妊娠中の保護期間に至る前であるにもかかわらず、路面電車の清掃業務のため女子労働者が継続雇用されえないという場合に、デュイブルク・ラント労働裁判所は、妊娠中の保護期間以外は法律上は解雇は制限されていないとしても、「共稼ぎで生計を立てなければならず、しかも夫の失業の結果1人で稼いでいる妊娠女性の解雇は、（……）特別な苛酷性を意味する」と判示し、不公正な苛酷性を除去できないと判断している[21]。

　学説においても、社会的観点を考慮すべきとし、当該労働者が短い期間のみその事業場に勤務していた場合、労働者がその家族構成員を配慮する必要がない場合、すぐに新たな職場を得られる場合には、解雇は不公正な苛酷性を意味

しないと解されていた[22]。ワイマール期以前から、使用者が家族構成員を配慮すべきとの社会的観点の考慮が、判例・学説において法的に重要視されるようになったのである。

　上の社会的選択という要素と並んで、解雇回避手段としての他の手段が存したかどうか、つまり、解雇が最終的手段であったかどうかという別の要素が、裁判上、「苛酷性」の要件の枠内において判断されるようにもなった。

　フランクフルト・ラント労働裁判所は、「実際上解雇が、使用者による他の方法での措置、特に、労働時間の短縮によっても回避されうるか否か」という問題を審査しなければならないと説示し、「a）労働時間の短縮が当該事業所において著しい困難もなく技術的に実行可能でなければならず、b）労働時間の短縮が使用者の受忍し得ない多大な負担につながってはならず、c）従業員集団が、かかる労働時間の短縮に応じる準備があり、または、集団協議会（Gruppen-rat）が、さらに進んだ事業所協定を締結する準備があることを表明していなければならない。これにあたって、要件にはさらに、労働時間の短縮が現存する労働協約に反せず、通常規定するものではないというものでなければならないことがある」と説示し、これらの要件を満たすため、解雇は許されないものと判断している[23]。他の判例では、「操業短縮が解雇の代わりに使用者に期待しうるかどうか」も解雇回避のために必要な要件とされている[24]。配置転換も解雇回避のために求められるとし、被告が「オフィスや管理部門で一時的に雇用し、他の者と交換しえた」と判断し、解雇は許されないものと判断した判決もある[25]。

　しかし、解釈基準として一般条項を適用する手法は、危険領域の限界をこえつつあった[26]。「不公正かつ苛酷」という事業所協議会法84条の規定も、解雇保護の法理として適用されるようになったものの、その概念の不明確さゆえに、解釈の基準として十分なものではなかったと後に批判を受けることになる[27]。この頃、信義則などの一般条項を解釈に利用する方法が用いられ、戦後の私法学において反省を迫られることになるが、その問題の一端が解雇制限との関係のこの「不公正な苛酷さ」という要件であった。

　「不公正な苛酷さ」という概念は、客観的な基準を確立するものでなく、中身のない空虚な概念であったと理解され[28]、「実務では、これが不確実さを生じ

させ、部分的には、矛盾する結論さえ導いた[29]」。ヘルシェル（Herschel）教授は次のようにこの条項について指摘する。《この公式を鋭く持ち出す判決は次のように読むことができる。「労働者は、したがって、かつての使用者によって継続してなお雇用されなければならない。それにもかかわらず、解雇異議の訴えは、棄却されなければならない。なぜなら、労働者は25歳の健康な男子であり、家族を養う能力があり、そのため、労働者に対して告知された解雇は不公正な苛酷さはない」と。こうした内容を持つ他の側に立つ諸判決では、「労働者がその事業所において継続して雇用されえないのは的を得ている。彼がその代わりに病気の妻を持つ大家族を抱えているため、訴えは認容されなければならない。なぜなら、解雇は労働者にとって不公正な苛酷さを意味するからである[30]」。》この指摘は、この条項の曖昧さとそれによる法解釈の困難さを示唆しているといえる。

　また、上述の通り、労働者の異議申立ての後、事業所協議会がこの異議申立てを正当と認めるときは、労働裁判所は裁判所がこの訴えを認容し、使用者の望む場合補償を定めさせるのを命じることができた。これにより、使用者には、労働者を継続雇用させるか、あるいは、補償金を支払うかの選択権が帰属している。裁判所では解雇理由の告知のない解雇は無効と判断されず、異議申立て権の問題として処理された[31]。これは、解雇理由の告知は解雇の有効要件ではないとするものである。正当な異議申立ても、労働関係の存続という形での労働契約の締結強制という帰結には至らず、年収の12分の１から最大年の半年の収入の補償金が支払われるにとどまった[32]。

　当時、使用者と労働者団（Belegschaft）によって事業所共同体が形成され、事業所協議会の参加と関与を基調とし、事業所共同体が形成されることを構想する労働法の思想も説かれた[33]。そうした共同体思想は、オットー・フォン・ギールケ（Otto v. Gierke）教授の人格法的共同体理論に由来するといわれる。解雇制限との関係でも依拠される共同体思想は、事業所協議会法にもとづく事業所協議会の参加と関与のなかに現れている。組織体思想（Organisationsgedanke）ないし共同体思想が時代の精神となり、あらゆる労働法上の議論や判決の根拠として引きあいに出されていたのはよく知られている[34]。

　しかし、こうした組織体思想ないし共同体思想の強調により、労働法と民法

25

の規範との距離は縮まるというよりは、むしろ、労働法は社会法として私法とは別の独自の道を歩むことになった。法史家のネル（Nörr）教授は、この組織体思想が反個人主義的な道を歩ませ、一定の私法のコンセプトを危機に陥らせていったと指摘する。集団的な労働法の発展は、連帯による組織思想として特徴づけられるが、この結果、個人主義的な私法思想が後退するという結果を招いているというのである。それが国家社会主義時代の個人にとってはその自由の衰退につながる。さらに、補償の規定の存在は、効果的な労働契約関係の存続保護を不可能にしたと評価している。解雇について労働者より異議申立があった場合でも、使用者は補償の支払いによって継続雇用義務を免れることができたからである。この意味でも、基本的なコンセプトの点で、解雇の自由の原則という原理が貫かれていた。

当時の労働法学者、カスケル（Kaskel）は、これらの命令および事業所協議会法にもとづく保護法制の結果、使用者の自由がこれによって十分制限されるのか、という問いに対して自ら答えている。この問題に対する答えは、否であるとする。まず、解雇の一連の一定の効果を規定する動員のための命令13条が廃止されていることから、使用者の自由が制約されているとはいい難く、また、異議申立て権が基礎づけられる限り、使用者が、その被解雇者の代わりに、解雇可能な数まで他の労働者を解雇することができることから、使用者の自由が制約されているとはいい難いと指摘している。他方で、事業所協議会法84条1項において、異議申立て権の正当化事由（政治、宗教、団体・組合所属などを理由とした解雇の疑いがある場合の異議申立て権）、および不公正な苛酷性が定められている点が解雇の自由を一定程度制約している点も付記している。解雇法制による労働契約の存続保護の機能はまだ限定的なものであったのである。

3　良俗違反による解雇の無効の法理の誕生

1926年に設立されたばかりのライヒ労働裁判所の判例では、命令や事業所協議会法といった制定法等とは別に、法創造の方法で、民法上の良俗違反の規定（民法134条）を適用させるという法解釈を発展させ、解雇無効の法理を創出させている。未払いの協約賃金の支払いを請求したことが経済的な困難さをもたらすとして市の労働者に対して告知された解雇について、ライヒ労働裁判所

は、「解雇の動機、目的が民法134条、138条、826条の意味において禁止されたもので、良俗に反するものとみなしうる。(……) ライヒ労働裁判所は、このことをすでに繰り返し説示している」という判断を示し、本件上告をラント労働裁判所へ差戻している[39]。協約の仲裁裁定によって定められる賃金のベースアップが使用者には受忍できないとして労働者を解雇した事件において、ライヒ労働裁判所は、かかる解雇が民法138条（良俗規定）およびライヒ憲法159条（団結の自由）の規定違反であると判断している[40]。1928年9月29日のライヒ労働裁判所の判決では、「その都度の具体的な関係を考慮して雇用関係の継続が信義と誠実にしたがい期待されている」か否かを審査している[41][42]。後の1936年3月7日のライヒ労働裁判所判決においては、解雇の有効性に関するこれらの諸原則について以下のように定式化している。つまり、「民法138条自体が雇用契約に適用されうることは判例において認められている。雇用契約は、特に、結果的に、従業員の意思の効力と経済的な自由を麻痺させ、過度の方法で制限することは許されない。同様に、雇用契約が信義誠実の原則に服すること、および、このため、解雇という法律手段によってこれらの原則に反する方法での行使が許されず、例えば、時宜に遅れた法律手段の行使が許されないことが認められている。ライヒ裁判所の判例において次のようなことが認められている。解雇が民法134条、138条の規定に服する法律行為であることであり、この法律行為は、法律上の禁止のみならず、動機、目的により良俗に反し得る」と[43]。

　こうした裁判上の解雇無効の救済方法は、制定法上、行政的な命令や事業所協議会法上の参加制度としてしか解雇規制を想定されなかった法規制をこえる優れた法理論であったと思われる。これにより、私法上の解雇の効力を裁判上で争うことが可能となり、戦後の解雇無効を原則とする解雇制限法の端緒となったといえる。裁判所において私法上の解雇の無効を争うようになったのは、労働裁判所が創設されたことと無関係ではない。労働裁判官が、事実をつぶさに観察し、その事実の中に不公正な点を見出し、これを民法上の一般条項たる良俗という規定と結び付けていったものである。

　しかし、「不公正かつ苛酷」の要件と並んで、良俗という極めて一般的で抽象的な規定を用いた解決は、この後、ナチス・ドイツというワイマール期後期において、錯綜した解釈を生んでいく。良俗という主観的要素を包含しかねな

い要件は、道徳的観念、とりわけ、国家道徳的な観念との結節点が見出されやすいものとなっていく。ドイツの法学論争において法学者を戦後もなお悩ませる、一般条項の解釈のあり方が問われるようになるのは、解雇無効の法理においても変らぬ事態となっていく。有用性と危険性というコインの裏表の関係に立つ一般条項の両側面が表出されることとなっていく。良俗の内容については、民法の判例によれば、「公正かつ正当な考えをなすあらゆる人の礼儀感（Anstandsgefühl aller billig und gerecht Denkenden）」と定められる。「公正かつ正当な考えをなすあらゆる人の礼儀感」については、規範的な観点が起点と考えられなければならないとされる。そして、憲法裁判所の判例によれば、この出発点は、国民が文化的な発展過程にある一定の時期で達成され、それが憲法に位置づけられる価値の観念（Wertvorstellung）の全体のなかで形成される、とされる。

しかし、これらの判例によると、良俗の判断に当たって倫理、道徳、良俗が参照されることになる、という問題がある。さらに、誰がどのように、「公正かつ正当な考えをなすあらゆる人の礼儀感」の内容を定めるのか、という問題を抱えることになる。この考えでは、民法の規定で予定される「良俗違反」の法概念がいつのまにか、「道徳」に置き換わってしまう危険を内包していたのである。

3　国家社会主義時代における判例の発展と集団的労働法制の衰退

ヒトラーが1933年に政権を奪取し、独裁政権が成立した後、ワイマール憲法の基本原則を空洞化させ、ワイマール憲法の基礎とした協約制度や集団的労働法のシステムも崩壊させた。ドイツ労働戦線が結成され労働組合がこれに統括されるとともに、ナチスの精神にもとづいた教育と訓練とを施し、職業的身分秩序によって経済生活及び社会生活を新たに規制しようとするものであった。1933年には労働管理官（Gesetz über Treuhänder der Arbeit）に関する法律が制定され、労働管理官制度が設置された。これは、雇い主及び団体に代わって、法律的拘束をもって労働契約締結の条件を規制しようとするものである。政府の推薦を受けた労働管理官は、総理大臣によって任命され、政府の指針や方針

に従わなければならないとされた。労働管理官は協約当事者に代わって賃金条件及び労働条件の規制を行い、その規制は労働協約と同一の効力を生じた[49]。

　集団的労働法のシステムの廃止はこれにとどまらなかった。1934年1月20日に国家社会主義的な国民労働秩序のための法律（通称国民労働秩序法 AOG）が成立した。信義協議会（Vertrauensrat）を組織するものとされ、事業所協議会の地位にとって代わることになる。その根本的精神は、従来とは異なり、従業員の利益を企業主と協働して確保すべきこととされた。同法5条において、一般に20人以上の従業員を擁する経営の指導者に対しては従業員から選出された信義委員（Vertrauenmann）がこれを補佐し、信義協議会が指導者とともにまたその指揮のもとに組織されることが予定され、信義協議会のトップには企業家が経営指導者（Betriebsführer）として据えられることとされた。指導者には労働条件や事業所の秩序等に関する事業所規則を一方的に制定する権限が与えられる（国民労働秩序法26条以下）。

　同法56条においては、「常時10人以上の者が雇用されている事業所で、同じ事業所または企業に1年以上雇用された現業労働者または職員が解雇されたときは、解雇が不公正に苛酷なものであり、かつ、経営の状態に起因しない場合には、その者は、告知受領後2週間以内に、告知取消の申立てを労働裁判所になすことができる」と定められた。

　さらに、同法57条においては、労働裁判所は解雇の通告の取消を宣言した場合、企業主が取消を拒否した場合に対する補償を確定する旨の定めがあった。補償は労働関係の継続年数によって確定し、最後の1年の対価の12分の4をこえることができないと規定されていた。

　これにより、実務においては和解手続（Güterverfahren）が行われた。解雇の効力が、和解手続の実施後、信義協議会前に維持されている場合には、労働者は、解雇が不公正かつ苛酷なもので、経営事情によるものでない場合には、解雇の撤回を労働裁判所に訴えることができた。この訴えが認められる場合、使用者には、解雇を撤回するか、または、補償金を支払うかの選択権が、事業所協議会法と同様に与えられた。

　しかし、当時の判例では、プライス教授によれば、「不公正な苛酷さ」の概念の解釈として労働時間の短縮、配置転換、警告（Verwarnung）が解雇の回避

のために必要かどうかも労働裁判所において審査されたという[50]。この判断枠組みの中で、他の労働を遂行できるか否かも審査されている[51]。また、「裁判所は雇用期間、家族構成を考慮すると、苛酷性の存在を肯定すべき疑念はない」と判断し、社会的選択を苛酷性の判断枠組みの中で行っている判決もある[52]。当時、「不公正な苛酷さ」という概念に立ち戻らない解釈方法もとられ、解約の告知の客観的な必要性を審査するということも行われたという評価もある[53]。しかし、前述のヘルシェル教授は、「不公正な苛酷さ」という概念の柔軟な解釈に関して、国家社会主義時代マンフレッド氏がヘルシェル教授に次のような言葉を述べたエピソードを紹介している。《私たちは、古い弾力的な概念を必要としているが、これによって、状況次第で国家社会主義の内容を持ったものにこの概念を充塡していかなければならない。固定的な概念は私たちを妨害するであろう[54]》と。

このような国家社会主義的な解釈手法が顕著なのが、信義則、良俗規定等の一般条項の解釈について論じた、ジーベルト（Siebert）教授のモノグラフィー、Vom Wesen des Rechtsmissbrauches（1935）である[55]。このなかで、ジーベルト教授は、信義則を利益調整に結びつけてとらえ、共同体思想と切り離して双務的な契約を理解するのは正しくないと述べる[56]。「全国民、家族、階級等の共同体は個人とその権利のための出発点であり終着点としてみられ、個人とその権利のための発生の根拠と目的として、本質的な基礎、効力の源としてみられる[57]」とする。判例及び学説は良俗及び信義則などの一般条項を出発点とすべきであるとする[58]。信義則、良俗、義務ないし共同体思想は、その価値において、健全な国民感情上自然で、言語として印象深い、内容上豊かな表現である[59]。一般条項が適切に適用されるときには、それは真に具体的な形成を保障するだけでなく、同時に個々の国民同胞の（volksgenössig）権限を国民生活（völkisches Leben）の根本法と不可分に一致させることを保障する[60]。労働法で争われる良俗違反の解雇の場合でも、こうした形での権利濫用の法理によって、判断されうると同教授は述べる[61]。

しかし、一般条項は、いうまでもなく、抽象的な法原則を離れて、裁判官をして、利益の状況を分析的に把握し、互いの利益を衡量するのを可能にする。むろん、それは、無原則な法律や法原理からの乖離を意味している。一般条項

は、個々の利益を公の利益や全体の利益（労働法では経営秩序など）と結びつけるために適用されると、個人の自由の優先的な地位を国や社会の中で後退させ、個人を全体の中に埋没させるのに貢献する。信義則や良俗規定ないし「不公正かつ苛酷な」条項（事業所協議会法84条1項4文）といった一般条項は、当時のライヒ裁判所やラント労働裁判所の判例においても、国家社会主義観との関連において、解釈されていた。ある事件では、共産主義の市議会派の代表であった鉄道会社の運転手および車掌に対する同会社の解雇について、「忠実義務（Treuverpflichtung）にもとづき労働者は使用者の利益に反するすべてのことをなさない義務を負い、自制し、特に、使用者との信頼関係の動揺を排除しなければならない」として、「その共産活動によって原告は意識的に忠実義務に反している」と判断し、当該解雇を有効と判断している。国家敵対的な思想や非アーリア人たるユダヤの出生を理由として解雇を正当化するかどうかが問われていた。ボイコットが繰り返され営業を継続することが困難になること、および労働者がユダヤ人であることを理由として顧客に嫌悪感を抱かれること、さらには、使用者にとって損害や危険を意味することを使用者は主張していった。しかし、ライヒ労働裁判所は1933年10月28日、被雇用者（Angestellter）が非アーリアの出生であるという事情が解雇理由となりえないと判断した。

ダームシュタット・ラント労働裁判所も、「ユダヤであることの影響を抑制することを目的とした国家社会主義国家政府の措置は、連邦の職員性（Beamtentum）に関係し、公的な権利と義務に結びついた職業の構成員に関係し、公的団体の被雇用者（Angestellter）と労働者に関係する。しかし、1933年5月4日の命令の2つ目の実現は、非アーリア系の雇用義務者の期限のない解雇を予定するものではない」と説示し、「この領域での党の指導が、すなわち、1933年5月4日の命令のボイコット運動、ユダヤに対する闘争を認めたが、この闘争は非アーリアの企業者と指導者に対して適用されるもので、労働者、教育訓練生、被雇用者（Angestellten）には適用されず、いずれにせよ、経営の指導へ決定的な影響がないところでは適用されない」と判断し、非アーリア人の解雇を許されないものと判断した。他の事件においても非アーリア人であることが即時解雇の重要な理由とはならないとして、出生を理由とした解雇が無効と判断されている。

国家社会主義者の権力奪取後、ナチスのイデオロギーや立法の価値との関係で一定の利益が衡量されていたといえる。国家社会主義時代の一般条項をめぐる学説の後退の過程は、信義則や良俗規定ないし「不公正かつ苛酷な」条項（事業所協議会法84条1項4文）といった一般条項の脆弱性と抵抗力のなさを露呈させている。[69]

4　1951年解雇制限法の誕生とその後の判例法理の形成

1　戦後の立法をめぐる議論の端緒

戦後、国民労働秩序のための法律は、管理委員会法（Kontrollratsgesetz）Nr. 40が適用された結果、廃止された。戦後直後、ドイツが分割統治されていた間、イギリスゾーンの州では、民法242条（信義則）、138条（良俗規定）を根拠として解雇制限が行われた。アメリカおよびフランスゾーンの州では、一部は、解雇制限法の形で、一部は、事業所協議会法の形で、法的な規制が解雇制限について行われた。このため、解雇制限に関わる法的な規制の画一化が必然的に要求された。

社会的パートナーと呼ばれる労働組合と使用者団体は、解雇制限法の草案づくりのための論争を繰り広げ、ついに、1951年1月13日に政府草案がつくられた。

政府草案において、解雇制限法1条は、次のように規定した。

「(1)同一の事業場または企業において3ヶ月以上中断なく雇用される、労働者に対する労働関係の解雇は、社会的に正当化されない場合、無効である。
　(2)解雇が、労働者の個人または労働者の行為に起因して、または事業場における労働者の継続雇用を妨げる差し迫った経営上の必要によらない場合、解雇は社会的に正当化されない。
　(3)労働者を2項の意味における差し迫った経営上の必要性により解雇する場合でも、使用者が労働者の選択にあたり社会的観点を考慮せず、または、十分に考慮しない場合、解雇は社会的に正当化されない。このことは、経営技術的な、経済上、または、その他正当な経営上の必要性が、1のまたはそれ以上の一定の労働者の継続雇用を必要とし、また、これによって社会的観点による選択と対立する場合には、適用されない。この選択にあたって、この法律施行の2年以内に、非追放者（Vertriebene）、

帰還者の事業所への所属期間の短さが不利益に考慮されるのが許されるのは、これより長く就業する他の被追放者（Vertriebene）、帰還者との比較が問題になる場合に限る。被追放者（Vertriebene）とは、1949年8月8日の緊急の社会的非常事態軽減のための法律（WiGBl. S. 205）第31条1号において引揚者と称される者、帰還者とは、1950年6月19日の帰還者のための扶助措置に関する法律（帰還者法）（BGBl. S. 221）に該当する帰還者である。労働者は、本項1文及び3文の意味において解雇が社会的に正当化されないとみられる、諸事実を証明しなければならない。」[70)71)]

解雇制限法の立法理由書（Begründung des Kündigungsschutzgesetzes）では、1920年事業所協議会法及び国民労働秩序法とは異なる立場にあることが明示されている。これらの戦前の旧法によれば、社会違背な解雇は有効であり、解雇の撤回、あるいは補償金を請求することができるのにとどまっていた。これに対し、草案では、社会的に正当化されない解雇の無効を規定し、かかる解雇が濫用的なものであることが明示されている。[72)]解雇自由の原則の修正が謳われている。戦後における私法の再生によるナチス私法の克服・廃止が強く意識されたのである。

草案21条においては、零細企業に対しては解雇制限が及ばないとされている。1920年事業所協議会法では、20人を少なくとも雇用する事業場に対して一定の法律上の制限が及ぶとされ、戦後直後の州法では、ブレーメン及びヘッセンにおいて5人以上の事業所に対して解雇規制が適用されるとしていたことを解雇制限法の立法理由書は考慮している。さらに、立法理由書は、ここにいう零細企業とは、職業訓練生を含め3人以下の労働者を抱える事業所をさすのか、それとも、5人以下の労働者を有する事業所をさすのかは、未解決な問題であるとする。[73)]また、良俗違反で無効の場合については解雇制限法は何ら規定しないままとなっている。さらに、3週以内に確認の訴えを提起する必要性、解消判決による補償の規定によって解雇制限が緩和されていることが明らかにされている。[74)]

政府草案に深く関わったヘルシェル（*Herschel*）教授は、社会的パートナーである使用者団体および労働組合による共同作業の申し子であると呼んだ。[75)]草案は、事業所への帰属性（Zugehörigkeit）を、勤労する人間の重要な法益として承認しているという。[76)]ヘルシェル教授は、これに対して、同法の目的は職場に関する権利ではないとする。草案は、労働関係がいかなるものであるのかと

いう労働関係の法的性質については触れずにいる。そもそも、解雇制限という社会的制限は主観法の内容自体である。主観法とは、個人の権利の行使による法の実現をさす。これは、賃貸借法でも、労働法でもそうである。草案は、オットー・フォン・ギールケ（Otto v. Gierke）教授によって述べられた、いかなる主観法も社会的制限自体を担うとする、ゲルマン法学説の精神の継承であるとヘルシェル教授は述べている。[77]

　連邦政府が、解雇制限法の草案に対する連邦参議院からの変更の提案について態度決定した後、連邦議会の労働委員会で法案が協議された。委員会は草案の基本思想に関わらない変更を行った。法案が第2読会、続いて第3読会において連邦議会の全員で協議され、多数の賛同を得た。第2読会では重要な点について変更を行っている。これまで、25歳以上で10人以上の労働者を抱える事業所が解雇制限の対象とされていた。しかし、手工業者の代表者らによる解雇保護の制限に関するこれらの主張は、労働組合による激しい反対にあい、第2読会において、20歳以上で、ある事業場ないし企業において中断なく6ヶ月以上従事していた労働者に解雇保護が及ぶとした解雇制限法案で意見の一致をみた。同時に5人未満の（訓練生を含む）労働者を抱える零細の事業所（ないし行政）には解雇規制が及ばないとしていた。連邦参議院は1951年7月27日にこの案に賛同した。[78] 解雇制限法の制定は、双方の社会的パートナー（使用者団体及び労働組合）による妥協がかなりの範囲に及ぶものであった。一方で、職場の維持に関する使用者と労働者の利益が対立し、工業、手工業、並びに、大企業ないし中小規模の企業へのさまざまな影響を有していた。このようにして、解雇制限法1条は次のように規定された。

「(1)同一の事業場または企業において6ヶ月以上中断なく雇用され、あるいは、満20歳となる労働者に対する労働関係の解雇は、社会的に正当化されない場合、無効である。
　(2)解雇が、労働者の個人または労働者の行為に起因して、または事業場における労働者の継続雇用を妨げる差し迫った経営上の必要によらない場合、解雇は社会的に正当化されない。
　(3)労働者を2項の意味における差し迫った経営上の必要性により解雇する場合でも、使用者が労働者の選択にあたり社会的観点を考慮せず、または、十分に考慮しない場合、解雇は社会的に正当化されない。このことは、経営技術的な、経済上、また

は、その他正当な経営上の必要性が、1のまたはそれ以上の一定の労働者の継続雇用を必要とし、また、これによって社会的観点による選択と対立する場合には、妥当しない。この選択にあたって、この法律施行の2年以内に、被追放者（Vertriebene）、帰還者の事業所への所属期間の短さが不利益に考慮されるのが許されるのは、これより長く就業する他の被追放者（Vertriebene）、帰還者との比較が問題になる場合に限る。労働者は、本項1文及び3文の意味において解雇が社会的に正当化されないとみられる、諸事実を証明しなければならない。」

政府草案では、解雇制限を及ぼすために、3ヶ月雇用されていることが必要であると規定されていたのに対し、成立した解雇制限法では、6ヶ月以上中断なく雇用され、あるいは、満20歳であることが必要とされている。また、被追放者（Vertriebene）の定義規定（1949年8月8日の緊急の社会的非常事態軽減のための法律（WiGBl. S. 205）第31条1号において引揚者と称される者）、及び、帰還者の定義規定（1950年6月19日の帰還者のための扶助措置に関する法律（帰還者法）（BGBl. S. 221）に該当する帰還者）が、草案と比較すると、成立した新法では削除されている。

1920年事業所協議会法は、解雇保護の対象として20人以上の従業員を雇うの事業所を想定し、国民労働秩序法は、10人以上の従業員を雇う事業所を想定していたが、戦後バイエルン州やヘッセン州では、解雇制限の対象を事業所協議会のある事業所に制限する一方で、ヴュルテンブルク州やラインラントファルツ州では事業所協議会のない小さな事業所でも解雇制限が及ぶと規定されていた。これらの州では、新しい解雇制限は、それまでと比して、解雇保護に対する著しい制限として受け止められていたという。新解雇制限法21条では、5人以上の事業所に解雇制限が及ぶとする規定が置かれた。つまり、21条1項は「第1章および第2章の規定は、船舶、内陸水運、航空業に関する22条の規定を前提として、事業所および私法上、公法上の行政に適用される。第1章の規定は、職業訓練生を含めて原則として5人未満の労働者が雇用される事業所および行政には適用されない」と規定している。イギリスの占領地域の州では、民法138条及び242条による解雇制限が事業所の規模にかかわらず付与されていたので、新法の射程がより限定的なものにとどまっているとの印象を残している。このため、ヒュック（*Heuck*）教授は、解雇制限が押しのけられているのを

遺憾であると述べている[79]。特に、労働者が保護のない状態に身をゆだねざるを得ないのを遺憾であるとする[80]。また、若者に対する保護が及ばず、若者が失業の危険にさらされることにも疑念を抱いている[81]。しかし、1920年の事業所協議会法やナチス期の国民労働秩序法は、解雇の自由（Kündigungsfreiheit）の原則で成り立っていたし、前述の通り、不公正で苛酷な解雇も有効であった。これに対し、1951年の解雇制限法では、通常解雇の有効性について、解雇が社会的不相当でない場合のみ無効であるという立場に転換したという認識をヒュック教授は示している[82]。

2 解雇法理の形成

1951年に立法化された個別法的な解雇制限を予定した解雇制限法の下で、連邦労働裁判所の判例によって、解雇の社会的正当性の要件が具体化されていく。特に、50年代の当初の判例は、利益衡量の手法を多く取り入れている。連邦労働裁判所は、解雇制限法1条2項の解釈のために、1954年にすでに《労働関係の維持に関する労働者の利益と労働関係の解消に関する使用者の利益を衡量》するというメルクマールを用いている。労働者と使用者の利益、ならびに事業所の利益の点での完全な衡量にあたって、正当で相当と思われる事情で十分であると説示している[83]。皮膚の疾病による解雇が問題になった事件において、年2700時間の労働時間のうちの100時間の化学肥料の堆肥のための労働時間が問題になる場合、利益衡量が必要であるとし、労働関係の終了前に何ヶ月も健康の阻害もなく被告において継続雇用をしていたこと、および、医師による鑑定意見によると病気の再発が予想されないこと、さらには、産業医作成のニーダーザクセンの農業研究所の医学的な鑑定書によると、職業的な重大な皮膚疾患が繰り返されることが否定されていることから、当事者によって主張された事情が考慮されていないため、ラント労働裁判所に差し戻されている[84]。経営上の理由、人的な理由、行為による理由にもとづく解雇にあたって、双方の利益を衡量することが重要な基準となっていた[85]。しかし、法律にはかかる衡量について何らの文言も存しない。法律の条文を離れ、利益衡量を行っているのである。

この判例について、ヒュック教授は、従来の法と同様、将来的には双方の当

事者の利益が衡量されなければならないと述べている[86]。これに対し、ベッティンガー（*Böttinger*）教授は、解消のための利益衡量について遺憾の意を表明している[87]。ヘルシェル教授も、不公正な苛酷性の要件とは異なり、解雇理由の実現のためには客観的な要件の確立自体が不可欠であると説いている[88]。その後、解雇法理も利益衡量に依存することのない内容の規範化された法理に転じ、3つの原則が解雇法理として定着していく。

　まず、従来戦前から法律ないし法理として確立しており、解雇の人選にあたって社会的な観点が導入されなければならないとする、人選基準としての社会的選択（Soziale Auswahl）が連邦労働裁判所の判例によって確立していく。連邦労働裁判所は、1961年1月20日判決において、「立法者が事実の積み重ねによる『社会的観点』という表現によって考慮しているのは、解雇によってその生存が深刻になる者が、同じ使用者のもとでの他の比較対象の労働者よりも、優先に値する、ということであり、それゆえ、反対に、多くの比較可能な労働者のもとで職場に対し、よりわずかにしか依存していない者が最初に離脱しなければならない、ということである。この解釈によってのみ、解雇制限法1条3項は、経営にもとづく解雇の場合に、解雇と結びついた負担が通常ありうると考えられる負担と比べても、受忍しうるということに達するのである」と説示している[89]。この事件では次のような社会的観点が具体的には考慮されている。まず、10年勤務した30歳の職員（Angestellter）にとって解雇は、2年しか勤務していない60歳の職員（Angestellter）ほどは深刻さをもたらさず、後者にとっては、解雇が、長い失業を通常覚悟しなければならないことや、生計をもはや立てられないということを経験則上通常意味する。また、扶養義務のある構成員の数を念頭に置くのが適切である。なぜなら、ポストの喪失が、事情によっては労働者自体にとってだけでなく、経済的に責任ないし共同責任のある人間の大多数にとっても、生存の切断をもたらすからであるとする[90]。

　さらに、連邦労働裁判所1964年6月26日判決においては社会的観点とは、被解雇者が他の比較しうる労働者よりも社会的に劣悪な状況におかれている場合に、十分に考慮すべきである、という原則であるが、次のように判断されている[91]。43歳の原告が年齢を理由に35歳のCよりも不利におかれるのは、生活の経験則に反し、求職にあたって35歳の管理的職員は（leitende Angestellte）、若

い年齢と職業経験から、43歳の原告よりも特別有利な状況にあるからである。Cの3年長い事業所の所属年数（勤続年数）は重要視すべきではない。これに対して、Cは子供がなく既婚であるから、原告は3人の子供を有し社会的に保護に値すると判断されている[92]。このようにして、社会的選択の法理は、事業所の所属年数（勤続年数）、年齢、扶養義務が主として当初の判決においては考慮され、事業所の所属年数がより長く、年齢がより高く、扶養義務を負う労働者が社会的に保護に値するとみなされた。こうした労働者は、解雇によってその経済的な生存において深刻な影響を受け、より社会的に保護に値すると考えられたのである。

　社会的選択の法理に加えて、連邦労働裁判所は1978年5月30日の判決において最終的手段性の原則を明らかにしている。解雇の最終的手段性の原則とは、解雇とは別の措置によって、技術的、組織的、または、経済的な地域において、事業所の状況に適合させることができない場合にはじめて、解雇が問題になるというものである。「即時解約は、それが解雇権者にとって不可避で（unausweichlich）最後の手段（letzte Massnahme, *ultima ratio*）である場合にのみ、適法となる[93]」。その後、即時解雇の場合に限らず、最終的手段性の原則が解雇の要件として定着している。「他の雇用の可能性が、事情によってはより低い労働条件において、存在しない場合にはじめて、最終手段として終了のための解雇が、経営上の理由によるか、労働者個人の事情によるないし行為によるかどうかを問わず、通常解雇であるか即時解雇であるかを問わず、問題になる[94]」。例えば、補助的労働力の採用、一時的な組織替え、労働過程におけるその都度の組織変更、一時的な長時間ないし時間外労働の導入の場合であるとされる[95]。使用者がその利益の満足のため他のより負担の少ない手段を行使することができない場合、解雇が行使されうることになる。この最終的手段性の原則は、解雇法1条2項1文の必要性、相当性の原則の現れである。解雇の要件として、解雇より負担の少ない手段（配置転換、労働時間の短縮、操業短縮などの手段）が講じられることが求められているのである。そもそも、「（……）を理由とする（bedingte）解雇」とは、（……）を必要とさせる、あるいは要するという意味に解釈されるから、「差し迫った経営上の必要性」が問題になる場合にはじめて、解雇法が具体化されることになる[96]。また、最終的手段性が相当性

(Geeignetheit)の原則と関わるのは、具体的な目的の充足のために相当な手段のみが、解雇の回避のために問題になるからである。

最後に、予測可能性の原理（Prognoseprinzip）が定式化される。連邦労働裁判所は、これらの原則を次のように定式化している。つまり、「解雇制限法1条2項の意味での解雇について事業上の必要性とは、事業所内（例えば、合理化措置、ならびに、生産の転換または制限）、または、事業所外の諸理由から（例えば、注文不足、または、売上げの減少）、生じる。これらの事業上の必要性は、差し迫ったものでなければならず、そして、解雇は、事業所の利益において必要とされる。解雇とは別の措置によって、技術的、組織的、または、経済的な地域において、事業所の状況に適合させることができない場合に、この要件は、みたされる。（……）これをこえて、使用者によって主張される諸事実が直接的に、または、間接的に、解雇された労働者の職場にどれだけ影響を与えるかが使用者によって特に主張されなければならない。事業所内の措置、または、事業所外のきっかけから、解雇された労働者の職務の必要性が消滅するかどうかを、使用者の陳述は認識させるものでなければならない」[97]と。解雇の有効性を決する場合将来の当該職務の消滅に関する一定の予測を必要とさせる、将来予測の原則が必要であるというものである。つまり、将来予測の原則は、判例実務によれば、あらゆる解雇理由の場合に、将来的な継続雇用が不可能であることに解雇理由が依拠しなければならないというものとなった。その解雇理由は当然、将来に結びついたものでなければならない。この詳細については後述する（第Ⅰ部第3章1）。

判例法理が形成される間、解雇法制も改正されていく。

1969年8月14日の法律により、解雇保護の及ぶ最低年齢の制限は撤廃された。さらに「雇用」期間という文言は「労働関係」の期間という文言に改められた。この草案の作成も、労働組合と使用者団体（BDA）によって共同で作業された。

重要な改正は、1972年1月15日の事業所組織法の改正である。選考基準の設定に関する共同決定権が規定された。事業所組織法95条において、「採用、配置転換、格付け転換、解雇にあたって人的な選択に関する基準について事業所委員会の同意を要する」と定められた。つまり、解雇にあたってもこうした人

選基準を事業所委員会の承認にもとづいて策定し、これによる人選が可能になるというものであり、事業所委員会が解雇の際に関与することが予定されている。同時に、事業所委員会の聴聞は解雇の要件となる。1951年の事業所組織法においても、事業所委員会はあらゆる解雇の前に聴聞することが予定されていたが、この原則違反に対する効果を規定していなかった。判例と学説においては、事業所委員会の聴取は、解雇の無効を帰結するのでもなく、有効に故意または過失により事業所委員会に聴聞しない使用者に対し、解雇訴訟において、通常解雇の社会的正当性を否定することができずにいた。そこで、1972年事業所組織法は、事業所委員会の参加権を強化し、聴聞権の不遵守が解雇の無効をもたらすとした[98]。この規定の意味は、事業所委員会への聴聞が解雇の有効性の要件となったことである。同時に、聴聞手続き終了後告知される通常解雇、または、即時解雇にあたって、事業所委員会の疑念を考慮するきっかけを使用者に与える意味を持つ。但し、聴聞をなした後、事業所委員会が異議申立権を行使したとしても、聴聞をなした以上、事業所委員会の異議申立権を理由として解雇がただちに無効となることはない。使用者には、解雇するかどうかについて自由が留保されている（反対もあり）。さらに、事業所組織法102条3項では、確定力のある判決が下るまで被解雇労働者の継続雇用義務が定められた。これにより、上の異議申立権の行使は、事業所組織法102条5項による仮処分による就労請求権の発生、解雇制限法1条2項2文による社会的違背の絶対的根拠を帰結する。

5　ドイツにおける解雇規制の緩和とその検証

1　規制緩和の背景

　規制緩和のコンセプトの下で、1996年において、解雇規制の緩和、疾病の場合の継続的給付の100％から80％への削減等を軸とする、労働法規の規制緩和のための法案が提出された。そのなかで、当時の CDU/CSU 政権の規制緩和政策は、労働法の根幹部分をなしていた解雇制限法の規制の緩和と保護の強化を一度に実行に移している。1996年9月13日の成長と就業促進法（Wachstums- und Beschäftigungsförderungsgesetz）によって解雇制限法が改正されたのであ

る。この法律は、1996年10月1日に施行された。これによれば、解雇制限法の対象企業を10人以上の従業員を擁する企業とされ、これ未満の零細小規模企業、10人未満の従業員を擁する企業には解雇制限法は及ばないとされた。[99] 反面で、判例で認められていた社会的選択の法理を解雇制限法において明文化する、というものであった。

　この規制緩和の基礎となったマクロ経済学上の認識は、解雇における法規制が強固なため、企業が、将来の従業員の解雇が困難であることを考慮して、新規の採用を控える、というものであった。つまり、就業保護のために形作られている解雇の保護法制が、当初の立法者の意図とは異なって、就業のための障害になっているというのである。レーヴィッシュ教授によれば、約145万の企業の14％が最近5年間に一度ないし何度も解雇制限を理由として新規採用をあきらめ、もし解雇制限がすべての従業員に適用されなければ、42％の企業が新たな新規採用を考えたとされる。[100] ドイツの中小企業の大部分は、期限のない労働契約による供給の増加に躊躇しており、40％が解雇制限訴訟からの逃避を、14％が補償からの逃避を考えているとされる。[101] 国際比較でも、解雇の自由を保障している国に比べ、3から4％の雇用の後退がみられるという調査結果もある。[102] 解雇をめぐる法規制がインサイダー（解雇保護に守られたすでに企業のなかにいる従業員）を守るため、アウトサイダー（企業に採用されない失業者）を冷遇している、というこれらの経済学的ないし政治的な認識が、労働法のコンセプトの転換を労働法学者、政策担当者に迫っていた。解雇規制の緩和の問題が逆に失業率の高さの一因となっていると本格的に学説において論争されるとき、同時に、それは、保守主義的な労働法観の台頭をも意味していた。

　これらの背景には、1980年後半以降、労働法的な規制の厳格なメカニズムに対する根強い懐疑と不信がドイツの学会、経済界に根付いていることがあげられる。労働法の硬直性が高失業の原因となっていると指摘され、経済学者のみならず、法学者も、市場のメカニズムを妨げる労働法自体における私的自治の原則の機能の弊害を指摘している。[103] 例えば、従来労働者の賃金保護のための重要な手段であった労働協約のカルテルは、現在では、労働の供給の市場価格に合致せず、協約によってカルテル化された商品の供給は後退し、その帰結が失業である、とされる。[104] 解雇規制が厳格なため、多くの企業が労働者の採用を控

え、賃金の高い労働力を削減し採用を増やすために、解雇規制の緩和が主張されるのも、労働法全体の規制緩和の主張と密接に関わっている。本来は労働者のために定められた解雇制限が、労働市場での一定の潜在的労働者（＝失業者）に対してネガティブに働くとする。国による保護機能とそのデメリットが問題になっている。すでに企業の中にいる労働者の保護を図る労働法が、企業の外にいる潜在的な労働者を保護しない結果を招くというものである。事業場内の労働者の保護のみを考慮してきた労働法の新たな難題である。

2 規制緩和の内容

これに対し、1997年に政権を奪取した社会民主党・緑の党は、解雇規制を1996年以前の法状態に戻し、白紙に戻した。1998年12月19日の「社会保障と労働者の権利の保護のための修正法 (Gesetz zu Korrekturen in der Sozialversicherung und zur Sicherung der Arbeitnehmerrechte)」によって1999年1月1日より施行された。これにより、解雇規制は5人以上の従業員を抱える事業場に及ぶこととされ、1996年のCDU/CSU政権の規制緩和政策（10人以上の事業所対象）以前の解雇規制に戻った。

しかし、ドイツの新法案アジェンダ2010においては、解雇規制が緩和され、10人未満の事業場に対しては解雇規制が及ばない、と規定する解雇規定の適用範囲に関する規定の改正が行われている。社会民主党・緑の党の政権は、雇用促進の観点から、CDU／CSUのコール政権の解雇緩和政策を2004年に再び復活させたのである。つまり、10人未満の小規模事業場には解雇規制は及ばないとの解雇制限法の規定に再び改正した。社会民主党・緑の党の現政権は、失業率を下げるためのいわゆるアジェンダ2010の一環として、コール政権の解雇緩和政策を再び復活させる試みをしたのであった。

この政策が発表された後、最終的には、解雇規制は、5人未満の事業場には解雇規制が及ばず、2004年1月1日以前に10人未満の労働者を雇用していた事業場には及ばないと規定された。このうち、後者の部分は、10人未満の事業場には解雇規制は及ばないと当初改正案では規定していたが、結局、改革法案より以前からその事業場で雇用されていた者については、従来どおり解雇の保護が享受できるようにとの配慮から、2004年1月1日以降10人未満の事業場で新

しく雇用された者にのみ解雇規制が及ばないものとされた。つまり、23条1項2文は、「第1章の規定は、4条ないし7条及び13条1項1文及び2文の例外があるが、職業訓練のための従業員を含め原則として5人未満の労働者を雇用する事業場及び行政に適用されない。職業訓練のための従業員を含め10人未満の労働者を雇用する事業場及び行政に対しては、4条ないし7条及び13条1項1文及び2文の例外があるが、第1章の規定は、2003年12月31日より後に労働関係が開始された労働者に対しては、適用されない；これらの労働者は、2文にしたがい原則として10人の雇用の上限の数を確定するにあたっては、考慮されない」と規定しているのである。ここでいう第1章とは、1条1項の「6カ月以上中断なく同一事業場ないし同一企業で労働関係が存在する、労働者に対する労働関係の解約は、それが社会的に相当でない限り、無効となる」と規定する「社会的に正当化されない解雇」の規定を包含する章のことをさす。このため、解雇制限法をめぐる今回の法改正の大部分は、社会民主党・緑の党の政権が自ら白紙撤回したCDU／CSU政権の解雇制限法改正案とほぼ同じものとなっている。こうしたことから、レーヴィッシュ教授は、「アジェンダ2010は、解雇制限法上、アジェンダ1996そのものである[107]」と述べている。10人未満の小規模事業場に対して解雇規制を除外した理由の1つに、アウトサイダー・インサイダー理論があった。[108]アウトサイダー・インサイダー理論に依拠する同教授は、1996年の規制緩和とほぼ同内容の今回のアジェンダ2010の改革法案＝規制緩和政策を支持する、と述べている。[109]

　解雇規制を論じる際、政府レベルでも経済学者のレベルでも、事業所の規模に応じて解雇規制を廃止していくことが主張される。なぜ、解雇規制が廃止される対象を10人未満の事業場とするかということには、ドイツにおける外部労働市場の発達の程度が関わる。ハンス・ブッケラー基金およびIABの研究によれば、2001年での5人未満の事業場では、退出率（離職率）も参入率（採用率）もいずれも低くなく、労働者の移動に関する流動性が高いという。[110]これに対し、100人以上の事業場は、平均で10人の採用と9人の離職があったにすぎず、その変動が小さい。[111]大中の企業では、経営上の必要性に対し、企業の内部の移動により対応し調整していき、内部のフレキシビリティーが高い。不要な人材は他のセクションへ移動もできる。また、退職者で補充したり、業務を減

少させたりして調整可能である。これに対し、零細の事業場では、外部的な調整によらざるを得ず、新規採用と解雇により、労働力の量で業務量に俊敏に対応せざるを得ないため、大企業と比べれば参入の率（採用率）も退出率（離職率）もいずれも高くなるはずだと分析されている[112]。また、大企業は、事業所委員会と協議・合意の上でフレキシブルな労働時間、収入の減額、労働時間の短縮などを導入させ、解雇を放棄した上での労働条件の調整手段を有していることから、雇用やコストに対する調整手段を多く有している。これに対し、零細企業では、協議・合意すべき事業所委員会もなく、労働条件の調整のための手持ちのカードが少ない[113]。こうした分析から、外部労働市場との関係で変動が要請される小規模の事業場ほどフレキシブルな調整手段が必要であり、それが解雇規制の緩和の政策をとるべき根拠なのであると説かれている[114]。原則的に10人以上の労働者を抱える事業場においてのみ解雇規制が及ぶと新たに規定された（解雇制限法23条）のは、こうした規制緩和の主張を背景にしたものであった。

同時に、アジェンダ2010では、経営を理由とした解雇の場合に、金銭的補償を可能にしている。つまり、解雇制限法1a条によると、

「 (1)使用者が1条2項1文による経営上の差し迫った必要性を理由として解雇し、労働関係が解雇によって解消されないことの確認の訴えを労働者が4条1項の期間の経過までに提起しなかった場合、労働者は、解雇期間の経過によって補償の請求権を有する。請求権は、解雇が経営上の差し迫った要請にもとづいていること、および、3週間の訴えの提起期間が消滅する場合に補償を請求しうることを解約文書において使用者が提示したこと、を要件としている。
　(2)補償額は、労働関係の存続する年ごとの報酬額の0.5月分に達する。10条3項を準用する。労働関係の期間の算定にあたって、期間は6ヶ月から1年までに増やすことができる。」

こうした補償規定は、労働市場政策の一環であり、解雇を容易にするための法政策そのものであった。解雇制限法の規制緩和により、解雇に関する企業の決定の自由が少しずつ拡大しつつあるのである[115]。

3　解雇規制の緩和の検証～実態調査の結果から

ドイツでは、1996年のコール政権下、さらには、2003年のシュレーダー政権

下において、2度、解雇規制の緩和政策を実行に移した。しかし、本当に、解雇制限は、事業場で採用を抑制する効果があり、また、失業率を高める効果を持っているのであろうか。ここでは、ドイツにおける解雇規制の緩和の効果を検証し、解雇規制緩和の採用率に対して与える効果を検討する。解雇規制の壁が高く立ちはだかるほど、長期失業者は労働市場に参入できないという理論が事実であるとすれば、1996年、2003年の2度にわたる解雇規制の緩和政策によって、採用率が上昇していなければならない。特に、従業員10人未満の事業場における解雇規制を適用しないとした、1996年・2003年の解雇制限法の法改正後の採用率の増減をみることが、解雇規制の雇用への影響をみるバロメーターとなるはずである。これについて、複数の研究が存在するので、これら複数の研究を検討するのは有意義なことであると思われる。

バウアー／ベンダー／ボーニンは、1996年のコール政権における解雇規制の緩和が与える雇用への影響、とくに新規採用への影響を研究している[116]。これにあたって、1996年の法改正の前後、1998年のシュレーダー政権下での法改正以後の採用率を調査している。10人未満の事業場に解雇規制を適用しないとした1996年の法改正以降、——規制緩和の理論によれば、解雇規制の緩和の結果、採用率は上昇しなければならないところ——6人から10人までの採用率が減少している。社会民主党・緑の党が1999年に10人未満の事業場への解雇規制を復活させた後は、6人から10人未満の事業場に対して解雇規制が再び及ぶことになったのであるから、規制緩和論の論理に従えば、厳格な解雇規制によって採用率が抑制されるはずである。ところが、6人から10人未満の採用率が逆に再び増加している。これらの考察から、これらの6人から10人未満の事業場における雇用率の増減も有意な変化ではないとバウアー／ベンダー／ボーニンは分析している。最終的には、解雇制限がないところでも、雇用のダイナミズムは存在しないという結果を引き出しており、ドイツの解雇法における発想の転換からは、解雇の数と採用の数に対して測定可能な影響はないと結論づけている[117]。

これに対し、連邦経済省の委託研究の調査では、98年の改正時まで最大9人擁していた事業場ではその後18％の採用が増えたのに対し、11％の人員削減があったとされる[118]。雇用の増加のあった企業のうち約40％が6人から10人未満の

45

事業場であり、残りの60％は6人未満または10人以上の企業であった。[119]しかし、6人から10人までの企業のうちその22％に雇用の増加がみられる反面で、25％で雇用の削減があったことが観察された。この3％の違いは9000企業に相当するが、このレベルでは雇用の拡大よりも雇用の削減が生じたと捉えられている。[120]しかし、1996年7月から1997年6月までの全体の雇用は53万以上、1.5％減少し、この時期失業率は10.3％から11.4％に後退している。雇用政策の転換の効果が全体としてはわずかなものであり、その効果の兆候すら認識可能なものとはいえないと指摘する。[121]1993年から1998年までの時期の事業場を研究範囲としたヴァーグナー／シュナーベルの研究によっても、採用数の点で異なる結果をもたらすものではないということが確認されている。[122]

1998年以降の小規模事業場での従業員の変化

	従業員1-4人	従業員5人	従業員6-9人	従業員1-9人全体
人員削減	10％	13％	18％	14％
変化なし	43％	39％	40％	40％
人員増員	47％	48％	41％	48％

Pfarr/Ullmann/Bradtke/Schneider/Kimmich/Bothfeld,
Der Kündigungsschutz zwischen Wahrnehmung und Wirklichkeit, München und Mehring, 2005, S. 39.

採用率と離職率を見る場合、上の表は、ハンス・ブッケラー基金の調査結果であるが、事業所の規模に関わらず採用率（人員増員率）が比較的高く、事業所の規模に応じた解雇規制の有無が採用（人員増員）に影響を与えていないことを示している。

労働法における私的自治の原則を強調する保守的な労働法学者、ユンカー（Junker）教授も、ドイツ法曹大会の鑑定書の中で、解雇規制の緩和が採用を増やす効果に疑問を投げかけている。[123]ドイツ商工会議所は2100の企業に質問表を送り、1996年の法改正以後、解雇制限の及ばない企業にアンケートを行っている。[124]11％の企業が解雇制限がないことを理由に採用したと結論づけている。しかし、89％の企業で解雇制限がないからといって採用には結びついていない。ユンカー教授は、このことに着目し、解雇規制の緩和が採用には直結しないことを結論づけている。[125]マクロ経済学と労働法学の接合を試み、労働法における

私的自治の原則を強調するユンカー教授がこうした鑑定書を発表しているのが興味深いと思われる。これらの研究は、解雇規制の壁が高く立ちはだかるほど、長期失業者は労働市場に参入できず、失業率を高めるという理論が実証されていないことを示している。

2006年のハンブルク大学における研究では、2004年の改正との関連について、人事責任者の実際の日常において、解雇制限および他の労働法上の規定が採用にあたって何らの大きな役割を果たしていないと述べている。調査はどのような条件が新採用に対し影響を与えるのかという質問を通じて行われた（41企業回答）。新採用に影響を与える最重要な理由としては、人事責任者は、約半数の20の企業が収益の状況、受注の状況、ならびに、経済的な条件によって影響を受けると回答している。6企業の人事責任者が解雇制限が新採用にとって影響があるとし、3企業のみが解雇制限法が新採用にとって重大な影響があるとしている。他の企業は解雇の規制の強さは決定的な要素ではないとしている。4分の1の人事責任者は、将来の従業員の能力が新採用にあたっては決定的に重要であるとしている。この結果をふまえて、ファル教授は、新たなポストについての決定においては、人事責任者にとっては解雇制限は何ら役割を果たしておらず、人事担当者の基本的態度からは、それが新しいポストの創造には影響を与えていないと結論付けている。ファル教授らは2000の人事担当者に重要な労働法上求められる改革はなにかを尋ねたところ、3分の1は改革の必要性がないと答え、3分の1は労働法の改革が必要であると答えるが、労働法上の規制の厳格さが採用行動に影響を与えていると答える者はいなかったと述べている[126]。20歳から60歳の3039人にインタビューしたイエナ大学およびハノーファ大学の研究によると、48％が現存の解雇制限を維持すべきであるとし、特に22.9％は解雇制限を強化すべきであるとさえ答えている[127]。解雇規制を廃止すべきだと考える従業員は6.7％にすぎない。

ザイフェルト（*Seifert*）氏は、規制緩和の試み全体について次のような点を考慮して疑問を投げかけている。

——労働時間は、1994年に規制緩和され、現在では労働時間口座を導入する企業は4分の3にまで及び、事業所の要請に従ってフレキシブルな労働が可能になっている。時間外労働手当も消失しつつある。1日8時間労働という標準的な労働という厳格な標

準的労働時間からモデルの転換が起こり、バリエーションのある労働時間になりつつある。
—労働協約の射程が収縮しつつあり、横断的な産業別労働協約によって拘束される労働者は、西の領域で59％、東の領域で42％となっており、労働者は協約から解放された競争に立たされている。開放条項も増加しつつある。
—賃金の悪い仕事も魅力的に見えるほど、失業者に対する給付もハルツ法によって減少し、質の高い仕事の保護というのを放棄せざるを得なくなっている。
—非典型雇用については、期間の定めのある契約は2年までは客観的理由が必要ではないとし、起業にあたっては4年までの期間の設定が客観的な理由もなく可能となった。
—解雇制限法の効力領域が10人以上の事業場に制限された。

これらをふまえて、ザイフェルト氏は、「労働市場に関する規制や雇用の進展との間には明白な関連性がない」と述べている。新自由主義者の労働市場理論とは異なり、「労働者の保護の規制は、より多くの雇用のための障害ではないとの考えを抱いている[128]」と述べている。つまり、解雇規制の緩和を含めた規制緩和政策・フレキシビリティーの論議の結果、失業率の低下につながらなかったことを指摘する。

ファル（*Pfarr*）教授らの最近の論文によれば、IABの調査では、レーバー・ターンオーバー率（Labour-Turnover-Rate）は、解雇規制の緩和が行われた後の2007年上半期、ドイツでは（事業所の大小を問わず）、労働市場への入場が約6.1、退場が5.0であった。他の時期と比べ、労働市場において最も人の出入りがあったといえる。5人未満の小規模の事業所では、レーバー・ターンオーバー率は、全事業所の平均が11.1％であるのに対し、15.8％と明らかに高いものであった。他の残りの規模の事業所では、ほとんど差異はない（つまり、6人から10人未満の従業員の事業所でも労働市場の入退出に他の規模の事業所と変化がない）[129]。500人以上の従業員を抱える事業所では、レーバー・ターンオーバー率は、8.1％と明らかに低い。

5人未満の事業所では、2007年の上半期8.3％の採用率（全事業所の平均6.1％）であった。規制緩和の結果解雇規制を失った6人から10人未満の事業所では、7.0％となっており、平均よりやや上回っている程度である。

大きな事業所では、採用率は減少し、500人以上の事業所では4.0％にとどま

レーバー・ターンオーバー率:参入率・退出率　2000年及び2007年（事業所の規模ごと）

すべての事業所（社会保険義務のある事業所）

規模 (従業員数)	レーバー・ターンオーバー率		参入率		退出率		解雇	退職	期間の定めのある労働契約	合意解約	その他
	2000	2007	2000	2007	2000	2007	2007	2007	2007	2007	2007
5人まで	18.9	15.8	9.5	8.3	9.4	7.5	2.2	2.5	1.0	0.5	1.3
6〜10	16.1	11.8	8.1	7.0	8.0	4.8	1.4	1.9	0.6	0.1	0.8
11〜19	12.6	11.1	6.6	6.3	6.0	4.8	1.2	2.0	0.8	0.2	0.6
20〜49	12.1	10.7	6.7	6.2	5.4	4.5	1.1	1.9	0.7	0.2	0.7
50〜99	13.7	12.1	7.5	6.8	6.3	5.3	1.4	1.8	1.2	0.2	0.7
100〜199	11.3	11.1	6.2	6.2	5.2	4.9	1.2	1.6	1.1	0.2	0.7
200〜499	12.2	10.8	6.0	6.0	6.2	4.7	0.9	1.2	1.3	0.2	1.0
500人以上	10.3	8.1	4.8	4.0	5.5	4.1	0.4	0.8	1.3	0.3	1.3
平均	13.0	11.1	6.6	6.1	6.3	5.0	1.1	1.6	1.0	0.3	0.9

出典：IAB-Betriebspanel 2000 und 2007, eigene Berechnungen
Gensicke/Pfarr/Tschersich/Ullmann/Zelbig Neue Erkenntniss uber die Beendigung von Arbeitsverhaltnissen in der Praxis, AuR, 2008, S. 431.

っている。労働市場からの退出率（Abgangsrate）も、5人以下の小規模事業所では7.5％、6人から10人未満の規模の事業所では、特筆すべき差異はない。[130] 2000年の解雇率は5人未満の事業所では2.5％であり、2007年では2.2％、6人から10人未満の間の事業所では2000年では2.2％（解雇規制があった時期）、2007年では1.4％（解雇規制が廃止された時期）となっており、解雇規制を緩和すれば、解雇が多くなるようになるとまでいえないことがわかる。[131]しかし、参入率（採用率）はこの双方の規模の事業所では（0人から10人未満の事業所）最も多いものの、2000年と比較すると2007年には、参入率は減少している。つまり、解雇規制（特に6人から10人未満の事業所）を緩和すると、採用が増えるとはいえないことがわかる。[132]これらの考察から、同論文では、解雇規制の緩和による雇用政策上の影響は確認されえないと結論づけている。

2005年、ドイツ全体では実際失業率は、11.1％という失業率を維持している。[133]その後、好況になるに伴い、ドイツ連邦統計庁が2008年8月28日発表した失業率は7.6％となっており、労働市場の状況は劇的に改善されている。しかし、ドイツでは、景気が好況の局面に移行する際、2004年11％、2005年11.1％、2006年10.3％と失業率が引き下がらないという結果を招いていたのは否定

できない。この間、前述の通り、解雇規制の緩和の結果、企業の採用率は全体として伸びてはいなかった。ヴェッデ（Wedde）教授、ツァッヒャルト教授、ヴァイアント（Weyand）教授への聞き取りによると、このように現在失業率が低くなり労働市場が改善したのは、好況によるものであり、ハルツ法や解雇制限法によるものではないとしている。つまり、失業率の増減は、解雇規制緩和以外の要因によるというものである。現在では、サブプライムローン問題がドイツの金融機関にも及び、2009年にはGDPが後退することが予測され（2009年度経済成長率予測0.1％）、不景気の局面に入っているなか、失業率が再び上昇した。解雇規制の緩和により採用率が増えるのであれば、景気が後退しても、その採用率は上昇を続け、失業率は低下するはずである。しかし、実際には、かかる理屈は机上の空論と化している。また、解雇制限の緩和を提案したハルツ氏自身が約束した３年間での失業率の半減が達成できていないのも事実である。ドイツでの実証的な結果の積み重ねからは、解雇規制と失業との関連性があるとは立証されていないのがわかる。

　いかなる科学も、検証を経ることなく事実を事実としては認めることはない。物理学に理論物理学があるのに対して、実験物理学が検証の役割を果たしている。しかし、経済学上の規制緩和論の場合、こうした検証を経ることなく多様な現象を予め極めて現象・人間の行動をかなり簡略化し画一化した上で、モデルをつくり、そのモデルの結果を「真実」であると唱えている。仮説を検証せずに、真実だと決め付けている側面もあり、これが本当に科学といえるのであろうかと疑わざるを得ない。また、解雇の規制緩和論に説得力がないのは、ドイツにおいて解雇規制を一定の事業場以下に対し廃止している——５人未満の事業場に対しては解雇規制が及んでいない——にもかかわらず、景気が好くなるまで失業率が全く下がっていなかったことである。筆者が直接話を聞いた限りでは、事業場の規模に応じた解雇規制の緩和という規制緩和の手法に問題があり、より根本的な改革こそが必要だ（ピッカー教授）、政策の失敗をまだ判断するには早い（ムッシェル教授）という意見もあり、さらなる解雇規制の緩和こそが根本的に失業率を低くするのでは、と今後の規制緩和政策に望みを託す見解もある。しかし、相変わらず失業率が下がらなかったことから、解雇規制の緩和は失敗に帰したとみる労働法学者もおられる（先のヴェッデ教授

ら)。失業率が高い理由には、中国や東欧・ウクライナなど労働力の安い国に生産の拠点が移り、工場などの移転によるドイツ国内での産業の空洞化が進んでいることが指摘される。繊維部門でのEUのセーフガードの発動の論議に見られるような中国との貿易不均衡も生じており、雇用政策では対処しきれない問題も失業率の高さの原因として説かれる。これに加えて、従来から、税・社会保険料が高く、多国籍企業のドイツへの進出を妨げていることも一因である。日本と共通する課題があることもわかる。しかし、解雇規制の緩和と失業率の変動（特に減少）との対応関係がみられない以上、――少なくとも現在までの経過をみる限り――これらの解雇規制緩和政策が少なくとも、失業率には影響を与えないとみるのが素直な見方なのではないかとも思われる。むしろ、景気と失業率が密接な関係性を有しているといえる。

6　小　　括

　解雇の有効性の判断にあたっては、解雇制限法にもとづいて、人的な理由、行為にもとづく理由、経営にもとづく理由による解雇それぞれについて、その社会的相当性の要件の具体化が必要とされる。その具体化に当たって、最終的手段性の原則、将来予測の原則、社会的選択が中心的な概念となっている。こうした法理が形成され確立するまでには、ドイツ法の解雇法理は少しずつ解雇の自由を制約する形で発展していった。19世紀初頭には、解雇が自由であったのは、日本法と同じコンセプトであった。しかし、ワイマール期までに集団法的な保護のシステムが形成され、事業所協議会という従業員代表が参加する形で、解雇制限を達成する一方で、信義則・良俗規定などの一般条項を適用するもとで解雇を制約する法理が裁判所において形作られていた。

　戦後、解雇制限法1条の規定が制定され、連邦労働裁判所の法理とあいまって、保護の砦を築いていく。同時に、集団法から個別法的な保護中心の法制へと転じている。解雇制限法を中心とした保護の法理は労働法の中心的な機能を果たし、これに集団的な従業員代表法制が補完的な機能を果たす形になった。ドイツの解雇法制及び解雇法理は厳格なドイツ労働法の象徴的な存在となっている。

第Ⅰ部　ドイツ法における解雇制限法理

　近時失業率が高まる中、再び解雇の自由を拡張し、解雇保護の法制に風穴を少しずつ開けるべきとの経済学者や法学者らによる主張がなされるまで、解雇制限ないし解雇保護（解雇からの労働者の保護という意味）というコンセプトが安定的に確立し、発展していった。《戦前には、使用者による解雇により、労働者が職場を奪われ、収入のない状態に落とし入れられる一方で、解雇は、何らの要件と結びついておらず、むしろ、使用者は解雇の理由について考慮することなく恣意的あるいはきまぐれで解雇することができた[134]》という状態から、戦後、労働者を保護する法制へと改編されていったのである。戦前の労働者の不安定な地位と社会的な状況を経て、ドイツでは、解雇の自由を体系的にかつ包括的に制約する解雇制限法の法理が確立した。法の歴史的な発展過程は、ある専権的権力による恣意を抑制し、自由や生存への脅威を取り除く過程でもあった。解雇制限法やそれにもとづく判例法理はまさにその特徴が顕著にみられる分野となった。先進国を悩ませる後の新自由主義的な思想がドイツの法規制を一部改変させた以外では、解雇法理は、解雇に対する労働関係の存続保護という機能を果たし続けることになる。

注
1）　RG Urt. v. 29. 11. 1911, RGZ 78, 19. 本件は次のような事件であった。1908年春に、28の疾病金庫のための団体総会は、必要な数の医師の採用契約の締結を代表（Vorstand）に代理させ、この代表が5人の代表からなる委員会に対し医師との契約締結の事務についてさらに授権した。1908年3月28日同委員会は被告とともに、金庫の医師（Kassenarzt）として一定の手当と6000Mの固定の最低報酬での、1909年1月1日から1917年1月31日までの医師の採用の契約を5人の代表と原告との間で締結した。1908年9月15日被告は原告医師に対して、被告が契約の拘束から解放される旨、そうでない場合はこの契約関係を解消されるものとして捉え、そのように扱う旨を文書で示した。その理由は個人的かつ団体的な性格を有すると述べた。原告は1908年10月7日および11月14日手紙でこれを拒否し、同時に、被告に対し上の宣言に異議を唱えたが、これに対し何ら被告からの回答がなかった。原告は契約の履行および履行の拒否によって生じる損害と費用の支払に関する訴えを提起した。ラント裁判所は訴えの通りに認めた。被告の上告はライヒ裁判所民事部によって棄却された。
2）　Potthoff, Probleme des Arbeitsrechtes, Jena, 1912, S. 122. 例として、ポットホフは、30年ある企業に勤務し、常にその義務を果たし、報酬が少ないが高い地位に昇進したものの、その能力が足りず、企業が解雇したという場合を挙げる。いじめはなく、むしろ、使い果たされた労働者をフレッシュな労働者に置き換えようとしている。242条（信義則）

はこうした場合に適用されるが、良俗違反は適用されないと述べる。この場合損害賠償を請求しうるとする（Potthoff, Probleme des Arbeitsrechtes, S. 122）。
3) Preis, Prinzipien des Kündigungsrechts bei Arbeitsverhältnissen, München, 1987, S. 13.
4) Wüllenweber, Die Entwicklung des Kündigungsrechts seit dem ersten Weltkrieg, Diss. Köln, S. 40.
5) Dazu Kaskel, Neuerungen im Arbeitsrecht, 1961, Berlin, S. 5f. f..
6) これは、1919年9月3日の経済的な動員期間中の労働者および職員の採用、解雇、及び賃金に関する命令を改正したものである。
7) 労働時間の短縮が期待されない場合、または、操業の短縮が毎日4時間以上必要であるという程度に労働の機会がその事業所において強く後退する場合、この限りで、解雇することができるとされていた。その場合、週労働時間は24時間を下回って短縮されてはならない。
8) かかる解釈について、ジンツハイマー『労働法原理』（東京大学出版会・1955年）〔楢崎二郎・蓼沼謙一訳〕208頁参照。
9) この命令の経緯及び内容については、藤内和公「ドイツの整理解雇基準」岡山大学法学会雑誌45巻3号841頁（857頁、858頁）に指摘がある。同研究によると、1902年以後、ハルバーシュタット地区の壁塗り・大工部門労働協約において、受注不足による解雇にあたっては、被解雇者選考に関する定めが置かれた。これによれば、当該地域に住んでいた従業員よりも外部から流入してきた従業員がまず解雇されるべきと定められていたと指摘される（同857頁）。
10) Dazu Vgl. Kaskel, a. a. O., S. 6f.
11) ジンツハイマー・前掲書（注8）206頁。
12) Vgl. Eisenhardt, Deutsche Rechtsgeschichte, 3. Aufl., München, 1999, Rn. 340f..
13) Vgl. Nörr, Arbeitsrecht und Verfassung, Das Beispiel der Weimarer Reichsverfassung von 1919, ZfA, 1992, S. 361 (364); Däubler / Kittner / Klebe / Schneider (Hrsg.), Betriebsverfassungsgesetz, S. 94.; Ramm, in: Gedächtnisschrift für Otto Kahn-Freund, München, 1980, S. 22; Richardi, RdA 1984, S. 88, 90.
14) Naumann, NV-Protokolle Bd. 336, 182. Vgl. Anschütz, Drei Leitgedanken der Weimarer Reichsverfassung, S. 26; Nörr, ZfA S. 364.
15) Nörr, Zwischen den Mühlsteinen, Tübingen, 1988, S. 206.
16) Eisenhardt, Rechtsgeschichte, 3. Aufl., München, 1999, S. 429.
17) ラートブルフ『法学入門』（東大出版会・1961年）139頁。
18) 不公正で苛酷とは、不公正または苛酷という意味なのか、不公正かつ苛酷であることが必要であるのか争いがあった。Manfred, Betriebsrätegesetz, S. 432. は、不公正または苛酷と理解している。
　　解雇が禁止される類型には、条文の文言どおり、1）基準となる規定に反する場合、2）理由の告知がない場合、3）採用時の合意とは異なる労働を拒否する場合、4）不公正で苛酷な場合があった。このうち4）の不公正で苛酷な場合が最も重要であった。
19) Manfred, Betriebsrätegesetz, 2. Aufl., Manheim / Berlin / Leipzig, 1930, S. 419.

20) LAG Würzburg Urt. v. 20. 6. 1929, ARS 7, 37. 裁判所は他の期待可能な労働があることを認めている。
21) LAG Duiburg Urt. v. 18. 7. 1929, ARS 7, 59. 路面電車の清掃業を営む被告のもとで2人の妊娠している女性が解雇されたという事件で、被告は、事業所協議会法84条以下の異議申立手続においてそれぞれの女性が妊娠3週および4週の時期にあり、かかる就業を行う場合、流産がありうるため、妊娠中の女性を雇用できないと主張した。労働裁判所及びデュイブルク・ラント労働裁判所は、継続雇用または100ライヒマルクの補償の支払いを命じた。
22) Heuck / Nipperdey, Lehrbuch des Arbeitsrechts, S. 319.
23) LAG Frankfurt a. M. Urt. v. 11. 2. 1932, ARS 14, S. 17. 事実と判断は次のようなものであった。1919年3月26日より鉄道会社アルテン・キルヒェンの清掃を行っていた原告は、既婚で4歳から11歳の3人の子供を有しており、戦争で40％の負傷と認められ、さらに事故災害を理由として10％負傷していると認められていた。1931年、被告は区の労働者階級の20％を解雇し、1931年11月1日までの解約告知期間を付して10月17日原告らを解雇した。原告は、事業所協議会に異議の申立てを行い、事業所協議会は異議申立を承認した後、鉄道会社アルテン・キルヒェンの労働者のために異議申立ての訴えを提起した。被告会社は、交通の減少、これによる人員削減の必要性を主張したが、原告は、54時間から57時間に及ぶ労働時間への労働時間の短縮によって、180人分の解雇を回避しうると主張した。ラント労働裁判所は、54時間への労働時間の短縮が使用者にとって実行可能で、受忍しうるし、従業員集団も、賃金の減少を伴わないかかる労働時間の短縮を甘受する準備があったと判断し、解雇は許されないものと判断した。
24) LAG Dresden Urt. v. 20. 11. 1931, abgedrückt: in der Sammlung Vereinigung 1932, S. 22.
25) LAG Dortmund Urt. 25. 7. 1933, ARS 19, 3.
26) Nörr, Zwischen den Mühlsteinen, S. 212.
27) Herschel, in: Hubmann und Heinz Hübner (Hrsg), Festschrift für Ludwig Schnorr von Carolsfeld zum 70. Geburtstag, Köln, Berlin, Bonn, München, 1972, S. 157 (159); Preis, Prinzipien des Kündigungsrechts bei Arbeitsverhältnisses, München, 1987, S. 18. 後者の著書によれば、当時「不公正で苛酷な条項」は、解雇に関する使用者の利益及び、職場の維持に関わる労働者の利益の衡量に用いられた（Preis, Prinzipien des Kündigungsrechts bei Arbeitsverhältnisses, S. 18）。
28) Herschel, a. a. O., S. 159, 161; Preis, a. a. O., S. 15, 18.
29) Herschel, a. a. O., S. 159.
30) Herschel, a. a. O., S. 159. その一方で、この社会的選択の法理は一定の役割を果たしたと評されている（Preis, a. a. O., S. 18）。
31) Wüllenweber, Die Entwicklung des Kündigungsschutzrechts seit dem ersten Weltkrieg, (Diss an der Uni Köln); ArRG Osnabrück ARSt I, 83; LAG Hamburg ARSt IV, 366; LAG Augsburg IV, 617.
32) Heuck / Nipperdey, Lehrbuch des Arbeitsrechts, S. 333.
33) Potthoff, Die Entwicklung der Rechtsverfassung, auf das Arbeitsrecht, Leipzip u.

Erlangen, 1925, S. 7, Kaskel, Arbeitsrecht, Berlin, 1928, S. 174 f.
34) Nörr, Zwischen den Mühlsteinen, S. 6.
35) Nörr, Zwischen den Mühlsteinen, S. 5.
36) Heuck, Kündigungsschutzgesetz, 5. Aufl., München u. Berlin, 1965, S. 18.; Preis, a. a. O., S. 15.
37) Kaskel, Neuerungen im Arbeitsrecht, 1961, Berlin, S. 9 f..
38) Kaskel, a. a. O, S. 10.
39) RAG Urt. v. 24. 4. 1929, ARS 6, 96. 本件は次のようなものである。原告は1923年3月23日より市の労働者として被告の下で雇用され、1925年10月19日より市建築局で就労に従事し、1927年に設立された最高宗務（Oberkirch）のための組織の代表、出納係であった。被告はその労働者に要求される協約賃金の支払いをなさなかったため、1928年初頭、被告と団体との間で賃金交渉となり、双方譲らなかったため、最終的には被告と当該労働者の争いとなった。5月7日地方公共団体協議会（Gemeinderat）を開催し、協議会は賃金問題を撤回させるため開催されたが、原告はこれを拒否した。5月10日市建築局は文書でその労働関係を解約した（解約告知期間は5月26日まで）。市の労働者が協約賃金を請求するため、市が経済的な困難さに直面していることを理由とした。原告はこうした措置がライヒ憲法159条（団結の自由）に反し、民法134条（良俗）に反すると主張して、1928年5月28日からの3週間の39.84ライヒマルクの週の協約上の賃金を請求した。労働裁判所とラント労働裁判所はこれらの訴えを棄却した。上告差戻。
40) RAG Urt. v. 18. 10. 1930, ARS 18, 75. 本件は次のようなものであった。原告は現物給与の農業労働者であり、ドイツラント労働団体に所属していた。これに対し被告はラントの団体に所属していた。この団体の構成員のため、1929年2月27日のこの地域のための仲裁委員会の仲裁裁定と1929年3月23日の仲裁人による拘束宣言（Verbindlichkeitserklärung）により、賃金のアップを労働者にもたらす強制的労働協約（Zwangstarifvertrag）が成立した。その後被告は、1929年10月1日原告を解雇した。原告に宛てた解雇の通告では次のような文言であった。「仲裁委員会の仲裁裁定によれば、（……）経営に耐えかねる賃金変更の危険が存在する。このため、私はあなたの地位を1929年10月1日の文書で解雇をせざるをえない」と。

原告は解雇の異議を申立てたが（事業所協議会法84条）、事業所協議会への異議申立ての訴えは認められなかった。原告は訴えを労働裁判所に提起し、解雇が良俗違反であり、無効であると主張した（民法134条、138条、ライヒ憲法159条）。これに対し、被告は、賃金アップによって生じるより多くの負担が被告には耐え難いと主張した。労働裁判所とラント労働裁判所は、訴えの申立てについて被告に対して判決し、350ライヒマルクの支払を命じた。

労働者が団体に所属し協約賃金の遵守を求めた場合に、労働者に対し解雇しうるとしたライヒ労働裁判所のかつての判決（1930年6月2日の判決）があったが、ライヒ労働裁判所の本件判決は、「1930年4月24日ライヒ労働裁判所判決（533/1929）は、こうした解雇は、動機、目的を考慮して、法律の禁止および、ライヒ憲法159条に反し、このため、民法134条に照らし無効である旨認めているが、この判断は維持しなければならない」と判断した。

41) RAG Urt. v. 29. 9. 1928, ARS 4, 22. 信義則を考慮して女子労働者の婚姻が解雇の重要な理由を与えないと判断している。
42) ヴァイス「労働条件の決定と変更」日独労働法協会7号39頁（43頁）によれば、ライヒ裁判所のレベルでは、解雇制限に特徴的な存続保護（Bestandschutz）という概念が、のちの解雇の判例において重要な位置を占めるようになったという。ライヒ裁判所は、しだいに、期間の定めのある労働契約を締結することを著しく制限するという解釈をとるようになる。
43) RAG Urt. v. 7. 3. 1936, ARS 4, 126.
44) BGHZ 10, 228, 232; BGHZ 20, 71, 74; BAG Urt. v. 1. 4. 1976 AP Nr. 34 zu § 138 BGB. この訳については、鹿野菜穂子「ドイツの判例における良俗違反」『岩波講座基本法学4　契約』（岩波書店・1983年）138頁、大村敦志『公序良俗と契約正義』（有斐閣・1995年）235頁参照。このほか、これらの議論については、広瀬清吾「ナチス法学と利益法学（一・二）」法学論叢91巻3号1頁・5号1頁（1972年）、五十嵐清「ナチス私法判例における一般条項の機能」『民法学の基礎的課題（中）』（有斐閣・1974年）37頁、中村哲也「ナチス民法学の方法的分析」法学41巻4号（1978年）などがある。
45) BVerfGE, 7, 198, 206.
46) MünchKomm (BGB), § 138 Rn. 12 (Meyer-Maly); Staudinger, § 138 BGB, Rn. 13 (Sack).
47) Standinger, § 138 BGB, Rn. 13 (Sack), Vgl. Sack NJW, 1985, S. 761 (763).
48) 今日では、社会は、基本的な価値の大きな転換点にあるとされている（MünchKomm, § 138 BGB Rn. 17 (Mayer-Maly)）。価値の変化によって、かつて良俗違反とみられた行為が、民法138条の現在の裁判では、すでに疑わしいものになっている（MünchKomm, § 138 BGB Rn. 17 (Mayer-Maly)）。価値基準のヒエラルキーが絶対化されることはありえないのである。
49) 磯崎俊次「ナチスの新労働憲章に就いて」社会政策時報163号39頁以下、後藤清「国民革命上の労働協約」社会政策時報161号173頁以下が詳しい。同時に労働管理官は、労働の平和の維持をも目的としていた。
50) Preis, a. a. O., S. 20.
51) LAG Würzburg Urt. v. 20. 6. 1929, ARS 7, 37.
52) LAG Berlin Urt. v. 8. 7. 1931, ARS 5, 20.
　　15のケーキ製造工場やホテルなどを経営する被告は、レストランラインゴールドを経営していた。このホテルで18年被告において勤務し1人の12歳の子を養育する既婚の原告ウエイターを他の300人の労働者とともに1931年4月30日までの解雇告知期間で解雇したという事件（レストランラインゴールドの事業所の閉鎖）について、不公正な苛酷性の存在を理由に開催された労働者委員会はその異議を根拠のあるものとして捉え、他の事業所の他の労働者との交換などを被告と交渉したが成果がなかった。労働裁判所は、被告に対し原告の継続雇用または継続雇用を拒否する場合1620ライヒマルクの補償の支払、訴訟費用の支払を命じた。被告がそうした考慮をせず被解雇者の選択をなしているが、二審の本件裁判所は、「被解雇者の選択は恣意的であることは許されず形式的な解雇権の行使においてのみ行いうる」と説示し、雇用期間、家族構成を考慮すると、苛酷性の存在を肯定すべ

き疑念を述べる余地はないと判断した。継続雇用できない場合の補償額としては、一方では、被告の劣悪な経済状況を考慮し、他方では、長期にわたる失業が予見しうることを考慮すると、1000ライヒマルクが相当であるとした。

53) Herschel, a. a. O., S. 161.
54) Herschel, a. a. O., S. 160.
55) Siebert, Vom Wesen des Rechtsmissbrauches, Berlin, 1935.
56) Siebert, a. a. O., S. 16.
57) Siebert, a. a. O., S. 17.
58) Siebert, a. a. O., S. 17. しかし、ジーベルト教授は、「個人の権利の利益及び利益保護を構築するこの方法は、疑いなく、高い価値を有し、これによって、適当な補助手段としての一般的な語法を認めず、個々の権利と個々の法原則の厳密な認識と解釈を必然的に導く。これは論理的で抽象的な法解釈からの乖離への必要性と道のりを説得力ある形で指し示してきた。しかし、国家社会主義的な法的見解の意味での私たちの市民法の変革にとっては、この利益法学は十分なものではない。利益法学は、非常に合理的で、個々の目的と関連した、このために必然的に分析的すぎる方法である。つまり、利益法学は、裁判官に対し、問題となる利益を探り、これを個別化し、互いに利益を衡量する任務を課す。その際、この利益が、ある反対する利益との必然的な対抗と結びついても、全体の出発点ないし終着点を意味することはない。権利と法的関係の新たな内容上の形成の力として、この利益の概念は、具体的な秩序と共同体の思想が要求するものに貢献するものではない（Siebert, a. a. O., S. 22f.）」と述べる。
59) Siebert, a. a. O., S. 25.
60) Siebert, a. a. O., S. 26.
61) Siebert, a. a. O., S. 30.
62) Preis, Prinzipien des Kündigungsrechts bei Arbeitsverhältnisses, S. 19.
63) LAG Frankfurt a. M. Urt. v. 27. 11. 1933, ARS 24, 26.
64) Vgl. Preis, Prinzipien des Kündigungsrechts bei Arbeitsverhältnisses, S. 19.
65) RAG Urt. v. 28. 10. 1933, ARS 19, 207.
66) RAG Urt. v. 28. 10. 1933, ARS 19, 207. 原告は靴の商品のお店の所有者であったが、1929年にお得意先の被告と契約を締結しその営業を継続したが、被告がその営業を譲渡を受けた。原告は代表となり、原告の妻はそこで雇用された。原告はユダヤの出生であった。1933年4月1日に命ぜられたユダヤ人に対するお店のボイコットにより、お店に対し、午前10時にボイコットが開始された後突撃隊が現れ、ボイコット命令がこのお店にも下ったため閉鎖が必要となった。1933年4月2日原告と妻は被告より解雇された。
67) LAG Darmstadt Urt. 23. 2. 1934, ARS 20, 89. この事件では、1932年9月15日より被告と契約によって3年を予定した商人の教育訓練を行っていた。1933年8月31日、非アーリア人の出生であることを理由として期限の定めもなく解雇された。教育訓練関係の継続を目的とした訴えを労働裁判所は棄却した。この判決では、被告が原告を解雇すべき命令を保持していたこと、ギーセンやその周辺での顧客の観念を考慮して、ユダヤ人の人員の継続雇用をする場合には、商業的な損害が予想されることが認められていた。原告女性の控訴認容。

ほかに、ボイコットが1日だけであったため、企業の存続が危険になるという、財政上の不利益をもたらすものではないし、顧客と接しないよう雇用し、オフィスや管理部門で一時的に雇用させ、他の者と交換することができるものであったから、解雇は違法であると判断した判決もある（LAG Dortmund Urt. 25. 7. 1933, ARS 19, 3）。

68) Etwa LAG Bielefeld Urt. v. 28. 9. 1933, ARS, 19, 126.
69) Preis, Prinzipien des Kündigungsrechts bei Arbeitsverhältnisses, S. 18.
70) RdA 1951, S. 58. 被追放者（Vertriebene）とは、原則として第二次世界大戦後他国の管理下におかれたドイツ東方地区（オーデル・ナイセ河以東の旧プロイセン領）、または、1937年12月31日現在のドイツ領に住所を持っていたが、第二次世界大戦と関連してこの住所をおわれ、または住所から逃亡したドイツ国籍を有する者、またはドイツ国民に属する者などをさし、連邦被追放者法（Bundesvertriebenengesetz; BVFG）によって援護を受ける（以上、山田晟『ドイツ法律用語辞典』（1978年・大学書林）429頁）。但し、山田教授は、Vertriebene を難民と訳しておられるが、ここでは、Fluchtlinge と区別して訳す必要があるため、被追放者と訳した。
71) 解雇制限法7条は「(1)労働関係が解雇によって解消されないと裁判所が確認し、労働者に労働関係の存続が期待されない場合、その申立により、労働裁判所は労働関係の解消をしえて、使用者に対し補償の支払を判決しうる。経営の目的に役立つ労働者と使用者の間のさらなる協働が期待できない、という理由から、使用者が労働関係の解消を請求する場合、使用者の申立により同様の判決を労働裁判所は下すことができる。但し、労働者が重要な点でのこれら諸理由の不適切さを証明する場合、または、解雇が、事業所における使用者の権力的地位の濫用のもとで明らかに恣意的、または無効な理由から行われている場合、使用者の申立は棄却しなければならない。」と規定した。現解雇制限法9条の原型がこの時点で規定されている。
72) RdA 1951, S. 63. 草案を分析したものに、以下の文献がある。Bötticher, RdA 1951, S. 83; Dietz, NJW 1951, S. 941; Herschel, BB 1951, S. 61; Dersch, RdA 1951, S. 286.
73) RdA 1951, S. 63.
74) RdA 1951, S. 63.
75) Herschel, BB 1951, S. 61.
76) Herschel, BB 1951, S. 61.
77) Herschel, BB 1951, S. 61.
78) BR-Drucks. Nr. 572/51. 第3読会において、草案と第2読会の中間をとり、双方の妥協がみられたとする。
79) Heuck, RdA 1951, S. 282（283）.
80) Heuck, RdA 1951, S. 283.
81) Heuck, RdA 1951, S. 283.
82) Heuck, RdA 1951, S. 283.
83) BAG Urt. v. 7. 10. 1954, AP Nr. 5 zu § 1 KSchG.
84) BAG Urt. v. 20. 10. 1954, AP Nr. 6 zu § 1 KSchG.
85) Preis, Prinzipien des Kündigungsrechts bei Arbeitsverhältnisses, S. 22.
86) Hueck, RdA 1951, S. 284.

87) Böttinger, in (Hrsg.) Hans Carl Nipperdey, Festschrift für Erich Molitor, München, 1962, S. 127ff.
88) Herschel, RdA 1951, S. 484ff. Vgl. Dietz NJW 1951, S. 943.
89) BAG Urt. v. 20. 1. 1961, AP Nr. 7 zu § 1 KSchG betriebsbedingte Kündigung.
90) BAG Urt. v. 20. 1. 1961, AP Nr. 7 zu § 1 KSchG betriebsbedingte Kündigung.
91) BAG Urt. v. 26. 6. 1964, AP Nr. 15 zu § 1 KSchG betriebsbedingte Kündigung.
92) BAG Urt. v. 26. 6. 1964, AP Nr. 15 zu § 1 KSchG betriebsbedingte Kündigung. このほか、原告の妻の財産の状況が良好であることを考慮してもラント労働裁判所によって同じ結論に至ったという判断を連邦労働裁判所は示している。
93) BAG Urt. 30. 5. 1978, NJW 1979, 332. 本判決は、本件訴訟がラント労働裁判所に差戻されている。その理由は次のようなものである。「空いたポストへの原告の配置転換が不可能であることが証拠提出により認定されるときには、ラント労働裁判所は完全とはいえないその利益衡量を補充しなければならない。特に、審査されなければならないのは、原告が1975年1月13日には病気を患っており、その労働能力が解約告知期間まで続いていたため、被告が労働関係の存続を12労働日の比較的短い解約告知期間経過まで期待できたかどうかである。その際、重要なのは、原告の労働能力が1975年1月12日に被った交通事故との関係があるかどうか、及びこれに責任があったか否か（賃金継続支払法1条1項参照）であろう」。
94) BAG Beschluss v. 22. 2. 1980, BAGE 33, 1.
95) BAG Beschluss v. 22. 2. 1980, BAGE 33, 1.
96) Stahlhacke / Preis / Vossen, Kündigung und Kündigungsschutz im Arbeitsverhältnis, § 2 Rn. 918.
97) BAG Urt. v. 11. 9. 1986 EzA Nr. 54 zu § 1 KSchG betriebsbedingte Kündigung.
98) Stahlhacke / Preis / Vossen, Kündigung und Kündigungsschutz im Arbeitsverhältnis, § 2 Rn. 346f. (Preis).
99) 但し、経過規定があり、1996年10月1日以前に解雇制限があり、それ以降解雇制限を失う企業には、解雇制限は3年間（つまり、1999年9月30日までは）及ぶとされた。しかし、1999年1月1日に社会民主党・緑の党政権による修正法が施行され、経過規定の適用も排除され、5人未満の事業所にのみ解雇制限が及ばないとされた。
100) Löwisch, NZA 2004, S. 690.
101) S. v. Klizing, Ordnungsökonomische Analyse des arbeitsrechtlichen Bestandsschutzes, Diss, 2001, S. 128.
102) Dörsam, Zur Kündigungsschutzdebatte in Deutschland und den USA, 1995 Heft 1, S. 13.
103) Hanau, Deregulierung des Arbeitsrechts, S. 5 (6, 22); Loritz, ZfA 2000, S. 267 (271); Möschel, ZRP 1988, S. 48; Picker, „Regelungsdichte und ihr Einfluss auf die Beschäftigung", S. 200ff., 215f.; Zöllner, ZfA 1994, S. 423 (424ff., 436f.).
104) Hanau, Deregulierung des Arbeitsrechts, S. 18f., 20f.; Loritz, ZfA 2000, S. 271; Möschel, ZRP 1988, S. 48, 50f.; Zöllner, ZfA 1994, S. 423 (424ff., 432f.).
105) Hanau, Deregulierung des Arbeitsrechts, S. 6f; Picker, „Regelungsdichte und ihr

Einfluss auf die Beschäftigung", in: Regulierung-Deregulierung-Liberalisierung, Tübingen, 2001, S. 195, S. 204; Zöllner, ZfA 1994, S. 433ff.
106) Düwell / Weyand, Agenda 2010, Köln, 2004, S. 1, 3; Löwisch, NZA, 2004, S. 689.
107) Löwisch, NZA 2005, S. 689.
108) Regierungsentwurf, NZA 2003, S. 707 (unter A).
109) Löwisch, NZA 2004, S. 691.
110) AuR 2003, S. 81 (83).
111) AuR 2003, S. 83.
112) AuR 2003, S. 83.
113) AuR 2003, S. 83f.
114) AuR 2003, S. 84.
115) つまり、解雇制限法1条3項2文は、「労働者の継続雇用が、特に、知識、能力、および、業績、または、事業場の均衡の取れた人事構造の確保のために、正当な企業の利益にある場合、かかる労働者は、その1文にもとづいた社会的選択において除外される」と規定している。
116) Bauer / Bender / Bonin, Dismissal Protection and Worker Flows in Small Establishments (IZA DP 1105), Bonn, 2004.
117) Bauer / Bender / Bonin, a. a. O., S. 23f.
118) Friedlich / Hägele, Ökonomische Konsequenzen von Schwellenwerten im Arbeits- und Sozialrecht sowie die Auswirkungen dieser Regelungen, Untersuchungen im Auftrag des Bundesministerium für Wirtschaft, 1997, S. 11.
119) Friedlich / Hägele, a. a. O., S. 11.
120) Friedlich / Hägele, a. a. O., S. 12.
121) Friedlich / Hägele, a. a. O., S. 12.
122) Wagner / Schnabel / Klaus, Wirken Schwellenwerte im Deutschen Arbeitsrecht als Bremse für die Arbeitsplatzschaffung in Kleinbetrieben?, in: Ehrig / Kalmbach (Hrsg.): Weniger Arbeitslose-aber wie?, Marburg, 2001, S. 101 (110).
123) Junker, Arbeitsrecht zwischen Markt und gesellschaftspolitischen Herausforderungen, Gutachten B für den 65. Deutschen Bundestag, 2004, München, B51.
124) Deutscher Industrie-und Handelstag, Impulse für den Arbeitsmarkt-Beschäftigungswirkungen arbeitsmarktrelevanter Gesetzeswirkungen: Ergebnisse einer DIHI-Umfrage im Frühsommer, Bonn, 1998.
125) Junker, Gutachten, B51.
126) Boecklerimpuls 14/2006. http://www.boeckler.de/cps/rde/xchg/SID-3D0AB75D-1A3F14DA/hbs/hs.xsl/32014_84158.html
127) Gesine Stephan, Olaf Struck, Christoph Köhler, Hans-Böckler-Stiftung-Projekt-Nr.: 2003-546-3, S. 2.
128) Seifert, WSI-Mitteilungen 11/2006.
129) Gensicke / Pfarr / Tschersich / Ullmann / Zeibig, AuR, 2008, S. 431 (433).
130) Gensicke / Pfarr / Tschersich / Ullmann / Zeibig, AuR, 2008, S. 434. 同調査では、10

人以下の小規模の事業所のレーバー・ターンオーバー率は、2000年との対比では、中大規模の事業所に接近している。この接近は、退出率の後退に帰結され、つまり、解雇の後退に帰結されるとする。

131) Gensicke / Pfarr / Tschersich / Ullmann / Zeibig, AuR, 2008, S. 434.
132) Gensicke / Pfarr / Tschersich / Ullmann / Zeibig, AuR, 2008, S. 434.
133) http://www.pub.arbeitsamt.de/hst/services/statistik/detail/a.html
134) Heuck, KSchG, 5. Aufl., München, 1965, S. 13f.

第2章

解雇制限の目的（保護の目的）

1　解雇制限の目的

1　保護の目的

　そもそも、解雇制限法は職場に関する権利を保障するものではない[1]。解雇制限法は、労働契約を基礎づける労働者と使用者との間の債務法的な関係を維持し保護するものであって、双方の契約当事者が債務法的な拘束から解放されることは原則としてありえない。「保護に値する利益は、使用者が職場のポストを労働者から奪ってはならないという効果を伴った、具体的な職場のポストなのではなく、使用者と労働者の債務関係、双方の当事者のいわば法的拘束なのである」[2]。これは、*Pacta sunt servanda*（合意は守らなければならない）というローマ法以来の私法秩序の原則から生じるのである。既述のハーナウ教授が指摘する hire and fire というアメリカの原則は労働法のみならず、私法秩序全体が知らない概念である[3]。私法秩序において解約が許されるのも、合意によって約された給付が不可能になっている場合に限られている[4]。これをこえて、法に定められた不能の場合以外に、合意を一方的に破棄できる権利が認められているわけではない。契約関係の存続を維持するというのが私法秩序の原則なのであり、解雇の自由が原則なのではなく、解約を認めるのは、むしろ、私法秩序における労働法のなかでも、むしろ、解雇法的な規制に拘束された解雇が正当化される場合に限られる。

　これに加えて、ベルコフスキー判事は、さまざまな現にある経済的利益ないし社会的利益の可能な限りでの正当な調整を保障するという営みの中にも、解雇法の根拠があると述べている。「労働者の労働関係の存続に関する基本的な利益は、経済的な利益及び家族の利益の基礎として保護されるべきであり、使

用者と労働者との間の現存する力の均衡を国の援助なしには労働者が実現しえない利益も、保護されるべきである。同時に、企業がその有する個人的な処分権ないし利益——個人の利益と同様企業の利益——を制限することは避けられるべきである[5]」と述べている[6]。

続けて、ベルコフスキー判事は、解雇規制が採用を抑制し失業を創り出しているという指摘をふまえて、「解雇法は、本質的には、失業を回避するための法律ではない。解雇制限法は解雇の原因を労働者に帰すことができないにもかかわらず——特に、個人を理由とした解雇や労働者の行為を理由とした解雇とは異なり——、経営を理由とした解雇を認めている。しかし、経営を理由とした解雇は、企業に対し、雇用の可能性が後退している場合に労働関係の数を現存するポストの数に適合させることを許されているにすぎない。この適合・一致がうまくいかないのであれば、解雇制限は、中身も意義もない労働関係を維持することを余儀なくさせてしまうであろう。それは、経済全体の非効率を単に導くだけであり、ポストを維持する代わりに、経済全体の喪失を導く。この限りで、公共の利益が関わっている。解雇制限は、経済的な目的設定によっていずれにしても生じる、ポストを創り出せるものでもなく、また創り出そうというものでもない。ポストをただ維持するものではなく、維持しうるものでもないのである[7]」。

他方で、継続的債権関係としての労働関係は解消されないというものではなく、契約当事者にとって一定の厳格な要件のもとで法的な拘束力から解放される可能性が存在している。解雇制限法は一定の要件のもとで契約的拘束から一方的に解放される権限を一方当事者に対し付与している[8]。この解雇制限は、判例法理の形成とともに発展してきた。解雇に関する企業決定の自由が法改正によって使用者に保障されるべきであるかどうかの検討の前に、解雇に関する企業の決定の自由をむしろ制約してきた判例法理の検討をしなければならない。それによって、これらの法理が最終的に不要であるかどうかを考察しなければならない。

2　解雇規制とその法理の概要

解雇制限法1条1項において、「労働者に対する労働関係の解雇は、その労

働関係が同一の事業場または企業において中断なく6ヶ月以上存続しており、それが社会的に相当ではない場合に、無効となる」と規定されている。

また、解雇制限法1条2項は、「解雇が、労働者の個人または労働者の行為に起因して、または、事業場における労働者の継続雇用を妨げる差し迫った経営上の必要性によって、行なわれるものでない場合、解雇は社会的に正当化されない」と規定する。解雇は、労働者の個人または労働者の行為に原因があるか、または、差し迫った経営を原因とするものでなければならないのである。それぞれ、労働者個人の事情を理由とする解雇（あるいは人的理由に基づく解雇）、労働者の行為を理由とする解雇（＝制裁としての解雇）、経営を理由とする解雇と呼ばれる。

さらに、「第1章の規定は、4条ないし7条及び13条1項1文及び2文の例外があるが、職業訓練のための従業員を含め原則として5人未満の労働者を雇用する事業所及び行政に適用されない。職業訓練のための従業員を含め10人未満の労働者を雇用する事業所及び行政に対しては、4条ないし7条及び13条1項1文及び2文の例外があるが、第1章の規定は、2003年12月31日よりも後に労働関係が開始された労働者に対しては、適用されない：これらの労働者は、2文にしたがい原則として10人の雇用の上限の数を確定するにあたっては、考慮されない」と規定しているのである。ここでいう第1章とは、1条1項の「労働者に対する労働関係の解雇は、その労働関係が同一の事業所または企業において中断なく6ヶ月以上存続しており、それが社会的に相当ではない場合に、無効となる」と規定する「社会的に正当化されない解雇」の規定を包含する章のことをさす。

解雇の有効性の判断にあたっては、解雇制限法に基づき、人的な理由、行為に基づく解雇、経営に基づく理由による解雇それぞれについて、その社会的相当性の要件の具体化が必要とされる。その具体化にあたって、①将来予測の原則（Prognoseprinzip）、②最終的手段性の原則、③期待可能性の原則（利益衡量）、④社会的選択の法理が中心的な概念となっている。

（1）　**将来予測の原則**　　連邦労働裁判所の判決において、「事業所内の措置、または、事業所外のきっかけにより、解雇された労働者の職務の必要性が消滅するかどうかを、使用者の陳述は認識させるものでなければならない」と

説示されているが、これが、解雇の有効性を決する場合一定の予測を要求する、将来予測の原則（Prognosenprinzip）である。将来予測の原則は、判例実務によれば、あらゆる解雇理由の場合に、将来的な継続雇用が不可能であることに解雇理由が依拠しなければならない。その解雇理由は当然、将来に結びついたものでなければならない。事業場の閉鎖を決定した段階では、閉鎖が予測されるものであって、労働者の継続雇用が不可能である場合、連邦労働裁判所は、将来予測の原則から、解約告知経過前に必要とされた事業所の閉鎖の予測が誤りであると事後的にわかった場合、雇用請求権は労働者に発生すると判示している[9]。こうした将来予測の原則は、あらゆる解雇事由、すなわち、経営を理由とした解雇、労働者個人の事情を理由とした解雇、労働者の行為を理由とした解雇の各解雇類型において適用され、裁判所において同原則の充足の有無が判断される[10]。これに対し、ツェルナー教授とローリッツ教授は、非違行為が問題になる懲戒としての労働者の行為を理由とした解雇にあたって、将来予測の原則が問題にはならないと述べている。行為を理由とした解雇の場合、「解雇はむしろ過去の非違行為に対する制裁なのである。かかる非違行為による信頼関係の阻害だけで十分である」と説いている[11]。

（2） **最終的手段性の原則**　解雇によるとは他の措置によって、技術的、組織的、または、経済的な領域において、事業所の状況に適合させることができない場合にはじめて、解雇が問題になるというのが、最終的手段性の原則である。このことは連邦労働裁判所1978年5月30日の判決においてもすでに説示されている[12]。同一の事業場または他の事業場における他の方法での雇用の可能性がない場合、解雇が最後の手段として問題になる。使用者がその利益の満足のため他のより負担の少ない手段を行使することができない場合、解雇権が行使されうることになる。この最終的手段性の原則は、解雇法1条2項1文の必要性、相当性の原則の現れである。解雇の要件として、解雇より負担の少ない手段（配置転換、労働時間の短縮、操業短縮などの手段）が講じられることが求められているのである。

また、「（……）を理由とする（bedingte）解雇」とは、（……）を必要させる、あるいは要するという意味に解釈されるから、「差し迫った経営の必要性」が問題になる場合にはじめて、解雇法が具体化されることになる[13]。また、最後の

手段性が相当性（Geeignetheit）の原則と関わるのは、具体的な目的の充足のために相当な手段のみが、解雇の回避のために問題になるからである。

（3）　労働関係の継続の期待可能性　　労働関係の解消につき、使用者が有する利益が、諸般の事情を考慮して、労働関係を継続した場合に労働者が有する利益をこえているかどうかを衡量しなければならない。裁判所の判断が双方の利益を考慮するとき、経営にもとづく解雇にあたって労働者の利益を重く見る判断が下されるのは、まれである。[14] 経営を理由とした解雇が、社会的な苛酷性を理由として、または労働契約関係の存続に関わる利益を理由として、無効と判断される判決は存在していない、とされる。[15] 判例の中には、利益衡量をすべきと述べつつ、将来予測の原則、最終的手段性の原則、または、後に述べる社会的選択の法理が実際には適用され、利益衡量自体がなされていない判断も多い。将来予測の原則、最終的手段性の原則、または、後に述べる社会的選択の法理自体が用いられているのである。[16] つまり、利益衡量の原則は現在では実際には機能しておらず、裁判官は、当事者の利益を衡量して判断するというあいまいな解決をしているわけではないのである。

（4）　次章の構成　　次章では、将来予測の原則、最終的手段性の原則、または、後に述べる社会的選択の法理について、特に、経営を理由とした解雇を中心に述べる。[17]

但し、経営を理由とした解雇については、連邦労働裁判所は、将来予測の原則について、2つのケースに大きく分けて判断している。つまり、事業所内の事情と事業所外の事情とに区別して判断しているのである。経営を理由とした解雇に関する企業の決定の原因になるものには、事業所外の事情（受注の減少、売上げの減少、市場構造の変化）と事業所内の事情（事業所の閉鎖、事業所部門の閉鎖、その他の合理化措置）があるが、連邦労働裁判所は、事業所内の事情と事業所外の事情を区別して解雇の有効性を判断し、解雇の要件の厳格さに差を設けている。以下では、経営を理由とした解雇について、事業所外の事情として、受注の減少、事業所内の事情として、合理化措置（リストラ）を理由とした解雇、戦略的解雇、交換解雇（Austauschkündigung）、企業・事業所の閉鎖を理由とした解雇について判例および学説を検討する。まず、解雇の要件である、将来予測の原則について論じる。そして、節を改め、上の解雇類型全体に

関わる、最終的手段性の原則、社会的選択の法理を順に論じることにしたい。

注
1) Heuck, KSchG, 9. Auf., München, 1974, § 1 Rn. 67.
2) MünchArbR, Bd. II., 2. Aufl., München, 2000, § 131 Rn. 41 (Berkowsky).
3) MünchArbR, Bd. II., 2. Aufl., § 131 Rn. 45 (Berkowsky).
4) ドイツ法では、債務法の改正により、経済的理由により、契約の目的の達成が期待できない場合に、解除できる、と規定されている（民法313条、行為基礎の喪失）。
5) MünchArbR, Bd. II., 2. Aufl., § 131 Rn. 42 (Berkowsky).
6) また、ヴァンク教授も、「解雇が制限される根拠について、労働契約が従業員の生存の基礎に役立つし、通常、家族の構成員の生存の基礎にもなりうる。これと並んで、労働関係は、労働者の人格の実現にも役立つ」と説いている（MünchArbR, Bd. II, 1. Auf., § 114, Rn. 1）。
7) MünchArbR, Bd. II., 2. Aufl., § 131 Rn. 43 (Berkowsky).
8) Zöllner / Loritz, Arbeitsrecht, 5. Aufl., 1998, § 22 I.
9) BAG Urt. v. 27. 1. 1997, AP Nr. 1 zu § 1 KSchG Wiedereinstellungsanspruch.
10) BAG Urt. v. 27. 1. 1997, AP Nr. 1 zu § 1 KSchG Wiedereinstellungsanspruch.
11) Zöllner / Loritz, Arbeitsrecht, 5. Aufl., 1998, § 23 V 3.
12) BAG Urt. v. 30. 5. 1978 AP Nr. 70 zu § 626 BGB.
13) Stahlhacke / Preis / Vossen, Kündigung und Kündigungsschutz im Arbeitsverhältnis, § 2 Rn. 918.
14) Stahlhacke / Preis / Vossen, Kündigung und Kündigungsschutz im Arbeitsverhältnis, § 2 Rn. 922.
15) Stahlhacke / Preis / Vossen, Kündigung und Kündigungsschutz im Arbeitsverhältnis, § 2 Rn. 922.
16) しかし、プライス教授によれば、「労働者の行為ないし個人を理由とした解雇の場合、十分な法的な解決策がないため、衝突する諸利益を衡量することは不可避である」(Stahlhacke / Preis / Vossen, Kündigung und Kündigungsschutz im Arbeitsverhältnis, § 2 Rn. 922)。
17) 労働者個人の事情を理由とした解雇、すなわち、人的理由に基づく解雇については、すでに考察している（高橋賢司「甦る解雇の自由（三）」立正法学論集40巻１号（2006年）61頁以下）。

第3章

ドイツ法における解雇制限法理

1 将来予測の原則――特に経営上の理由にもとづく解雇

　連邦労働裁判所は、将来予測の原則について、すでに述べたように、受注減少のような事業所外の事情による解雇の場合と、合理化措置（リストラ）のような事業所内の事情による解雇の場合とで、解雇要件について判断基準を異にしている[1]。つまり、「当法廷は、仕事が減少していることが個々のポストへ直接影響しうる注文ないし売上げの減少のような事業所外の根拠と、経営の利益の減少や非収益性のようなその他の事業所内の根拠を区別し、使用者がコストの節減のため、または、経営の成果の改善のために、事業所内の措置によるポストの削減を行なう場合、事業所内の根拠によっても解雇が正当化されうる」と説示している[2]。区別されるべき理由として、注文ないし売上げの減少のような事業所外の事情による解雇の場合、当該注文ないし売上げの個々の減少が個々のポスト減少に対して直接的に影響し得るが、これに対し、経営の利益の減少や非収益性のような事業所内の事情による場合、それらのポストへの影響が直接的にはないことが挙げられる。前者の場合注文ないし売上げの個々の減少と個々の就労可能性（ポスト減少）への直接的な影響可能性を主張・立証する責任があるのは使用者であるが、後者の場合、こうした主張・立証責任を使用者が負わないことになる[3]。以下では、事業所外の事情による解雇の場合と、事業所内の事情による解雇の場合とで分けて論じ、まず、事業所外の事情による解雇として、1．注文ないし売上げ減少を理由とした解雇をとりあげ、次に、事業所内の事情による解雇の場合として、2．合理化を理由とした解雇、3．戦略的解雇を理由とした解雇、4．交換解雇、5．企業・事業所の閉鎖を理由とする解雇を順にとりあげることとする。いずれも、解雇の有効性の

要件のうち、将来予測の原則のみが問題になっている。

1 注文ないし売上げ減少を理由とした解雇

(1)ドイツでは受注の減少、売上げの減少による解雇が一定の要件のもとに認められている。解雇理由の中でも、ドイツ法において、売上げ・受注の減少は、最も多い解雇理由になっている。受注減少を理由とした解雇は、42％にまでのぼっており、解雇類型では最多である[4]。連邦労働裁判所は、事業所内の事情による解雇と事業所外の事情による解雇とを分け、売上げ・受注減少を理由とした解雇のような事業所外の事情による解雇につき、より厳格な基準で審査している。連邦労働裁判所の判例では、受注の減少を使用者が主張・立証するだけでは解雇を正当化することはできず、継続雇用の原則が適用され、労働力の余剰が生じ、かつ、直接的または間接的に継続雇用の必要性が消失しているかどうか、人員の削減が受注・売上げの減少との関係でなされるべきかどうかについて、使用者が主張し、また、立証しなければならない、とされる[5]。この場合、注目されるべきなのは、「被告によって陳述される1975年における16％の売上げの減少により、開発部門における労働の減少がなされるかどうか、および、これによって、ポストが減少し、または、少なくともフルに稼動していないかどうかを意味する」と連邦労働裁判所が判示するように[6]、売上げの減少のみから、労働の減少の必要性を主張・立証するだけでは十分な主張・立証とはならないことである。

これは、解雇の必要性を充足するためには、要件として、受注の減少があり、この結果、労働力の余剰が生じ、かつ、直接的または間接的に継続雇用の必要性が消失しているかどうかを裁判所が審査するのが原則である、というものである。さらに、解雇の必要性をみたすためには、実際上、具体的には次の①または②の要素も必要とされる。

(2)この場合、①将来予測の原則から、受注・仕事の減少が残存する人員によって処理されえないものでなければならないとしている。つまり、受注の減少との関連でも、受注・仕事の減少がどれだけ残存する人員によって処理されうるのかのみならず、その減少がどれだけ仕事の量に影響を与えるか、そして、いかなる範囲でこれによって労働力の具体的な余剰が発生するのかを使用

者が主張・立証しなければならない。つまり、売上げ・受注減少の結果、どれだけ雇用に影響を及ぼすかを、主張・立証しなければならないのである。

(3)さらに、②売上げの減少を埋めるために、どのような措置がとられるべきかが判断され、新機器導入や現在のモデルの発展によって、売上げの減少がノルマの減少につながっていなければ、継続雇用の可能性を否定できないと判断されている[7]。また、残りの労働力によってまかなえるものであるかどうかを立証すれば足りると判断されている判例もある[8]。

(4)売上げ・受注減少があった場合、それに対処する企業の決定の自由は尊重される。場合によっては解雇が行われることになるが、判例では、解雇と関連して、代替労働の採用、業務の外注化、オートメーション化・機器の導入が行われる事案があり、それぞれの事案について、解雇が有効であるかどうかが問われている。まず、代替労働が問われた事案であるが、原審において、原告の行っていたような補助業務(コンクリートの型枠(Schalung)の掃除、片付けの仕事、建築現場の清掃といった補助業務)を専門的な労働者にまわすことで人員減少に対応でき、補助業務しかできない労働者を解雇できると判断され、これによって、質の高い労働力を確保できる、と判断されたという場合において、原審が補助業務しかできない労働者を解雇することは差し迫った経営を理由とした解雇であると判断し、連邦労働裁判所はこの判断に従っている[9]。これによって、連邦労働裁判所も、原告に対する継続雇用の可能性がないことを認定している[10]。将来予測の原則と継続雇用の原則が適用されているのである。この判断枠組みは、連邦労働裁判所1999年6月17日判決においても維持されている[11]。

次に、解雇される労働者に代わるオートメーション化の事案であるが、いわゆる側道を完成させる機器が建築会社である被告会社において導入されたため、その職務に従事していた原告の職務がなくなったことを被告会社は主張していたという事案において、連邦労働裁判所は、同機器が導入された当時も、原告が側道の工事と完成の仕事に従事していたことから、その職務で長期間継続雇用される可能性が消失しているとは認められないと判断している[12]。特に、使用者が操業短縮を導入する場合、その原告の職務の消失は、経営にもとづく解雇が正当化されない一時的な受注の減少によるものにすぎないと使用者が考えていることの証左である、と判断している。こうした理由から、被告会

社の控訴を棄却し原審判決を破棄している。その際、将来予測の原則から、操業短縮の必要性を消滅させる長期間の具体的な職務の存在＝継続雇用の可能性が具体的に認定されている点が注目に値する。

さらに、前年に4900万マルクから3300万マルクに受注が減少し、解雇された補助的な従業員の業務を下請け企業の専門的な労働力に外注させた事案では、「例えば、他に業務を兼ねている専門的な人員の投入の結果、補助的な人員なしのより遅い仕上げを被告が受忍できるのか、時宜にかなって、期待された業務の拡大を受忍できるか、それとも、他の方法で予測された受注の減少に対処できるかどうか」を被告に主張・立証させなければならないとし、連邦労働裁判所は控訴を２審のラント・労働裁判所へ破棄差戻している[13]。

ほかに、連邦労働裁判所第２小法廷は、「使用者は、解雇制限訴訟において、どのように、生産の減少が労働の量へ影響しうるか、および、どの範囲で、これによって具体的な労働力の過剰が生じるかを具体的な事実を提示し証明しなければならない」と説示しつつ、――公務労働でのみ通常であるように――どのような種類の「ポストのプラン」が被告会社には存在するのか、どの範囲で労働が削減されるべきなのか、および、どのように、個別的に、残存すると予測される労働が作業分担されうるのかを被告は証明していないなどと判示し、１審原告労働者の上告を認容している[14]。その判断にあたって、将来予測の原則に従い、残った労働力で分担されうるか、あるいは、どの程度削減されるべきなのかまで主張・立証することを要求している。

(5) 小括　解雇に関する企業の決定の自由は、判例においては、制約され、特に、将来予測の原則と継続雇用の原則から、解雇訴訟の最も多い受注・売上げの減少を理由とした解雇の類型につき、受注・仕事の減少がどれほどの残存する人員によって処理されうるのか、そして、その減少がどれほど仕事の量に影響を与えるのか、そして、いかなる範囲でこれによって労働力の具体的な余剰が発生するのかについて、使用者が主張・立証しなければ、解雇は社会的に正当化されず、無効となると判断されている。つまり、ドイツ法の判例では、経営を理由とした解雇、とりわけ、受注・売上げの減少を理由とした解雇の場合、受注・売上げの減少のみから、労働力の減少の必要性を主張・立証するだけでは、解雇が社会的に正当化されず、有効とはならないのである。売上げ・

受注減少の結果、どれだけ雇用に影響を及ぼすかを、主張・立証しなければならないのである。

2 合理化措置（コスト削減・収益性のなさ）を理由とした解雇

経営を理由とした解雇のうち、日本における整理解雇に相当するのが、合理化を理由とした解雇という類型である。政府の解雇に関する委託研究の統計では、合理化を理由とした解雇は、経営を理由とした解雇のうち、290件中66件（受注の減少が120件と最も多く、これについで多いことになる）となっている。連邦労働裁判所は、将来予測の原則について、すでに述べたように、受注減少のような事業所外の事情による解雇の場合と、合理化措置のような事業所内の事情による解雇の場合とで、解雇要件について判断基準を異にし、後者に対しては、より緩やかな基準が適用されている。判例においては、合理化措置のような事業所内の事情による解雇について、解雇が非客観的・非理性的・恣意的なものであってはならないとしている。次のように具体的に判断されている。

まず、連邦労働裁判所は、4人の女性労働者と障害者の原告らを清掃の労働力として雇っていた会社が、清掃の計画を変えてシフト制での労働に4人の女性労働者らを投入しようとしたところ、原告の女性がこれを拒否し法廷での争いになったため、コストのよりかからない他社に清掃業務を委託することを決め、原告を解雇したという事件において、「控訴審裁判所が、当法廷の判例と一致して、すでに決定されそして実際に実行された企業の決定に関して、それが客観的理由に基づいて行われたことの推定を論じている。本件では、この措置が争いなく著しいコストの削減に導かれる場合、このことはなおさら妥当する」と判示し、この企業の措置が非客観的・非理性的・恣意的なものでないと認めており、結果的に労働関係の確認の訴えを棄却している。企業の決定の自由を尊重する建前をとっていることとなり、解雇の一要件である差し迫った経営の必要性の審査基準としても、より緩やかな基準が提示されている。解雇に客観的理由があることを推定しうる場合、労働者の側でそれがないことを立証しなければならないとされる。

また、連邦労働裁判所は、後の判決においても、1975年の段階で195人の従業員を擁する外資企業のコンツェルン企業が、2140万マルクの売上げに対し

210万マルクの損失を被っていたという場合に、生産部門と販売部門を組織再編するため、職場を統合し２つのポストを廃止し、原告の行なっていた国内用の業務と訴外職員Ｔが行なってきた輸出部門を統合し、局の統一的な統率を16年間被告のもとで働いてきたＴに任せた分、原告となる労働者と訴外Ｎを解雇したという事件において、事業所内と事業所外の事情に基づく解雇を峻別し、その理由として、「事業所内の事由は、直接、任務の減少によって個々のポストに対して影響を与えるものではない」からとしている。事業所内の事由による解雇の場合、個々のポストに対する影響を使用者が立証する必要はなく、「使用者がどのような組織的または技術的な措置を命じたか、及び、被解雇労働者のポストに対してどのような影響を与えたかを、使用者は説明しなければならない[18]」と判示している。但し、「企業の決定は、それが明らかに非客観的・非理性的・恣意的なものでない場合、拘束力のあるものとして甘受され得る。企業の裁量の濫用があるかどうかの事情については、労働者が説明ないし立証責任を負う」と判示している[19]。この場合に、ある年の損失が組織再編の根拠となることから、使用者は業務の成果の経過や用いられるべき人員の割合を証明していないが、これについての使用者からの証明は不要であると判断している。その理由は、現在の経済ないし社会秩序のもとでは、使用者が経営の目的適合的な装備と経営に関するリスクは負担しなければならず、よりよい事業所の組織が使用者によって起草されそれを裁判所が審査しなければならないというのは、裁判所にとっては、過重な負担になるからであると述べている[20]。組織の統合やＴへの統率の役割の集中が非客観的・非理性的・恣意的なものとまではいえないと判断されている[21]。

　1943年生まれで既婚の原告は、仕事を有する妻と27歳・22歳の子を有している大卒のエンジニアであり、1972年12月以来被告会社において就労していたが、1996年12月３日に解雇されたという事件において、ゲルゼンキルヒェン労働裁判所は、「ポストの削減につながる企業の決定は、原則として自由であり、裁判所によって審査されえない。しかし、明らかに非客観的で非理性的または恣意的な企業の決定については別のことがいえる。この場合には要求された企業の形成の自由は認められない」と説示し、この事件では、原告に関わり、被告によって行われたポスト削減は恣意的なものと評価されると判断して

いる。「なぜなら、90年代初めから継続的に著しい収益の増加が認められるのに対して、同時に、被告は、およそもともと存在した人的構成の50％を解雇しているからである」と判断し、かかる解雇を無効であると判断した[22]。

3 戦略的解雇

ドイツにおいても、コストの節減と経営環境の改善のための解雇、——日本法でいうところの——いわゆる戦略的解雇が行われることがある。

プライス教授は、戦略的解雇が合理化措置の結果であり、経営を理由とした解雇として正当化できると述べている。プライス教授は、すでに行われた合理化措置が客観的な理由に基づいて行われているとの推定が成り立つと述べる[23]。企業において収益が上がらない場合、経営が破綻するまで長い間待ち続ける必要はないというのが主な理由である。しかし、解雇が説得力のある形で「収益性の利益（Rentabiltätsinteresse）」によって正当化されるかどうかは、労働裁判所において審査されなければならず、差し迫った経営上の必要性が客観的に存在しなければならないとする。連邦労働裁判所が、企業の決定の目的にしたがって、差し迫った経営上の必要性の有無を判断しているのに対し、プライス教授は、基準として、これに加えて、追加的に、企業の決定が拘束力のあるものとして受忍しうるかどうかを裁判所が判断すべきであるとし、しかも、使用者が、差し迫った経営の必要性に関して、解雇の告知の前により緩やかな手段を選択すべきであると述べている[24]。同教授は、これによって、裁判所よりも、厳格な判断をすべきであると論じている。使用者は、いかに経営を組織するかについて自由であるが、その企業の決定が収益性の観点から経営上差し迫った必要性があったことを使用者が証明しなければならず、使用者がその措置に関する説得力ある経済的な根拠を陳述しない場合には、解雇は無効となると解している[25]。

しかし、こうした見解については反対がある。確かに、コスト節減・経営環境改善を行う合理化措置にあたって、使用者の重要な何らかのきっかけ・動機が、当該組織上の措置を必要とさせるものであるかどうかを、連邦労働裁判所も判断しようとするものではなく、また、この措置が、その目的を達成するのに、ふさわしいものであるかどうかを判断するものではないことから、この審

査にあたって、実務では、解釈上、解雇への制限がないのも同然になっていると、連邦労働裁判所ヒレブラント判事は指摘している[26]。しかし、ヒレブラント判事は、収益そのものは、企業の私的な収益を増加させるのに役立つだけでなく、投資を活発化しまたはその回収を改善するために、企業の存立と発展のために必要なものであるが、裁判所が、そうした収益構造のコントロールまで行うことは、裁判所にとって過重な負担になると述べる。企業の決定に関する客観的資料が一方で裁判所では不足し、他方で、その企業にとって適切と思われる他の措置に関する企業のリスクを裁判所が引き受けられないからである[27]。こうした認識に立ち、同判事は、判例の立場を擁護している。

連邦労働裁判所第２小法廷は、自動車の販売について手数料を報酬として得ていた労働者につき、解雇したうえで、手数料を20％ないし25％減少させる新労働契約の締結を求めた、という事件において[28]、「解約にあたって固定給と手数料を引き下げる差し迫った事業所の必要性が存在したということを被告は十分には主張していない。これに対し、むしろ、前年に比べ1983年の収益喪失が著しくわずかであったといえる。また、新労働契約を締結すると販売の減少を抑えられると被告は強調している。解約の告知にあたって、ポストあるいは被告の生存の危機に関する現実的な危険はなお存在しない」と判断し、被告による上告を破棄しラント労働裁判所に差戻している[29]。

他の事件においても、連邦労働裁判所は、「収益のなさから、ポストへ影響を与える企業の決定が動機付けられた場合にのみ、解雇は解雇制限法１条２項の事業所の必要性によってなされたものといえる」と判示し、もともと、連邦職員労働協約12条１項２文を考慮すると、労働時間の不均等な配分がある場合、労務指揮権の行使によって原告の均等性の要求が達せられるべきであることから、（変更解約告知による）変更の申入れ内容たる本件の２時間の授業外の均等な授業の提供は、客観的に正当化され、合理的なものであると判示している[30]。

連邦労働裁判所アシャイト判事はこれらの判決に批判的であり、「特別な労働の量が企業の決定の実行の結果、その義務の履行のために契約上義務づけられた労働者の数よりも減少する場合に、雇用の可能性は消失する」と述べている[31]。事業所外の理由と同様に、――人員を売上げの減少にあわせる――継続雇

用の可能性があると指摘する。企業の決定の後存在する労働の量が労働者の数との関係で対応して決められなければならないということで、裁判所によってこうしたコントロールが可能であるとする。

4 交換解雇（Austauschkündigung）

ドイツにおいても、フルタイマーの労働者を解雇して、その者をパートタイマーとして雇用したり、派遣労働者として雇用したりすることがある。代替雇用が問題になるのである。

現代の労働市場におけるサービスのための第一法は、労働法と社会保障法における就業の障害を取り除くという目的から、雇用契約につき、改正法は、この期限付き雇用を拡大し、企業を起業する場合について、4年の期間の有期雇用を可能にしている。

従来、連邦労働裁判所は、解雇制限を受けない期間雇用について、解雇規制の潜脱を防ぐ観点から、期間設定に合理性がない場合、期間が設定されているにもかかわらず労働関係を期間の定めなく締結されたものと取扱っていた。その場合、その期限は6ヶ月以下に限定され、それを超える場合、解雇保護法の潜脱とならないように合理的理由が存在しなければならないとした。1985年就業促進法は、労働法の規制緩和のため、かかる有期雇用の要件を緩和し、合理的理由がなくても1回に限り、18ヶ月までの期限を付することを許容した。[32] 期間設定は1回に限るとし、解雇制限の潜脱か否かという観点から期間設定について合理的理由があるかどうかが判断される。その期間設定に合理的理由がない場合、労働関係は期間の定めなく締結されたものとみなされていた。その後、96年には、期間の設定は18ヶ月から、2年に引き上げられ、58歳以上の労働者についてはこの制限をはずし得るとしている。さらに、パートタイム就業促進法14条3項の創設により、無制約の期間設定が52歳から可能になるとされた。その上、同法14条2項により、客観的理由のない期間雇用は2年まで適法となった。しかし、OECDの1999年のOutlookでは、ドイツは、相次ぐ規制の緩和にもかかわらず、ほとんど有期契約の雇用が進まなかった国として把握されている。そして、政府は、さらに有期雇用を失業対策の観点から、今回の改正法のパートタイム就業促進法14条2項にもとづき、起業家に対し、客観的

理由のない期間の設定を4年まで許容した。つまり、「企業の創設後最初の4年以内にカレンダーどおりの労働契約の期間を設定することは、客観的理由なく4年の期間まで適法である」（パートタイムないし期間雇用法14条2項 a）と定められている。起業家は、企業の創設にあたってしばしば雇用の需要を見込むことが難しいという困難に直面するが、それを救済するため、政府は、改正法によって、期間の定めのある労働契約を起業家に対して4年まで許容し、起業を容易にする措置を講じた。しかも、この法律による期間雇用の特徴的な点は、延長の数の制限なく期間雇用が許容されている点にもある。最長4年を限度に何度でも随意に延長することができるのである。

期限の定めなく雇用された基幹の労働者が解雇の告知を受ける場合、当該解雇が無効であると主張することができる。フルタイマーからパートタイマーへの代替雇用を防止するのが判例の役割となっている。連邦労働裁判所は、フルタイマーからパートタイマーへの変更について、「使用者が組織的な措置によって発生する労働力の過剰の結果、多くの変更解約告知を労働時間の短縮のために解雇の代わりに告知することが許されるかどうかが問題になる」と判断し、それが許されるかどうかの事実認定が必要であると判示して、ラント裁判所に破棄、差し戻している。

また、600人の労働者を、派遣労働を用いた雇用のためのゲゼルシャフト（Beschäftigungsgesellschaft）に転換させようとし、事業所に基づく解雇の和解手続において、使用者が、企業の健全化のためにすべての労働者を解雇する前に、より有利な労働条件で事業所協定または労働協約または労働契約を結ぶか、あるいは、20％増の協約賃金で派遣労働者として継続雇用し、2ヶ月後、より低下した労働条件で再び雇用する、ということを試みた、という場合が問題になった。ブレーメン・ラント労働裁判所は、「使用者の独自の陳述によれば、派遣会社が企業を経営することができず、派遣労働者によって継続して働かせようとする使用者の決定が維持できない場合、この時期に使用者が他の理由から解雇につながる企業の決定に固執しない場合、例えば、派遣労働者で働かせるとの企業の決定が維持できず、自らの労働者を再び雇用する場合は、労働者の継続雇用請求権が存する。」と説示し、フルタイムの労働者自体を派遣労働者に転換させようとする使用者の解雇（変更解約告知）が無効であると判

断した。[37]

　従来、期限の定めなく雇用された基幹の労働者が解雇の告知を受ける場合、期間雇用の労働者の採用が無効であることにもとづいて当該解雇が無効であると主張することができた。ドイツ法では、基幹の労働者が解雇されるかわりに、その代替としての期間雇用の労働者の採用を防止する主張が裁判上できたのであった（論理的には）。しかしながら、今回の改正により、期限のない労働契約を締結している労働者がこうした主張をすることができなくなるおそれが生じている。改正法は、この法律が効力を発せられた後、2008年12月31日まで、雇用される労働者の数を定める場合には、期間雇用の数を考慮しないことができるとしたのである。つまり、現行の解雇制限法では、10人未満の事業所には解雇制限は適用されない旨規定されているが（解雇制限法23条）、この人数を算定する際に、期間雇用の労働者はこれに算入しないことができることとなっている。これにより、期間雇用の労働者は雇用されていないとみなされることから、期間雇用の労働者の採用が無効であることを理由とした基幹雇用労働者の解雇無効の主張が不可能になっている。

5　企業・事業所の閉鎖を理由とする解雇

　事業所の閉鎖については、経済的にみて著しく長期にわたらない期間の後、その一定期間内に使用者と労働者との間の事業所の共同体ないし生産共同体を放棄する、真摯で終局的な企業の決定を前提とする。[38] 事業所の閉鎖の場合の解雇のルールは定式化されており、事業所の停止が事情によってすでに認識しうる形で認められ、労働者が解雇告知期間の経過後必要でなくなるとの予測を経営学の理性的な考察が正当化する場合、解雇は告知されうると裁判所において判断されている。[39] 解雇の告知に当たってその閉鎖について真摯でかつ終局的に決定される場合、解雇の有効性は、企図される閉鎖の日程までに事業所が継続するかどうか（したがって残務処理のために労働力が必要とされるか）が問題とされることはない。[40] つまり、いったん、事業所の閉鎖が真摯でかつ終局的に決定される場合、解雇の有効性は維持されることになるのである。

　例えば、飲食店を改装と改築の措置の後、新たに賃貸するという被告の意図から、経営目的に資する組織の解消ではなく、経営構造の改善のために一時的

に休止するという場合、連邦労働裁判所は、解雇を正当化する事業所の閉鎖にあたらないが、「一時的に事業所を閉鎖することは事情によっては経営にもとづく解雇を正当化しうる。解約告知期間の経過時、短期でない期間かなりの確率で雇用の可能性が消失するという予測を提示することは、解雇する使用者の事項である。その際、一年の四分の三の期間は短期とはいえない期間となりうる」と判示したが、この事件の場合、使用者がその雇用消失の予測を陳述するものでないため、解雇は社会的に正当化されないと判断している。

このほか、閉鎖にあたって、事業譲渡がなされる場合があるがその事業譲渡と閉鎖との関連については以下述べることにする。

民法613a条4項によれば、元使用者または新使用者による労働関係の解雇が一事業の譲渡またはその一部の譲渡を理由とする場合無効である。

他方で、民法613a条4項によれば、解雇が特に経済的、技術的、組織的な理由から可能であると規定している。事業譲渡が解雇の外面的な理由ではなく、主な理由であったかどうかが審査される。事業譲渡が解雇の原因であり、その解雇の動機が企業の所有者の交替を要件とするのであれば、解雇は無効であるとはいえない。

一方で、「健全化のコンセプトを実現するため、その事業を譲渡しようとする場合、その独自の健全化プランを実現しうる」。学説では、譲渡とは別に、経営上行き詰まっている企業の健全化のための人員削減が、事業譲渡とは別に、経営上の理由から正当化されうる場合、解雇は、民法613a条4項1文には違反しないと解されている。

判例でも、「元使用者が実行しうる個々のポストについての合理化措置は、考えられる」とされ、こうした解雇を有効と判断している。こうした合理化措置は企業の所有者の自由であるとされる。さらに、潜在的な譲受会社が従業員をさしせまった経営の必要性から削減したいということから、譲渡会社が解雇を行う場合、その解雇も正当化されると判断されている。

しかし、企業の健全化のための人員削減は、企業の所有者が事業譲渡と時的に近接して行われる場合、経営を理由とした解雇は、正当化されない。連邦労働裁判所も、「法律行為による事業譲渡の場合に、譲渡時に現存しているあらゆる労働関係に承継人が入るとき、事業譲渡を理由としたあらゆる解雇は、禁

止される」と判示する。事業譲渡を準備しそれを可能にするため、解雇が告知される時点ですでに事業譲渡が認識可能な形（greifbare Formen）に達している場合、当該解雇は事業譲渡を理由としてなされたと解される[47]。

連邦労働裁判所は、「必要なのは、不確定で経済的に顕著とはいえない期間経過後の間において、使用者と労働者との間の事業所ないし生産共同体を解消する、真摯かつ最終的な企業の決定である。事業場の閉鎖に向けられた企業の決定が解雇の効力発生の時点までにすでに認識可能な形をとっており、かつ、理性的な経営学的考察から、解約告知期間の経過までに労働者が不必要になるという予測が正当化される場合、こうした理由から告知された通常解雇が社会的に正当化される」と判示した。その上で、連邦労働裁判所は、「残りの仕事をあらたに雇用された労働者で処理するか、または、その解約告知期間を過ぎた後雇用された労働者を解雇するかという考えを被告がなおこの時点まで有していたか、または、留保していたとは考えられないことから、作業経過の計画の遅延や変更に至る場合でも、そのことは重要なものではない。被告の残りの受注の状況では、個々の場合には50％をこえたもともと予知し得ない極端に高い病的な状態を理由として、1998年9月までに計画に反して派遣労働者の投入にいたることがありうる以上は、このことは、解雇の効力発生時点で1998年6月5日の真摯かつ記録しうる被告の閉鎖決定が、争いのある解雇を必要とさせるだけの解雇制限法1条2項1文の意味における事業所のさしせまった必要性を基礎づけるものである、という事実を変えるものでない」と判断している[48]。

また、元の使用者のもとで合理化がなされないまま、事業譲渡が行われるにあたって告知された解雇は、無効となる[49]。この事件では、原告は会社Rに勤務していたが、Rは破産し破産管財人が選任され、80年9月24日文書で被告はD社に事業譲渡されることを原告に告知し、D社が原告と新たな労働契約を締結するつもりのないことを被告が告げ、80年10月1日にD社に事業が譲渡された。その際、原告は、10月10日提起した解雇保護の訴えの中で、破産管財人が女性の承継人に経営を譲渡でき、ほかにも事業譲渡に関心のある者がいたことを主張し、これに対し、被告は、原告らの賃金が高いため、原告らを承継しない場合にはD社が事業譲渡を受けるというものであったし、D社は事業を縮小しようとしていた、と主張していた。この問題に関し、連邦労働裁判所

は、事業の譲渡が行われる際に、原告のポストを失わせる合理化措置を行っておらず、解雇を行なっていないことを認定している。譲受会社が事業を縮小しそのトップがその事業を継続しようとしたという理由から、原告のポストがなくなったというものではなく、承継人が他の労働者によってそのポストを埋めたからという理由で、ポストがなくなっていることから、譲渡会社である被告会社が解雇する理由はないと判断し、賃金が高いことについては変更解約告知をなしえたであろうと判断している。この事件では、つまり、経営を健全化するために、事業譲渡前に解雇したものではないことを裁判所が認定し、むしろ、別の理由から、つまり、譲受会社が他の労働者を雇ったために原告のポストが喪失したのであるから、裁判所は解雇を無効と判断したのであった。そこで、元使用者のもとで合理化がなされないまま事業譲渡が行われ、その譲渡にあたってなされる被告の解雇が無効と判断されたのである。

　次に、いったん企業ないし事業所の閉鎖を決定したものの、その企業ないし事業所の譲渡が後に可能になり、労働者の継続雇用が可能になることがある。しかし、企業ないし事業所の閉鎖を決定した段階では、閉鎖が予測されるものであって、労働者の継続雇用が不可能である場合、将来予測の原則から、解雇は有効となるのではないか、という点が問題になる。そこで、解雇期間経過前に必要とされた事業所の閉鎖の予測が誤りであると事後的にわかった場合、雇用請求権は労働者に発生するかどうかが争われた。この問題について、連邦労働裁判所は、「使用者が最終的にまずその企業を閉鎖することを決定したが、使用者が譲渡の申込みに対して依然として関心を示しており、そして、解雇された労働者の解雇期間中になって事業譲渡にいたった場合で、使用者が民法613a条にもとづいて、その労働関係が有効に解雇された事業を譲渡する場合、客観的な法律の回避（民法613a条4項）が許される。これによって、使用者は、解雇された労働者の犠牲のもとに、より高い売買の価格を得ることのできる点に疑義がもたれる。解雇期間中になお、本来企図された企業の閉鎖のかわりに、民法613a条4項により解雇を正当化し得ない事業の譲渡がおこなわれる、ということがなされるときで、使用者に期待し得ない労働者の継続雇用の請求に同意しないと表明する場合、使用者の行動はただちに権利の濫用となる。」「使用者は信義と誠実にもとづき新契約の申込みの義務がある。（…）解

雇にもとづき有効に終了した労働関係が解雇期間の経過後の時期に新しい契約によって新たに基礎づけられることが問題になり、継続雇用請求権として本来生じることに意味があると思われる[50]」。つまり、企業ないし事業所が閉鎖される場合、労働者の継続雇用の可能性がなく、使用者としては持つことのできる処分権を有してないことになるが、本件でも、事業を譲渡する場合、解雇された労働者の承継がまだありえないではないのである。なぜなら、承継企業がその経営を本質的にこれまでの従業員と継続しているからである。こうした場合、継続雇用請求権が意思表示の表示によることから、新労働契約の締結が必要となると解された。

連邦労働裁判所は、別の事件においても、いったん企業ないし事業所の閉鎖を決定したものの、その企業ないし事業所の譲渡が後に可能になり（この事件では営業の譲渡を前提にしたG社とのコンタクトの開始）、労働者の継続雇用が可能になるかどうかを審査している。連邦労働裁判所は、他社への譲渡により事業を継続できるという代替案が現れているという具体的な事実が認められる限りにおいては、その代替案があらわになった直後の解雇は、無効であると判断しているのである[51]。その判断に当たって、解雇の告知直前の事業の譲渡の交渉がコンタクトの開始以上のもので、譲渡がいくつかの選択のバリエーションのうちほぼ決定的に行われることについての決定が行なわれたこと、および、解雇前に解雇の補償を事業所委員会と交渉し、その結果、事業所協定において「Ⅱ3、事業の承継者によって継続して雇用される従業員また、S博士によって起業された承継会社に引き継がれる、従業員は、第一に、補償金を有しない」と規定されていたこと（1994年6月23日の利益調整（Interessenausgleich）と社会計画（Sozialplan））、および1994年6月28日のG社の申し出では、明らかに、被告との合意のない何ら拘束力のない提案が問題になっているのではなく、被告の全体の会社の持分の譲渡についてこれまで話し合われた諸条件が再び出されるべきであるとする、直近での会合に関連しての具体的なオファーが問題になっていたことが、裁判所において認定されている[52]。

2 最終的手段性の原則

1 配置転換

　労働者を継続雇用しうる空いたポストが事業所または企業において存在する場合には、解雇を必要とする差し迫った経営上の必要性がないことになる。

　解雇制限法は、労働者の社会的及び経済的な存在を確保する、労働者のポストと事業所の帰属期間を保護されるべき法益としてみなしている。この限りにおいて、企業の自由に干渉し、使用者と労働者の利益の調整を図る。解雇制限法1条2項1文の意味における解雇についての差し迫った経営上の必要性は、労働者の従前の就労の可能性が消失するだけでなく、他の空いたポストでの継続雇用の可能性が存在しない場合に、肯定される[53]。事業所における空いたポストでの継続雇用の存否が解雇の前に吟味されるべきことは、経営上の理由からの解雇、労働者個人の事情を理由とする解雇＝人的な理由による解雇（能力・適性、疾病などを理由とした解雇）、行為を理由とした解雇（非違行為を理由とした解雇）を問わず、解雇制限法の解釈として必要とされている。労働者が継続雇用しうる、空いたポストが事業所において存在するかどうかが問われるのは、解雇の時点においてである。

　（1）**配置転換**　ポストの喪失に導く解雇の前に、使用者は、ポストを失う労働者を事業場または企業内において他の方法で雇用しなければならない。この目的のために、使用者は、まず、その事業場に存在する就労の状況での配置換えが可能であるかどうかをまず吟味しなければならない[54]。解雇は、解雇の時点において労働者が雇用される事業場または企業内において労働者の継続雇用の可能性が存在する場合、無効となる。重要なのは、解雇される労働者が雇用されるべき空いたポストが実際上存在しているかどうかである[55]。ある事件では、被告は、輸出局長を新たに採用する必要はなく、原告を雇用することが1974年4月中旬には可能であったと主張した。また、原告は、引き下げられた労働条件で販売の局長、国内の地域の販売局長として、または、被告の2つの子会社の業務執行人として、継続して業務をする準備があると主張していた。これらについて不明であるため、本件上告は棄却され、ラント労働裁判所へ差

戻された。

　判例によれば、使用者は、他の比較しうる空いた（同等の価値の）ポスト、または、変更された（より悪化した）労働条件での空いたポストへの労働者の継続雇用について義務があるとされた。後者の場合、つまり、使用者により、労働者にとって不利な新たな条件が提示される場合には、労働者が同意しない場合に限り、解雇についての経営上の必要性の要件が充足される[56]。前者の場合、他の比較しうる空いた（同等の価値の）ポストがまだ存在するかどうかは、労働契約の内容によることになる。従前のポストでは、他の専門的労働者に対する命令権にもとづいて、局長代理として存在し、事業所内の職務評価では、他の専門的労働者よりも4点上に格付けされている場合で、契約を変更することなく労務指揮権の範囲内で移動されうるわけではなかった場合には、当該事業所において空いたポストは存在しないと判断されている[57]。

　労働者個人の事情を理由とする解雇、すなわち、人的な理由に基づく解雇の場合においても、最終的手段性の原則は妥当する。つまり、他の空いたポストにおける変更された条件での期待しうる継続雇用が使用者によって提供されうるかどうかを裁判所は判断しなければならないというものである。低下した労働条件であっても他の方法で雇用の可能性が存在しないときに、最終的手段としてはじめて労働契約終了のための解雇はなしうる[58]。使用者は、期待しうる他の措置（例えば、補助的な労働力の採用、組織の改編、その都度の労働過程の組織化、一時的な時間外労働ないし長時間労働など）によって、疾病を理由とした欠勤を架橋しなければならない[59]。このほか、教育訓練、再教育などが考慮されうると判示する[60]。

　1986年以来食器と容器を運び、食器を洗う肉体的な業務に週10時間勤務し、協約適用下にある（一般協約賃金グループⅦ）連邦の労働者（Arbeiter des Bundes）が、1987年5月25日腰と頭の痛みを訴え、1987年6月28日まで休み、その後も、1987年9月1日から7日、1988年1月29日から2月9日、1988年3月13日から31日まで労働不能にあったという事件において、1987年6月終わりに労働者側から医師による診断書が提出され、脊柱の疾病のため、重い荷物をあげたり、頻繁にかがんだりするのが患者には期待しがたいと診断書には記載されていた場合で、使用者が労働者を1988年1月15日解雇した場合に（解約告

知期間3月31日まで)、使用者も原審のラント労働裁判所もこの事実を考慮していないこと、および、背骨の疾病のためラント労働裁判所が解雇の前に他のポストでの継続雇用が可能であったかどうかを認定していなかったことから、連邦労働裁判所は、「比例性の原則から使用者はすべての通常解雇の前に一方当事者が他の空いたポストにおける変更された条件で期待しうる継続雇用を(……)提供しなければならない」[61]と判示し、上告を破棄差戻した[62]。

「鉄鋼業での通常の業務」を行い、緊急の場合には他の業務での雇用、または、他の課での配置転換が行われることが労働契約において定められていた場合で、労働者が入社後3年後に労働不能となったという場合に、産業医が呼吸器の問題（喘息・気管支炎）およびアレルギーのため従前の職務を行えないと診断し、産業医の文書によって、従前の職務が行えないことを示されたという事件があった。この10日後この労働者は他の業務（いすの最終包装）に就くが、その直後再び労働不能となったため、翌月解雇したという事件において、連邦労働裁判所は、他の適切な職務がないことを認めるだけでは十分ではないと判断し、「指揮権の行使により、疾病した状況に対応したポストを空けることができる場合、人事投入の再編が疾病による解雇に対して軽微な措置として必要となる」と判断し、原審がその認定を行っていないため、上告は破棄され差戻された[63]。

開閉装置製造（Schaltanlagenbau）におけるポストでは健康上の阻害を理由に勤務できず、他の課での空いたポストがないという場合、解雇を有効とする[64]。この場合、当該労働者を他の労働者と交換すべき使用者の義務はない[65]。事業所またはその企業における他の事業場での変更された労働条件で継続雇用されるかどうかが解雇前に検討されなければならないが、これらが、再教育または、他の職の職業教育措置の後、可能になるかどうかが、審査されなければならない[66]。

最終的手段性の原則との関連で、事業場や企業をこえて、コンツェルン規模での配置転換を考慮すべき義務が解雇前に使用者に生じているか否かが問われている。コンツェルン内での雇用を前提とした継続雇用義務、および、それにもとづいて発生するであろう配置転換義務は、コンツェルン企業の独立性に反することから、原則として、コンツェルン内での労働関係の存続まで要求され

ないと判断されている{67}。使用者が属するコンツェルンの他の企業で労働者を引き続き雇用することが可能かどうかが問われることは原則としてないとされている。

ただし、例外的には、解雇前の雇用確保のためのコンツェルン間での配置転換義務が生じうる。つまり、「他のコンツェルン企業が労働者の引き受けに準備があることを明示的に表明し、また、利益衡量の枠内でこの事情が考慮されるべきである場合のみならず、特に、かかる義務が、労働契約、または、その他の契約上の約定から直接生じる場合にも、考慮されるべきである。労働者が当初から労働契約により、企業ないしコンツェルンの領域で採用されたか、または、一定の事業場に採用されたにもかかわらず、労働契約上、企業ないしコンツェルン内での配置転換の承諾を表明なしうる。こうした契約形成がなされた場合、使用者は、経営を理由として労働者を解雇する前に、労働者をまず他の企業ないしコンツェルンの事業場に置くべき義務があるとみられる{68}」。

連邦労働裁判所は、さらに、使用者、企業がコンツェルンに支配的な影響力を有している場合、信頼すべき事実がより考慮されると判示している{69}。しかし、連邦労働裁判所では、親会社Sが原告を受け入れる可能性がないこと、契約上配置転換を留保していることに加えて、被告会社はロンドン支店のある親会社Sの子会社として、一定の影響力を何ら有していないことなどから、信頼すべき事実がないと判断されている{70}。例外的には、これらの場合に、コンツェルン規模での配置転換義務が認められるべき場合があることは、他の判決においても、同様に一般的には説示されている{71}。

コンツェルン規模での配置転換の義務について、コンツェン教授が主張している{72}。コンツェルン間で使用者が2人いる場合でなくても、一方の子企業が親企業に従属している場合がありうる。こうした場合、一方の子企業が親企業に従属していることによる措置が、その特有の危険をともなって労働者に対して不利益を及ぼしかねない。こうしたコンツェルン間での措置による労働者に対する措置による不利益が労働者に対する国の干渉＝保護を正当化すると説く{73}。その例として、「コンツェルンの子会社の閉鎖の場合で、この場合、当該閉鎖がコンツェルン内部の理由によって生じた場合で、市場によってそれが余儀なくされたのではない場合」、コンツェルンの上位の会社に対して、解雇制限法

１条の適用があることが考えられるとしている。同時に、コンツェルンでの親企業に対して解雇制限を拡張することは、コンツェルン特有のリスク（つまり、一方の子会社が親会社に従属している場合の措置による労働者の特有の危険、この場合、これによる解雇のリスク）がある場合、そのリスクの補塡のために限って許容されると述べる。この場合、コンツェルン規模での解雇制限の拡張が肯定されるとする。その責任は、信頼責任、配慮義務、平等取扱原則のような他のものと並んで、コンツェルン労働法の礎である。

2 操業短縮

(1)減少した売上げ・受注に対し余剰人員が生じうるが、売上げ・受注の減少が短期間で終わる予想がつくのであれば、その減少に対し、操業短縮などより負担の少ない手段で対処すれば足り、労働者の負担の重い解雇で対処する必要はないのではないか、ということが問われる。この問題に関して、解雇を回避する手段として操業短縮を行われなければならないかについては、判断が分かれている。

連邦労働裁判所第２小法廷は、1964年７月25日判決において、証明されるべき注文の欠落が原則として解雇によってのみ除去でき、例外的に操業短縮によって除去されなければならず、このため、労働者はこの例外を証明しなければならないと説示した。この場合、その他の労働者が操業短縮を覚悟していない場合、大量解雇の手段に訴えなければならず、操業短縮の導入にあたって使用者に生じる困難が考慮されなければならないと説示した。その後1981年４月１日判決においても、「経営学的にみて行なわれる将来の予測にもとづき一時的な受注の減少であると考えられることを前提に使用者が操業短縮を実施するならば、操業短縮となる根拠について、一時的なものではないと明らかになり、解雇される労働者にとって長期間継続雇用の可能性が失われることが明らかとなるような、事業所内または事業所外の根拠がある場合には、解雇制限法１条にもとづき経営にもとづく解雇は正当化される」と説示している。1986年３月４日の判決においては、連邦労働裁判所第１小法廷はこれらの判断とは異なる判断を示し、「告知された解雇が操業短縮を命ずることによって回避され得たかどうかについて、審査し得ない」と判断している。事業所委員会は、事業所

組織法87条1項3号により操業短縮を請求しうるし、また、場合によっては仲裁委員会の決定を強制しうる。なぜなら、解雇の回避のために操業短縮が導入されるべきか否かは、事業所のパートナー（事業所委員会と使用者）の決定にのみ服するからである。この判決では、操業短縮を行うかどうかの決定は、（解雇を回避するための）使用者の義務として理解されておらず、事業所のパートナーの自由として理解されている。この判断に第2小法廷は従うとしている。[80]

(2)上のように、1964年7月25日第1小法廷判決によって、一時的な受注の減少があるにすぎない場合、操業短縮がより負担の少ない手段である、ということが認められた。こうした人員削減すべき経営上の事情の下では、操業短縮は、解雇に対して優先的に行われるべき手段（＝より負担の少ない手段）であり、それは、必要性と相当性の原則の適用によって基礎づけられると理解されうる。これに対し、第1小法廷の1986年3月4日の判決、及び、第2小法廷の1986年9月11日判決では、操業短縮について企業が行う義務がないとしている。操業短縮が解雇の回避手段として行われるべきであるとは理解していないことになる。[81][82]

(3)連邦労働裁判所のヒレブレヒト判事は、第2小法廷の見解に与している。第2小法廷は、操業短縮を実施するにあたっての企業の決定の自由の原理に配慮しているという。[83]「連邦労働裁判所は、業務執行に服する企業の政策の決定については企業の裁量の行使と理解している。企業経営に関するこの枠内で生じる企業の決定は、裁判所によってその目的適合性を審査しうるものではない。このことは、市場志向の決定（注文の受注、非受注、販売地の計画、広告、販売政策、および財政手段）、企業の決定（事業所の継続または閉鎖、移転、事業所の縮小、経営目的の変更、生産ないし投資プログラムの変更、工場の方法ないし労働の方法の変更、合理化の企図、組織変更）にもいえる」と述べる。[84]

(4)これに対し、プライス教授は、使用者の将来予測によれば、業務の減少が一時的なものである場合、操業短縮によってその場をしのぎ一時的な業務減少に対処できるのであるから、より負担の少ない緩やかな手段として操業短縮が実行されなければならないとする。しかし、操業の短縮は、事業所委員会の共同決定権に服しているため（事業所組織法87条1項3号）、使用者はこれに対応する合意を得ることに努めなければならないと説く。[85]この合意を欠く場合、操業

短縮はより負担の少ない緩やかな手段としては実行できないことになる。この場合で、使用者が事業所委員会との接触を行わず、操業短縮を実行できない場合、告知された経営に基づく解雇は、無効となる[86]。これに対し、合意が追求された結果、事業所のパートナーが操業短縮の実施に合意しないか、または、事業所委員会の方で操業短縮の実施を拒んだときは、操業短縮は解雇回避手段として実行できず、解雇法上その不実施は、やむを得ないものと評価されうる。この場合、解雇は有効であると説く。しかし、一時的な注文減少が使用者にとって予測されうる場合で、それでもなお使用者が操業短縮導入のため事業所委員会との接触を行わない場合、告知された解雇は無効となる。この限りで、プライス教授は、業務の減少が一時的である場合、使用者は解雇を回避する手段として操業短縮を行うべきであると述べている。

　プライス教授は、解雇法では、継続的に人員の要請の減退が予想されるというネガティブな将来予測により企業決定の裁量を指摘するだけでは、説得力に欠けると説く[87]。この点が第2小法廷やヒレブレヒト判事の見解を分かつポイントである。操業短縮が、解雇より緩やかな手段としてみるべきであるというものである。

　また、プライス教授によれば、他の場合に、事業所委員会が使用者によって拒否された操業短縮を行いたい場合、使用者には、解雇法上、より緩やかな手段を行使する障害がないことになる。しかし、使用者によるこの手段の拒否は、裁判上の審査に服することになる。この場合、使用者は、操業短縮のための実際上の前提条件が存在するか否か、及び、この手段が将来的に必要な人員構成を維持するために必要であるか否かを具体的に主張ないし立証しなければならないとする[88]。

　(5)ここまで説明してきたのは、業務の受注が一時的な減少にとどまる場合に、操業短縮によって対処すべき義務があるかどうか、という争点についてであった。これに対し、判例では、将来予測によれば、業務の受注が長期的に困難である場合、判断は異なるとされている。連邦労働裁判所第2小法廷は、1997年6月26日判決において、「操業短縮から、使用者が経営学的な観点より行う予測にもとづき一時的な労働の不足がある、と考えることが基礎づけられる」と判断し、「この予測が、しかし、これに関わるすべての該当する労働者

全体の雇用の可能性に関係するのに対し、個々の労働者、職務上工事の現場職員として通りの工事にある原告にとって、被告によって陳述される追加的な事情にもとづいて長期間雇用の可能性が消失し得た。このことは、歩行者用道路完成機器の導入や外部的な事情（注文の欠乏）による事業所内の事情にもとづいて、雇用の可能性が消失したかどうかによる[89]」と判断された。この事件では、雇用の可能性が解雇期間の経過までに長期間予測によれば期待し得ないこと、約1000万マルクから1100万マルクの1月から3月までの前年の受注の状況と比較して、解約告知期間である1995年2月28日までで57万717.09マルクという比較的低い注文となっており、注文が後退していること、3人の同種の労働者を解雇していることなどが、重要であるが、これについて控訴審が認定していないことから、控訴は棄却され差戻されている[90]。長期の注文の減少がある場合、雇用の喪失が予測されることから、この場合には、操業短縮を実行することなく、労働者を解雇することができることを認めたわけである。

(6)操業短縮労働者給付金（Kurzarbeitergeld）　操業短縮の間、個々の労働者を財政的に保護するために、操業短縮労働者給付金が支給される。操業短縮労働者給付金は、職場のポストが脅かされているときに労働者が経営上の理由から解雇されるのを防止する目的で給付され、労働市場政策の目的をもって給付される。操業短縮労働者給付金の目的は、操業短縮の結果なされる労働時間短縮による賃金喪失分を調整する一方で、同時に、操業短縮にあう労働者が事業所にとどまり、失業を回避するところにある。操業短縮期間の間、使用者は賃金支払いの義務から解放され、内部のフレキシビリティーが確保されうる[91]。労働時間短縮により、人事コストが削減される場合[92]、解雇の代わりに、操業短縮は職場のポストを守るというオールタナティブ（代替案）を提供している。

　労働者は、(1)賃金の欠損のある著しい就業の喪失がある場合、(2)事業所の要件がみたされ、(3)人的な要件が存在し、(4)雇用のためのエージェンシーに対して就業の喪失が告知されたとき、操業短縮労働者給付金請求権を有することになる（社会法典169条3項）。(1)就労の喪失は、経済的な理由又は不可避的な出来事によるものであり、一時的でかつ不可避的なものである場合に、社会法典Ⅲ170条1項によれば、就労の喪失が著しいとされる。経済的な理由には、例えば、資本の減少、生産物の欠乏、一時的な注文の減少、売り上げの減少などが

ある。就労の喪失が不可避的なものでなければならないので(社会法典Ⅲ170条1項3文、4項)、これらの理由はあやまった経営遂行に原因がなければならないものではない。[93] 不可避的な出来事とは、170条3項において列挙された場合(異常気象の場合、官庁によって認められた措置)と並んで、無過失の緊急事態と類似の場合(例えば、無過失の火事での損害)である。さらに、ある月に、少なくとも事業所に雇用される労働者(教育訓練の者を含まない)の3分の1が、その月収の10%以上の賃金減少にあった場合でなければならない。[94] (2)事業所において、少なくとも、1人の労働者が雇用されている場合、事業所の要件が満たされる(社会法典Ⅲ171条)。[95] (3)人的な要件は次のような場合に充足される(社会法典Ⅲ172条)。労働者が就労喪失開始後保険義務のある雇用を継続され(1項1文a)、やむ得ぬ事情より受け入れ(1項1文b)、または、教育訓練の終了に続いて受け入れられ(1項1文c)、労働契約関係が解消されず、または解消契約(合意解約)によって解消されず(1項2項)、および、労働者が社会法典Ⅲ172条2項および3項により操業短縮の支払いにより排除されない場合(1項3項)である。(4)事業所が所在する地域の雇用のためのエージェンシーに対し、就業の喪失が文書で通知されなければならない(社会法典Ⅲ173条)。告知は、使用者又は事業所の代表によってのみ行われうる。労働者には通知の権限はない。使用者の通知には、事業所の代表の態度決定が添付されなければならない。雇用のためのエージェンシーは、真実に足りる事実にもとづいて、著しい就業の喪失が存在し、事業所の要件を満たしている、という文書での決定を遅滞なく付与しなければならない。

(1)少なくとも1人の子がいる労働者、ならびに婚姻して1人の子がいる場合、原則的に、消滅した手取り賃金の67%(社会法典Ⅲ178条1文)、(2)その他の労働者は、消滅した手取り賃金の60%を請求しうる(社会法典Ⅲ178条2文)。最長6ヶ月支給される。2009年3月29日の新たな命令によれば、操業短縮労働者給付金に関して、この支給期間を24ヶ月まで延長できるとされた(2009年1月1日から2009年12月31日までに請求権が発生したまたは発生するあらゆる労働者に適用される)。社会保険料は、50%まで、操業短縮の最初の6ヶ月まで使用者に支払われる。操業短縮7ヶ月以降は、100%、雇用のためのエージェンシーから支給される(この新規定は、2009年1月1日以降操業短縮を実行している使用者のあ

らゆる事業所に適用される）。

　労働時間の短縮によって、経営側によって支払われる賃金が縮減するが、企業は、操業短縮を手段として賃金コストに対し直接的または間接的に影響を影響を与えうる。労働時間について週5日から週4日への移行の場合、企業は約80％賃金を節約できる。理想的には、賃金コストを労働時間の短縮に応じて減少させることであるが、多くの労働協約では、賃金保障（Lohngarantien）規定によっても、労働時間の短縮分を超えて、より多くの賃金コストが減少される。たとえば、操業短縮労働者に対して、賃金の一定割合が、標準的労働時間の場合に支払われる、とする最低賃金が保障されるが、この場合、賃金の削減の最大が標準的賃金の一定のパーセントに制限されたり、場合によっては、労働時間の短縮の程度が最低労働時間数によって制限されたりする[96]。この場合でも、労働時間の短縮分を超えて、より多くの賃金コストが減少される[97]。

　また、労働協約によっては、操業短縮労働者給付金＋税抜きの賃金に、標準的賃金の一定割合が加算されることが定められる[98]（補助金規定、Zuschussregelungen）。この使用者による補助金は、就業の喪失が大きい場合に支払われる。補助金額は、最大で、税抜きの賃金の23％または30％に及ぶ。この補助金規定によっても、労働時間の短縮分を超えて、より多くの賃金コストが節約される。

　北ヴュルテンブルク - 北バーデン金属労組では、「従業員が、成果主義の月収の変動部分を含めて、合意された税込み賃金（時間外労働を含まない）の80％までの調整を得るとされ、税抜き賃金以上にはならないようにする」と規定される。バイエルン州の衣服の会社では、「週の労働時間は、24時間を下回らない限りで短縮され、これに対応する以上の賃金減少は許されない」と規定される。法的な操業短縮労働者給付金の協約による上乗せが合意される。補助金額が賃金75％から100％の間で異なって保障される。これらの操業短縮措置によって、「雇用が水に流される危険」が防止されることとなる[99]。

　2009年3月の時点で120万人の操業短縮労働者がいる[100]。2009年には昨年と比べて労働の供給量が2.9％縮減し、労働時間ごとの生産性も減少している。操業短縮労働者がいる前年度と比べて、就業の喪失の平均値は、30から40％とされる[101]。

3 社会的選択

　解雇制限法は「労働者に対し2項の意味における差し迫った経営上の必要性から解雇する場合、解雇は、使用者が労働者の選択に当たって、労働者の事業所への帰属期間、年齢、扶養義務、及び、重度障害を考慮しないかあるいは十分に考慮しなかった場合、社会的に正当化されない」と規定した（同法1条3項）。その規定の内容の具体化に当たっては判例法理が実務上大きな役割を果たしていたが、それを法規定化したものである。こうして、事業所への帰属期間、勤続年数が長く、扶養義務があり、及び、重度障害がある者を被解雇者から除外し、これらの者を解雇から保護しようとするものである。社会的選択、あるいは、社会的観点と呼ばれ、ドイツ解雇法を特徴付ける法的観点であろう。

　しかし、ドイツにおいては、社会的選択と呼ばれる解雇の際のこの人選基準により、高齢で勤続年数の多い労働者を解雇しにくいことから、人事構造上、解雇の後、若年者が少なく中・高年の労働者が多くなりがちである。このため、中高年に厚遇の雇用のあり方がなされる反面で、人事構造の高齢化が進みやすい[102]。そこで、人事構造の高齢化を防ぎ能力主義を重視する観点から、使用者が解雇者の人選を行うにあたって、知識、能力、および、業績、ならびに、均衡の取れた人事構造確保のための正当な企業の利益も加味して考慮することができると法改正を行っている（解雇制限法1条3項2文）。つまり、社会的選択により、勤続年数、年齢、扶養義務の有無、重度障害の有無から解雇される者の人選を行い、社会的な弱者と考えられている者を解雇できないように解雇制限法が規制を行っている一方で、他方で、解雇制限法は、知識、能力、および、業績、ならびに、均衡の取れた人事構造といった正当な企業の利益も考慮させることで、事業場の人事構造が極度に高齢化し、能力や業績のない事業場になるのを防止している[103]。これによって、使用者が一定の能力ある労働者を事業場にとどめることが可能になっており、法が、企業の収益構造、生産性、国際的な競争力を考慮することを可能にしている[104]。この意味で、部分的に人事構造の形成に関わる企業の決定の自由が解雇制限法によって尊重されていることになる。

第Ⅰ部　ドイツ法における解雇制限法理

1　解雇制限法の改正

　解雇規制によって従来達成しようとしていたのは、存続の保護であった。その目的のため、解雇制限法1条2項は、労働者個人の事情にもとづく解雇、労働者の行為にもとづく解雇、経営上の理由にもとづく解雇の場合につき、社会的正当性を要求し、解雇を制限している。整理解雇に当たる大量解雇については、これとは別に、大量解雇規定があり、企業に通知義務を課しているが（解雇制限法17条）、この規定が適用されることはまれであるとされる。これに対し、経営上の理由にもとづく解雇の場合、社会的に正当な解雇とは、経営の人員数を実際の必要人員数に合わせるために解雇が必要とされる場合である。社会的に正当とされる場合は意外に広く、労働力の削減の原因が企業の対外的関係にある場合、とくに経費をカバーするだけの受注の不足、原料・燃料不足、資金調達の困難が原因の場合がこれにあたり、もう1つの場合が需要が減少する場合であり、例えば、経営目的の変更、合理化措置の実施、新しい生産方法や作業方法の導入の場合がそれにあたる。その場合、労働者を他の職場で引き続き雇用できるかどうかが問われ、いわゆる最終的手段性の原則が適用される[105]。

　さらに、解雇制限法1条3項1文によれば、急迫した経営上の必要性があったとしても、使用者が考慮の対象となる複数の労働者の中から実際に解雇する労働者を選ぶに当たり、社会的観点を考慮しなかったか又は十分に考慮しなかった場合、解雇は社会的に正当化されない[106]。このほか、解雇訴訟においては、同条の4つの要素の他、財産的状況、被扶養者の状況（失業者かあるいは雇用に従事する者か）などの要素も、社会的観点に含まれるべきか否かがつねに争われてきた。しかし、どのような要素が社会的観点として考慮に入れられるべきかは常に、争われ、法的安定性を害するという問題もあった。

　1996年のコール政権下での解雇保護法の改正にあたっては、社会的選択の要素を明確にし、事業所への帰属の期間、年齢、および扶養義務が十分に考慮されなければならないと規定され、かつ、労働者を継続雇用することに関して特に、その知識、能力、業績、または、事業所の均衡の取れた人的な構造を理由として、正当な事業所の利益がある場合、その労働者は社会的選択の考慮の対象外とされ、事業所での継続雇用が可能とされた。さらに、同年の改正によっ

て、重過失の要件が課され、事業所の組織変更（Betriebsänderung）の枠内で使用者と事業所委員会（Betriebsrat）との間で利益調整が行われる場合、社会的選択は重過失があった場合にのみ審査されることが許され、解雇が差し迫った経営上の必要性によるものであると推定がなされると規定された（同法4項）。しかし、社会民主党／緑の党の政権への転換後すぐに、1996年の改正以前に戻すことを主な目的とした改革法案が出され、1999年1月、解雇制限法1条3項は、1996年10月1日以前の状態に戻された（解雇制限法1条4項2文の「使用者の指針」規定は削除され、5項の名前のリスト方式による利益調整も削除された）。

その後、社会民主党／緑の党の政権は、自らが白紙撤回し、削除した規定を再び復活させた。その重要な規定が社会的選択の規定である。その社会的選択の規定は、コール政権下のそれとほぼ同様の規定が挿入された。つまり、新解雇制限法では、次のような4つの要素にしたがって保護されるべき者を人選し、この基準にしたがって保護に値すべき者を解雇されるべき人的な範囲から除外することになっている：1. 事業所への所属の期間（勤務年数）、2. 年齢、3. 扶養義務、4. 重度障害というものである。事業所の組織変更（Betriebsänderung）の枠内で使用者と事業所委員会（Betriebsrat）との間で利益調整が行われる場合、「社会的選択は重過失のあった場合に審査されることが許され」「解雇が差し迫った経営上の必要性によるものであると推定がなされる」と規定された。

最終的には、次のように、社会的選択を定める解雇制限法1条3項は規定された。

「 (3)労働者を2項の意味における経営の必要性から解雇するとき、使用者が労働者の選択にあたって労働者の事業所への所属期間、年齢、扶養義務、及び、重度障害を考慮しない場合、あるいは、十分には考慮しない場合、解雇は社会的に正当化されない。労働者の請求に基づき、使用者は労働者に対し当該社会的選択をなした理由を告げなければならない。1文における社会的選択においては、特に、その継続雇用が、特に、労働者の知識、能力、及び、成績を理由として、あるいは、事業所の均衡のとれた人的な構造の確保のため、正当な経営上の利益となる場合、労働者は考慮の対象外とされる。労働者は、解雇が1文の意味において社会的に正当化されないとみられる事実を証明しなければならない。
(4) 3項1文による社会的観点が互いの関係においていかに判断されるべきかが、労

働協約、事業所組織法95条による事業所協定、または、人事代表法による類似の基準において定められる場合、この判断は重大な過失があるかについてのみ審査されうる。

(5)事業所組織法111条による組織変更にもとづく解雇の場合、解雇される労働者が、使用者と事業所委員会との間の利益調整において、名前とともに列挙される場合、解雇が2項の意味における差し迫った経営上の必要性によるものであることが推定される。社会的選択は、重大な過失のある場合にのみ、審査される。1文及び2文は、状況が利益調整の成立により本質的に変更された場合、適用されない。1文による利益調整は、17条3項2文による事業所委員会の態度決定を補充する」。

さらに、2003年12月24日の法改正により、解雇制限法1条5項が創設され、被解雇者の名前のリストを列挙することができるという規定が復活した。名前のリストに労働者が列挙された場合、解雇の前に事業所委員会の聴聞が必要である。また、名前のリストが列挙された場合、社会的選択にあたって、重大な過失のある場合にのみ、裁判所が審査することになる。名前の列挙により、能力ある労働者の確保が企業には可能になり、これと同時に、事業所帰属年数、年齢、扶養義務、重度障害という社会的観点を考慮した被解雇者の選択（社会的選択）が、重過失のある場合に制限されることとなった（実務では、事業所協定（組織変更（Betriebsänderung））が事業所委員会と使用者との間で締結され、被解雇者の名前のリストが作成される。弁護士のビッヒルマイヤー氏によれば、この名前のリストを含む事業所協定と補償規定を置く社会計画により、中高年を含む労働者の解雇が可能になっている。したがって、この名前のリストが作成される限りでは、このリストは、解雇法制（特に社会的選択）及び事業承継法制（特に民法613a条）をなきものとしうる爆発物であるという）。解雇制限法1条4項では、「使用者の指針」が策定される場合も、被解雇者の選定が、重過失である場合に限って、審査されると、規定された（コール政権下の規定の復活）。これにより、解雇にあたって、能力のある労働者が職場を去ることを防止することができることになる。

以上のように、解雇制限法の改正にあたっては、社会的選択の要素を明確にし、事業所への帰属の期間、年齢、および扶養義務が十分に考慮されなければならないと規定され、この解釈上の問題について実定法化によって解決を図ろうと試みられた。

しかし、これらは、元来、ワイマール期の命令および判例にすでに多く見られるように、ドイツの判例において発展してきた法理論である。当時から、社

会的観点が規定され、年齢、勤続年数、ならびに、家族構成（扶養義務）が考慮されていた。年齢、勤続年数が高く、扶養義務のある労働者も、解雇されることはないと扱われていた。[108] 1920年2月16日の命令により、「労働者は労働者の数の削減のために解雇される場合には、その選択にあたっては、まず、経営関係、特に、経営の収益性との関係での個々の労働者の補充性が審査されなければならない。この場合、より年齢の高い労働者および扶養義務のある構成員が可能な限り職場にとどまれるよう、年齢、勤続年数、ならびに、労働者の家族構成が、考慮されなければならない」と規定されていた（13条1文）。同時に、ワイマール期より、判例が発展し、「解雇は事業所協議会法84条4号の意味における不公正な苛酷性を意味する」という判断が示され、社会的観点を考慮すべきとの法理が戦前より確立していた。[109] ワイマール期に起源を有するかかる社会的観点が現在の解雇法制において復活したのである。

2 社会的選択に関する憲法上の原理

では、解雇制限法にもとづく社会的選択は、いかなる憲法的な根本原理にもとづくものなのであろうか。かつて、連邦労働裁判所は、社会的選択の規定が立法化される以前に、「解雇制限法とこれにともなう社会的選択の義務は、民法242条（信義則）の具体化として理解される」「特に、使用者は、個々の労働者に負担を与える一方的な選択の決定を理性的で客観的な観点にしたがって行わなければならず、正当な裁量（民法315条）にしたがわなければならない。特に、自らの利益のみを考慮することは許されない。民法242条、315条の一般条項の適用にあたっては、基本法20条1項に基づく社会国家原理、および、基本法3条1項に基づく平等原則が効力を発揮する。私法上の平等取扱い原則も、必要性に基づく解雇の多量な構成要件にあたって、度外視されない。（……）使用者も、このため、社会的観点を十分に考慮しなければならない。社会国家原理の意義は、当法廷の見解によれば、勤務上の使用者の選択の諸利益に対して優先的なえり好みを認めることを禁じることにある。そのような利益はむしろ、双方の利益が考慮される中で、採用される。これによれば、衡量によっては、社会的観点に基づいて保護に値する労働者自身を正当に解約するということにもなりうる。裁判所の任務は、労働者のより高い社会的な保護の価値との

関係で、個々の選択の諸利益の重さを決定することである。」と判示している。[110]

つまり、社会的選択の法理は、信義則（民法242条）等の一般条項の具体化として現れ、それは、基本法20条1項に基づく社会国家原理、および、基本法3条1項に基づく平等原則、私法上の平等取扱い原則とも関係するというものである。学説でも、社会的選択の原則では平等取扱い原則の具体化が問われているとする見解もある。[111] 解雇制限法1条3項1文による社会的選択は利益衡量の具体化でもあるが、それは、使用者の利益と被解雇者の利益を衡量するのではなく、解雇が問題になる労働者相互の利益が考慮される、という特殊性のあるものであるとする。

3 社会的選択の具体的内容と実際

まず、一の事業所への所属期間は社会的選択の法理のうち重要な位置を占めている。[112] この場合、中断のない労働関係の存続の期間が問題になっている。事業所への誠実がこれによって報われると説明される。[113] 長く事業所に拘束された者は、このことが第一義的には有利に考慮されることが期待される。その結果、統計をみると、事業所への所属が短い6ヶ月未満あるいは7ヶ月から1年未満の労働者の場合、解雇される割合が高くなっている。これに対し、勤続10年以上の労働者の場合、解雇されにくくなっている。ここから、社会的選択が勤続年数の高い労働者を解雇しない機能を十分に果たし、社会的な保護が機能していることがわかる。他の使用者のもとでのかつての就業期間は、現在の使用者が民法613条aの意味における事業の譲渡の際にも、考慮される。[114]

こうした社会的選択における事業所の所属期間の考慮には、「人格的性格を有する継続的労働関係の本質と密接に結びつく信頼保護の思想がまず内在している。労働者がその労働力の投入によって企業の維持と収益のために長く貢献すれば貢献するほど、使用者が生じている困難の場合にも可能な限り労働関係を長く維持する、という信頼がより多く生じる。第2に、事業所の帰属期間を考察するその存続保護の強さは、交換関係としての労働関係の性格と密接に関連している。労働関係の期間が長くなると、通常、労働者の労働力の活用によって使用者が獲得する企業収益への貢献も増す」。[115]

また、年齢も、連邦労働裁判所の判例では重要な要素であった。労働者は年

齢が高い人ほど保護に値する、ということが妥当する[116)]。「職場を失うことと結びついた結果、特に新しい仕事への採用、および、その都度住居を移ることは、若い労働者には負担が軽い[117)]」ということが指摘される。表のように、30歳までの被解雇者の割合が高く、46歳以上の割合が極端に少ない。社会的選択が中高年の労働者を解雇せず、使用者による解雇から十分に保護を果たしているのがわかる。ドイツの社会的選択は、アメリカの先任権と対比されるが、後の[118)]表からは、社会的選択が若年者に冷たく、中高年に厚く保護しているのが一目瞭然である（名前のリスト（被解雇者リスト）の制度ができる前の統計である）。これは、社会的選択が法制化されたのこそ最近であるが、名前のリストを作成しない限り、事業所への帰属年数及び年齢の高い労働者を解雇から除外する扱いを社会的保護としてなしてきたことのなによりの証である。

(%)

年齢集団	企業調査における被解雇者の割合		労働裁判所での被解雇者の割合		ラント労働裁判所での被解雇者の割合		連邦労働裁判所での被解雇者の割合	
20歳まで	12.1	12.1	5.8	5.8	1.6	1.6	1.2	1.2
21-25歳	16.4	28.5	12.5	18.3	12.9	14.5	6.0	7.2
26-30歳	17.2	45.7	17.0	35.3	17.2	31.7	10.8	18.0
31-35歳	14.3	60.0	18.3	53.6	18.3	50.0	18.1	36.1
36-40歳	13.6	73.6	16.6	70.2	14.5	64.5	15.7	51.8
41-45歳	9.8	83.4	11.9	82.1	15.6	80.1	16.9	68.7
46-50歳	7.8	91.2	9.1	91.2	9.1	89.2	13.3	82.0
51-55歳	4.8	96.0	5.5	96.7	6.5	95.7	7.2	89.2
56歳以上	4.0	100.0	3.2	99.9	4.3	100.0	10.8	100.0
実数	580		1048		186		83	

しかし、こうしたあり方には有力な反対の見解がある。1．事業所への所属の期間（勤務年数）、2．年齢、3．扶養義務に高い比重を置いて保護に値すべき者を定めた場合、中高年より若年者を解雇する結果を招き、結果的には、従業員の年齢層が高齢化するという結果を招く、というものである[119)]。ベルコフスキー判事によれば、「雇用不足の時代には、解雇というものが失業というものと同意義であるので——中高年であろうと若年者であろうと——、新たに問題を提起しなければならない：若く、よく教育を受け、能力があり、家族環境を

構成しなければならない労働力に対し、過剰に失業の負担・責任を負わせ、充足した労働者生活をそれまで過ごしてきた中高年をさらに働かせるのが、まず第1に、雇用政策上および、第2に、社会政策上、意味のあることなのであろうか。この問題は、経済学的政策的な観点からは——個々の場合に否定されるべき場合もあるが——はっきりと否定されるものではない。第3に、それが社会的であるかどうかも、かなり疑問の余地がある。なぜなら、家族の若い父が（あるいは母が）、高齢者よりも、失業になることをたやすく受忍できるということに同調できるものではないからである。」こうした指摘は多く、リヒャルディ教授も、年齢が問題になる限りは、年齢を理由とした若年者に対する差別を6条において禁止した2000年11月27日のEG指令2000／78を考慮しないことは許されてはならず、ドイツの立法者は2003年12月2日までに国内法に置き換えられなければならなかった、と現行法での社会的選択の法理を批判する。[120]

しかし、プライス教授は、社会的選択の基準として年齢を考慮することは、年齢を理由とした間接差別にはあたらないとしている。というのも、こうした考慮が、雇用政策上の目的ないし労働市場政策の目的のために、客観的に正当化され、この目的を達成する手段として必要かつ相当であるからだとしている。[121]

こうした社会的選択の法理における若年者の保護の欠如が表面化したのが次の事件である。35歳の女性の解雇の適法性が問題になった事件において、原審のケルン・ラント労働裁判所が、労働市場での若年労働者の失業を考慮して、使用者がこの25歳の女性と35歳の女性とを比較し、法律の当時の理解の意味で、年齢に著しい差異がなければならないということを出発点として判断し、その結果、労働市場において新たなポストを見つける機会が35歳の場合25歳より著しく小さいわけではないことから、と判断している。これに対し、連邦労働裁判所は、「均衡の取れた人的な構造の確保のための解雇の措置の場合に、25歳と35歳は同じグループのなかで包摂されると指摘される。このことについては、事業所の実務においてこれらの年齢のグループが均質なものとしてみられるということが論じられる。それゆえ、ラント労働裁判所が、ある年齢の差の認定に甘んじるだけではなく、この年齢の差異が、社会的な保護の必要性の点で著しい差異をももたらすかどうかを判断しているのは、正しい。なぜな

ら、社会的な保護の点でのある著しい差異は、解雇の社会的な違背をもたらすからである。被告が本件において25歳の女性労働者に有利に判断しているが、このことは、年齢の原則を強調する場合には、不適当であり重過失であるように思われるかもしれないが、これによっては、その代わりに、均衡性を失わせられたとみることはできない[122]」と判示している。この結果、25歳の女性ではなく35歳の女性の解雇を適法と解している。

　扶養義務について社会的観点で考慮されるというのは、家族構成が考慮されるというよりも、家族構成から生じる義務が考慮されるということをさす[123]。扶養義務は私生活上の事項であって、労働関係に直接的にも間接的にも関わらない。したがって、こうした事項まで裁判所が考慮することが許されるかが問われることになるが、社会的選択の基準として扶養義務を考慮することは、「労働関係の目的と婚姻・家族の保護を結びつけ、立法者は基本法6条1項による保護義務を実現しようとする、これに対応した立法者の判断に依拠する[124]」。

　夫婦のパートナーの収入額も考慮されるかは理論的に問題になっている。特に、二重に収入があるダブルインカムの事実によって、社会的保護の必要性が減殺されるのかが、問われている。この議論は、社会的選択の立法化の前から議論があるが、立法後も継続されている。夫婦の収入も考慮され、扶養義務では、収入のある者の数の比較が問われ、その困難の度合いが問題になるとする見解もある[125][126]。「家族法の原理は、財産からの収入、自立した労働による収入、非自立的労働による収入というのを区別していない。家族法的なコンセプトは、解雇制限法1条3項1文の枠内でも夫婦のあらゆる収入の種類を考慮することを余儀なくさせる[127]」ともプライス教授は述べている。次の事件では、ダブルインカムの事実から保護の必要性が低いと判断され、解雇が社会的に正当であると判断されている。

《28歳の既婚の原告（女性）、未婚の20歳の女性および未婚の21歳の女性の3人が解雇の対象となっており、原告は4年その企業に勤務し、原告には7歳と10歳の2人の子供がいたが、これに対し、未婚の2人の女性には子供はいなかった。原告の女性の夫は、生業についており、2100マルク（税込み）の収入があった。こうした事情のもとで使用者は、他の2人の未婚女性と比べて、原告の女性に保護の必要性が低いと判断し、解雇した。ハム労働裁判所は、夫の収

入の額のレベルは社会的には保護に値しないから、その原告女性に対する解雇は正当であると判断した。》[128]

フォン・ホイニング＝ヒューネ教授は、社会的選択の際家族の収入を考慮するには、慎重でなければならないとする[129]。まず、使用者は解雇にあたって労働者の財産関係に対する包括的な質問をすることになり、法的不利益を避けるためとはいえ、使用者、ならびに訴訟においては同僚に対して、私的領域をオープンにすることが必要か疑問が残るとしている。このような広範囲な人格権の侵害は不当なものである。解雇制限法もそこまで要求していない[130]。

この上、こうした慎重な見解では、扶養義務者の収入と労働関係存続の危険、扶養義務者のポスト喪失のリスクは、関係がなく、女性に対する間接差別にも関係がないと指摘する[131]。

労働者が被介護者を介護しなければならず、職場の近くに住まなければならないという事情は、困難な種類の扶養義務としてみられる[132]。

さらに、重度障害者を解雇者から除外すべきことについても、ランクのある重度障害者をどのように評価するのか、そして、それを社会的選択の考慮のプロセスのなかに入れていくことができるのかは、なぞである、とリヒャルディ教授は述べている[133]。

4 裁判における社会的観点

裁判所は、社会的観点として、事業所への所属の期間（勤務年数）、年齢、扶養義務を主に考慮し、事業所への帰属が長く、年齢が高ければ高いほど、扶養義務がある人であればあるほど、その労働者は保護に値するとされ解雇の対象者から除外される、という取り扱いをしている。但し、被解雇労働者の人選について、これらの4要素の有無をそれぞれ個別的にばらばらに判断するのではなく、これらを総合的に考慮して、判断している[134]。社会的選択の方法としては、以下のように、1）点数表によりポイント数の高い者で社会的保護に値する者を選択する、2）事業場内での2人を4つの社会的観点（勤続年数、年齢、扶養義務、重度障害の有無）から比較して、被解雇者を選択する、3）労働者をいくつかのグループ、例えば、年齢層ごとのグループに分け、各グループから被解雇者を選択する、という方法が主に企業によって用いられる。それは、例

えば、次の通りである。

——53歳の原告女性が同じ事業所の51歳の従業員Kと比べて5年事業所の帰属期間が長く、原告の夫は収入がなく扶養義務があったのに対して、Kには扶養義務がなかった。被告市では社会的選択に際して点数表を作成している[135]。
- 10年の勤続年数までは勤続年数ごとに1点
- 11年以降は勤続年数ごとに2点（55歳まで）
- 年齢ごとに1点（最大55点）
- 扶養義務があると5点
- 独身者5点
- 既婚で収入のないパートナーを持つ場合8点
- 既婚で収入のあるパートナーを持つ場合0点

連邦労働裁判所は[136]、「これによって、3つの重要な社会的データすべてにおいて原告女性に有利な差異が存在し、その概要においてその有利性は明らかであり、解雇しようとする使用者の一般的な評価裁量内に移行するわけではまったくない」と判断し、解雇が労働関係を終了させないことから、原告の継続雇用の申立ても基礎づけられると判断した[137]。

——トルコ人の原告は1971年8月24日に生まれ、妻は職業活動に従事しておらず、3人の子供がいた。控訴審のバーデン・ビュルテンブルク・ラント労働裁判所は、まず、年齢について、35歳の労働市場でのチャンスは、傾向として、3歳ないし4歳若い者より悪いという内容の経験則は存せず、「31歳でも、35歳でも、身体的な能力に関してベストの年齢にある」とし、扶養義務については、妻と2人の子（扶養義務あり）がいる「K氏の扶養義務の範囲は原告より4分の1少ない」と扶養義務も重視し、原告の代わりに4歳若いKを解雇すべきとした一審の労働裁判所の判断を維持した。これにより、原告に対する解雇は無効と判断された[138]。

——34歳未満が1人、35歳から44歳が2人、45歳から55歳までが5人、56歳以上が9人であったが、ザクセンラント労働裁判所は、「均衡の取れた年齢構造の維持とは、高齢の従業員と若い従業員との関係がほぼ同じに保たれていることを意味する。それゆえ、例えば、年齢グループが社会的選択のために並んだ人的な領域の範囲内では、30歳まで、31歳から40歳、41歳から50歳、51歳から60歳、61歳以上の労働者のなかから、このグループから均等に多くの労働者（例えば、10%）を解雇しうる。社会的選択は、この場合、個々のグループ内で行われるべきである」と説示し、被告では、34歳までで形成されたグループ、35歳から44歳、ならびに、45歳から55歳までにおいて、——むろん——そのなかに含まれた労働者が解雇され、45歳から55歳の労働者並びに、56歳以上のグループではそれぞれ均等に1人の労働者が解雇されたという場合に、「これには異議をさしはさめない。なぜなら、これによって、形成されたあらゆるグループにおいて解雇の人員が関わりうるからである」と判断し、かかる解雇は有

効であると判断している。[139]

　これら3つの判決は、事業所における社会的選択の考慮の仕方としては典型的な方法とされる。つまり、①法定の4つの要素を事業所における個人間で比較する、②法定の4つの要素（場合によってはその他の要素も加えて）ごとに、ポイント（点数）をつけ、個人ごとにそのポイント（点数）の多さを比較する、③年齢ごとにグループを形成し（例えば、10歳ごと）、そのグループ各々において、被解雇者を選定している。年齢・障害等を理由とした差別的取扱いとならない労使の取り組みとしては、興味深い例である。

　社会的選択について、法改正後、すでに、他の重要な法律上の争点に関して、連邦労働裁判所の判断が示されつつある。以下、これについて論じていく。

　まず、社会的選択による人選は、事業所単位で行われるべきものなのか、それとも、企業レベルないしコンツェルンレベルにまで拡張して、判断されうるのかが問題になっている。連邦労働裁判所は、社会的選択による人選は、事業所単位で行われるべきものと判断している。「連邦労働裁判所の確立した判例及びほぼ一致した学説は、社会的選択の事業所所属性を考慮し、ある企業の他の事業所の労働者またはコンツェルンの労働者を考慮に入れないということを認めている。企業に別々に存在するより多くの事業所における比較可能な労働者を考慮する社会的選択というのは、使用者による解雇決定の準備や裁判所によるその事後審査が法的な根拠もなくコストについて困難にさせられ、これをこえて、事業所委員会ないし人事委員会の参加の枠内でこのような措置について困難な解決し得ない問題を生起させる」と判示し、ラント労働裁判所の判断を差戻した。[140] つまり、企業レベルやコンツェルンレベルで被解雇者の選択を行う法的な根拠もないことや、事業所委員会などの従業員参加も事業所単位（この事件では課が単位）で行われるため企業単位やコンツェルン単位では対処ができないことを理由としている。他の判決においても、同様の判断がなされている。[141]

　また、社会的選択による人選は事業譲渡の場合にも適用されるべきであり、事業所の帰属年数、年齢、扶養義務、重度障害の有無はその場合にも考慮されるべきなのかが問われる。これについて、製鉄取引の業務部門がＳ有限会社

第3章　ドイツ法における解雇制限法理

に部分的に事業譲渡された場合で、それとは異なる部門、鉄、製鉄、金属の装備（Armaturen）部門（船の装備を買い、製造、保管、販売する部門）において、勤務していた原告が、解雇された事件において、連邦労働裁判所は、当該労働者が移転される事業部門に属していないのを前提として、「社会的選択がある事業所の比較可能な労働者にまで及ぶべきである[142]」と判示し、この問題に関する従来の連邦労働裁判所の判断が事業譲渡にも及ぶことを示している。つまり、事業譲渡の場合、特に人選が問題になりうる部分的な事業の譲渡の場合、社会的選択が行われるべきであるが、それが、譲渡される対象となる事業所を単位として、社会的選択という人選が行われるべきであることを明らかにしている。事業譲渡、とりわけ、事業の一部の譲渡の場合、全員が後継の企業に移転するわけではないため、一部の者だけが移転することになり、この場合、公正な人選こそが重要となる。この点について、ドイツでは、社会的選択が譲渡される事業所を単位としてなされるべきこととなっているわけである。

　さらに、社会的選択との関係では、ある事業所内で、フルタイマーとパートタイマーのいずれの従業員が保護に値するかを判断する場合、当該フルタイマーが短かい労働時間で働く準備がある場合には、これを含めて考慮し、いずれの従業員を継続雇用させるかまで判断すべきか否かが問われる。これは、経営上の理由による解雇の場合に、フルタイムの労働者を解雇する代わりにパートの労働者を採用するという問題（いわゆる交換解雇）とは異なる。ここでは、フルタイマーとパートタイマーがいるうち、フルタイマーを優先的に解雇するべきか否か、パートタイマーが優遇されるべきかという点が問題になる。

　かつて、連邦労働裁判所は、1998年12月3日の判決において[143]、まず、前者の問題について、フルタイマーとパートタイマーは、「りんご全体とりんご全体は比較可能であるが、りんご全体と半分のりんごでは比較することはできない。この限りでは、パートないしフルタイムの労働者は比較可能ではない」と判示している[144]。「原告は、労働時間の長さを理由に不利益に扱われてはならず、このことが選択の基準をなすわけではなく、私的な個人の希望による特別な契約形成とこれと結びついた一方的な指揮権によってはもはや可能ではないフルタイムのポストでの投入可能性は、この比較可能性を排除する」と説示している。つまり、フルタイマーとパートタイマーは事業場において比較可能で

はないため、解雇の場合の社会的選択にあたってこの両者を比較するのは、適切ではないと結論付けているのである。[145]

この問題について、ヨーロッパ法の影響を受け、連邦労働裁判所は次のような判断を示すに至っている。

「パートタイム労働者とフルタイム労働者は判例によれば社会的選択の範囲内では比較可能である。」「上告の見解に反して、ヨーロッパ裁判所は、フルタイムとパートタイムとの間の労働者間で解雇制限法1条3項の枠内でつねに区別されなければならないとは判断していない。上告によって支持された逆の論理については、何もこの判断からは明らかにはなっていない。その際、ヨーロッパ裁判所がいわゆるパートタイム労働指令（RL97/81Egv. 15. 12. 1997）の発効前には法的関係について判断していないことを考慮に入れなければならない。パートタイム労働指令は、むしろ、フルタイムとパートタイムの従業員の広範囲な同化を目的としているのである」[146]。本件の場合、パートタイマーである原告は、正規従業員であるKより、当該事業所における社会的選択のための点数表の上でも、点数が高く、年齢も高く、事業所所属年数も長いことから、原告の継続雇用が基礎づけられる、と結論づけられた。これにより、解雇の際の社会的選択にあたって、ある事業所においてフルタイマーとパートタイマーを比較した上で、両者のなかから被解雇者を選択できることになった。

4　事業所委員会の異議申立て権

事業所組織法102条1項は「事業所委員会は、あらゆる解雇の前に聴取されなければならない。使用者は、事業所委員会に対し、解雇の理由を通知しなければならない。事業所委員会へ聴取なく告知された解雇は、無効である」と定める。プライス教授によれば、この規定は、判例と学説において重大な意義を有する集団的な解雇保護の核心部分である。[147]

1952年事業所組織法においては、事業所委員会はあらゆる解雇の前に聴取することを予定していたが、この原則違反に対する効果を規定していなかった。判例と学説においては、事業所委員会の聴取は、解雇の無効を帰結するのではなく、有効に故意または過失により事業所委員会に聴取してない使用者に対

し、解雇保護手続において、通常解雇の社会的正当性を否定することができずにいた。

その後、1972年事業所組織法は、事業所委員会の参加権を強化している。同法は、聴聞手続の不遵守が解雇の無効をもたらすとした[148]。本条の意義は、聴聞手続終了後告知される解雇にあたって、提起される事業所委員会の疑念を考慮するきっかけを使用者に与えるというものである。

また、解雇に対して事業所委員会には異議申立て権が認められている。解雇制限法1条2項2文および3文による解雇保護の要件は、定式の期限に適った事業所委員会による異議申立てである[149]。事業所委員会の異議申立ては、一定の法律上の要件によって拘束された権利である。事業所委員会が解雇に対して1週以内に文書で理由を列挙する下で異議申立てをしたとしても、使用者は、解雇の告知について妨げられることはない[150]。つまり、聴聞をなした後、事業所委員会が異議申立権を行使したとしても、事業所委員会の異議申立権を理由として解雇がただちに無効となることはない。解雇するかどうかの判断について個別法のレベルでは使用者に委ねられている。但し、適式で期限どおりになされた事業所委員会の異議申立権の行使に十分理由があると裁判所が解雇保護手続において認める場合には、解雇は社会的に正当ではないとなる（絶対的に社会的違背という）[151]。さらに、この場合、事業所組織法102条5項による仮処分による就労請求権を発生させることになる[152]。

こうした事業所委員会の聴聞手続きについては、実務上、解雇に対し、使用者側に事業所委員会からのリアクションがあったかどうかの連邦政府の委託調査がある[153]。以下の表の通りである。

リアクションの形態	件数	割合（%）
同意	3168	66.0
黙ったままである	941	19.6
疑問を提起する	297	6.2
異議を唱える	395	8.2
全体	4801	100.0

解雇に対して事業所委員会も同意しているという場合が圧倒的に多く、全体

の3分の2を占めていることがわかる。

　黙ったままでいることは、法律上は承認したのと同様の効果が生じる（事業所組織法102条2項2文）。即時解約の場合は、この擬制の効果を定めた規定はない。この沈黙（＝何らリアクションをとらないこと）は、全体の20％程度であるが、これが承認されたと擬制されると、全体で「承認」の効果が生じるのは、3分の1にもなる。

　反対に疑問を提起したり異議を唱えたりする態度を表明しているのは、全体で14.4％のみにすぎない。

同意	57.5%
黙秘	33.7%
疑問の提起	7.2%
異議申立	1.2%

　上の表からでは、事業所委員会が異議申立てあるいは疑問を提起する手続が有効に機能しているといえるかを判断するのは難しい。特に、異議申立てあるいは疑問を提起している割合が多いとみるか、そして、その結果異議申立てが解雇を有効に阻止できたかどうかは、これらの調査結果だけでは見極められない。そこで、解雇を阻止されたかどうかを使用者に問うた、次の表をみることにする。問いは、「予定された解雇に対して事業所委員会の認識しうる異議がどれだけ——事業所組織法102条3項による異議申立が提起されなくても——解雇の使用者の意図が実現されない結果を招いたか」という問いとなっている。

全くない	49.2%
まれ	35.9%
多い	6.0%
常にある	2.8%
わからない	6.0%

　上の表では、「多い」「常にある」を合わせても、8.8％の事例で阻止されたにすぎない。事業所委員会が解雇に対し、事業所委員会が事業所組織法102条3項の意味で異議申立てをなしたが、それにもかかわらず、380件の（事業所委

員会による）異議申立事例のうち、解雇を告知した事件が265件にものぼっている。実際には、少数の事案で、異議申立・疑問の提起が事業所委員会によって行われ、少数の事案ながら、事業所委員会による反対の意思表明が効を奏しているといえる。

5　大量解雇規制

　解雇制限法17条ないし22条において労働市場政策に対処するため、大量解雇からの保護の規定が置かれている。大量失業に行政が対処する可能性が与えられている。これは、EU 理事会指令（EWG 75/129, ABl. EG Nr. L. 48 v. 22. 2. 1975, S. 29, EWG 92/56, Abl. EG Nr. L 245 vom 26. 8. 2992, EWG 98/59, ABl. EG Nr. L 245 vom 12. 8. 1998）にもとづく調和により、競争秩序の歪曲の排除が志向されている。

　大量解雇規制は、20人以上の従業員が雇用されている限り、あらゆる事業所、および、司法上の行政部門、経済的目的の達成のための公的な行政がなされる事業所に適用される。経済的目的は、公的な行政が収益目的を欠く場合にも、追求されうる。大量解雇規制は、少なくとも20名の従業員を伴う事業所に適用される。

　大量解雇とは、原則的に、21人以上の60人未満の事業所の使用者が、6人以上の労働者を、60人以上500人未満の事業所で10人以上あるいは26名の労働者を、500人以上の事業所で30人以上の労働者を解雇することである。

　使用者が大量解雇を企図する場合、解雇制限法17条により、使用者は、事業所委員会に対して、情報提供を行ない、ならびに、事業所委員会に対して文書で通知しなければならない。情報提供および文書での通知が求められる事項は、(1)予定される解雇の理由、(2)解雇される労働者の数と職業グループ、(3)原則的に雇用される労働者の数と職業グループ、(4)解雇が行われる時期、(5)被解雇労働者の選択にあたって予定される基準、(6)補償の算定について予定される基準である。これと同時に、事業所の所在する地域の雇用のためのエージェンシーに対しては、大量解雇が間近に迫るとき、使用者または、事業所の代表は、文書で署名のある通知をしなければならない。使用者は、この通知には、

事業所委員会への通知の写し、ならびに事業所委員会の態度決定を添付しなければならない。事業所委員会の態度決定のない通知は無効である。また、前述のように、事業所組織法102条1項によれば、使用者は、解雇の告知前に、事業所委員会の聴聞を経なければならない。連邦労働裁判所の判例によれば、これらの必要な通知が行われない場合、あるいは適宜行われない場合、事業所委員会の態度決定のない通知の場合、あるいは、文書による適式の通知がない場合、解雇は無効である。[156]

17条による通知がなされる解雇は、連邦雇用のためのエージェンシーへの通知の開始後1か月経過前は、その承認なしには有効とはならない。承認は申し立ての日までに遡ってなされうる（解雇制限法18条1項）。

また、使用者が、18条1項および2項において規定される時期にフルタイムで労働者を雇用できない場合、使用者がその間操業短縮を導入することを連邦雇用のためのアージェントは許可しうる（同法19条1項）。

6　小括——第3章での考察をふまえて

　ドイツにおける解雇には、経営的事由にもとづく理由とする解雇、労働者個人の事情を理由とした解雇、行為の事由にもとづく解雇の3つの類型がある。このうち、経営を理由とした解雇について扱った。解雇の有効性の判断にあたっては、それぞれの類型における解雇について、社会的相当性の要件の具体化がなされ、将来予測の原則、最終的手段性の原則、社会的選択の法理が判例上定着している。ドイツにおいては、これらの将来予測の原則、最終的手段性の原則、社会的選択、事業所委員会への聴聞は各々考察され、そのいずれかが充足されない場合、ただちに解雇は無効と裁判所によって判断される。最後に、これらの各々の法理が有するドイツ法上の特徴を示し、若干の歴史的な経緯を振り返って、この章を締めくくることとしたい。

1　将来予測の原則

　将来予測の原則については、特に、経営を理由とした解雇に関して、連邦労働裁判所は、事業所内の事情による解雇と事業所外の事情による解雇とを分け

て判断している。まず、連邦労働裁判所は、売上げ・受注減少を理由とした解雇のような事業所外の事情による解雇につき、より厳格な基準で審査し、「使用者によって主張される諸事実が直接的に、または、間接的に、解雇された労働者の職場にどれだけ影響を与えるかが使用者によって特に主張されなければならない。事業所内の措置、または、事業所外のきっかけから、解雇された労働者の職務の必要性が消滅するかどうかを、使用者の陳述が認識させるものでなければならない」という判断基準を定式化している。これに対し、事業所内の事情による解雇については、解雇の一要件である差し迫った経営の必要性の審査基準としても、より緩やかな基準が提示されている。合理化措置のような事業所内の事情による解雇について、解雇が非客観的・非理性的・恣意的なものであってはならないとしている。解雇に客観的理由があることを推定しうる場合、労働者の側で、それがないことを立証しなければならないとされる。

　日本法において、人員削減の必要性について、裁判例において、経営が赤字であるというだけでは人員削減の必要性があるとは判断されず、整理解雇直前に退職者がいるか否か、新規採用者がいるか否か、賞与・役員報酬が支払われているか否かが問われている。これと対比すると、事業所内の事情による解雇については、解雇に客観的理由があることを推定しうる場合、労働者の側で、それがないことを立証しなければならないとされるドイツ法は、日本法よりも、解雇の一要件である差し迫った経営の必要性について、より緩やかな基準が提示されている。

　これに対し、事業所外の事情による解雇については、ドイツ法上、「労働者の職務の必要性が消滅するかどうか」が審査基準として問われ、日本法と比較しても、より厳格な基準が定立しているといえる。ドイツの解雇制限法上、こうした要件の下に被解雇労働者の継続雇用が十分に保障されているといえる。

2　最終的手段性の原則

　判例によれば、ポストの喪失に導く合理化措置を理由とした解雇の前に、使用者は、むろん、ポストを失う労働者をその事業場で他の方法で雇用しなければならない。この目的のために、使用者は、その事業場に存在する就労の状況での配置換えが可能であるかどうか、まず吟味しなければならないとされてい

る。日本法において、解雇回避努力として、配転・出向、希望退職なしの解雇を無効とする裁判例に酷似している。しかし、ドイツにおいては、最終的手段性の原則の要件が経営を理由とした解雇、労働者個人の事情を理由とする解雇＝人的な理由に基づく解雇（疾病・適性・能力不足などに基づく解雇）等であるかどうかを区別されることなく、適用されており、日本における解雇回避努力義務の要件と比べても、やや厳格なものであったということができる。この法理は、ワイマール期以前の政府による命令、および、ワイマール期の判例により形成されたもので、ドイツ法にとって伝統的な法理論ということができる。ワイマール期のドイツにおいては、時間外労働、操業短縮等が行われたかどうかは、従業員代表組織であった事業所協議会の異議申立て権が集団法上行使しうる解雇の「苛酷性」の要件を充足させるものとして、判例上要求されていた。これが、戦後、解雇の最終的手段性の原則として、判例上、解雇の前の配置転換の有無、操業短縮の有無が主に審査され、かかる措置がとられることなく解雇された労働者が法律上保護されることにつながった。戦後は、前述のような集団法上の異議申立て権の要件とされていたワイマール時代とは異なり、個別法上の解雇の有効性の判断要素に転換している。

3　社会的選択

すでに述べたとおり、解雇保護法1条3項1文の規定により、裁判所は、社会的観点として、事業所への所属の期間（勤務年数）、年齢、扶養義務、重度障害を考慮し、主に、事業所への帰属が長く、年齢が高ければ高いほど、扶養義務がある労働者であればあるほど、その労働者は保護に値するとされ解雇の対象者から除外される、という取り扱いがなされるべきこととなる。かかる社会的観点の考慮は、経営を理由とする解雇の場合に、使用者に対し要求される。注目されるべきなのは、事業の譲渡を理由とした解雇がドイツ法上禁止される一方（民法613a条）、財政的・経済的理由に基づく解雇は許されるが、こうした解雇にあたっても、社会的選択が考慮されるべきであると同じく判例において解されていることである（但し、この場合、譲渡される事業所に限定して人選基準が考慮される）。

中高年、扶養義務者、重度障害者を被解雇者から除外しており、解雇制限法

第3章 ドイツ法における解雇制限法理

上これらの労働者を保護する法制がとられている。判例においてもこれらの者が保護されているのが確認できる。解雇訴訟を提起した労働者に関するドイツの統計によれば、26歳未満の労働者を解雇する割合は低く、企業調査においてこれらの年齢層の者が被解雇者全体に占める割合は28.5％にすぎず、31歳から50歳までの労働者が被解雇者とされることが多く、45.5％にのぼっており、51歳以上の被解雇者は8.8％と低い。アメリカの労使関係、特にアメリカのブルーカラーでは、レイバー・プールにより、勤続逆順型の雇用調整が行われ、解雇は短期勤続層に集中する。高齢者は解雇されず、企業からいったん放出されても再雇用される際に高齢者から順に採用されるといわれる。日本の裁判例では、一定年齢以上を被解雇対象者とする整理解雇を有効であると解するものもある。これとは異なり、ドイツ法は解雇制限法上中高年を保護する配慮がなされているのがわかる。

このほか、ドイツにおける人選基準、社会的選択は、事業所単位で行われ、企業単位ではない。日本の人選基準は企業単位で行われる場合と事業場単位で行われる場合（特に閉鎖される事業場）とがある。ドイツでは、事業所（Betrieb）という特殊な概念が労働関係のあらゆる場面で登場し、独特の役割を果たしている。

これに対し、日本において、事業場単位で人選を行い、とりわけ、廃止される事業場の従業員のみを解雇する場合がしばしばみられる。このように、解雇対象者の人選基準については、日独において著しい差異があるといえる。

注

1) 高橋賢司「甦る解雇の自由（一）」立正法学論集38巻2号215頁（233頁）。
2) BAG Urt. v. 30. 4. 1987, EzA Nr. 47 zu § 1 KSchG Betriebsbedingte Kündigung.
3) Stahlhacke, DB 1994, S. 1362.
4) Falke / Höland / Rhode / Zimmermann, Kündigungspraxis und Kündgungsschutz in der Bundesrepublik Deutschland, Bd. I., S. 105.
5) BAG Urt. v. 17. 6. 1999, AP Nr. 102 zu KSchG betriebsbedingte Kündigung.
6) BAG Urt. v. 7. 12. 1978, DB 1979 S. 651.
7) BAG Urt. v. 7. 12. 1978, DB 1979 S. 651.
8) BAG Urt. v. 19. 5. 1993, DB 1993, S. 1879.
9) 被告会社には、1984年12月31日の時点で60人の労働者が雇用され、建築労働者が3人（すなわち、原告、労働者C、D）おり、原告は、コンクリートの型枠（Schalung）の掃

除、片付けの仕事、建築現場の清掃といった補助業務に従事していた。このうち、原告及び労働者C、3人の専門的労働者が解雇され、1985年5月には3人の営業の労働者と2人の現場監督が退職した。この時期までに現場監督を含めて10人の労働者がさらに解雇されている。連邦労働裁判所は、1986年9月11日の判決において「（売上げ減少や注文の減少のような）かかる外部の事情が1人又はより多くの労働者の解雇について継続雇用の必要性が消失している場合には、経営を理由とした解雇を正当化しうる。使用者が行なった組織的な措置がその事業所の売上げの減少に適応させるため、その措置の必要性と目的適合性を考慮するだけでなく、それが明らかに客観的でなく非理性的でまたは恣意的なものであったかどうかを事後的に審査しうる。裁判所によって全面的に事後的に審査しうるのは、差し迫った経営の必要性の基礎として陳述された企業外の諸理由が事実上存在すること、および、いかなる範囲でこれによって職場のポストが全体的又は部分的に消滅するかということである。（……）特に、使用者は、使用者によって主張される外部的事情が直接又は間接的に解雇された労働者のポストに影響していることを主張しなければならない」と説示している。この事件では、84年の終わりから解雇の告知まで、50％以上の受注の減少があり、このため、最高で49のポストが必要とされ、その49人の従業員に対して50176時間から27286時間の労働が提供されているにすぎないことが控訴審において認定されている。

10) BAG Urt. v. 11. 9. 1986, EzA Nr. 54 zu KSchG betriebsbedingte Kündigung.
11) つまり、連邦労働裁判所は、「これらの場合に、使用者は、むしろ、いかなる範囲で疑問のもたれている労働が―ここでは建築の専門の労働者―かつての状態と比較して将来的に―消失するか、すなわち、注文の数が減っていることが推定されるという、企業外の要素にもとづくまたは、企業全体の経過にもとづくより具体的な進展の予測をすることが問題になる。1997年に行われた建築の給付より1998年は少ないと被告が論じるが、いかなる程度でこれらの仕事が責任を超えた仕事がなく残った者によって処理されうるかを、説明しなければならない。使用者は、これに加えて、解雇保護訴訟において、生産の減少がいかなる程度で仕事の量に影響を与えるか、そして、いかなる範囲でこれによって労働力の具体的な余剰が発生するのかを、陳述しなければならない。段階的な方法での証明責任によっては、―かつての労働においてこれが可能である限り―これに反論するのが労働者の責任である。そして、再び、さらに加わるのが使用者の義務である。使用者は、具体的にその企業決定の実行が就労可能性にどのように影響するかを、証明しなければならない」と説示した。本件では、建築業を営む被告会社において教育訓練を受けていない従業員として、原告は、原料、機器の配送、準備作業、片付け作業、清掃作業などの補助業務を主に、プレス作業などを補助的な業務としていた。被告は、コストを節減するためこれらの作業を下請け企業の専門的な労働者にまかせ、教育訓練を受けていない原告を解雇した、という事案のもとに、連邦労働裁判所は、「残存する補助業務がフルタイムの建設労働者とさらに専門的労働者によって遂行される、という被告の決定には裁判所にとっては拘束力があり、さらに、その決定が恣意的でないし客観的とはいえない動機によるものであるかどうかが審査されなければならない」としたうえで、受注の状況を改善する際その専門的人員を確保し投入してその補助業務を試みているということを被告は提示しているが、その決定は恣意的でもなく、また客観的でないともいえないと判断している。

12) BAG Urt. v. 27. 2. 1997, AP Nr. 87 zu § 1 KSchG betriebsbedingte Kündigung.
13) BAG Urt. v. 17. 6. 1999, AP Nr. 102 zu KSchG betriebsbedingte Kündigung. この事案では、1996年と解雇された1997年に十分な受注があったとして、39時間労働かつ時給20.62マルクで被告の下で雇用されていた原告が、被告会社の1997年4月2日の解雇によって労働関係が解消されないことの確認、及び、既に得た失業手当金を控除した5635.80マルクの支払い（14％の利息）を命じることを求めた、というものであった。
14) BAG Urt. v. 17. 6. 1999, NZA 1999, 1098.
15) Falke / Höland / Rhode / Zimmermann, Kündigungspraxis und Kündigungsschutz in der Bundesrepublik Deutschland, Bd. I., 1981, Bonn, S. 105.
16) BAG Urt. v. 30. 4. 1987, EzA Nr. 47 zu § 1 KSchG Betriebsbedingte Kündigung. 本件では、シフト制の導入による組織再編から原告が距離を置いており、清掃業務の外部企業への委託の結果清掃勤務の解消を決定したという場合には、明らかに客観的でないとはいえず、恣意的であるとはいえないと判断している。
17) BAG Urt. v. 30. 4. 1987, EzA Nr. 47 zu § 1 KSchG Betriebsbedingte Kündigung.
18) BAG Urt. v. 24. 10. 1979, EzA Nr. 13 zu § 1 KSchG Betriebsbedingte Kündigung.
19) BAG Urt. v. 24. 10. 1979, EzA Nr. 13 zu § 1 KSchG Betriebsbedingte Kündigung. この事件では、その後50％の人員が削減されたことで、1976年1030万マルクへ9.23％分売上げが減少した。国外の売上げは、1975年には1170万マルクから27.34％分下がり、739万マルクに下がった。1976年には被告会社には1200万マルクの損失があった、という事件であった。原告の労働者は、1942年に生まれ、1976年1月から被告企業において売上げアップのための新しく創設されたポスト「販売の局長の代理」で就労し、合意でハンブルクに住居を提供され、帰郷のためのコストの半分まで支給され、原告の人事コストは、1年に高額の8万マルクにまで達していた。売上げの喪失から、生産・販売部門の再編がなされ、1977年4月より、国内と国外の販売部門が統合され、統一された部長の長にＴが就いた。これにより、販売局長Ｎの労働関係は終了し、原告も、事業所委員会の聴聞の後、1976年12月28日被告より解雇された（解雇告知期間は1977年3月31日まで）。原告は労働関係が解消されないことの確認の訴えを提起し、労働裁判所は訴えを棄却し、ラント労働裁判所も、一審原告の控訴を棄却した。一審原告が上告したが、連邦労働裁判所は上告を棄却した。
20) BAG Urt. v. 24. 10. 1979, EzA Nr. 13 zu § 1 KSchG Betriebsbedingte Kündigung.
21) 組織再編によって40％損失が減少すること、Ｔが一審原告の職務をなしうること、国内業務と輸出業務とを兼ねられることなどが、一審原告の主張とは異なって、裁判所が被告の主張にもとづいて認定している。
22) ArbG Gelsenkirchen Urt. v. 28. 10. 1987, in Juris.
23) 戦略的解雇が許される余地がある論拠として、プライス教授は、自らの事業場で行われていた事業を他の企業に譲渡することができることを挙げている。つまり、合理化のため、自らの事業場で行われていた事業を他の企業に譲渡できる以上、経営構造の改善のための合理化措置として、解雇を行うことは許されるとしている（HAS § 19 F Rn. 84）。
24) HAS § 19 F Rn. 87.
25) HAS § 19 F Rn. 28.

26) ZfA, 1991, S. 108.
27) ZfA, 1991, S. 110.
28) BAG Urt. v. 20. 3. 1986, AP Nr. 14 zu § 2 KSchG. この事件の概要は次のようなものである。自動車販売業を営む被告の下で1979年10月1日より平均5500マルクで就業していた原告が、個別的契約上約束された手数料の準則的規定（einzelvertragliche zugesagte Provisionsrichtlinie）に従い手数料の支給を受けていたが、自動車販売員として固定給が1100マルクにも達し、新しい車の販売につき収益の17％が手数料として得られることになっていた。被告会社が、1984年2月17日の文書で手数料の合意を1984年3月31日までに解約し、新たな提案がこれについてなされた。これによれば、原告が将来900マルクの固定給および収益の13.5％の手数料を得るとされた。その後この提案は原告の同意の下に撤回されるが、被告は——原告によれば——1984年7月1日以降20％ないし25％の減少となる手数料に関する新たな条件での変更解約告知を行った（最初の変更解約告知、その他の条件の詳細不明）。その後、1984年3月27日事業所委員会が異議を申し立てた。1984年3月30日の文書で、被告は新たに1984年6月30日までの解約告知期間で解雇し、同時に1984年7月1日以降変更された労働条件での新たな労働契約を締結することを提供した（2回目の変更解約告知）。原告は、解雇制限法2条の留保付で、変更された労働条件を受け入れた。そして、原告は、労働裁判所に提訴し、原告は変更解約告知が差し迫った経営によるものではないこと、および、Bに本社のある被告の収支が十分に証拠能力のあるものでないことなどを主張し、1984年6月30日の変更解約告知が無効であり、かつ、労働関係が1984年6月30日をこえても変更されない労働条件で存続していることを確認することを労働裁判所に求めた。

　これに対し、被告は、1982年収支の減少は380万マルクにのぼり、1983年の収支が年末に1014718マルクの損失となっており、収益が企業の存続確保のために向上しなければならないと主張し、競争能力の維持のため人事コストの減少は差し迫った必要性がある等と主張した。固定給が1100マルク、新しい車の販売からの手数料17％というのはBにおけるトップであり、職場と企業を保持するためには、すべてのディーラーに対し、労働条件の変更を行わざるを得ないことなどを陳述した。一審の労働裁判所は原告の訴えを認容し、ラント労働裁判所は1審被告の控訴を認容。一審原告の上告はラント労働裁判所に破棄・差戻された。

29) BAG Urt. v. 20. 3. 1986, AP Nr. 14 zu § 2 KSchG.
30) BAG Urt. v. 26. 1. 1995, AP Nr. 36 zu § 2 KSchG.. この事件は次のようなものであった、生徒の通う公立の音楽学校にパートで勤めていた音楽の教師がBATの個別的労働契約に基づき雇用されていたが、通常45分単位の授業コマを12,67コマ労働契約上負担していた。その記録に、休暇外で授業のない時期の間出勤を命ぜられることが規定されていた。こうした条件の下で、1992年12月7日に市町村の協議会は、休暇の差（いわゆる休暇の過剰）を調整するために、1.5％の市のポストを削減するとともに、被告は、人事委員会（Personalrat）の合意を得て1993年8月13日の文書で原告を1993年までに変更解約告知を行い、報酬を変更し、休暇以外の週の授業時間を2時間増加させた。他の教師はこの変更の申入れを受け入れたが、これに対し、原告は、労働条件の変更が社会的に相当ではない、という留保の下に、この変更解約告知を受け入れた。原告は、労働条件の変更が

1993年8月11日の変更解約告知（1993年9月30日期限）との関係で無効であることの確認の訴えを提起した。労働裁判所は、訴えを棄却し、ラント裁判所は原告の控訴を棄却。連邦労働裁判所も本件上告を棄却している。

31) Ascheid, Kündigungsschutzrecht, 1993, Rn. 252.
32) 和田肇『ドイツの労働時間と法』（日本評論社・1998年）166頁。
33) ルドルフ・アンツィンガー「ドイツにおける雇用政策の新しいトレンド」日独労働法協会5号97頁（103頁）、Düwell / Weyand, Agenda 2010, S. 107.
34) ルドルフ・アンツィンガー・前掲論文（注33）103頁、Düwell / Weyand, Agenda 2010, S. 107.
35) BAG Urt. v. 19. 5. 1993, DB 1993, S. 1879.
36) 雇用のためのゲゼルシャフトというのは、無職者の雇用を支援する組織である。全国にかなり多くの組織が存在し、ニートやフリーターにあたる者に仕事を与えたり、仕事をするためのさまざまな援助を行う。こうした援助には、例えば、アルコール依存症の人に規則的な生活をさせたり、社会的な接触から遠のいた人に、掃除業務等簡単な業務をさせたりするものがある。

　ほかに、全く名前が同じであるが、異なる機能を果たす、雇用のためのゲゼルシャフトがある。例えば、地域の企業や州などが基金を作るなどして出資し、雇用のためのゲゼルシャフトを組織する。その場合、地域の企業等が拠出した基金を利用して、雇用のためのゲゼルシャフトが、企業再編にあたって解雇された者に対し、補償金を支払う。雇用のためのゲゼルシャフトに参加する企業において、再教育を受けることもできる。この場合、後者の意味での雇用のためのゲゼルシャフトであろう。
37) LAG Bremen Urt. v. 30. 1. 1998, DB 1998, S. 1338.
38) BAG Urt. v. 5. 4. 2001, NZA 2001, S. 949.
39) BAG Urt. v. 11. 3. 1998, NZA 1998, S. 879; BAG Urt. v. 28. 4. 1988, AP 613a BGB Nr. 74; BAG Urt. v. 22. 5. 1997, AP 613a BGB Nr. 154.
40) BAG Urt. v. 11. 3. 1998, AP Nr. 43 § 111 BertVG 1972, NZA 1998, S. 879.
41) Mは前の賃貸人から全財産を当該飲食店とともに60000マルクで引き継いだが、Mはその飲食店の譲渡をその被告と新たな賃借人の候補に提供したが、結局第三者に売却した。ボン市の秩序局（Ordnungsamt）に事業所の閉鎖を1992年8月31日告知し、1992年9月1日に事業所を閉鎖した。その後1993年5月4日の契約によって、被告はその事業所を新賃借人に賃貸し、5月23日には再び事業所を再開した。その名とロゴは変わらぬままであった。被告は11月30日に原告を通常解雇した。そこで原告は解雇保護訴訟をボン労働裁判所に提起した。
42) BAG Urt. v. 27. 4. 1995, EzA Nr. 83 zu § 1KSchG betriebsbedingte Kündigung.
43) BAG Urt. v. 18. 7. 1996, AP Nr. 147 zu § 613aBGB.
44) BAG Urt. v. 26. 5. 1983, AP Nr. 34 zu § 613aBGB.
45) BAG Urt. v. 18. 7. 1996, AP Nr. 147 zu § 613aBGB. これは次のような事案であった。原告は専門的な販売員として被告で雇用されていた。1991年1月1日以降たばこの生産が不可能になった後、300人以上の従業員が操業短縮（日本でいう一時帰休）になった。1991年以降被告の一人会社としての信託機関は、その事業の譲渡を試み、T株式会

社と交渉に入るも、その交渉は失敗。その後、92年2月には3社が関心を示した。会社Rは、被告従業員のうち80人の労働者のみを、このほか、van Eグループから最大限120人、グループUからは150人の労働者のみを引き継ぐことを望んだ。そこで、信託機関は、高齢の従業員の国の援助のもとでの早期退職を利用した。そして、競争による経営の持続を保持し事業をRに譲渡するため、全部で150人の従業員を予定する企業の将来の構造のためのプランを作っている。そして原告の雇用されていた部分では、コンピューター機器の導入によって、2つのポストが残されるだけとなった。被告会社は、216人のポストを50人へ人員削減をすることを告知し、事業所委員会との間で従業員150人となる利益調整のプランをつくり、1993年1月20日に社会計画がつくられ、1993年1月21日被告は原告を解雇した。連邦労働裁判所は、この解雇を有効としている。

46) BAG Urt. v. 26. 5. 1983, AP Nr. 34 zu § 613aBGB.
47) BAG Urt. v. 19. 5. 1988, AP Nr. 75 zu § 613aBGB.
48) BAG Urt. v. 18. 1. 2001, NZA 2001, S. 719. この事件では、被告使用者によって1998年6月25日に告知された1998年8月31日期限の解雇ならびに、1998年11月27日に念のために発せられた1998年1月31日期限の同一の使用者による通常解雇の有効性を争っている。原告は1992年4月1日より被告会社のもとで4666.48マルクで働く建築の専門労働者であった。被告会社は、経営上実効性のある行動をとることを決断し、利益調整（Interessenausgleich）交渉の準備のため、事業所委員会に対し事業場の閉鎖を予定していると伝えた。利益調整交渉のために組織された仲裁委員会（Einigungsstelle）において、事業所のパートナーは1998年6月5日に交渉が失敗に終わったと宣言した。同日業務執行部はその会議において同企業の実効性がある事業を完全かつ終局的に遅くとも1998年12月31日までに中止することを決め、同時に、応募計画はできる限り速やかに制限されるべきであり、すべての労働者はできる限り速やかに解雇されるべきであると決定され、解雇制限法15条による特別解雇保護のもとにある労働者を1998年12月31日までに解雇されるべきであると決定された。その後、1998年6月5日以降新たな注文が受け入れられなくなり、閉鎖の時点までに適時賃貸借契約を解約した。1998年8月16日までに原告が解約されることを事業所委員会に使用者は通知している。1998年6月26日には原告には解雇文書が被告から届いている。1998年6月26日に被告によってなされた大量解雇の通知につき、連邦雇用庁は、原告が記載されるリストでの55名の解雇を1998年7月13日に許可した。しかし、その後も被告自らの労働者とともに下請け企業を投入した。事業所委員会の聴聞の後、その異議申し立てにもかかわらず、被告は当時、1998年11月27日に念のために発せられた1998年1月31日期限の同一の使用者による通常解雇を再度行なった。原告がこれら2つの解雇について解雇保護の訴えを申し立てているのが本件訴訟である。原告は、訴訟において、原告の労働力は解約告知期間経過後被告会社によって利用されるべきではないと陳述し、1999年にも依然建築現場で職務が遂行されていることなどを述べた。被告が社会的選択を行なっていないこと、および、事業所委員会に聴聞を適切に行なっていないことを理由として解雇の無効を主張した。これに対し、被告は、1998年6月5日の閉鎖の決定が例外なく実行に移されたこと、および、1998年12月31日以降原告は職務になかったこと、さらには、受注の残りは第三の企業によって処理されたことを主張した。さらに、解雇の時点では、閉鎖のプロセスのその都度の段階で労働力の過剰性が存在したこと、また、さらに事業所委

員会には、利益調整について交渉の際個々に教示したことを主張した。労働裁判所は、労働関係が1998年6月25日の被告の解雇によって解消されないことを確認した。その余の部分は棄却した。ラント労働裁判所は、1審原告の控訴を棄却した。ラント労働裁判所によって許可された上告によって、原告は1審の労働裁判所と同様の判決を求め、確認の申立てを行った。1審原告敗訴。

49) BAG Urt. v. 26. 5. 1983, AP Nr. 34 zu § 613aBGB.
50) BAG Urt. v. 27. 1. 1997, AP Nr. 1 zu § 1 KSchG Wiedereinstellungsanspruch.
51) BAG Urt. v. 10. 10. 1996, AP Nr. 81 zu § 1 KSchG 1969.
52) つまり、連邦労働裁判所は次のように説示している。「解雇を発するまでに企業Gとのコンタクトだけがあり、具体的な交渉はなかった結果、事業の継続のチャンスは理性的な判断では考慮の外に置かれたままであった、という印象を上訴が呼び起こそうとする意図がある限り、上訴はすでに認定された事実を縮減するもので、上訴はラント裁判所のそれに代わる判断だけを前提にしている。ラント裁判所の判断によれば、1994年6月23日において企業Gとの交渉が行われることが1995年6月22日の文書において出発点とされており、その交渉では、同月の15日に話し合われたいくつかの選択のバリエーションがほぼ決定的に行われることについての決定が行なわれるとされている。しかし、1つのバリエーションについての決定には、通常、単なるコンタクトの開始以上のものが必要とされる。1994年6月22日の文書は、1994年6月23日の利益調整（Interessenausgleich）と社会計画（Sozialplan）と同様に、被告が解雇の告知以前にすでに「バリエーション」について考えていた、という、他社とのコンタクト開始以上の事実の存在を証明している。このことは、具体的には、1994年6月23日の利益調整のＩ７から明らかになるように、社員（Gesellschafter）の変更および1994年12月31日の経営継続を前提にしたものになっている。ラント裁判所も右の以上のことを適切に指摘しており、上訴は、この推論を非論理的で矛盾にみち外れのものになっているとして論破することはしていない。最終的には、1994年6月28日のG社の申し出では、明らかに、被告との合意のない何ら拘束力のない提案が問題になっているのではなく、被告の全体の会社の持分の譲渡についてこれまで話し合われた諸条件が再び出されるべきであるという、直近での会合に関連しての具体的なオファーが問題になっている。こうした具体的に形成されるべきオファーが支配的社員（Hauptgesellschafter）の承認なく工場長のＳ博士の単なる動議によって行なわれたかどうかは、明らかなものではない。適切にも、ラント裁判所は、これとの関連で、1994年10月5日の売買契約が争いなく本質的には1994年6月28日のG社の文書に対応するものであることを申し述べている。（…）上告が1マルクという象徴的な売買価格を考慮して陳述しているように、譲渡が職場の維持の目的にのみ役立つと述べている以上、なぜ、その場合に、1996年6月24日の日付をもってあらゆる労働関係が解約されたか、理解できるものではない。解雇の時点までにいずれにしても、支配的社員の自らの利益を別にして、被告の清算の可能性とならんで、新たな社員（Gesellschafter）のもとでの事業の継続のための代替案があらわになっている。このことが解雇文書において表示されていないことは、上記の争いのない事実の背後関係の事情のもとでは、重要なものではない。労働関係の解消の差し迫った必要性は少なくとも1996年6月29日の時点では存在していない（BAG Urt. v. 10. 10. 1996 AP Nr. 81 zu § 1 KSchG 1969)」と。

53) BAG Urt. v. 29. 3. 1990 AP Nr. 50 zu § 1 KSchG 1969 betriebsbedingte Kündigung.
54) BAG Urt. v. 3. 2. 1977, AP Nr. 4 zu § 1 KSchG 1969 betriebsbedingte Kündigung; BAG Urt. v. 29. 3. 1990 AP Nr. 50 zu § 1 KSchG 1969 betriebsbedingte Kündigung.
　前者の事件（BAG Urt. v. 3. 2. 1977, AP Nr. 4 zu § 1 KSchG 1969 betriebsbedingte Kündigung）では、輸出局の局長であった原告は、年の半ばまでに1人の輸出局の職員を解雇し、専門の女性の労働者を担当者と交換する提案をした。これに対し、1974年2月にS社の人事局長B氏は、1974年3月はじめに、原告自身を全体の局長に召還し、S社の輸出局長から解く反対の提案をした。1974年3月11日に、被告の業務執行者とS株式会社の取締役との話し合いで、B氏の提案に従い、輸出局の組織換えを行い、人事局長は相当な措置を原告の了解の下で行うべきとされた。原告は神経の疾病になり、循環器系の疾病（Kreisaufkollap）により、1974年3月19日療養し始めた。1974年3月29日文書で被告は労働契約を解約した。副業すべきでない契約上の義務に反して、ファイナンシャルプランナーとして業務をなしていたことを根拠として、1974年5月31日、7月10日にも、期限の定めをすることなく解約を告知した。原告は1974年3月29日の解雇の無効の確認とその後2つの解雇の無効の確認の訴えを労働裁判所に提起し、さらに、1974年9月30日までの労働関係が相当な補償の支払に対して解消されることを申立て、被告に対し1974年5月の給与分5611.31マルクの支払を命ずることを申し立てた。原告は、輸出局長を新たに採用する必要はなく、自分を召還すれば、原告を雇用することが1974年4月中盤には可能であったと主張した。また、原告は、引き下げられた労働条件で販売の局長、または、国内の地域の販売局長として、または、被告の2つの子会社の業務執行人として継続して業務をする準備があると述べていた。
55) BAG Urt. v. 3. 2. 1977, AP Nr. 4 zu § 1 KSchG 1969 betriebsbedingte Kündigung.
56) BAG Urt. v. 29. 3. 1990 AP Nr. 50 zu § 1 KSchG 1969 betriebsbedingte Kündigung.
57) BAG Urt. v. 29. 3. 1990 AP Nr. 50 zu § 1 KSchG 1969 betriebsbedingte Kündigung.
　1940年生まれで既婚の（子1人）原告労働者は、1979年4月25日から1979年6月1日までKS（税局）において税の問題についての専門的労働者として雇用された。その後1980年10月20/22日、新たな契約が締結され、協約外職員（契約領域A）として格付けされ、労働条件が少しずつ改善されていった。原告は6100マルク受け取っていた。1988年10月1日まで原告は、KSにおいてD局長の下で職務についていた。1987年1月1日、29歳の労働者Sを国内法の専門的労働者として（ポジションKSBI）雇用した。1987年12月3日、被告の監査役会は、約28％の人員削減を予定するリストラ計画を決定し、1988年12月31日までに人員構成は、15922人から11442人の労働者に後退した。1988年1月27日、被告は利益調整／社会計画の合意を全事業所委員会と合意し、経営を理由とした解雇と補償金の支払を決定した。これとの関係で、1988年3月24日の文書で、被告は経営上の理由から同月25日原告との労働関係を解約した（解約告知期間1988年9月30日まで）。
　これに対し、原告は解雇の保護の訴えを提起し、1．当事者に存する労働関係が通常解雇によっては解消されず、1988年9月30日をこえて存続することを確認すること、2．解雇保護手続の既判力ある終結まで税局における変更されない労働条件で原告を継続して雇用すべきことを被告に対し、命ずることを求めた。原告は、労働者の任務の領域においては労働が存在していることを理由に、差し迫った事業所の必要性は存しないことなどを主

張していた。被告は、職務が外国の租税法に特化しているため、相当な期間において国内法のために雇用されたSの任務領域を原告が引き継ぐことはできないなどと主張した。労働裁判所は訴えを認容したが、ラント労働裁判所は判決を変更し、被告の控訴を認めた。連邦労働裁判所も一審原告による上告を棄却した。

58) BAG Urt. v. 22. 2. 1980, NJW 1981, S. 298.
59) BAG Urt. v. 22. 2. 1980, NJW 1981, S. 298.
60) BAG Urt. v. 22. 2. 1980, NJW 1981, S. 298.
61) BAG Urt. v. 28. 2. 1990, NZA 1990, S. 727.
62) BAG Urt. v. 28. 2. 1990, NZA 1990, S. 727.
63) BAG Urt. v. 29. 1. 1997, NZA 1997, S. 709.
64) BAG Urt. v. 30. 1. 1986, NZA 1987, S. 555. 事件は次のようなものであった。1950年10月22日生まれの原告は1974年3月25日施盤工として税込みで14.43マルクの協約賃金（鉄鋼・金属・電気・セントラルヒーターの労働者のためのノルトライン・ヴェストファーレン州の1979年1月25日の労働協約の賃金）を得て、電子技術部品を生産する640名を擁する被告のもとで勤務していたが、1982年8月17日より注文の減少を理由に道具の工場から異動になり、開閉装置製造（Schaltanlagenbau）で勤務していた。1981年初頭以来、原告労働者は首の脊柱の痛みのため、32日の労働不能になり、異動の後105日欠勤した。労働者は胃痛も訴えていた。医師は、原告にはあげることと運ぶことが難しいため、こうした動作を避けなければならないため、身体的に負担のかからない労働のみを従事しうると述べていた。このため、労働者は、異動後2ヶ月後かつての職場に再び戻してもらえるよう事業所委員会に依頼した。しかし、事業所委員会の同意の下に被告は1983年2月18日に（1983年3月4日までの解約告知期間）原告を解雇した。労働裁判所は解雇保護の訴えを棄却し、ラント労働裁判所は原告の控訴を棄却。原告の上告棄却。
65) BAG Urt. v. 30. 1. 1986, NZA 1987, S. 557; Vgl. BAG Urt. v. 22. 7. 1982, AP Nr. 5 zu § 1 KSchG Verhaltensbedingte Kündigung.
66) BAG Urt. v. 22. 2. 1980, NJW 1981, S. 298. この事件では、解雇の時点で労働不能にあったか否か、疾病による欠勤が事業所の経過に与える影響したか、あるいはどのような方法で影響したか、疾病の種類や重度の疾病の結果その職務を行い得ないかどうか、ならびに、その結果、他のポストで労働能力の回復後継続雇用されうるかが、審査されていないことから、上告を破棄しラント労働裁判所へ差戻された。
67) BAG Urt. v. 14. 10. 1982, AP Nr. 1. zu Konzern § 1 KschG.
68) BAG Urt. v. 14. 10. 1982, AP Nr. 1. zu Konzern § 1 KSchG. 連邦労働裁判所は次のように判断している。被告が既述の認定されるべき要件のもとで法的義務がありえたという事実が提出され、コンツェルン企業における従業員の一部の継続雇用に配慮することを主張しえて、主張することを意欲していたにもかかわらず、ラント労働裁判所は当事者の主張を追及していなかった。HでのEK有限会社による原告の承継についての当事者で行われた交渉が個々的にどのような内容を有しているのか、被告のコンツェルンの親会社や子会社との約束がいかなる内容を有していたのか、また、原告にとっての対比可能なポストがこのゲゼルシャフトで総じて存在していたのか、それが要求されていたのかが、ラント労働裁判所によって明らかにされなければならないため、上告が破棄差戻されている。

69) BAG Urt. v. 27. 11. 1991 AP Nr. 6 zu § 1 Konzern KSchG 1969.
70) BAG Urt. v. 27. 11. 1991 AP Nr. 6 zu § 1 Konzern KSchG 1969. 当事者は、経営を理由とする解雇の有効性を争っている。解雇時43歳の原告は、被告一審の下で1985年9月より雇用され、年金取引、手形の売買を行う業務をしていた。被告は、ニューヨークのアメリカ企業Sの子会社であり、Sはロンドンにも支社を有していた。1989年5月8日文書で、被告は（1989年6月30日までの解約告知期間で）原告を解雇した。フランクフルトで行なっていた年金業務はロンドンで行なうとし、Mは、およそ1989年5月24日以来ロンドンで継続雇用され、被告とのこの労働関係は1989年6月30日の契約によって同じ時期に解約されている（なお、1989年7月、コンツェルンの親会社が女性Mをフランクフルトで雇用することを決定している）。1989年5月12日の訴えにより、原告は、被告（一審被告1）解雇の無効を主張し、S社（被告2）に対しても、解雇無効の訴えをしている。

原告は、解雇は社会的に相当ではないと主張した。労働関係はコンツェルンの範囲で生じている。労働者はロンドンまたはニューヨークにて労働してもよいと主張した。これに対し、被告は、ポストの喪失を理由として解雇は経営的な理由にもとづいていると主張している。コンツェルンの範囲での解雇保護は存在すべきではないなどと主張した。労働裁判所は一審被告1に対する訴えを棄却し、被告2に対する訴えを却下した。ラント労働裁判所は、一審被告1に対する訴えの控訴を認めた。同被告による上告は認容された。

71) BAG Urt. v. 22. 5. 1986, AP Nr. 4 zu § 1 Konzern KSchG 1969.
72) Konzen, ZfA 1982, S. 259（306）.
73) Konzen, ZfA 1982, S. 306f.
74) Konzen, ZfA 1982, S. 306.
75) Konzen, ZfA 1982, S. 307.「この境界線は、コンツェルンのトップの命じるところと結びつき、コンツェルン事業所委員会の権限をこえて事業所組織法102条3項がコンツェルン規模での解雇制限の拡張を企てる場合に、排除されない」という（Konzen, ZfA 1982, S. 307）。
76) Konzen, ZfA 1982, S. 307.
77) BAG Urt. v. 25. 7. 1964, AP Nr. 14 zu § 1 KSchG betriebsbedingte Kündigung.
78) BAG Urt. v. 17. 10. 1980, DB 1981 S. 747. この事件では、1975年まで117人が雇用される被告会社において、翌年108人がまず退職し、その後、その3月及び4月に操業短縮し、1976年10月1日から1977年2月11日まで週1日、1977年2月11日からは週2日の操業短縮を行い、1977年2月11日に被告が原告を解雇し、1977年2月には原告のほか7人の労働者が解雇された。本件では被告は著しい受注の減少がみられたという事案であった。原告の労働契約関係が被告の解雇によっては解消されないとの原告の確認の訴えを労働裁判所もラント労働裁判所も棄却した。原告の上告も棄却された。
79) BAG Urt. v. 4. 3. 1986, EzA Nr. 17 zu § 1 KSchG betriebsbedingte Kündigung.
80) BAG Urt. v. 11. 9. 1986, BB 1987, S. 1882.
81) Hillebrecht, ZfA 1991, S. 87 (101 ff.).
82) Stahlhacke / Preis / Vossen, Kündigung und Kündigungsschutz im Arbeitsverhältnis, § 2 Rn. 1021 (Preis).「この操業短縮の優先は、社会法典Ⅲ2条の立法者の価値判断によっても確認されている」という（Stahlhacke / Preis / Vossen, Kündigung und

Kündigungsschutz im Arbeitsverhältnis, § 2 Rn. 1021（Preis）.)。
83) Hillebrecht, ZfA 1991, S. 102, 106.
84) Hillebrecht, ZfA 1991, S. 106.
85) Stahlhacke / Preis / Vossen, Kündigung und Kündigungsschutz im Arbeitsverhältnis, § 2 Rn. 1021（Preis）.
86) ただし、プライス教授によれば、事業所のパートナーである、事業所委員会と使用者が操業短縮を必要とする場合で、その後の事業所内ないし事業所外の諸成果がこの状況を変えるものである場合、経営に基づく解雇は、操業短縮期間中に可能となる。例えば、事業所の組織変更や合理化措置のため当該ポストが終局的に消失するときがそれにあたるとする。
87) Stahlhacke / Preis / Vossen, Kündigung und Kündigungsschutz im Arbeitsverhältnis, § 2 Rn. 1021 f.（Preis）.
88) Stahlhacke / Preis / Vossen, Kündigung und Kündigungsschutz im Arbeitsverhältnis, § 2 Rn. 1021（Preis）.
89) BAG Urt. v. 26. 6. 1997 AP Nr. 86 zu § 1 KSchG betriebsbedingte Kündigung.
90) BAG Urt. v. 27. 6. 1997 AP Nr. 86 zu § 1 KSchG betriebsbedingte Kündigung.
91) IAB-Kurzbericht, 17/2009.
92) 新命令により、労働時間口座は、マイナスになってはならない。
93) Waltermann, Sozialrecht, 4. Aufl., 2004, Rn. 400.
94) 新命令によれば、この3分の1の要件は、使用者の申立てにより、中止できる。申し立ての際に、申し立て者は、旧規定を利用するか、新規定を用いるかを決めることができる。
95) 新命令により、派遣労働者を含むとされている。
96) IAB-Kurzbericht, 17/2009.
97) 但し、就労確保の合意にもとづく2008年1月1日以降の労働時間の一時的な変更は、操業短縮給付金の額にネガティブに影響を与えてはならないとされる。
98) IAB-Kurzbericht, 17/2009.
99) IAB-Kurzbericht, 17/2009.
100) IAB-Kurzbericht, 17/2009.
101) IAB-Kurzbericht, 17/2009.
102) Düwell / Weyand, Agenda 2010, S. 65 ; MünchArbR, Bd. II., 2. Aufl., München, 2000, § 131 Rn. 38, 39（Berkowsky）.
103) Düwell / Weyand, Agenda 2010, S. 65 ; MünchArbR, Bd. II., 2. Aufl., § 131 Rn. 38, 39（Berkowsky）.
104) Vgl. MünchArbR, Bd. II., 2. Aufl., § 131 Rn. 39（Berkowsky）.
105) 根本到「ドイツにおける整理解雇法理の判断枠組」季刊労働法196号（2001年）82頁。
106) 小西國友「解雇の自由（三）」法学協会雑誌86号11号（1969年）63頁では、社会的観点についても検討されている。特に、当時の連邦労働裁判所の判例及び学説を検討しておられる。藤原稔弘「ドイツ解雇制限法における社会的選択の法理」季刊労働法179号（1996年）121頁は、連邦労働裁判所の判例及び学説について緻密かつ正確に検討している。藤内和公「ドイツの整理解雇における人選基準」岡山大学法学会雑誌45巻3号（1996年）27

頁以下は、ドイツの社会計画ないし社会的観点（藤内教授は Soziale Gesichtspunkt を福祉的観点と訳しておられる）について、解雇制限法改正前の下級審の裁判例と学説を中心に詳細にかつ体系的に検討している。

107) BAG Urt. v. 20. 5. 1999, AP Nr. 4 zu § 112 BetrVG 1972.
108) 当時の独立の営業者、または、戦争勃発時、もしくは後に外国で雇われていた職員、並びに、教育訓練者は、雇用され続け（1919年2月24日の経済的な動員期間中の職員の採用、解雇、及び賃金に関する命令）、教育関係または類似した専門教育訓練を受けている、教育訓練を受けている若い労働者は、職場に雇用され続け（1919年1月4日の経済的な動員期間中の営業的労働者の採用、解雇、及び賃金に関する命令）、戦死者の遺族、戦争により身体に身体障害を負った者も解雇されないとされた（1919年1月4日の経済的な動員期間中の営業的労働者の採用、解雇、及び賃金に関する命令6条）。
109) 前章参照。Etwa. LAG Würzburg Urt. v. 20. 6. 1929, ARS 7, 37.
110) BAG Urt. v. 19. 1. 1995, NZA 1996, S. 585.
111) Stahlhacke / Preis / Vossen, Kündigung und Kündigungsschutz im Arbeitsverhältnis, § 2 Rn. 1091（Preis）.
112) 事業所の所属と被解雇者（分布）

事業所の所属期間	企業への質問結果		労働裁判所の種類別分析					
			労働裁判所		ラント労働裁判所		連邦労働裁判所	
一6ヶ月	19.2	19.2	18.3	18.3	13.0	13.0	10.1	10.1
7ヶ月―1年	17.9	37.1	13.8	32.1	16.5	29.5	8.7	18.8
1―2年	12.2	49.3	17.2	49.3	15.5	45.0	14.8	33.6
2―3年	13.4	62.7	11.1	60.4	10.0	55.0	9.4	43.0
3―5年	13.4	76.1	12.9	73.3	17.5	72.5	18.8	61.8
5―10年	13.1	89.2	18.0	91.3	17.5	90.0	18.8	80.6
10年以上	10.8	100	8.7	100	10.0	100	19.4	100
数	582		1178		200		149	

Falke / Höland / Rhode / Zimmermann, Kündigungspraxis und Kündigungsschutz in der Bundesrepublik Deutschland, Bd. II, S. 590より。
113) Erf. Komm, KSchG § 1 Rn. 486（Ascheid）.
114) Stahlhacke / Preis / Vossen, Kündigung und Kündigungsschutz im Arbeitsverhältnis, § 2 Rn. 1095（Preis）.
115) Stahlhacke / Preis / Vossen, Kündigung und Kündigungsschutz im Arbeitsverhältnis, § 2 Rn. 1097（Preis）.
116) BAG Urt. v. 18. 1. 1990 AP Nr. 19 zu § 1 KschG 1969 Sozial Auswahl; BAG Urt. v. 8. 8. 1985 AP Nr. 10 zu § 1 KschG 1969 Sozial Auswahl.
117) Helschel / Löwisch, Kommentar zum Kündigungsschutzgesetz, 6. Aufl., 1984,

Heidelberg, § 1 Rn. 228.
118) Falke / Höland / Rhode / Zimmermann, Kündigungspraxis und Kündigungsschutz in der Bundesrepublik Deutschland, Bd. II, S. 588.
119) MünchArbR, Bd. II, Aufl., § 139 Rn. 128（Berkowsky）.
120) Richardi, DB 2004, S. 486（487）.
121) Stahlhacke / Preis / Vossen, Kündigung und Kündigungsschutz im Arbeitsverhältnis, § 2 Rn. 1102（Preis）.
122) BAG Urt. v. 21. 1. 1999, NZA 1999, S. 366.
123) Erf. Komm, KSchG § 1 Rn. 488（Ascheid）.
124) Stahlhacke / Preis / Vossen, Kündigung und Kündigungsschutz im Arbeitsverhältnis, § 2 Rn. 1103（Preis）.
125) Erf. Komm, KSchG § 1 Rn. 488（Ascheid）.
126) Erf. Komm, KSchG § 1 Rn. 488（Ascheid）.
127) Erf. Komm, KSchG § 1 Rn. 488（Ascheid）.
128) LAG Hamm, Urt. v. 4. 10. 1983.
129) V. Hoyningen=Huene, NZA 1986, S. 449（451）.
130) V. Hoyningen=Huene, NZA 1986, S. 451.
131) V. Hoyningen=Huene, NZA 1986, S. 451. 社会的選択においてパートナーの収入を考慮してよいのは、同居している場合に限るとする。この場合、家族法上も、民法1360条において、夫婦の扶養義務が規定されているため、解雇制限法上もその扶養義務を考慮して解雇を考慮するのが正当化されるとする（v. Hoyningen=Huene, NZA 1986, S. 451）。
132) Erf. Komm, KSchG § 1 Rn. 488（Ascheid）.
133) Richardi, DB 2004, S. 487.
134) 社会的選択については判例も蓄積されており、本来これを類型化してここに示すべきところであるが、これを類型化して示すコメンタールも十分には存在しない。そこで、ここではアドホックに裁判例で問題になったものを示すことで、事業所における社会的観点が裁判所の実務において判断されているのかを外観的に示すことにとどめさせていただきたい。
135) この事件は、次のような事案であった。1947年10月3日生まれの原告は、既婚で、夫に収入はなかった。1985年4月1日より被告市ならびにその承継人のもとで、清掃労働力として勤務していた。2000年被告市は、学校の清掃を企業に委譲し、その権利と義務を従業員の不利益にならないよう変更した。その企業は全清掃労働力の承継は拒否した。51局（年少局）の清掃労働力の承継の用意もないと宣言された。週40時間労働を行っていた女子労働者が解雇されたが、2001年4月20日の時点で被告市は、学校の清掃のため71名の清掃の労働力を雇用しており、そのうち週40時間労働の清掃労働者が65人、週35時間労働が1人、週30時間労働が4人、週20時間労働の清掃労働者が1人勤務しており、局51では45人の清掃労働力、―特にデイ・サービスの幼稚園では―食事の給仕では101人の清掃労働者が勤務していた。さらに、市は11人を劇場で雇用していた。全人事委員会（Gesamtpersonalrat）と調停委員会（Einigungsstelle）の参加により、被告市は2001年6月27日文書で労働関係を2001年12月31日までの解約告知期間で解約した。同時に70人の清掃労働者を

第 I 部　ドイツ法における解雇制限法理

解雇した。社会的選択にあたって、全190人の清掃労働力を4つの労働時間のグループで分類していた。
1．グループ　週20時間　3人
2．グループ　週30時間　27人
3．グループ　週35時間　2人
4．グループ　週40時間　158人

　社会的選択にもとづいて、劇場の11人と、特別な解雇保護がある複数の女子労働者（母性保護、保養休暇、重度障害者、人事委員会（Personalrat）メンバー）、局51の週36時間労働の2人の清掃労働者を被告市は除外した。また、点数表を人選のため本文のように作成した。

　週30時間の労働の清掃グループにおいては被告市は最も点数の低い4人の女子従業員を選択した（61点から63点）。次に点数の低い子のいない8人のうち、3人の女子従業員が65点から74点。女子労働者Kは1949年7月9日に生まれ、1990年4月2日以来被告市またはその承継人のもとで従事していたが、扶養義務はなく、68点であった。週40時間の清掃労働者のグループの中では被告市は59人の清掃労働力（53点から75点）を解雇のために選択した。原告はこれによれば75点に達していたとされる。

136)　原告は解雇保護の訴えによって解雇の無効を主張し継続雇用を主張した。原告は、その都度の労働時間の量にしたがって形成されるグループ内でのみ社会的選択が行われるべきではないとして、社会的選択が誤ったものであるなど主張した。原告はKが原告と比較可能であり、Kの社会的な保護の必要はわずかであると主張した。その上で、原告は、1．当事者の労働関係が2001年6月27日の解雇によって解消されないことの確認と、2．変わらない労働条件でのBM-O労働協約賃金グループ1aにおける労働者としての継続雇用を請求した。これに対し、被告は、解雇は経済的な理由によるもので有効なものであると主張し、その都度の労働時間の量にしたがって形成されるグループ内でのみ社会的選択が行われるべきであると主張し、そのグループ形成は局15のポストの構造の維持のために必要であったと主張した。

　労働裁判所は訴えを認容。ラント労働裁判所は1審被告市による控訴を棄却。連邦労働裁判所では、市による上告は基礎づけられないと判断された。

137)　BAG Urt. v. 22. 4. 2004, 2 AZR 244/03, NZA 2004, S. 1389.

138)　Baden-Württemberg LAG Urt. v. 17. 3. 2004, 12 Sa 108/03（Jurisより取得）。事実は次のようなものであった。1996年9月3日より、教育訓練を受けていない労働者として被告との労働契約関係にあり、月約2000ユーロの報酬を得ていた。被告はアルミニウム関連（枠ぶち等）を生産していた。塗装の分野での合理化措置により、2003年1月被告は、6.5人の労働力の人員過剰を予測し、5人の労働者の解雇を決定した。2003年1月20日に文書で事業所委員会に通知し、塗装工場から4人のみを、つまり、H, V, C各氏、原告のみを2003年1月28日に（2003年3月31日までの解約告知期間）解雇した。解雇からは同僚Kは免れた。Kは、1967年生まれで、トルコの出生で、既婚で、二人の年少者の子の親である。1996年9月17日より塗装工として被告で働いている。

　原告は、解雇保護の訴えにより、労働裁判所に対して、Kとの関連ではなく、Mらとの関連で、社会的選択に誤りがあると主張した。労働裁判所は、原告の代わりにKが解

雇されなければならないと判断した。なぜなら、Kは妻と二人の子がいるにすぎず、原告は妻と三人の子がいるからであるとした。被告控訴。ラント労働裁判所は控訴を棄却した。

139) Sächsisches LAG Urt. v. 5. 1. 2005（Juirisより取得）。

140) BAG Urt. v. 2. 6. 2005, NZA 2005, S. 1175. 1966年生まれで、被告会社のH支社に2000年10月1日より販売部門課長として勤務していた、未婚で子供のいない原告労働者が（2001年10月1日よりH支社勤務）、2003年3月24日、同年6月30日までに解雇の告知を受けた。女性Wは12年間当該企業に勤務し、H支社の女性衣服の販売課課長として2002年9月から勤務していた。H支社での経済的な損失から被告は双方のポストのうち1つを廃止し、すべての課の販売課長を1人によって行わせると決定し、勤続年数の短かさを考慮して社会的選択を行い、原告はWより若く、未婚で子供がなかったため、2003年3月24日、文書により、解雇された。原告は解雇は無効であるとして労働裁判所に提訴するが、男性の既製服部門における販売課長としてそのポストの廃止を争い、かつ、2003年6月16日より従業員Rが販売課長として彼の以前のポストにあったことを主張した。さらに、社会的選択に問題があったとし、H支社に制限して社会的選択が行われるべきではないと主張し、かつ、これと並行して、Wがよりわずかに保護に値するものであると主張した。ラント労働裁判所は、Hにおける事業所に関連した社会的選択では十分なものではないとし、女性の上着の課にWが勤め、男性が男性の既製服の課に勤務していたことが比較可能性を不可能にするものではないとして、原告が社会的に保護に値すると判断した。一審被告が上告。

141) BAG Urt. v. 15. 12. 2005, NZA 2005, S. 590. この事件でも、最終的には、債務者（会社）が「企業全体で考慮した社会的選択を行ったため、2002年5月23日の経営にもとづく解雇は解雇制限法1条3項により社会的に正当化されず、これにより、無効である」と判断され、2002年6月1日にS有限会社に譲渡された業務部門「製鉄取引」所属で、原告によって指名された倉庫のマイスターNが、原告より社会的にはよりわずかに保護に値するものであることは争いがないと判断している。

142) BAG Urt. v. 28. 10. 2004, NZA 2005, S. 285.

143) BAG Urt. v. 3. 12. 1998, AP Nr. 39 zu § 1 KSchG Sozial Auswahl. この事件では、2人の子を有し扶養義務のある1965年5月21日生まれの原告が、1988年3月31日から労働契約にもとづいて週40時間の労働時間で秘書として就労し、1990年11月26日から1991年6月30日までの期間、第一子の出生を理由として母性休暇ないし育児休暇をとり、その後秘書から会計になり、そこでの職務の間原告は、当初週19時間、後には24時間から30時間の就労をし、最後には、1994年2月17日まで週25時間就労していた。1994年2月18日以降、原告は、第2子の間近に迫った出産を理由に、母性休暇、これに続いて1997年3月27日まで育児休暇にあった。しかし、被告は、原告の要求していた育児休暇の経過前に、就労の可能性がないことを指摘して、会計である原告との解消契約の提案をしたが、原告はこれを拒否した。その後1997年3月27日文書で、被告は、原告との労働関係を経営を理由として解約をした。その解雇にあたって、この事業場には、他に38時間で働く会計がおり、その者と比較して、38時間で働くフルタイマーと25時間で働く原告パートタイマーのいずれの者が解約されるべきか、選択しなければならない（社会的選択）と、原告は主張する

が、これに対し、被告会社は、この比較可能性を否定し、比較可能な労働者がいないことを理由として原告との労働関係が終了していることを主張した。そこで、これらの者が比較可能かどうか、そして、パートタイマーが不利益に取り扱われることに合理的な理由があるかどうかが争われている。労働裁判所は申し立てを認容したが、被告は控訴した。原審は被告の控訴を棄却したため、被告が上告した。

144) 連邦労働裁判所は、同じ事業場で会計を務めるパートFと正社員の原告とは比較可能ではない、という原審の判断を支持した。また、フルタイマーが解雇されないことによってパートタイマーが不利益に取り扱われないか、という点が問題になりうるが、連邦労働裁判所は、「使用者に対して法的な解雇制限、すなわち、民法134条の意味における法的な禁止とこれとともに解雇制限法13条3項によるその他の法的な無効事由を意味する、パートで就業する労働者に対する就業促進法2条1項の不利益的取り扱い禁止は、(……)侵害されない」と判断している。

145) 連邦労働裁判所は、結論としては本件上告を破棄し差戻している。原告は最終的に実際上、25時間の労働時間になっており、この25時間が本件では雇用のキャパシティーであったと認定し、「もっぱら雇用の量が減少する場合で、その余の点で職場に関連して比較可能性がある場合には、社会的なデータに基づき、労働者が選択されなければならず、継続の可能性がパートの領域で残っている場合には、変更解約が告知されなければならない」と説示し、「両当事者は、この判例を念頭に入れる機会がなかったため、差戻しによって当法廷の見解に従って関連した諸観点が補充的に主張する機会が与えられる」と結論づけた。結局、フルタイマーとパートとの比較による被解雇者の選択ができない以上、このフルタイマー（原告）の継続就労の可能性が問われたが、雇用のキャパシティ（容量）が週25時間であると判明したため、週25時間への労働条件の変更を内容とする変更解約告知が原告に受け入れられるか否かが、原審で認定されるべきであると上告審は結論づけたのである。この事件では、会社がパート労働でのオファーによる経営に基づく変更解約を告知した場合、原告がこれを受け入れるかどうかについて、原告はまだ主張していなかった。

146) BAG Urt. v. 22. 4. 2004, NZA 2004, S. 1389. 連邦労働裁判所は、次のように判示している。「週30時間の労働時間の清掃労働力が、選択にあたって重要な、原告と比較可能な女子労働者たちの人的な領域のなかで、考慮に入れるべきであったとしたら、解雇制限法1条3項による社会的な選択の基準を考慮して、被告市によってなされた選択の決定が誤りのあるものである。その決定は、原告に有利に、特に、女子労働者Kとの関係で、不足したものである。

 a) 被告によって利用された点数表にもとづいてこのことは明らかになる。これによれば、Kが独身として5点を獲得したとしても、原告は総計75点であり、68点でしかない女子労働者Kよりも明らかに多い得点となる。

 b) このことは、さらに、社会的な選択の観点が明らかに原告優位に考慮されるとき、ますますいえる。解雇時点で53歳の年齢の女性の原告が51歳の年齢の従業員Kに対して、事業所所属が5年長いことが指摘される。これに加えて、原告は収入のない夫に対して扶養義務を負っており、これに対して、女子労働者のKは扶養義務を負っていない。」「解雇は労働関係を終了しないため、原告の継続雇用も基礎づけられた」と判断されている。

147) Stahlhacke / Preis / Vossen, Kündigung und Kündigungsschutz im Arbeitsverhältnis, § 2 Rn. 345 (Preis).
148) Stahlhacke / Preis / Vossen, Kündigung und Kündigungsschutz im Arbeitsverhältnis, Rn. 346f. (Preis).
149) Stahlhacke / Preis / Vossen, Kündigung und Kündigungsschutz im Arbeitsverhältnis, Rn. 1244f. (Preis).
150) Stahlhacke / Preis / Vossen, Kündigung und Kündigungsschutz im Arbeitsverhältnis, Rn. 1244f. (Preis).
151) Stahlhacke / Preis / Vossen, Kündigung und Kündigungsschutz im Arbeitsverhältnis, Rn. 1244f. (Preis).
152) Stahlhacke / Preis / Vossen, Kündigung und Kündigungsschutz im Arbeitsverhältnis, Rn. 347 (Preis).
153) Falke / Höland / Rhode / Zimmermann, Kündigungspraxis und Kündigungsschutz in der Bundesrepublik Deutschland, Bd. I., S. 212.
154) Falke / Höland / Rhode / Zimmermann, Kündigungspraxis und Kündigungsschutz in der Bundesrepublik Deutschland, Bd. I., S. 119.
155) A. a. O., 124.
156) BAG Urt. v. 4. 3. 1993, 19. 6. 1991, AP Nr. 60, 53 zu § 1 KSchG 1969 Betriebsbedingte Kündigung, BAG Urt. v. 24. 10. 1996, AP Nr. 8 zu § 17 KSchG 1969.
157) BAG Urt. v. 11. 9. 1986 EzA Nr. 54 zu § 1 KSchG betriebsbedingte Kündigung.
158) 鹿児島地判平11・11・19労働判例777号47頁〔ケイエスプラント事件〕。
159) 神戸地判平13・3・26労働判例813号62頁〔恵泉寮事件〕、東京地判平15・12・22労働判例870号28頁〔イセキ開発工機事件〕。
160) 神戸地決平成7・10・23労働判例685号43頁、横浜地判平6・3・24労働判例664号71頁〔大申興業事件〕、大阪地決平13・7・27労働経済判例速報1787号11頁〔オクト事件〕。
161) 東京地決平成13・2・26労働判例807号91頁〔東工設備事件〕、高松高判平成15・5・16労働判例853号14頁〔奥道後温泉観光バス事件〕。
162) Falke / Hölland / Rhode / Zimmermann, Kündigungspraxis und Kündigungsschutz in der Bundesrepublik Deutschland, Bd. II, S. 587.
163) 小池和男『仕事の経済学』（第2版）（1999年・東洋経済新報社）152頁。
164) 東京地決昭63・8・4労働判例522号11頁〔エヴェレット汽船事件〕、福岡地判平4・11・25労働判例621号33頁〔三井石炭鉱業事件〕。
165) レーヴィッシュ『現代ドイツ労働法』（法律文化社・1995年）訳者はしがき（西谷敏）。

第4章

ドイツにおける解雇の補償と従業員代表の参加

1 解消判決

1 解消判決の制度とその歴史的経緯

　解消判決とは、「労働関係が解雇によって解消されないと裁判所が確定するが、労働関係の存続が労働者には期待し得ない場合、裁判所は、労働者の申立てに基づき労働関係を解消し、使用者に対し相当な補償の支払いを命じられる。同様の判決は、使用者の申立てに基づき、経営の目的に資する使用者と労働者の間の協働が期待されない場合、裁判所が命じうる（……）」とする制度である（1951年解雇制限法7条、現行解雇制限法9条）。この法制度の解釈にあたって、特に、歴史的な経緯が重要とされていることから、まず、この制度の歴史的な経緯を述べつつ、この制度を概観する[1]。

　戦前には、解雇の自由が強調され、すでに述べたとおり、1920年2月4日に成立した事業所協議会法においても、解雇に対しては、制度上は事業所協議会が異議申立て権を行使できるにとどまっていた。当時から、体系的には、解雇制限が労働契約の領域の問題として論じられるのではなく、事業所協議会法の領域で問題になった。共同決定権の思想が解雇法の根本思想とされ、労働者個人の個別的な保護ではなく、従業員全体の利益の集団的思想（Kollektivgedanke）が政府の草案において色濃く反映されていた。これによって、ラートブルフの集団主義的な連帯が強調されていたことが想起される。その上、1920年の事業所協議会法では、20人以上の事業場に限って解雇からの保護が認められているにすぎなかった。こうした法制のなかにあって、訴えを認めた判決は補償（Entschädigung）を定め、使用者は、解雇を撤回するか、または、補償を支払うかを選択することができた。財政的な犠牲を覚悟しさえすれば労働者の

退職を迫ることができ、解雇の自由という古き思想がこの限りで機能していた[2]。この規定の正当性については保守的な労働法学者からも疑問がもたれていた。従業員からも、社会的違背の重大な事案において単に補償を支払いさえすればよいというあり方については不満足を感じられることがあったという[3]。

　戦前には、解雇の自由が原則的に認められ、例外的に、解雇が不公正で苛酷にわたることを意味する場合、事業所協議会が異議申立て権を行使することができたのに対し、戦後の1951年の解雇制限法は、解雇の有効性を制限するとし、個人、行為、経営を理由とした解雇を社会的に正当性がないと規定し、しかも、解雇は個別法的な問題として位置づけた。その上、1951年の解雇制限法は、7条1項2号により、一定の要件のもとに、補償をともなった労働関係の解消を要求する権利を与えている。つまり、解雇制限法は、「労働関係が解雇によって解消されないと裁判所が確定するが、労働関係の存続が労働者には期待し得ない場合、裁判所は、労働者の申立てに基づき労働関係を解消させ、使用者に対し相当な補償を支払うべきことを命じることができる。同様の判決は、使用者の申立てに基づき、経営の目的に資する使用者と労働者の間の協働が期待されない場合、裁判所が命じうる（……）」と規定している（旧7条、現在9条）。この規定にあるとおり、使用者側の申立てに基づく場合のみならず、労働者側の申立てに基づいて、労働関係の解消と補償を裁判所に求めることができると規定されている。この補償規定について、草案は、「労働契約関係が依拠する信頼関係が消滅する場合について配慮し[4]」、補償の支払いのもとでの労働関係の解消を認めていると説明する。戦前の1920年の事業所協議会法や労働秩序法において、社会的に不相当な解雇の撤回の代わりに補償金を支払うかどうかは使用者の裁量的な判断に任されていたことが十分なものとはいえない、ということが草案において考慮されている。これと対応した規定は、1951年以前には、バイエルン州解雇制限法12条、ヘッセン州事業所協議会法44条3項、ブレーメン州事業所協議会法41条4項、ヴュルテンブルク・バーデン州解雇制限法11条、ヴュルテンブルク・ホーエンツォーレルン州事業所協議会法89条cにあった。これをドイツ連邦共和国全体の統一の規定としたものである。1969年の解雇制限法の前身である、1951年の解雇制限法では、訴訟中の使用者に対して、労働者を継続して雇用するか、あるいは、補償を労働者に与え

るか、という選択肢を与えることはしなかった。むしろ、この選択肢を排除している。この点が解消判決の要件の解釈の重要な出発点となっている。

2 判例による解消判決の要件の形成

解消の要件は、解雇制限法における社会的違背（Sozialwidrigkeit）である。このほか、母性保護法違反、良俗違反、事業所組織法102条1項3文違反などが存することが必要である。

労働者が解雇保護の申立てに勝訴しない場合、つまり、労働関係が解雇によって解消されることが確認される場合は、解消判決は認められない。

労働者からの申立てによって労働契約関係の解消とその補償を求める場合、労働者は労働契約関係存続の確認を請求するとともに、労働関係の存続が労働者には期待されない場合に、労働契約関係を解消し補償を請求することができる。労働者が解雇訴訟の申立てに勝訴する場合にのみ、解消判決が認められる。(解雇の無効確認がなされ、使用者が敗訴する場合、すなわち、労働関係の存続が認められてしまう場合に）労働契約関係の存続が期待できないとして、解消判決を求めることになる労働者からみれば、いじめなどの訴訟で、解雇訴訟に勝訴しても職場復帰したくない場合に、解消の補償金を得て労働関係を一定の場合に解消できるというものである。

これに対し、使用者からの申立てに基づいて解消の補償を与える代わりに労働契約関係の解消を求める場合、解雇無効確認の訴えについて、労働契約関係の解消を主張しつつ（訴えの棄却を求める）、予備的に補償を与え解消させることを請求しうる制度になっている。この場合、訴訟内・外を問わず、経営に役立つ協力を期待し得ないという場合に、解消判決を求めるというのにすぎない。労働者からの補償つきの解消の申立てについても、連邦労働裁判所は、「解雇制限法9条の期待可能性がないとは、解雇の社会的違背（Sozialwidrigkeit）と同じではない。解雇が無効である場合、かかる無効自体を理由として労働者には労働関係の継続が期待し得ないわけではない。期待不可能であるとは、使用者が与えるさまざまな理由から生じる。労働者には、例えば、解雇の無効が確認される場合労働関係を継続するか、あるいは、補償の代わりに退職するか、という自由な選択肢はない。通常あらゆる解雇によって使用者と労働

者との間で緊張関係が生じるのであり、このことがただちに解消の申立てを可能にするわけでない」と説示し、使用者は賃金を支払うべき義務があるから、使用者が解雇訴訟中賃金の支払いを停止させた事実は（労働関係の停止）、（原告の雇用の可能性が一時的なものであっても存在していない場合）解消が考慮されるべき事項であると判示している。つまり、あらゆる解雇によって使用者と労働者との間で緊張関係が生じ、解雇をきっかけに信頼関係が消失することはありうることであるが、そうしたことがただちに解消の申立てを可能にするわけでないと説示したものの、解雇訴訟中賃金の支払いを停止させた事実は、解消が認められるべき事項であると判示していたのであった。

また、連邦労働裁判所は、技術者に対し建設の仕事をさせたという合理的理由のないいやがらせについて、労働者には労働関係の継続に関する期待可能性がなく、繰り返し賃金支払いが遅延していることも即時解約を正当化しうるとして、補償とともに解消を認めうる、と判断している。労働者が秩序違反、窃盗の嫌疑を理由として即時に解雇された場合に、労働者が補償を伴った労働関係の解消を申し立てた事件において、連邦労働裁判所は、これによって不相当に扱ったと述べる実際上の根拠に乏しく、労働関係の存続が労働者には期待し得ないという事実を原告は陳述しておらず、その労働者の申立ては棄却されうると判断している。

判例では、使用者からの申立てによる解消については、より厳格な要件が立てられるべきであると解されている。これは、解雇制限法では戦前とは異なり、訴訟中の使用者は、労働者を継続して雇用するか、あるいは、補償を労働者に与えるか、という選択権を有していない、ということから、厳格に解されているのである。労働関係の存続を保護することが解雇制限法の趣旨なのであり、解雇制限法は補償法ではないと繰り返し述べられている。申立ての決定の時点で協働が期待し得ないかどうかが判断される。

こうしたことから、使用者からの申立てによる解消とその場合の補償については、連邦労働裁判所は、「使用者の解消の申立てには、使用者と労働者との間の経営の目的に役立つさらなる協働が期待できない、ということを生じさせる認識可能な事実からの陳述が必要である。例えば、信頼の基礎が消滅した、あるいは、回復し得ない諍い（Zerwürfnis）が生じたという内容の一般的な弁

明では、十分ではない」と説示している。つまり、解消判決を求めるには、解雇事由である差し迫った経営の必要性、労働者の行為からの人員削減の必要性などを主張・立証するだけでは足りないし、解雇の紛争が生じたことから信頼関係が破壊されたという主張・立証でも足りないのである。この事件でも、労務指揮権を理由に解雇され、その際、原告の被告会社に対する非難が解消判決を求める理由として主張されているが、裁判所は上のように説示した上で、どのような理由から原告との協働が、将来に対して被告の努力によっても期待可能ではないのか、この訴訟あるいはこれと並行した訴訟において、どのような事実が提出され、どのような他の事実によって労働関係が将来にわたって治癒し得ないほど負担になっているのかを被告は主張していないことを理由に、解消判決の申立を棄却している。このほか、名誉毀損の場合に、使用者の申立てによる解消判決を認めている。

　さらに、第三者の行為でも、それが労働者によって承認された行為である限り、解消されうるかが問題になる。解雇訴訟中新聞がその争いを取り上げるとともに、さらに解雇を撤回すべきだとの労働契約当事者ではない第三者からの手紙を使用者が受け取ったという場合に、労働者との協働が期待し得ないという理由で使用者が解消判決を求めたという事件において、連邦労働裁判所は、これらの第三者の行為を原告が動機付けたのではなく、単に原告が承認していたにすぎない場合、これらの第三者の行為は、不当にも解雇された労働者の労働関係をその意思に反して解消を認めるには、十分なものではない、と判断している。「労働者の批判されうる行為がなく、第三者の発言をいさかいの原因とみなしうるのだとしたら、公の場で特に興味深い事実に基づいたあらゆる解雇の場合に、契約当事者間の信頼関係が否定され、解雇制限を労働関係の解消により迂回される危険が存在するであろう。」と理由を説示している。

　解雇訴訟中別会社において7000マルクの収入のあった労働者が、その額につき算定可能な解雇訴訟中の副業の中間収入を黙秘し、しかも、副業のポストが見つからなかったことを明白に強調し、被告会社が非難してはじめて真実を明らかにした場合で、使用者が解消判決を申し立てた場合に、連邦労働裁判所は、「経営の目的に役立つさらなる協働に関する信頼の基礎を損ねている」と判断し、遅滞した賃金の支払いを含めて62582DMの支払いを認めている。

解消の申立ては、一方で、裁判所が解雇が社会的に正当化されると判断した場合には、法的に基礎づけられない。その場合労働関係が存続しないことが確認されるが、解消の申立てを棄却する必要はない。また、裁判所が解雇が社会的に正当化されないと判断するが、同時に解消の申立ての要件を充足していない場合、裁判所は、労働関係が解雇によって解消されないことを確認することになる。この場合、解雇の無効に関する確認の訴えについて、解消の申立てより以前に常に判断される。しかし、その場合でも、1つの訴訟の中で行うことが推奨されており、実際の解消判決の多くは、1つの訴訟の中でそれぞれ順に判断されている（一部判決も可能とされる）。

　他方で、裁判所が解雇の社会的な正当性を否定し、かつ、解消の申立てを認める場合、解消の訴えを認容する。この場合、解消と補償を認めれば十分とされ、理由中の判断の中で、労働関係が解雇によって解消されるわけではなかったことを確認しておくことになる（解消判決によって解消されるわけである）。認容する場合、裁判所が職権で額を定め、裁判所は申立てにある額に拘束されない。裁判所は、申立ての額より高い補償額を認めることもあると解されている[18]。

　解消判決によって、労働契約関係は、解約告知期間終了時に解消されることになる。訴訟期間中支払われなかった賃金請求権が存在しないことになるが、この分は、補償額の算定の際に考慮される。解消判決の場合の補償額については、解雇制限法10条1項によれば、補償金として12ヶ月分の給与までの額が定められなければならないと規定される。この補償額も、労働者が50歳をこえており、少なくとも労働契約関係が15年存続している場合には、15ヶ月の給与まで増額され、労働者が55歳をこえ、労働契約が最低20年間存続した場合は、18ヶ月まで増額される。これら2つの要件は、それぞれの場合につき、その双方がみたされなければならない。この場合、裁判所が9条2項に従い労働契約関係を終了した時点が基準となる。

　実際には、解消判決はあまり多く用いられず、ある調査では、1191件の解雇保護の訴えのうち、解消判決の申立ては6.3%の75件しかなく（使用者からの申立てが19件、労働者からの申立てが50件、双方の当事者からの申立てが6件）、このうち、解消判決が棄却される場合が14件、認容されたのが7件である[19]。補償額

は、13468マルクとされており[20]、これは、結果的に、(勤続年数(年)×0.75×月の給与額)[21]となっている。補償額の算定にあたっては、労働者の家族状況、見込まれる失業期間なども考慮される。

《解消判決における当事者の主張》
解雇訴訟で労働契約関係の存続の確認が前提
↓
〈労働者からの申立てによる解消判決〉
・労働関係存続の確認を求める(場合によっては賃金請求も)。
・労働関係が存続しても、その存続が労働者に期待し得ない場合→解消判決を主張する

〈使用者からの申立てによる解消判決〉
・労働関係の存続を求める確認の訴えの棄却を主張する
・労働関係の存続が認められてしまう場合に、経営の目的に役立つ協働が期待できない→解消判決を主張する

---

2 事業所委員会の参加、組織変更(Betriebsänderung)、社会計画(Sozialausgleich)

1 組織変更・社会計画

　20人以上の事業場を対象として、次の場合に、組織変更につき事業所委員会に通知しこれについて協議することを義務づけている。事業所組織法111条1項は、「原則的に20人の選挙権限のある労働者を有する企業において、企業は、従業員または従業員の重要な部分について重大な不利益を帰結しうる予定中の組織変更について、事業所委員会に対し適宜かつ包括的に通知し、事業所委員会と予定中の組織変更について協議しなければならない」と規定する。また、同法112条1項は、「企業と事業所委員会との間で予定中の組織変更について利益の調整が成立した場合、これを文書に記し、企業と事業所委員会は署名しなければならない。同様のことは、予定中の組織変更の結果労働者に生じる経済的不利益の調整または軽減に関する合意にも、適用される(社会計画)。社会計画は事業所協定の効力を有する」と規定する。

　これらの規定によって、組織変更、特に、解雇の場合の事業所委員会の参加が2つの形で可能になっている。1つの形は、予定される組織変更が行われる

べきかどうか、また、いつ、どのような形で行われるかについての規定を形成することである（利益調整 Interessenausgleich という）。もう1つの形は、組織変更の結果労働者に生じる経済的不利益を調整しまたは緩和することである（社会計画 Sozialausgleich）。

　組織変更で主に問題になるのは、事業所全体または重要な事業所の部門の縮小および閉鎖（1号）がある。事業所の縮小とは、物的な経営手段の縮小をさし、そのうち労働者に経済的な不利益を与えるものと解されている。連邦労働裁判所の判例によれば、差し迫った経営を理由とした従業員の解雇は、物的な経営手段の縮小をさし、かつ、労働者に経済的な不利益を与えるものであると解されている。[22] ただし、一定規模の人員削減でなければならず、その要求される規模の基準は、解雇制限法17条の大量解雇規定が予定する数とパーセントの基準による。[23] つまり、21名から59名までの労働者を擁する事業所では、6名、60名から499名までの労働者を擁する事業所では、労働者の10％あるいは26名の労働者、500名以上の労働者を擁する事業所では30名の労働者を解雇する場合でなければならない。その上、いずれの場合も、5％の従業員に関わるものでなければならない。これらの基準をみたす場合に経営を理由とした解雇は、本号でいう事業所全体または重要な事業所の部門の縮小であると解される。例えば、111人の解雇者数が、全従業員の5％にみたさない場合、これによって人員削減の要求される数をみたさない場合、連邦労働裁判所は、「社会計画が義務づけられる事業所組織法111条2文1号の意味における事業所の縮小ではない」と判断し、これらについて社会計画をする義務を使用者も事業所委員会も持たず、それらを仲裁する仲裁委員会も有していない、と判断している。[24] これ以外で、組織変更になるのは（事業所組織法112条2文）、移転、事業所全体または主要部門の所在地変更（111条2号）、合併、特に吸収合併や統合による合併（3号）、事業所の組織または事業所施設の根本的な変更（4号）等である。ただし、株式会社法339条による共同決定権の適用のある株式会社の合併には適用されない。これらの場合、事業所委員会に対し通知し協議しなければならない。

　事業譲渡は、民法613a条で処理されることになっており、本条における組織変更の対象にならないと解されている。[25] しかし、むろん、事業譲渡をきっか

けとして、事業所組織法111条による事業所委員会の参加権が生じうる。これは、事業譲渡が単なる事業の所有者の変更のみならず、事業所組織法111条3文1ないし5において規定された組織変更の要件を充足する場合に、該当しうる。[26]

2　社会計画の実態

むしろ、重要なのは、これらの組織変更が認められる場合に、事業所委員会と使用者が社会計画を策定することができることである。社会計画とは、組織変更の計画により労働者に生じる経済的な不利益の調整または緩和のことをさす。不利益とは、重大な不利益に限られる[27]。補償の実務では、社会計画が解雇の補償との関係で重要な意味を有している。次に社会計画の実際を示す。

鉄鋼大手のコンツェルン、テュッセンクルッペでは、テュッセンクルッペ鉄鋼連合（TKSU）のテュッセンクルッペ鉄鋼株式会社（TKS-CS）への吸収消滅に伴い、労働関係の承継が行われ、これにあたり、事業所協定により利益調整、社会計画を策定している。「民法613条により2004年10月1日までにTKSUの従業員がTKS-CSに移行する。経営に基づく解雇が事業承継に基づき行われる」。事業承継に伴い配転が行われる場合に、手当を含む月の賃金に比例して補償額が支払われるとしている[28]。

ハンブルクのICM N OPの職場の移転に伴う人員削減と配置換えのため、事業所協定が事業所委員会との間で98年8月17日に締結されたが、「コーチ・プロジェクトに参加する従業員は98年8月17日の事業所協定5.5.1に基づく補償請求権を有する。事業所の帰属と年齢は個別的な法的な解約告知期間の終了まで算定される。コーチング（職業の新しいオリエンテーションと斡旋への支援）について：98年8月17日の事業所協定5.5.2を参照。3600ユーロの額はクラウス氏との合意が事前に必要となる」と規定される。この企業では、新たな雇用関係への橋渡しとして、コーチングプロジェクトと呼ばれる転職支援が実施され、個別的な助言とコーティング、応募のトレーニング、ジョブスコートと呼ばれる積極的な求職・斡旋、ポストに関連した資格づけ、他の事業所での実務研修が2005年2月28日より開始すると規定される[29]。

ヴァイアント教授（同教授へのインタビュー）によれば、多くの事件の助言を

第4章　ドイツにおける解雇の補償と従業員代表の参加

行ってきたが、人員削減の数について使用者が当初の計画を変更したことがない。使用者が行いたい人員削減はほぼ必ず最終的に実行に移されている。問題は、それをどのように進めるのかということにすぎず、つまり、従業員代表は、雇用のためのゲゼルシャフトを用いるか、補償金を得るか、経済的な不利益を軽減させるか、などの選択肢はあるが、人員削減を撤回させられないと指摘する。多くの場合、人員削減の数について使用者が方針を変えることはほとんどないと述べている。[30]

　社会計画の場合の補償の性格づけについては、連邦労働裁判所大法廷は1978年12月13日決定において、社会計画の場合の補償とは、労働者によって受忍されるべき組織変更の結果、労働者が職場を喪失しそして労働関係の経過中において得られる諸利益を喪失したことに対する補償（Entschädigung）である、と説示していた。[31] この場合、大法廷は、年齢および事業所への帰属年数を考慮している。[32] これに対し、後の連邦労働裁判所第10小法廷判決では、「解雇に関わる労働者に対し社会計画は法的な定義からは新しい労働関係までまたは老齢者年金の給付までの橋渡しのための扶助（Überbrückshilfe）を保障する」と判示しており、[33] 従来の判例理論、補償理論を採用せず、社会計画の場合の解雇補償にブリッジ的な扶助的性格があることを認めている。つまり、1939年より前に生まれた労働者に対しては、土地を売却できなかったことを理由に、当初予定された補償額の20％分を減額し、1940年に生まれた原告ら労働者に対しては40％を減額した事業所協定を事業所委員会と使用者が締結した場合に、原告らの補償額のほうが減額幅が大きいことから、原告が、事業所委員会が変更に関する代理権を有せず、変更された事業所協定が自己には及ばないなどと主張して、（年齢と勤続年数に基づく）従前の事業所協定に基づく補償の支払いを求めた事件において、連邦労働裁判所は、「解雇に関わるすべての労働者に対し、獲得の確かでない新たな労働関係の開始まで、または老齢年金の給付までの、配分的正義に関わる橋渡しの扶助（Überbrückshilfe）をできる限り可能にする点に目的がある社会計画の給付に、事業所のパートナーが、目的を置かなければならない」と述べつつ、1940年より前に入社した労働者が新しいポストを見つける見込みはゼロに近い傾向があるのに対し、それより若い職員はより多くのチャンスが認められると述べて、新事業所協定に基づく補償の支払いを認め

ている。この補償にかかわる性格付けの変更については、判例の理論が変更されたものであると理解されている。

 数ある補償方法のうち、社会計画が最も多く用いられ、和解による補償が次いで多い。1938件の解雇の補償の事例のうち47％において、事業所組織法112条1項による社会計画が用いられ、全体の半数近くを占める。

3 和　　解

 従来も、解雇訴訟をめぐっては裁判上の和解（gerichtlicher Vergleich）による補償が行われてきた。和解は、和解期日（Gütetermin）、あるいは、和解交渉（Güteverhandlung）とよばれる裁判所で行われる手続においても行われる。この期日において、1人の裁判官が指揮し、訴訟代理人出席のもとで交渉が行われている。和解は成立する場合が多い。労働裁判所法54条1項2文によれば、裁判長は、和解の目的のために、すべての事情を自由な判断のもとで考慮しなければならないと規定される。

 この和解期日において和解に達しない場合、3人の裁判官（通常は職業的裁判官1人、労働組合員1人、使用者団体からの代表1人から構成される）による訴訟手続きが進行する合議期日（Kammertermin）が行われる。この手続きのなかで、多くは和解が成立するが、判決にいたることもある。合議期日（Kammertermin）にいたる場合には、和解交渉は、合議期日（Kammertermin）の準備手続きとなり、和解期日における陳述は、合議期日における主張となる。和解交渉と合議期日とで裁判上の和解が締結される可能性は、解雇訴訟の第1審においては、60％強にのぼり、判決に至るケースはドイツにおいてもまれである。筆者がインタビューのためエアフルトにあるザクセン労働裁判所（1審）を訪れ、見学した訴訟は、有期雇用で雇われていた労働者が（全体の給与は不明）、手数料と呼ばれる賃金の削減と有期雇用の期間の定めを（2年でなく）1年にする旨の変更解約告知が問題となった和解期日であり、原告の労働者は別の会社にすでに就職していたことから、事業所協定において予定されていた解雇の補償の規定にもとづき、1人でその手続を指揮していた裁判官が補償を当事者双方に提案し、それぞれその補償額について争ったというものであった。特に

補償額についてまでは事業所協定に定めはなかったが、使用者側は、3000ユーロ以上は出せないと譲らず、労働者側は9000ユーロ以下はのめないと15分程度争い、合意に至らず、別の期日での合議期日の設定をすることになった。また、1審のベルリン労働裁判所で合議期日（職業的裁判官1人、労働組合員1人、使用者団体からの代表1人）を訪れたときには、勤続10年の労働者の解雇の社会的選択と解雇の補償が争われ、当初、解雇の社会的選択について事業所内の労働者と他の労働者が比較可能でないことも争われていたが、いずれにせよ解雇の補償のみが問題になるからとの裁判官の疎明から、補償額がその後争われ、労働者は5000ユーロ、使用者が2300ユーロと主張し、15分程度で合意に達しなかった。

　現在、統計では、1審で解雇訴訟のうち60％が和解で補償が支払われ、2審では41％が同様の和解による補償が支払われている[39]。和解では法的な観点よりむしろ、金銭的な補償が中心的なテーマとなり、労働契約関係の存続はテーマとなっていないこともわかる。ドイツにおける解雇の場合の労働契約当事者間で行われる和解の額が多額ではない。月の給与×0.5×勤続年数（月数ではない）という数式が裁判所の実務においては確立しているといわれる[40]。つまり、勤続年数1年分に対して、月の給与額の約半分の額での補償額が支払われる。この数式によれば、例えば、勤続1年で給与が3000ユーロの場合、解雇での和解の額は1500ユーロになる。この数式は、解雇類型によって異なることがあり、ロイトリンゲン労働裁判所およびヘッセン・ラント労働裁判所では、労働者個人の事情による解雇の場合補償額が高くなり[41]、ノイステリッツ労働裁判所では、労働者の行為による解雇の場合先の0.5の係数が0.25になり減額される[42]。また、ジーゲン労働裁判所では、欠勤の有無によって補償額が異なるとされる[43]。訴訟の見込みやリスクによって、裁判所の75％が用いる数式に基づいて補償額を減額したり増額したりもしている[44]。

　他方、複数の労働裁判所において、使用者の経済的状況、特に、支払い能力を考慮している。勤続年数も補償額に影響しており、多くの労働裁判所において、短期の勤続年数の場合、例えば、ブレーメン・ラント労働裁判所、ハンブルク・ラント労働裁判所では、勤続年数の部分を2倍にして計算している[45]。また、訴訟の見込みやリスクによって前述の数式によって得られる補償額を減額

したり増額したりもしている[46]。

補償の額については、訴訟中の和解における補償額（全体に対する割合）が、1審の労働裁判所、2審のラント労働裁判所、上告審の連邦労働裁判所の順に、表で示されている[47]。

労働裁判所（1審）の47.9％が、ラント労働裁判所の25.7％が、1750マルク以下となっている（当時のレートは、1マルク＝102円、およそ補償額は178602円）。連邦労働裁判所では、多数の和解においては9501マルク（約969000円）以上で終結している[48]。

裁判外での解決を含めて企業に聞いた補償額について、企業の規模別で示されており[49]、零細企業ほど、解雇にあたって補償が支払われていない。これは、経営を理由とした解雇の場合も、労働者個人事情による解雇の場合も大きな差はない。これに対して、特筆できるのは、経営を理由とした解雇の場合に、101以上の企業では、約半数のケースで補償が支払われていることである。1000人以上では、実に55.6％のケースで解雇の場合の補償を支払っていることがわかる。

こうした和解の手続きにおいて、興味深いのは、合議手続きが通常は職業的裁判官1人、労働組合員1人、使用者団体からの代表1人から構成され、3人により手続きが進行する点である。名誉裁判官とも称される裁判員は、ザクセン州では、使用者団体と労働組合それぞれから推薦された者のリストにより選出される。10年近く同じメンバーでザクセン・ラント裁判所が構成されるため、裁判官・労使の関係は信頼関係で結ばれているという。つまり、部ごとの構成は不変である。3人の裁判官・員が合議期日での争点の事実認識について、意見が対立しないかどうか、合意に達しない場合はどうするのかが関心のもたれるところである。ザクセン・ラント労働裁判所のフェーザー判事によると、在任中1件しか深刻な意見の対立はなく、東独の秘密警察が関わる事件で、職業的裁判官と名誉裁判官とで意見の相違がみられたが、職業的裁判官が西側のゲッティンゲン出身だったため、東側出身の名誉裁判官の意見を尊重する形で、合意に達したという。これに対し、ベルリン労働裁判所では、かなり多くの事件では裁判官・員同士の意見の対立がみられたとされる。それぞれの裁判所ともに、事実の認識について意見の対立があるときは、合議で結論が下

第4章　ドイツにおける解雇の補償と従業員代表の参加

されることになっている。こうした名誉裁判官のあり方について、連邦労働裁判所判事コッホ判事は、職業的裁判官の直接知ることのない職場での問題や職業経験を聞くことができ、協約の解釈にあたっても協約交渉の実際やその解釈のあり方について有用な話が聞けると述べていた。そうしたなかで合議で解雇の場合の和解が進められることになる。和解にはそれほど時間は必要とせず、迅速な解決が図られているようである。[50]

4　経営の必要性を理由とした解雇の場合の補償

アジェンダ21[51]と呼ばれる解雇制限法の改正により、解雇の補償を正規の解雇制限法の手続にのせる法改正を行なった。解雇された個人のなかに、訴えを提起して解雇そのものを訴える者は少ないため、改正以前から、経営の必要性を理由とした解雇無効の場合について、解雇の補償金の支払いを法制度として認める改革を行う必要性があるといわれていた。当時、使用者、労働者ともに、解雇制限手続の当初から、相当の補償を対価とした労働関係の終了にしか関心がないにもかかわらず、訴訟費用と訴訟の時間のかかる解雇の有効性をめぐる争いをすることを強いられているといわれていた。そこで、ヨーロッパの諸国において、補償による労働関係解消の促進が行われていたことにも鑑み、ドイツの学説においては、すでに法改正前から、裁判外の補償を解雇制限法のなかに制度化することが提案されていた。そして、2004年改正法によって、ついに、経営を理由とした解雇の場合、労働契約終了に関連して簡素で効率的でコストのかからない補償手続が創設されたのである。つまり、新たに創設された解雇制限法1a条によると、次の通りである。

「(1)使用者が1条2項1文による経営上の差し迫った必要で解雇し、労働関係が解雇によって解消されないことの確認の訴えを労働者が4条1項の期間の経過までに提起しなかった場合、労働者は、解約の告知期間の経過によって補償の請求権を有する。請求権は、解雇が経営上の差し迫った要請にもとづいていること、および、3週間の訴えの提起期間が消滅する場合に補償を請求しうることを解約文書において使用者が提示したこと、を要件とする。

(2)補償額は、労働関係の存続する年ごとの月収額の0.5ヶ月分に相当する。10条3項を準用する。労働関係の期間の算定にあたって、6ヶ月から1年までの端数は、1

143

年まで増やすことができる。」

1　解雇制限法1a条の解釈上の問題

補償額については、給与の半分の額を勤続年数分支給すると法律上規定されている。そのうち、勤続年数の6ヶ月から1年までの端数は、1年として計算することになっている。つまり、1年7ヶ月であれば、2年として計算されることになる。

補償額としては、勤続年数（年）×0.5×月の報酬額・給与額という計算式によって計算され、あまり高額にならないことがわかる。

争いがあるのは、解雇制限法1a条が補償の提供の場合の最低限を定めるものなのか、それとも、解雇制限法1a条より低い額での補償の提供が可能であるのかどうかである。ヴァイアント教授は、解雇制限法1a条が補償の額を考慮して定められることを予定しており、これとは異なる補償の合意がなされる場合には、解雇制限法1a条はこれを排斥するものではないと説いている[52]。なお、これまでの裁判外の解消の手続きである解消契約（合意解約）や清算契約（解雇の承認）は、新しい補償の規則によっては何も変わらないとしており、法律とは異なることが可能であるとされる[53]。

補償額の算定にあたって報酬額が考慮されるが、その際、対価的な性格のあるクリスマス賞与やその他の手当て（例えば、交替勤務手当）なども含めると解されている[54]。しかし、時間外労働、操業短縮は補償額の算定にあたって考慮されず、また、休暇、疾病による休暇、事業所の閉鎖、その他の中断した期間も、考慮されないと解されている[55]。また、パートタイム労働者もこの補償請求権を有すると解されている[56]。

法的な補償請求権の要件は、使用者が、解約文書において解雇理由として経営上の理由を記載したこと、および、4条1項における3週間の訴えの提起期間が消滅する場合に、法律に予定される補償を労働者が請求できることを使用者が提示したことである。

この補償制度がいかなる性格を有するのかについて争いがある。これは、解除について法定責任説、あるいは、契約責任説と説かれるのと同様である。つまり、補償請求権が法的請求権なのかあるいは契約請求権なのかが問題にな

る。補償の存否が法律行為によると解する説においては、労働者によって解約告知期間を経過させていることが、使用者による意思表示における申込であると解するほかない。レーヴィッシュ教授は、法律行為論に従い、悪意の錯誤や強迫の場合、取消しが可能であると主張している。これに対し、レーヴィッシュ教授の見解については、補償額に関する計算間違えに対する錯誤についても、いずれにしても、現在の法律行為論では錯誤の主張が認められないはずだという問題点もある。また、補償請求権が法定されたと考える説は、法律行為の意思表示ではなく、単なる使用者による提示が要求されている点が、まず文言から明らかであると主張する。さらに、労働者によって解約告知期間を経過させていることが労働者による申込であるとまで解している法律行為説に対し、法律によって補償の問題が生じると考える説からは、解釈の擬制が過ぎていることが批判されている。さらに、悪意の錯誤や強迫の場合、解雇制限法の５条における訴えの事後の許可が可能なのであり、その場合半年の間事後の訴えが可能であるにすぎないのに対し（法的請求権と考える説の場合）、民法の取消の場合１年の間取消しが可能である（契約説の場合）、という差異がある。もし、法定分の補償額より少ない額が使用者から提供された場合は、（法的請求権と考えたとしても）労働者には、それを拒む自由があるのであるから、それを拒否すれば足りるのである。そして、逆に、法定分の補償額より高ければ、それを受け入れればよいだけであると主張される。法的請求権と考える説は、解除に関する法定責任説と同様に、解雇を契約の解消の出発点とし、ただ、「その解消ないし消算手続きに当事者の行為を組み込み、法律にもとづいて補償請求権が発生する」と捉える。しかし、ヴァイアント教授からは、様々な論点につきいずれの見解によっても同様の結論に導かれる、と指摘されている。

2　解雇制限法１a条の実務上の問題点

改正法の性格として特徴づけられるのは、まず第１に、裁判所での口頭弁論を経ることなしに補償によって労働関係の解消を可能にしていることである。失業率の下がらないドイツにおいて解雇制限（規制）が新規採用を控えさせているという憂慮から、裁判外での補償制度を条文として認め、同時に法定の解雇手続きを簡易化することが案出された。これは、補償規定によって裁判外の

手続を促進させ、解雇を容易にしているということも意味している。解雇の場合の補償が労働市場政策として行われたゆえんである。これによって、同時に、手続法上も、裁判上の口頭弁論なしに裁判外での補償の交渉が可能なのであるから——但し従来から裁判外の補償は可能であったがそれを明文化したにすぎないが——、労働裁判所法１ａ条自体にもとづいて、弁護士の代理による時間と費用を節約できる。

第２に、労働者が訴えを提起しなかった場合に限って、補償の請求権が認められたということである。補償請求権が訴えなくして自動的に発生するというのが否定されている。訴えのできる提訴期間が経過することによって、使用者から提供された補償を受け入れるかどうかの決定をすることになる。その結果、労働者は、事前に、使用者によって経営上の必要性を理由としてその労働契約が解約された場合、その解雇に対して、訴えを提起するか、あるいは、その代わりに、補償を請求するか、の選択ができることとなった。

第３に、——この点が重要なことであるが——事業所の経営上の理由（つまり、企業の経済的な理由）にもとづく解雇の場合に、裁判外の補償を可能にし、しかも、それが、解雇が社会的に相当なものであるかどうかとは関係なく、その補償を求めることができるとされたことである。いかなる場合に補償が認められるかは各国において異なるが、ドイツでは、経済的な理由にもとづく解雇の場合でも、その解雇が相当であるかを問うことなく、一定の要件のもとに労働者が補償請求しうるとされたのである。

しかし、経済的な理由を原因とした解雇の場合、使用者は、支払い能力がなく、困難に陥るのではないかという疑問がある。リヒャルディ教授（とのインタビュー）によれば、むろん、経済的に窮している中小企業は、ほとんど補償の支払い能力がなく、また、そうした企業に勤めていた労働者も、企業に補償を求められないのが実情であり、こうした補償の規定が用いられるのは、大企業に限られるであろう、と述べている。つまり、大企業は、破産にまでは追い込まれていないが経済的に窮している場合、解雇をなし、そして、補償によってその経済的危機を脱し、大企業のホワイトカラーも、その能力によって他の企業を見つけられるであろう、というものである。この解雇制限法の改革が、解雇を容易にして労働移動を可能にし、市場の流動性を高め、失業率を低くし

ようとする労働市場政策といわれるゆえんである。実際、今回の改正は、高失業率に悩むドイツにおいて、厳格な要件を備える解雇法制が労働市場での労働移動を妨げているという認識から、補償によって解雇を容易にしようとすることに本質がある。改正法は、解雇規制の及ぶ事業場の規模を10人以上とする労働市場政策及び解雇法制の規制緩和の一環として議会を通過している。

　こうした経緯からかかる補償制度が導入されたとすると、さらなる疑問は、既述のように、補償が相当な解雇かどうかを問うことなく認められた場合、補償の規定によって、解雇法制を空洞化させてしまうのではないか、という点に生じる。ここで重要なのは、労働者が訴えを3週間以内にしない場合に、補償を労働者が請求しうるとされた点である。つまり、解雇が社会的に相当ではないという点を労働者が争いたい場合に、労働者は、解雇による補償を求めるのではなく、解雇が社会的に相当なものでなく無効であるとして、解雇保護の訴えを提起することができるのである。ここからわかるのは、解雇が社会的に相当なものでなく無効であることを主張する道が残されているのであるから、補償の規定それ自体によって、解雇制限の趣旨が失われることはない、ということである。新解雇制限法は、労働者が解雇保護の訴えを3週間以内にしない場合に、労働者が補償を請求しうる、と規定したことにより、経済的な解雇の場合の補償規定の存在が解雇法制を空洞化させてしまう、という危惧を払拭できるように、制度設計されているのである。これによって、労働契約当事者には、労働裁判所を利用しないまま補償による解決を可能にする手続きが提供されているのである。

5　小　　括

　以上のように、ドイツの解雇の場合の補償制度を包括的に検討してきたが、最後に、これらのドイツ法の議論をまとめながら、日独両国の議論の特徴と補償のあり方を若干考察して、むすびにかえることとする。

1　解消判決について
　ドイツの連邦労働裁判所の判例では、まず、解消判決は、例外的に認められ

るものであって、原則はあくまで労働関係の存続を保護することであると解されている。解消判決は、解雇の争いによって当事者の信頼関係が損なわれ、労働関係の存続が期待できないという程度では認められない。ドイツの解雇訴訟を管轄する連邦労働裁判所のコッホ判事によれば、解消判決は、名誉毀損や非難行為のような例外的で特異なケースに認められるにすぎず、原則的な訴訟形式ではないという。むしろ、訴訟としては和解が中心であり、解消判決はあまり使われないと述べていた。その額は、和解の場合と比べて、若干高いものになっている。日本で解消判決に期待されている機能は、ドイツの解雇訴訟ではみられないものであった。

　こうした特殊なケースにしか認められないものを、日本でむしろ原則化するべきかどうかについては、基本的に賛成できない。一方で、当事者の合意を原則として必要とする和解よりも、裁判所による解消判決という形式では、より高い額での補償額が認められるというメリットがある。ドイツの解消判決制度を規定した現行法の立法者も、和解での合意の困難さを考慮していたのであった。もっとも、先のコッホ判事によれば、補償の額が高いのも、解消判決がいじめ、侮辱などのケースに認められていることが影響しているにすぎないとする。

　日本において、解消判決をどのように位置づけて制度作りを進めるかにあたっても、――ドイツにおけるのと同様に――解雇の制約の目的が労働契約関係の存続の保護にあるという基本的な思想といかに調和させるか、という困難な問題に突き当たることになるのである。そうした点を考えると、日本労働弁護団の2002年の立法提言にある、労働者からの申立てによる解消判決に限るというのは、労働契約関係存続の思想と調和させるための１つの有効な解決策になると考えられる。もっとも、日本法の労働契約法の立法段階では、労働者からの申立てを認める場合、使用者からの申立てを認めるべきであるという議論もあった。しかし、補償つきの解消判決制度が、判決と和解による現在の日本法上の解雇制限（特に労働契約法16条）を無きものとする機能を果たすだけのものとなりかねない点に注意しなければならない。

2 集団的参加について

　また、今後の日本法での労働契約法制や従業員代表法制、労働審判制度を念頭に置くとすると、従業員の代表が解雇の補償に参加・関与できるドイツの社会計画をめぐる法制度とその運用は、一つの示唆を与えるように思われる。日本の場合、特に、従業員の過半数を組織する大企業の労働組合が、雇用保障を強く求め、解雇から組合員を擁護してきた経緯から、今後は、解雇の場合の金銭補償へ関与することが考えられるからである。しかし、現在の日本の労使関係において、希望退職・早期退職（退職金上乗せを含む）をすでに実施している事実をふまえると、こうした参加制度を前提とした解雇補償制度の導入については、かなり慎重な検討が要請される。

3 解雇の補償について

　解消判決、和解、社会計画、経営上の理由の場合の解雇、それぞれの場合を通じて、ドイツでは、比較的低い額で補償金が支払われていることに驚きを禁じえない。これについては、解消判決を除いて、多くの場合、補償額は勤続年数（年）×0.5×月の報酬額・給与額という計算式によって算出されている（解消判決の場合、0.5のかわりに平均で0.75を掛けていた）。こうした数式が用いられる経緯は、元来1960年代にノルトラインヴェストファーレン州の労働裁判所で確立した同様の数式が存在し[68]、これが現在にまで用いられ、一般化し、現在、75％の労働裁判所がこの数式を用いるというほどに広まっていったというものであった[69]。これは、同時に、和解の場合に裁判所の実務において早くから確立した補償額の計算式が、和解以外のあらゆる場合の一般化された基準になりつつある、ということでもある。この数式を用いるドイツの場合、日本と比べても、勤続年数がさほど長くないうえに、勤続の月数で計算せず、勤続の年数（年）で計算するため、その補償額は高くならない結果を招いている。しかし、先のコッホ判事によれば、これらの制度にもとづく補償額が低いのも、ドイツでは、解雇訴訟中も失業手当金が十分保障されていることを考慮すれば、十分理解可能な運用になっているといえるという。失業手当金が遮断される場合（自己都合退職と非違行為による解雇の場合各々12週間）を除いて、解雇訴訟中の所得保障を失業手当で行いうる。解雇の補償が失業手当の補完の役割を果た

している点が看過ごされてはならない。

　他方、経済的理由による解雇の場合の補償は、解雇の有効・無効を問わない制度となっている。これにより、解雇法制を骨抜きにするという危惧を生じさせる。この場合の補償については、労働者が訴えられる期間を経過させたことを要件とし、それによって、解雇保護の訴えを行う道を労働者に残すことで、改正法は解雇規制の潜脱を防ぐ制度作りがなされている。つまり、社会的相当性のない解雇については、労働者は訴えをすることができることから、無効な解雇を使用者が行うことを防止できる制度になっている。日本では、経営上の理由による解雇の場合の補償について活発な議論がなされているとは言いがたいが、そういった議論がなされたとしても、ドイツの改正法のあり方が日本法への示唆を提供するかについては、強い疑問も残る。なぜなら、日本の労働者が不相当な解雇に対して直ちに訴訟に訴えるわけでないことから、解雇の無効・有効を問うことなく使用者が労働者を解雇できるというドイツのこのような解雇補償制度のあり方では、日本では、補償制度の悪用が帰結されるだけとなる、という懸念があり得るからである。つまり、解雇そのものに対する訴えを提起しないまま、労働者は補償を対価に解雇され、泣き寝入りせざるを得なくなる、という結果になりかねない。ドイツと同様の解雇の補償のあり方の導入には、日本法においては否定的に考えざるを得ない。解雇制限の本質は、労働契約関係の存続を保障することにあり、補償法に本質があるのではない、という出発点こそ、今後の解雇の議論において忘れてはならない観点ではないかと考える。

注
1）　これについては先行研究として、根本到「ドイツ解雇制限法における解消判決・補償金処理制度」季刊労働者の権利249号100頁、野川忍『解雇法制』（社会生産制本部労働情報センター・2004年）がある。
2）　Heuck, KSchG, 5. Aufl., München, 1965, Rn. 1.
3）　ナチス期においては、これらの補償規定は1934年の国民労働秩序法の56条に承継されたが、事業所協議会の代わりに、事業所の指導者（Betriebsführer）として企業の代表、信義協議会（Vertrauensrat）がその役割をとって代わることになっている。しかし、信義協議会（Vertrauensrat）は、企業によって告知される解雇の正当性を事後審査するのに適するものではありえなかったとされる。事業所協議会に認められた事前の審査権と訴権は、完全に排斥されていた（Heuck, KSchG, a. a. O., S. 15）

4) RdA, 1951 S. 65.
5) 不真正の予備的請求であると説明されている＝通常の予備的請求であれば労働関係の存続を求めながら、その存続が認められないときに補償を求めるということになりそうであるが、現行法では、そうではなく、主位請求で労働関係の存続を求めながら、その労働関係の存続が認められない場合に、予備的請求の補償の申立てを求めるので、不真正の予備的請求と呼ばれている。
6) BAG Urt. v. 24. 9. 1992, NZA 1993, S. 362.
7) BAG Urt. v. 24. 9. 1992, NZA 1993, S. 362. この事件では、州の地域委員会の長として1962年より労働契約関係にあり、月1700DMの賃金を得ていた者が、1990年11月28日障害者証明書の交付を受けたが、市の委員会の組織再編にあたっての人員削減により継続雇用を提供され、これを拒否したところ、1990年9月13日に解雇され、その後11月に原告の労働関係は中断・停止されたが、原告は解雇が無効であるとして、1990年10月19日からの労働関係が存続していることを確認し、3000DMの賃金の支払いと、解雇制限法9条、10条に基づく34200DMの補償による労働関係の解消を求めていた。連邦労働裁判所はこの補償と労働関係を認めている。
8) BAG Urt. v. 29. 1. 1981, AP Nr. 6 zu § 9 KSchG 1969.
9) BAG Urt. v. 5. 11. 1964, NJW 1965, S. 787.
10) Z. B. BAG Urt. v. 5. 11. 1964, NJW 1965, S. 787. 例えば、連邦労働裁判所は、1964年11月5日判決において、「解雇制限法は職場の保護に役立つものである。それは、可能な限り労働関係の存続を期待するものである。このため、解雇制限法は労働関係の存続保護法であって、補償法ではない」と説示している。
11) BAG Urt. v. 30. 9. 1976 AP Nr. 3 zu § 9 KschG 1969; BAG Urt. v. 16. 4. 1986, NZA 1987, S. 16; BAG Urt. v. 14. 1. 1993, NZA 1994, S. 309.
12) BAG Urt. v. 30. 9. 1976 AP Nr. 3 zu § 9 KschG 1969; BAG Urt. v. 16. 4. 1986, NZA 1987, S. 16; BAG Urt. v. 14. 1. 1993, NZA 1994, S. 309.
13) BAG Urt. v. 24. 9. 1992, NZA 1993, S. 362.
14) BAG Urt. v. 14. 5. 1987, NZA 1988, S. 16.
15) BAG Urt. v. 14. 5. 1987, NZA 1988, S. 16. この事件では、訴外ナチスレジームの非追及者の会（別称反ファシスト連盟）の会員であった原告労働者が、被告印刷会社に勤めていたが、好戦的でナチス的なパンフレットの印刷を拒み、即時解雇されたが、北ドイツ新聞やライプツィッヒ新聞等がこの争いを報道し、労働契約当事者ではない第三者から解雇を撤回すべきだとの手紙を受け取ったという事件であった。この場合に、使用者が解消判決を求めたというものであった。
16) BAG Urt. v. 14. 5. 1987, NZA 1988, S. 17.
17) BAG Urt. v. 25. 11. 1982 AP Nr. 10 zu § 9 KschG 1969.
18) ErfurterKomm, § Rn. 29 ff..
19) Falke / Höland / Rhode / Zimmermann, Kündigungspraxis und Kündigungsschutz in der Bundesrepublik Deutschland, Bd. II., 1981, S. 807.
20) A. a. O., S. 807.
21) A. a. O., S. 807.

22) BAG Urt. v. 15. 10. 1979, AP Nr. 5 zu § 112 BetrVG 1972; BAG Urt. v. 22. 1. 1980, AP Nr. 7 zu § 112 BetrVG 1972; BAG Urt. v. 21. 10. 1980, AP Nr. 8 zu § 112 BetrVG 1972; BAG Urt. v. 6. 12. 1988, AP Nr. 26 zu § 112 BetrVG 1972; BAG Urt. v. 10. 12. 1996, AP Nr. 37 zu § 112 BetrVG 1972.
23) BAG Urt. v. 2. 8. 1983, AP Nr. 12 zu § 112 BetrVG 1972.
24) BAG Urt. v. 22. 1. 1980, AP Nr. 7 zu § 112 BetrVG 1972.
25) Richardi, BetrVG, 9. Aufl., München, 2004, § 111 Rn. 73.
26) Baize / Rebel / Schuck, Outsourcing und Arbeitsrecht, 2. Auf., Heidelberg, 2002, Rn. 168.
27) Schaub / Schindele, Kurzarbeit Massenentlassung Sozialplann, München, 2005, Rn. 520.
28) 事業所への帰属年数　　　補償期間
　　10年まで　　　　　　　　18ヶ月
　　15年まで　　　　　　　　24ヶ月
　　20年まで　　　　　　　　36ヶ月
　　25年まで　　　　　　　　48ヶ月
　　25年をこえる場合　　　　58ヶ月
29) この事業所協定は、毛塚勝利教授、小俣勝治教授、新谷眞人教授、春田吉備彦教授、小西啓文准教授、川田知子准教授らからいただいた。この場を借りてお礼申し上げたい。このほか、当該事業所協定では、NLハンブルクと呼ばれる事業所での資格教育の後、企業内部の公募に当たって外部の者に対する優先的な再雇用が規定されている。
30) ヴァイアント教授によれば、組織変動については次のような点も指摘できるという。
　―法形態は別として、実体は、組織の再編のなかで、コンツェルン内の組織を（あれこれ）変動させているだけである。これによってグローバル化に対応できる効率的な組織に改編させているだけである。つまり、コンツェルン内の組織が変更されているだけであるとする。但し、人員が削減される。
　―中高年の首が切られることが多い。中高年は労働に関心が薄く、将来への金銭的な安定が得られればよしとする人が多い。
31) BAG Beschluss v. 13. 12. 1978, AP Nr. 6 zu § 112 BetrVG 1972.
32) BAG Beschluss v. 13. 12. 1978, AP Nr. 6 zu § 112 BetrVG 1972.
33) BAG Urt. v. 5. 10. 2000, AP Nr. 141 zu § 112 BetrVG 1972.
34) BAG Urt. v. 5. 10. 2000, AP Nr. 141 zu § 112 BetrVG 1972.
35) Richardi, BetrVG, 9. Aufl., München, § 112, Rn. 52.
36) Falke / Höland / Rhode / Zimmermann, Kündigungspraxis und Kündigungsschutz, Bd. I., S. 134. これを解雇類型ごとに整理すると以下のようになる。

社会計画	913件	47.1%
訴訟上の和解	518件	26.7%
解消契約	305件	15.7%

訴訟外の和解	52件	2.7%
その他	35件	1.8%
事業所協定	34件	1.8%
労働裁判所の判決	28件	1.4%
不利益の調整（事業所組織法113条）	25件	1.3%
労働者勝訴後の補償の合意（第1審）	14件	0.7%
労働協約	11件	0.6%
（第1審）	3件	0.2%
全体	1938件	100%

37) Heuck / Helml, ArbGG Komm, 2. Aufl., München, 2003, § 54 Rn. 3 u. 4.
38) Falke / Höland / Rhode / Zimmermann, Kündigungspraxis und Kündigungsschutz in der Bundesrepublik Deutschland, Bd. I., S. 809.
39) A. a. O., S. 809.
40) NZA 1999, S. 344. 和解の額は、連邦労働大臣の委託の調査によってなされマルクで算定された他の報告書においても同様の数式が用いられている（（Falke / Höland / Rhode / Zimmermann, Kündigungspraxis und Kündigungsschutz in der Bundesrepublik Deutschland, Bd. II., S. 843）。この報告書によれば、1審で平均1998マルク、2審で平均3500マルク、3審で12500マルクと低額である（A. a. O., S. 846）。この調査は、1審で421件の解雇事件、2審で74件の解雇事件、3審で38件の解雇事件を対象に裁判官に対し調査しており、包括的である。また、和解が成立しなかった場合、解雇が有効である見込みであったという1審の事件では、2956マルクにも及んでいる（A. a. O., S. 846）。同報告書では、裁判官にどのような観点から和解の額を最終的に決めたかを調査しているが（複数回答）、87.8%が訴訟での当事者の成功の見込み、37.3%が新しいポストを得る見込み、30.3%が原告の年齢、27.1%が違法性の程度、17.5%が家族・扶養義務の存否という順になっている。このほか、企業の財政的状況11.1%、新しいポストを得ている3.8%、社会的観点（年齢、勤続年数、扶養義務などを総合考慮する観点）3.8%、賃金請求権その他の金銭請求権3.5%、職場復帰の関心2.0%、証拠の提出を回避あるいはどうしても被告を解雇したい1.7%、予告期間をおかなかった1.2%、労働災害・疾病0.9%、その他の観点6.1%となっている（A. a. O., S. 839）。
41) NZA 1999, S. 345.
42) NZA 1999, S. 345.
43) NZA 1999, S. 345.
44) NZA 1999, S. 345.

〈補償額に影響するファクター〉(単位：％)

補償額確定の観点	労働裁判所(1審)の裁判官	労働裁判所(2審)の裁判官	弁護士	組合の訴訟代理人	使用者団体の代理人
a) 訴訟における成功の見込み	96.7	90.2	86.2	82.1	72.1
b) 原告の新しいポスト獲得の見込み	80.7	82.2	75.0	80.1	40.4
c) 年齢	78.2	88.2	71.0	83.1	49.2
d) 法違反の程度	52.7	76.5	32.1	48.7	34.2
e) 原告の扶養義務	47.7	54.9	45.1	65.6	32.8
f) 原告の経済的状態	29.6	58.8	35.3	47.7	19.9
g) その他	21.0	25.5	11.2	6.7	4.4

　この報告書では、裁判官にどのような観点から和解の額を最終的に決めたかを調査しているが（複数回答）、訴訟での当事者の成功の見込み、新しいポストを得る見込み、原告の年齢がかなり重要な要素となっているのがわかる。違法性の程度と扶養義務の存否も補償額の確定にあたって比較的重視されているのがわかる。

45)　NZA 1999, S. 345.
46)　NZA 1999, S. 345.
47)　Falke / Hölland / Rhode / Zimmermann, Kündigungspraxis und Kündigungsschutz in der Bundesrepublik Deutschland Band II., S. 842.

補償額（マルク）	労働裁判所％	2審％	上告審％
—450	9.7	1.4	0
451—750	13.3	10.8	2.6
751—1250	15.9	6.7	2.7
1251—1750	9	6.8	2.6
1751—2250	10.7	12.1	0
2251—3250	9.5	9.5	5.3
3251—4750	10.5	9.5	0
4751—9500	10.2	20.2	10.5
9501—19000	6.7	17.6	47.4
19001—	4.5	5.4	28.9

48)　A. a. O., S. 842.
49)　Falke / Hölland / Rhode / Zimmermann, Kündigungspraxis und Kündigungsschutz in der Bundesrepublik Deutschland Band I., S. 144.

第4章　ドイツにおける解雇の補償と従業員代表の参加

企業での従業員の規模（人）	経営を理由とした解雇の数	額の多少を問わず何らかの補償がなされた件数の割合(%)	個人を理由とした解雇の数	額の多少を問わず何らかの補償がなされた件数の割合(%)
1-5	5	0	7	0
6-20	27	11.1	37	10.8
21-50	24	16.7	41	4.9
51-100	27	7.4	46	15.2
101-250	25	44.0	59	22.0
251-500	23	47.8	46	17.4
501-1000	10	40.0	20	15.0
1001-	18	55.6	48	18.8
	159	28.3	304	15.1

50) Falke / Hölland / Rhode / Zimmermann, Kündigungspraxis und Kündigungsschutz in der Bundesrepublik Deutschland Band II., S. 831.

〈解雇事件での所要時間〉

	分
労働裁判所の裁判官	
和解期日での準備	13
実行	16
合議期日での準備	60
実行	47
判決の起草、作成など	182
ラント労働裁判所の裁判官	
控訴期日での準備	186
実行	56
判決の起草、作成など	312

51) 正式には労働市場における現代のサービス提供のための法律と呼ばれる。この法律については、アンツィンガー（高橋賢司訳）「ドイツにおける雇用政策の新しいトレンド」日独労働法協会会報第5号97頁参照。
52) Düwell / Weyand, Agenda 2010, Köln, 2004, S. 88
53) Düwell / Weyand, a. a. O., S. 88
54) Düwell / Weyand, a. a. O., S. 99.
55) Düwell / Weyand, a. a. O., S. 99.
56) Düwell / Weyand, a. a. O., S. 99.
57) Bader, NZA 2004, S. 65 ; Grobys, DB 2003, S. 2174.
58) Löwisch, NZA, 2003, S. 694.

59) Däubler, NZA 2004, S. 177（179）.
60) Willemsen / Annuss, NJW 2004, S. 177（182）.
61) Willemsen / Annuss, NJW 2004, S. 182. さらに、もし、提示された補償について錯誤に陥っている場合、法律行為論によれば、錯誤で取り消しうることになるが、それは解雇制限法1a条で追求される迅速な解決という目的とは矛盾すると主張する（Willemsen / Annuss, NJW 2004, S. 182）。
62) Däubler, NZA 2004, S. 179.
63) Däubler, NZA 2004, S. 179.
64) Däubler, NZA 2004, S. 179.
65) Düwell / Weyand, a. a. O., S. 88.
66) Düwell / Weyand, a. a. O., S. 88.
67) 例えば、日本労働弁護団「解雇等労働契約終了に関する立法提言及び解説」季刊労働者の権利245号（2002年）6頁（12頁）。
68) NZA 1999, S. 343.
69) NZA 1999, S. 344.

第Ⅱ部

日本法における解雇規制とその行方

第1章

解雇規制の緩和をめぐる考察

1 解雇規制の緩和論

　企業は、従業員の解雇が困難であることを考慮して、新規の採用を控える、ということから、日本においては解雇法制の緩和の議論が盛んに行われた。この結果、就業保護のために形作られている解雇の保護法制が、当初の立法者の意図とは異なって、失業を作り出しているとさえいわれた。解雇規制が労働市場からの退出を遮断し、雇用の障害となっているというものである。

　ロイター (Reuter) 教授は、求職者が解雇規制の存在によって職業生活を開始できないことから、解雇制限による侵害行為は、企業の組織構造に対する侵害になるだけではなく、求職者の職業の自由の侵害にもなる、と解している[1]。現代では、法律の留保との関係が問われる。行き過ぎの禁止が、必要性・相当性をみたしているかという疑問を提起しているのである。法律の留保とは、本来、行政の基本権介入に対して法律による授権が必要であるというものである。歴史的には、19世紀に市民社会を君主の執行権から守るところに意義があったが、現代でも同様に、基本権介入に法律による授権を必要とするとしている[2]。しかし、それにとどまらずに、基本法では、立法者が基本権行使に制限を設定する際に立法者に対して課する制限という意味に拡大している[3]。立法者が自ら基本権を侵害する場合に、法律の留保が立法者に対して制限を与えるのであり、かかる意味における法律の留保の概念は制限に対する制限と呼ばれている[4]。このなかで重要なのは、比例原則である。比例原則は、国家の追求する目的が、それ自体追求することが許されるものであること、国家の講じる手段が、それ自体講じることが許されるものであること、講じる手段が目的達成のために適合的で (geeignet)、講じる手段が目的達成のために不可欠な

(notwendig) ものであることを要求している[5]。これらが基本法上の社会的ないし経済的な中立性にもかかわらず、立法者の政策的な随意に対して基本法上の限界点を設定しているが、それが解雇制限法との関係でもロイター教授は問題になりうるとしている。第1に、解雇制限法が人事政策の組織的決定の自由を制限しているからである。第2に、解雇制限法には市場への参入制限の機能があることから、自由な職業選択を縮小するものであると述べる[6]。特に、解雇保護の訴えの認容が、既に存続保護の及ぶ労働者（被解雇者）より厳しい状況に置かれる求職者のチャンスを制限していると主張する[7]。

これらの解雇規制の緩和論は当を得ているのであろうか。

2　日本の雇用慣行の特色と解雇規制の緩和論の矛盾点

従来から、日本の雇用慣行の特徴として、長期雇用（終身雇用）、年功制、企業別組合の3点が指摘された。長期雇用制度は、新規学卒者を正規従業員として定期採用し、定年までの継続雇用を保障する慣行をいう。この長期雇用が解雇権濫用法理とともに手厚い雇用保障を可能にしてきた。日本の企業別組合は、長期雇用とよばれる雇用慣行の上に乗った労働組合の宿命として、2つの政策をとらざるをえなかったといわれる。「第1は『馘首絶対反対』であり、第2は定期昇給とならぶ『ベース・アップ』要求である[8]」。平等と生活保障が組合の政策の基本であり、企業が変わっても、労働者は仲間という意識を育てるような工場の塀をこえた同一労働同一賃金の確立が困難であったといわれる[9]。企業横断的な「職務給」を普及させられなかったのである。日本の労働組合は、労働条件の向上（特に、中小企業の場合は組合のある企業のほうが賃金・一時金・退職金・労働時間がよい）、雇用確保（解雇への反対）、経営のチェック機能・参加機能に寄与したとされる[10]。日本の長期雇用（終身雇用）はむしろ、日本に特有のものとしてとらえられるのが一般的である[11]。

このため、もし、日本において、ドイツのように、解雇規制を緩和した場合、この規制緩和は、契約は守らなければならないという原則が機能する私法秩序や解雇法制の本質を変革してしまうだけはない。雇用保障を重視してきた日本の労使関係に対し人工的に干渉を加え、また、労使関係を変質させてしま

う波及効果をもっている。長年にわたる労使の努力によって培われてきた長期雇用の慣行を解雇規制の緩和政策によって変容させてしまうことになる。これによる失業の発生も覚悟しなければならないことになる。

　加えて、解雇規制の緩和の論議にあたって考慮に入れるべきなのは、日本の労働市場の特色として外部労働市場の発展の程度が低いことである。ドイツにおいては、転職市場がかなり発展しており、とりわけ、若者にとっては、好況時に転職によってよりよいポストを得ようとすることは、ごく一般的な傾向となっている。しかしながら、日本においては、こうした傾向がみられないのは、とかく指摘されるところである。[12] こうした差異を考えるとき、解雇規制の緩和による解雇の自由の拡大は、外部労働市場が十分に発達していない日本の労働者にとっては、常に労働市場の外へ放出されるだけとなる危険性があることを意味する。その事態は、転職が特に不況時に困難である場合、日本の労働者の方がより深刻な状況におかれることを意味し、労働市場全体でみても、解雇規制緩和による失業発生の可能性はより高いものになることが予想される。

　最後に、失業と解雇の関係をめぐる議論にあたって考慮しなければならない日本の労働市場の特色として、景気が回復すると新規採用がすぐに増え、この場合、大量の新規採用を行う、という雇用慣行がある。これに対し、例えば、ドイツを始めヨーロッパでは、新規採用を行う場合、大量の新規採用ではなく、補充ポストや新規ポストを小規模に募集するという手段が取られる。ドイツの場合、景気がよかった1990年代後半でも新規採用はあまり伸びていない。[13] しかし、日本では、平成不況の底をこえてからは、解雇規制を緩和しなくても、——現にいままで解雇規制を緩和する法改正は行ってはいないが——新規採用は順調に急速に増加しつつあった。2006年の東京商工会議所の調査でも、大中小の企業を問わず、新規採用が大幅に増加していたのがわかる。このことから、おそらく、日本の労働市場の場合、景気と採用の関係が密接な関係に立つのではないかと思われる。よって、採用を増やすために解雇規制を廃止するというハイリスクな政策手段を選択する合理性がないのではないかと考えられる。

3 解雇規制の緩和論に対する疑問

　八代教授は、判例法による解雇権濫用法理に関する基準は、使用者にとってきわめて厳格で、「事実上の解雇禁止規制」と化していると説き、解雇規制に経済的合理性があるとする議論は支持できないと説いた[14]。

　しかし、規制緩和論者の議論には基本的に次のような疑義がある。

　平成不況における失業率の上昇の原因は、総需要の低下であったといわれる[15]。これに対処するのに、解雇規制の緩和という立法手段が、必要かつ効果的であったといえるかがまず疑問がある。総需要を引き上げることは、労働法のメカニズムでなしうることとはいえない。

　これとともに、景気の上昇とともに、新規採用者数が増加したことも見受けられる。前述の2006年の東京商工会議所の調査でも、企業の規模を問わず、新規採用が大幅に増加しており、日本経団連は06年度の新卒採用を94.4％の企業が実施していると発表し、07年度に採用を実施する予定の企業は、前年度比4.2ポイント増の90.5％にのぼったとしている。これらを前提とすると、新規参入が労働市場において生じており、解雇規制のために新規参入が阻害されているというのが実証されているとは言い難い。これは、失業率を低下させるために、平成不況下での解雇規制の緩和が必要ではなかったことを示すのではないかと思われる。なぜなら、この間、解雇規制は緩和しなかったのであり、解雇規制の緩和をしなくても、労働市場において雇用は増加しうることを示すからである。

　経済学者らによる解雇規制の緩和論に顕著なのは、解雇規制の緩和により、――たとえわずかな変化でも――失業率を上昇させることを示そうとする反面、解雇規制が労働者のポストを擁護し、これを通じて失業率の上昇を妨げる、という重要な効果について検証しようとしない。解雇規制により失業率が下降するという効果がないことを立証しない限り、解雇規制を不要であるとひたすら説くのは、やや早急すぎる非科学的な主張のように思われる[16]。

　最近では既得権保護という観点から解雇制限が行われているとして、解雇規制の緩和が必要だと説かれるようになった。八代教授は、「経済学では『効率

化原則』を、法学では『既得権保護原則』を採用することが多い[17]」が、解雇法制による既得権保護は、社会を袋小路の状況に追い込み、ダイナミックに発展させていくことはできないと説く[18]。正規従業員の地位を解雇法制によって擁護するという既得権保護政策が、非正規の従業員が労働市場に参入するのを妨げると述べる[19]。

　しかし、そもそも、「既得権」とは、竹内昭夫・松尾浩也・塩野宏『新法律学辞典（第3版）』(1989年・有斐閣)によれば、「人が既に獲得した権利」であり、「自然法学は、主として個人の財産権に関する既得権について、国家でもこれを侵害することができないと主張した。これは、歴史的には私有財産の確立に照応する理論である。現在では既得権であるがために当然に不可侵だという考えは認められないが、立法政策上既得権はできるだけ尊重するよう努められている」と定義されている。日本語としても、既に得ている権利、法律上正当に手に入れた権利ということを意味する[20]。経済学者のいう「既得権」（正規従業員が解雇されずに、その契約上の地位を保持しうる権利）を取得するに至った根本的な理由は、ただ一つであり、私的自治の原則のもとでは、個人が契約を締結しようとしたその意思に由来する。個人が「拘束」される唯一の理由は、自らの意思と責任においてそれを望み、欲したことのなかにある。つまり、「自己支配[21]」がその理由である。およそ資本主義社会では私的自治の原則が自由社会の基本原則として認められ、労働契約が双方の当事者の意思に従って締結されているのであるから、労働契約にしたがい、労働契約上の地位を与えられるというのは、労働者だけでなく使用者にとっても、法律上正当に認められた権利である。こうしたコンテクストからは、私的自治の原則にしたがい取得した権利の保持が、既得権として、非難の責めを受ける理由はない。むしろ、この（正規従業員が解雇されないという）労働契約上の地位の保持は、既に獲得した「正当な権利」である。

　八代教授も、前述の通り、判例法による『解雇の社会的合理性』の基準は、「雇用主にとってきわめて厳格なものであり、事実上の解雇禁止規制と化している」と説く[22]。しかし、実際の労使関係では、使用者が経営上の不振に陥ったとき、多くの場合、希望退職者を募集することによって、使用者は比較的自由な裁量でかつ部分的には恣意的にリストラを実施している。平成不況時の2000

年の調査によれば、過去1年間の雇用調整の実施状況は、早期退職優遇が10.9％、希望退職募集が6.7％、解雇が1.8％、出向転籍が14.5％、教育訓練・能力開発が4.9％、一時休業・自宅待機が3.3％、時間外労働の規制・削減が18.5％、パートなどの雇止めが6.7％、非正規従業員への身分転換が2.5％、雇用調整なしが50.1％となっている[23]。多くの企業では平成不況において早期退職者・希望退職者を募集し、経営の再編を図ろうとしているのがわかる[24]。使用者は労働契約関係を一定の事由があれば解約・解雇することもでき、労働契約当事者の合意によって労働契約関係を解消することもできる。その意味では、解雇法理が「事実上の解雇禁止規制と化している」ということはできず、むしろ、使用者がフリーハンドに近い形で解雇・希望退職によるリストラを実施している。また、整理解雇法理は決して解雇を不可能にするものではないし、また整理解雇を過度に困難にしているとも思われない。「必要な解雇は有効と認め、濫用的ないし便乗的解雇についてはその効力を否定するとの立場で判断してきたのであり、さほど整理解雇を厳しく規制する法理を構築してきたわけではない[25]」。現実の判例法理が「事実上の解雇禁止規制になっている」との八代教授の評価は、重大な事実誤認というほかない[26]。

　さらに、正規従業員に対する解雇からその従業員を保護することは、非正規従業員の雇用を奪っているとの指摘[27]に至っては、その定式の実証が不十分である。解雇規制を緩和すれば非正規従業員が正規従業員になれるというものでもない。解雇規制を緩和した場合、幅広い専門性と十分な経験を有する熟練の正規従業員に代わって、職域が狭く、技術・経験の浅い非正規従業員を経営者が採用していくということにはならないからである。また、仮に、正規従業員が非正規従業員に転換されたとしても、その場合には、コストを削減しようとする経営者の意図が貫徹したことになり、正規従業員のポストが単に奪われていくという結果も招いたことになる。このほか、非正規従業員の保護の問題は、正規従業員と非正規従業員の均等処遇、非正規雇用の入口規制など多岐にわたり、正規従業員の解雇規制の緩和により、これらの非正規従業員の諸問題が解決されるわけではない。

　ほかに、解雇規制の緩和論の論拠として、解雇規制が衰退産業の正規雇用者の利益を保護する一方で、他の新規産業への産業間での労働移動を困難にして

第1章　解雇規制の緩和をめぐる考察

いる、ということが挙げられる[28]。つまり、「雇用の維持を厳格に要求する現行の解雇規制制度は、衰退産業から新規のイノヴェーションを体化した産業への労働移動を抑制し、これらのリスキーな分野において、正社員と短期雇用者の採用比率を後者に偏らせるような資源配分のゆがみをもたらしているように思われる[29]」と説かれる。しかし、1990年代前半には、例えば、造船業は構造不況産業といわれ、大学を卒業する学生も造船業への就職について慎重になり、必ずしも人気産業ではなかったが、2000年代前半には中国特需を受けて空前の造船需要が生じ、日本経済の景気上昇の牽引役となっていた。もし、解雇規制緩和論者が説くとおり、解雇規制緩和により新規産業への労働力の移動を容易にさせる法制に転換していたとするならば、1990年代前半までに造船業が衰退産業とみなされ、造船業の労働力も他の新規産業へ移動を余儀なくされたであろう。その場合、造船業での労働力の維持、技術・知識の蓄積が不可能となり、2000年代の造船業の好況は存在しなかったであろう。こうした事態はおそらく造船業に限ったことではない。解雇規制の緩和により、衰退産業を見限り労働移動を盛んにさせる法制は、国民経済の観点からみて技能不使用の損失を生じさせる。

最近では、「アメリカ企業は再度の業績回復と雇用の増大を生み出すのに対して、日本企業は雇用維持に固執する結果、企業業績はさらに悪化し、再度の雇用調整も不可避になる[30]」と説かれる。しかし、解雇および解雇訴訟にまで至るケースは大企業ではごくまれであるのはよく知られた事実であり、上の主張のように、雇用調整に時間がかかるというのは実態からはかけ離れている。中小企業においても配転・出向・希望退職・解雇という手順を踏んでいないことが多く、解雇までそれほど時間がかかっているわけではない。仮に時間がかかるとしても、整理解雇をはじめ雇用の調整手続きは、労働者と家族の生活に配慮しつつある程度時間をかけて進めるべきである[31]。雇用調整の時間を短縮することによる利益が、解雇される者の利益（生存権、人格的利益など）と比較して法理念的にみて重要とは思えない[32]。

このようにしてみてくると、解雇規制の緩和論を説く経済学者らの主張が常に一面的なのはなぜなのだろうかという疑問に遭遇する。これら経済学者らが説くモデルも、限定的な条件下でしか妥当せず、想定する労働者の行動も不自

165

然であり、検証される事項もとかく一面的である（例えば、解雇規制が失業率の上昇を生み出すことの立証には積極的でも、失業率の上昇を妨げる効果の不存在を立証しようとしない。解雇規制の存在による衰退産業から新規産業への労働移動の困難さに目を向けるあまり、「衰退産業」での技術継承などに目を向けない）。民法学者の内田貴教授も、借地借家法等における（更新拒絶に要求される）正当事由の廃止論を説く経済学者らの主張について、「現実を示すデータは必ずしも十分存在しないことが多く、したがって、理論モデルが現実の説明に成功しているかの判断もつきかねることが少なくない。非常に単純な（その意味で乱暴な）モデルで現実を説明し、市場メカニズムを妨げる『規制』はすべてよろしくないという結論が導かれることもあるが、そのような議論の荒っぽさは経済学そのものの性質によるのではなく、単に分析の仕方の問題である」と批判している。[33]

これに加えて、マクロ経済学者や厚生経済学者らが説く解雇規制の緩和政策によって守ろうとする価値も、完全雇用とせいぜい効率性（ほかに、最近では非正社員やフリーターの雇用確保に関する利益）にすぎない。これに対し、解雇規制は、働く労働者の職場、人格的価値と尊厳、経済的生存、契約上の約束、労働者の技術の継承など根源的な価値を擁護している。規制緩和論者の論議は、完全雇用を達成しようとするあまり、他の多くの価値を損なうことに注意を注ぐことがない。また、仮に解雇規制を廃止し、解雇規制が守る多くの価値を失わせるという多大な犠牲を払ったとしても、完全雇用が達成されるかさえはっきりしない。解雇の自由な社会では、競争で勝ち抜いた人間のみが雇用社会で生き残り、人間は容易に解雇され、人間が人間として高めてきた熟練も意味を失い、智恵を絞り労働してきたときの自立心と誇りを失う。株式市場に経営者が随時とらわれ、企業合併・分割・不採算部門の売却によって、労働力が切り売りされていく。こうした雇用のあり方に日本の企業の本質・強さがあったわけではない。人間性を回復させる雇用社会とはいかなる社会であり、日本の雇用社会の強さとは何であったのかを見直す必要がある。

ロナルド・ドーア教授は、日本とドイツ企業の強さとは、1980年代まで、知的能力においても作業能力においても平均的労働者の熟練度が高く、かつ良心的でありモラルが高かったこと、均質な志向と資質の技術者が高品質の製品を作るために編み出された作業手順により、自分たち自身の発案で高品質で多様

な製品開発を可能にしたこと、徹底した顧客志向と「完璧主義」について充分労働者が教育を受け、自発的に品質管理を行ってきたこと、経営者が長期的な未来を構想していたことであったと述べる[34]。日本の海外進出を果たした企業でさえ、効率的で高い品質の生産を実現するため、改善と標準作業のためのミーティングを行い、自発的な分析と話し合いにより標準作業を工夫・確定し、自分の労働の手順を自分でコントロールしていたとされる[35]。1人ひとりが責任を持ち異常を発見でき、その原因を探し、そうした問題を解決するために必要な工夫をし、それにより、多くのことを考え、学習が労働者の興味をそそり、高品質生産を可能にする。人的資源に求められる資源とは、技能・知識（機械の操作、保全、データの記録と分析、問題の発見、原因の究明と解決など日常の生産活動を行う上で、一定の技術と知識をもつこと）、勤労意欲（勤労意欲により問題の発見、原因の究明、そして解決の工夫などの創造的活動力を効果的に高める）、適応性（需要の変動に照らして作業の構造や作業内容が変化し、技術も変化し、自分の仕事の範囲や内容も変化するため、多能工への訓練によって複数の有用な技能を身につけることができた）であり、それらが揃ってはじめて、日本型ヒューマンウェアに即した人材資源となると説かれた[36]。日本の企業の事例分析を経て、小池和男教授も、「ふだんの作業」と「ふだんとは違った作業」があり、ふだんと違った作業には、問題への対処と変化への対応とがあり、問題への対処には、問題を原因推理し、原因の見直し、検査するといった知的熟練が必要であるし、変化への対応には、生産量の変化、製品の種類の変化、生産方法の変化、人員構成の変化があり、この変化に対処する知的熟練が必要であると説いている[37]。日本の雇用社会において、最も良質な要素は、知的熟練の蓄積だったはずである。人間性を回復させる雇用社会とは労働の過程における人間化なのであり、日本の雇用社会の強さとは、職業人の技術や知識、および、職業人としての誇りそのものである。国民経済全体で見れば、解雇は、技能不使用の損失、技能を無駄にする損失をもたらし、紛争に対処するコストを生じさせる[38]。解雇規制を緩和させることは、そうした損失とコストを増大させることを意味する。それが日本の雇用社会の本質に照らして望ましいことなのか、という点を考慮する慎重な態度こそが日本社会において求められているといえる。

第Ⅱ部　日本法における解雇規制とその行方

4　小　括

　現在、解雇の自由が失業率の減少のために必要であり、解雇規制の緩和ないし廃止が必要であると説かれる。

　水掛け論にもなりがちな解雇規制の緩和論議において見失われているのは、実証的に解雇規制の緩和の効果を測る研究態度である。解雇規制緩和を進めたドイツの労働市場を見る限り、解雇規制の緩和を実施しても必ずしも採用率は増えず失業率も下がっていない（第Ⅰ部第1章5）。フランスにおいても、経済的解雇について要求された行政許可が廃止された後、雇用全体のレベルが回復されてはいないとの研究もあると指摘される[39]。解雇規制の緩和は失業対策の金科玉条ではないのである。「人間社会の長い歴史のなかで、ときに血で血を洗うような経験の積み重ねを経て、我々は一定の権利の概念や法原理を獲得した。法の論理の特色は、それらの確立した権利や法原理と原理的整合性を保ちうる法原理を解釈的に構成することで、新たな事態に対応しようとする点にある。[40]」解雇法の歴史とは、日独ともに、使用者の恣意による解雇、社会的弱者への解雇に対して、労使が互いに主張・立証をし合い、個々の事実を勘案して、裁判官が解雇無効の評価を下してきた格闘の歴史であった。仮に解雇規制を廃止した場合、約束を守らずに一方的に解雇すると、労働者には当該解雇が不公正であると感じられるのではないかと思われる。解雇の自由の甦る法社会とは、法（Recht）のある社会といえないのではないか、という根本的な問いを再び発しなければならない。

　「マーケットに逆らうな」「マーケットに委ねよ」と唱えられ、経済学者は見えざる神のお告げを伝える神子になったように振舞う。しかし、人間は、人間の社会と経済の創造主であることを前提として、未来の創造主になりうる。人間が知恵を出し未来を決定するという要素が新自由主義的な思想において考慮されていない点に、財政学者の神野直彦教授は疑問を向けている[41]。人間を単なるコストとみなし、社会の中で様々な方法で失われようとする人間の尊厳を考慮しようとしない発想が、新自由主義者、規制緩和論者の論議には垣間みえる。雇用が安定した安心社会が創造されなければ、個が技能を継承・発展さ

せ、個がその労働を通じて意義や喜びを感じる、という雇用社会の構築はありえない。現在の規制緩和をめぐる議論には、そうした思想すら存在していない。

注
1) Reuter, RdA, 1973, S. 343（353）.
2) ピロート／シュリンク『現代ドイツ基本法』によれば、「行政権を母体とする君主制原理と立法権をもとに展開される民主的原理との対立が消失した後も、行政は独自の強力な生命を維持し、巨大な独自の力を保有するので、基本権介入に法律による授権の必要性を結びつけることは引き続き意義がある」と指摘される（ピロート／シュリンク『現代ドイツ基本法』永田秀樹・松本和彦・倉田厚志訳（法律文化社・2001年）Rn. 261)。
3) ピロート／シュリンク・前掲書（注2）Rn. 274。
4) ピロート／シュリンク・前掲書（注2）Rn. 278。この制限に対する制限には、比例原則（過剰制約の禁止)、本質的内容の保障（19条2項)、制限的な個別事件的法律の禁止（19条1項1段)、条文名の挙示義務（19条1型2段)、構成要件と法効果において明白かつ明確に規定された法律という法治国家的要請（明確性の原則）がある。
5) ピロート／シュリンク・前掲書（注2）Rn. 279。
6) Reuter, a. a. O., S. 353.
7) Reuter, a. a. O., S. 353.
8) 大河内一男「日本の労働組合」『大河内一男集第四巻』（労働旬報社・1980年）95頁。
9) 熊沢誠『ノンエリートの自立』（有斐閣選書・1981年）122頁。
10) 中村圭介／佐藤博樹／神谷拓平『労働組合は本当に役に立っているのか』（総合労働研究所・1988年)。大河内一男「労働組合における日本型について」経済研究（一橋大学）2巻4号（1951年）270頁以下。
11) 小野旭『日本的雇用慣行と労働市場』（東洋経済新報社・1989年）172頁以下、276頁以下。
12) これに対し、荒木教授は、「職務、キャリアを自ら選択し、それらについて契約上、使用者の一方的変更に服しない雇用関係を選択した者は、内的柔軟性を制限する雇用関係を選び取っている。この場合は、内的柔軟性の欠如を補うべく、外的柔軟性を認めないと硬直的な雇用システムとなってしまう。そうすると、雇用保障の程度も個人の選択した雇用関係に応じてモザイク状になっていくであろう。解雇の規制については、このような雇用の内的・外的柔軟性に照らした対応が必要であり、一律に解雇規制を緩和して外部市場をアクティブにすれば足りるというものではないと考える。」と述べておられる（荒木尚志「労働市場と労働法」日本労働法学会誌97号（2001年）55頁（81頁))。
13) Pfarr / Ullmann / Bradtke / Schneider / Kimmich / Bothfeld, Der Küendigungsschutz zwischen Wahrnehmung und Wirklichkeit, Mering, 2005, S. 39.
14) 八代尚宏『雇用改革の時代』（中央公論新社・1999年）85頁以下。
15) 例えば、福田慎一／照山博司『マクロ経済学・入門（第3版)』（有斐閣・2005年）298頁
16) 実証のないままの拙速な改革を慎むべきだとの主張には、土田道夫「解雇権濫用の法理

の法的正当性」日本労働研究雑誌491号（2001年）4頁（9頁）、島田陽一「解雇規制をめぐる立法論の課題」日本労働法学会誌99号（2002年）74頁（80頁）、小宮文人「解雇規制見直しの論点」労働法律旬報1495号（2001年）32頁（34頁）。

17) 八田達夫「効率化原則と既得権保護原則」福井秀夫／太田文雄編『脱格差社会と雇用法制』（2006年・日本評論社）1頁。
18) 八田達夫・前掲書（注17）35頁。
19) エコノミスト2007年1月30日号32頁。
20) 『岩波国語辞典（第三版）』（1979年・岩波書店）。
21) Flume, Allgemeiner Teil des Bürgerlichen Rechts: Das Rechtsgeschäft, Bd. 2., erg. Aufl, Berlin u. a., 1979, § 1, 6.
22) 八代尚宏・前掲書（注14）86頁。
23) 労政時報3523号（2002年）28頁。
24) 労働契約法制のために連合と明治大学小西康之教授ともに行った筆者のインタビューにおいても、多くの企業では平成不況において幾度ともなく希望退職者を募集し、経営の再編を図ろうとしていた。
25) 西谷敏「整理解雇判例の法政策的機能」ジュリスト1221号（2002年）29頁（34頁）。
26) 西谷敏・前掲論文（注25）34頁
27) 大竹文雄・奥平寛子「解雇規制は雇用機会を減らし格差を拡大させる」福井秀夫／太田文雄編『脱格差社会と雇用法制』（日本評論社・2006年）165頁（181頁以下）。
28) 常木淳「不完備契約理論と解雇規制法理」日本労働研究雑誌491号（2001年）18頁（26頁）。
29) 常木淳・前掲論文（注28）26頁。
30) 宮本光晴『企業システムの経済学』（新世社・2004年）88頁。
31) 西谷敏・前掲論文（注25）38頁。西谷教授は、「雇用の安定は、労働者の人格的利益に関係しているうえ、労働者が労働関係存続中に安んじて自らの権利を行使しうるための不可欠の条件である。解雇の自由化は、労働者全体の現実的機能を決定的に低下させるおそれがあるのである」と指摘している。
32) 規制緩和論者の真意が、景気回復までの時間がアメリカと比べて長いというというところにあるのであれば、それは解雇規制とはなんら関係のない問題である。日本の平成不況からの脱却は、一般には、不良債権が銀行など金融機関から少なくなった時点ではじめて、可能となったという点が重要な点である。不良債権処理に時間がかかったとしても、それは不良債権処理の方法を決定するまでの政策形成過程の時間のかかり具合、また、それが法定化されてからの不良債権処理の時間のかかり具合が、日米で異なっていた可能性もある。それらは、解雇規制の厳格さとは何ら関わりがない。したがって、景気回復まで日本が10年近くかかったのは、解雇規制が厳格だからというのは、科学的な認識に欠ける。
33) 内田貴「雇用をめぐる法と政策」大竹文雄／大内伸哉／山川隆一編『解雇法制を考える』（勁草書房・2004年）213頁。
34) ロナルド・ドーア『日本型資本主義と市場主義の衝突』（東洋経済新報社・2001年）340頁。
35) 島田晴雄『ヒューマンウェアの経済学』（岩波書店・1988年）33頁

36) 島田晴雄・前掲書（注35）146頁。
37) 小池和男『仕事の経済学（第2版）』（東洋経済新報社・1999年）12頁以下。
38) 小池和男・前掲書（注37）142頁以下。
39) 盛誠吾「整理解雇法理の意義と限界」労働法律旬報1497号（2001年）6頁（19頁）。ほかに、フランスの解雇規制の緩和については、小早川真理「解雇規制緩和による雇用創出の可能性」季刊・労働者の権利267号（2006年）84頁。
40) 内田貴・前掲論文（注33）201頁（208頁）。
41) 神野直彦『人間回復の経済学』（岩波新書・2002年）17頁、22頁、186頁。

第2章

解雇規制の正当性をめぐって

1　解雇規制の正当性をめぐる従来の学説

　もともと、梅教授は、「本條ハ當事者カ雇傭ノ期間ヲ定メナサリシ場合ニ付テ規定セリ此ノ場合ニ於テハ當事者ハ必スシモ其雇傭関係ノ繼續スルコトヲ欲シタルニ非ス否法律ハ殆ト此ノ如キ意思ヲ有スルコトヲ許ササルモノナルカ故ニ當事者何時ニテモ解約ヲ為スコトヲ得ルモノトセリ但此場合ニ於テモ突然解約ヲ爲ストキハ相手方ノ不利益ヲ被ムルニト固ヨリナルカ故ニ亦相當ノ豫告期間ヲ定メタ唯其期間ハ場合ニ依リテ同シカラス」と述べておられる。雇用に期間の定めがないときは、各当事者はいつでも解約の申入をなすことができると民法でも理解されてきた。最近では、立法者の意思としては、——労働法学上一般にいわれていることとは異なり——解雇の自由を認めたものではなく、合意解約に応じず契約関係がいつまでも存続するという場合に、そのことによる不利益を避けるために、「何時ニテモ」解約できるとしたものにすぎないと指摘される。

　これに対し、工場法は、17条において、「職工ノ雇入、解雇、周旋ノ取締及徒弟ニ關スル事項ハ勅令ヲ以テ之ヲ定ム」と定め、工場法施行令27条において次のように定める。つまり、

　「未成年者若シクハ女子カ工業主ノ都合ニ依リ解雇セラレ又ハ第五條若シクハ第六條ノ規定ニ依リ扶助ヲ受クル職工若ハ第七條第一號第二號ニ該當スル職工解雇セラレ解雇ノ日ヨリ、十五日内ニ歸郷スル場合ニ於テハ工業主ハ其ノ必要ナル旅費ヲ負擔ヘス第十四條ノ規定ニ依リ扶助ヲ廢止セラレタル者廢止ノ日ヨリ十五日内ニ歸郷スル場合亦同シ

　第十八條ノ規定ハ前項關シ之ヲ準用ス」と。この定めのほかは、解雇の場合

に農商務大臣の定める場合で権利者の請求があるときに賃金を請求できること（工場法施行令23条）を定める。

　岡實博士の『工場法論』では、職工雇入の場合においては当事者たる子女も父兄の多数も契約が何物かをわからず、いかなる条件で契約を結ぶかについて「盲判」をもって捺し、工場主も履行できないのを知った上で不当な条件を列記し、前借金をえるがために子女を年期奉公に入れ、工女は隙を見て逃出す種々の弊害を生じさせているのが現状であると捉えられており、解雇に関しても同様、何等規律を調節しないことは想像できないと述べられている[4]。国家にとって涵養なのは「資本ノ適當ナル投下ト、健全ニシテ持久アル熟練勞働者ノ富膽ナル供給トヲ以テ其ノ最大要件トス」と捉え、「生計上唯一ノ資料ト爲ルモノハ身體ノ健康ト修得シタル職業トニシテ」という観点から、解雇、雇い入れ、扶助、就業制限についての規制が必要であると指摘[5]。しかし、解雇に関する弊害矯正をいかに図るかについては工場の現状に激動をこたえられないと考え、「改メテ此等ノ各事項ニ付論究スル所アラントス[6]」としている。

　しかし、当時の職工の異動は驚くべき程度にわたっている。大正14年出版の『職工事情（上）』によれば、綿糸紡績の甲会社の「繰越数」が1246人、このうち、正当解雇が815人、逃走除名が826人、事故請願が394人、病気帰休者が118人、死亡者7人、再勤202人、満期勤続242人、雇入れ総数1538人、現在数622人となっている[7]。

　戦前の判例では、「解約権ヲ留保シタルモノニ非ストシ民法第六百二十七条ノ規定ニ準拠シ本件ヲ断セルハ実験上ノ法則ニ違反スルモノト云フヘキ」と判断し[8]、期間の定めのない雇傭契約において、免職処分を受けた者は、資産の分配または手当金などを受けることができない旨の内規などによって、誠実に職務を執行しない従業員をいつでも解雇することができる旨定めて、解約権を留保したと認めるべき場合には、民法六二七条一項の適用はないと判断したものがあった。

　戦後、労働基準法の制定に関する労務法制審議会においては、労働者を解雇しうる例外に関する規定の整備を行った以外は、解雇に関して労働基準法の制定過程では目立った議論はなかった。労働基準法草案第一次案においては、就業規則の作成義務における「解雇ニ関スル事項」が規定され、また、賃金の三

十日前予告と予告手当、ならびに天災の場合の除外規定が規定され、予告期間への不算入事項（業務上の負傷・疾病による休職期間、産前産後の女子の休業期間、会社都合の休業期間）が規定されている。解雇にあたっての雇用証明書の使用者の交付義務、および、工場法に見られた未成年者および女子の会社都合による解雇にあたっての使用者の旅費負担義務も、規定されている。第三次案において、業務上の傷病および産前産後三十日の解雇禁止についての規定が定められ、解雇による打切扶助料支給がある場合は、解雇予告手当に関する規定の適用がない旨定められた。反対に、上記の予告期間への不算入事項（業務上の負傷・疾病による休職期間、産前産後の女子の休業期間、会社都合の休業期間）がすべて削除された。現行法の原型が制定の議論の当初から存在していたのが窺える。さらに、大量解雇が実際に珍しくなかった当時の情勢に鑑みて、解雇に対する労働組合の同意か主張されていたようであるが、これは法に盛り込まれることはなかった。解雇に対する直接の法による制限には、米国法の原則からしても消極的であり、GHQからもほとんど指示がなかったといえる。衆議院において石田一松委員は、使用者は20条の要件を満たせば解雇できるのかと質問したが、吉武政府委員は法的には可能だが、相当の事由があるのが当然ではないか、と応えた。河合厚生大臣が、正当事由は一般契約の原則なり他の法規から来る問題であって20条はこの問題には触れていないと回答している。野川教授はこれらの発言から、「したがって、立法者意思としては、20条の解釈として正当事由は含まれないが、解雇の有効性について正当事由のない解雇は疑わしいと考えていたと解釈する余地があるように思われる」と指摘する。

戦後当初においては、解雇の自由が当然のものとして承認されていたわけではない。解雇権濫用の有無を判断した代表的な判決には次のようなものがある。「労働基準法労働組合法等が、特別の場合の解雇権の行使を制限しているのも、解雇の自由を前提としてはじめて意味があるものと考えられるので、労働契約の解約について借家法第一条の二のような特別規定のない現行法制の下においては、解雇には別段の理由を要しないものと解せざるを得ない」と説示しつつ、「雇傭契約における解約告知も、一種の権利の行使であって、その濫用が、許されない」ため、その濫用の有無を判断している。同種の判断を示した判決は数多く存在するが、判例をみる限り、50年代の裁判例では、解雇権濫

用の法理はほぼ確立していたとみられる。

　長く制定法上妥当した解約の自由の原則は、さまざまな理由から修正を施されるべきであるとする学説が戦後において形成されてきた

　沼田教授は、「自由に対して生存というものが考えられて」「生活を脅かすいろいろな弊害をもった資本所有権の行使というものは、そもそも権利濫用であるから、従って社会的生活によって規制を受けるべきであるという考え方、これらは信義誠実、公序良俗、あるいは公共の福祉に従って権利は行使されねばならないという形で法の原則となって来る」から、解雇に対しても一定の制限が加えられるべきであると述べている。[17]本多教授も権利濫用禁止説の立場に立って、「直接その生存を脅かすところの労働契約の解約＝解雇は、生存権の理念によって照射された信義則にもとづいて、かなり大幅に抑制されなければならない[18]」と述べる。解雇権濫用の法理の法的基礎には、ほかに、職業の自由の観点[19]、労働関係が借地権・借家権と同様に継続的債権関係である点、および、弱者保護の観点ならびに離婚が「婚姻を継続し難い重大な事由があるとき」に限り許されるという民法の法理を考慮すべきとの観点などが挙げられている。[20]しかし、「その憲法の拠って立つ社会的基盤が資本制的社会構造である限り、これらの権利の存在を理由に、資本的合理性それ自体すなわち解雇自由の原理そのものを、根本的に覆えすことは不可能である[21]」との指摘もある。また、生存権保障・勤労権保障は、市民法の法理の修正を迫るものであるが、憲法上の具体的な規範性に疑問がもたれるところである。最近の研究では、解雇権濫用法理そのものに対して、原理的な考察を怠るものが少なくないが、そこに解雇の自由の復活を許す余地を与えていることは否定しがたい事実であろう。生存権の内容が豊富化する方向での解釈には賛成だが、解雇されるという状況と[22]クーラーのない生活を余儀なくされるという状況を同列に扱うことはできない。[23]憲法上の生存権のみを理由として個人が国家に対して具体的な請求権を有すると解するのは困難であり、憲法上の生存権の規範内容から解雇制限を導き出すのは難しいと考えられる。現代においては、生存権を根拠とすることは説得力を弱めつつあると思われる。

　これに対し、有泉教授は、解雇を無条件に自由であるとするには強い抵抗を感じざるを得ないとし、「正面から正当の事由がなければ解雇できないとは言[24]

えないまでも、解雇がはたす機能との関係で、合理性のないものはこれを抑制すべきであろう。そこで登場してくるのが解雇権濫用の法理である。継続的信頼関係を断ち切る場合に、使用者はまずもってその解雇の理由を労働者に告げるべきであり、理由も告げないで解雇することは原則としてそれ自体権利濫用に当ると解される。また告げられる理由に何らの合理性がないか、あっても当該労働関係の全体（……）からみて使用者の解雇権の抑制が相当と認められるときは解雇は権利濫用となり、その効果も否定される」と述べる。[25]

　1970年代には、これと並んで、下井教授は、解雇権を制約すべきであるとの立場から、他人に雇われて生活を支えるとともに、それによりこの社会で自己実現する存在であることに着目し、人をして充分に納得させることのできる理由なしには勤労の権利を喪失せしめないという法的な利益が解雇規制にはあると指摘し、解雇には合理的な相当な理由が必要であると述べている。[26]

　近時、本久教授は、第１に、解雇制限の根拠は「契約」にあり、使用者の労働契約締結の目的は、事業にあるのだから、業務上の必要性によって正当化されない解雇を認める合理性はないし、認めるべきではない（合理的意思解釈、証明責任は使用者）。第２に、事業に伴う使用者の社会的責任に照らすと、たとえ解雇に業務上の必要性が認められる場合であっても、所期の目的が別の手段によって実現可能である場合には、解雇の客観的合理的理由は認められない（信義則上の義務）と説く。[27]使用者は、解雇権行使にあたっては、慎重でなければならないし、その帰結の緩和（訓練休暇、補償金の付与、再就職のあっせん）に誠実に対応しなければならない（信義則上の配慮義務）。当該具体的事情の下では過酷に失する解雇権行使は許されない（濫用禁止）。[28]使用者の雇用維持義務の存在を提唱する。使用者は、解雇権行使にあたっては、解雇のもたらす現実的効果について一定配慮しなくてはならないと述べている。[29]

　上の見解は、解雇制限の実質的な根拠について原理的に考察し実務上実益に富む本格的な研究であると考える。ただ、原理的には、使用者の労働契約締結の目的は、事業にあるので、業務上の必要性によって正当化されない解雇を認める合理性はないし、認めるべきではない（合理的意思解釈）とするが、解雇制限の根拠は「契約」にあるのであれば、契約上の拘束を容易に解消できないということが帰結されるはずであり、事業という契約の合理的意思解釈を媒介と

する必要は必ずしも存在しないのではないか、という疑問もありうる。

米津教授は、一方的な形成行為による他者の権利圏への侵害が重大であればあるほど、また包括的であればあるほど、これを正当化するための形成行為者側の利益は、それだけ重大なものであり、また緊急性を備えていなければならないとする。[30] 形成権行使のこうした一般的制約原理を前提に、解約告知権をめぐる公法関係類似の権力的な関係性に着目することによってはじめて、同権利行使への比例原則、とりわけ必要性原則である最終手段の原則の適用が規範的に根拠づけられると説く。労働契約は労働者の生存・生活の基礎をなすものであり、日本国憲法13条をはじめとする基本権上の法益性をもつ法関係である。その重大な法益を権力行使としての形成権行使によって一方的に消滅させることを意味する使用者の解雇においては、これを正当化するに足る比例原則が妥当する規範的根拠であり、さらに一般的な使用者側の法益の優越が認められる場合であっても（解雇の一般的な必要性）、現実に解雇権行使が正当化されるためには、可能な限り労働者側の法益棄損を回避する（減じる）措置を講じることが求められるとする。[31] 確かに、一方的な形成行為による他者の権利への侵害が重大かつ包括的であればあるほど、これを正当化するための使用者側の利益は、それだけ重大なものであり、また緊急性を要するとするのは、説得力があり、深くうなづける。しかし、解雇の制約原理（解雇の自由を制約する正当化根拠）と解雇権行使の制約手段（解雇権の行使を制約すべき正当化根拠）とは本来別の次元の問題ではないかという疑問がある。本章で考察する前者の問題、解雇の制約原理（解雇の自由を制約する正当化根拠）は、私的自治の原則ないし契約自由の原則を破って労働契約関係を解約しようとするという点に問題の本質があると考えられるから、これらの私法上の原理と解雇との関係の原理的考察が不可欠となる。この問題の解決のためには、特に、私的自治の原則による「拘束」をいかに把握するかが鍵となるが、これについては後に省察することとする（本章2）。

村中教授は、解雇規制が正当化される実質的根拠を、労働が労働者にとっての自己実現の場であることと解雇の脅威が労働者の人格的従属を強めることに求めている。[32] 労働が使用者の指揮・命令下で行われるという事情があるために、解雇の脅威は命令権者としての使用者の地位を極めて強いものとする。労

働が労働者の人格と不可分である以上、そうした使用者の強権的地位は、事実上、労働者に対する「人格的支配」にまで至る可能性がある[33]。企業は効率的な労働力利用を目的に労働者に対する支配を強めつつあり、労働者の人格を傷つけられる場面は増加しつつあり、労働者の意識と企業の人事政策との間に認められるギャップは大きくなっている。競争原理が強化されるのであれば、それがもたらす結果によって個人の人格が傷つけられないよう、一定の配慮をすべきものと思われるとする[34]。

こうした労働契約の本質が存在するからこそ、労務提供義務と賃金支払義務の交換関係には還元されない労働者に対する保護が必要となると考えられる。労働者の生命・健康・人格に使用者が配慮してその労働力の処分を行い指揮命令権を行使しなければならないのもこうした理由にもとづくものと実質的には考えられる。後に述べるごとく、労務提供義務と賃金支払義務の交換関係には還元されない社会的な保護を可能にする解雇法理も必要である。しかし、労務提供義務と賃金支払義務の交換関係の解消の実質的根拠の解明にあたっては、契約による拘束の解消という本質を問わざるを得ない。それは、私的自治の原則による法律行為による労働契約当事者に対する拘束をいかに考えるのかという点と、かかる拘束がいかなる根拠に基づいて解消できるのかという点に関わると考える。

これに対して、川口教授は、憲法27条１項の労働権保障規定の法的効果として、労働契約における使用者の信義則上の配慮義務から、①労働契約の継続＝当該雇用の維持と解雇の回避に配慮し、②雇用の維持ができない場合は、労働者が雇用喪失により被る不利益を緩和する、信義則上の配慮義務を負っていると説いている[35]。近時、野川教授は、信義則にもとづく雇用の維持に関する使用者の配慮義務として再構成し、「生計維持手段と職業能力維持・向上の契機としての雇用維持についての配慮」を使用者は義務づけられると解し、企業の廃止や積極的経営政策による事業部門の廃止の場合に解雇法理が拡大適用されているのは適切ではないとし、市場価値の高い高度な専門的能力を有する労働者を特別な待遇で処遇し、労働契約上職種も特定されていない場合には、使用者の雇用維持義務はかなり減殺され、整理解雇が違法とされる可能性は小さいと指摘する[36]。しかし、配慮義務は、労働契約上の付随義務と位置づけられるもの

であるのに対し、解雇は使用者による労働契約の一方的な終了であり、労働契約に関する主たる義務にかかわるものであるから、主たる義務の得喪に関わる事由の存否を配慮義務のみにかかわらせるのは適切でないと思われる。また、本久教授も、「使用者には、少なくとも、配置転換等の解雇代替措置を行う信義則上の義務があると考える[37]」と説き、信義則上の雇用維持義務が生じると説くが[38]、むしろ、これらは人員削減の必要性との関係で生じるもので、ほぼ同様の理由から賛成し難い。

2 解雇制約の法理をめぐる法原理

1 解雇規制と私的自治の原則

ドイツ法における解雇法理も少しずつ解雇権を制約する形で発展していった。19世紀初頭には、解雇が自由であったのは、日本法と同じコンセプトであった。しかし、ワイマール期までに集団法的な解雇制限のシステムが形づくられはじめる一方で、信義則・良俗規定などの一般条項の適用により解雇制限法理が裁判所における法創造により形成される。戦後解雇制限法1条の規定が制定され、連邦労働裁判所の判例法理とともに、保護の形を築いていく。それは、戦前には、使用者による解雇により、労働者が職場を奪われ、収入のない状態に落とし入れられる一方で、解雇は、何らの要件と結びついておらず、むしろ、使用者は解雇の理由について考慮することなく恣意的あるいはきまぐれで解雇することができたという状態から、戦後、労働者を保護する法制へと改編されていったということは繰り返し述べた。戦後ドイツにおいて、ベルコフスキー判事は、解雇制限法は、労働契約を基礎づける労働者と使用者との間の債務法的な関係を維持し保護するものであって、双方の契約当事者がその債務法的な拘束から解放されることは原則としてありえず、「保護に値する利益は、使用者が職場のポストを労働者から奪ってはならないという効果を伴った、具体的な職場のポストなのではなく、使用者と労働者の債務関係、双方の当事者のいわば法的拘束なのである[39]」と解している。これは、"*Pacta sunt servanda*（合意は守らなければならない）"、というローマ法以来の私法秩序の原則から生じるのであると捉えている[40]。解雇の告知期間のみを定める規定は、20

世紀初頭にドイツにもみられた規定であるが、その後解雇は制定法により制限され、解雇は自由ではなくなっている。これと同様のことは、解雇権濫用法理が判例上確立し、労働契約法16条（かつては労働基準法18条の２）が創設された日本においても一層いえるのではないかと考えられる。つまり、解雇権濫用法理が存立する現在、「解雇の自由」は消滅したのである[41]。むしろ、私的自治の原則に従い、自らの意思と責任にもとづいて契約による権利義務関係に入った以上、（意思による解約を含む）法定の理由・事由にもとづく解約によるほか、原則としてその契約関係の存続を義務づけられるのであって、解約が自由に認められるものではない。すなわち、契約関係の存続を維持するというのが私法秩序の原則なのであり、解雇の制約を認めるのが、私的自治の原則にも適合的な解釈である。従来解雇の自由が謳われてきた労働契約関係において、新たな解釈を施す必要があるのではないかと思われる。

2　解雇規制の正当性と証明責任

こうした解釈に対しては、解雇の自由を念頭において労働契約法16条が制定されたのを考えると、解雇の自由は雇用契約の規定などを通じて存続していると解すべきであるとの批判がありうる。解雇に正当事由を要求する立場（正当事由説）と使用者の解雇権を承認しつつ権利濫用禁止という民事法の一般ルールによって修正する解釈（権利濫用説）とがあったが、2003年の労基法改正および2007年の労働契約法制定にあたっては、「解雇は、客観的に合理的な理由を欠き、社会通念上相当であると認められない場合は、その権利を濫用したものとして、無効とする」と規定され、権利濫用説が採られたとみられる。かかる権利濫用説が採用されたことで、解雇の自由が制定法上維持され、解雇権濫用法理という判例法理によって規制されたという理解もある[42]。

また、正当事由説と権利濫用説の証明責任上の差異を強調して、使用者が原則として証明責任を負うことがないように配慮して立法したとも指摘される。

しかし、労働契約法16条において、解雇権濫用の法理が明示的に定められるに至り、期限の定めのない労働契約において、かかる労働契約法16条が適用されないという見解はほぼありえない。これは、16条の規定がなかったころで解雇の自由が強調された時代とは根本的に異なるはずであり、いまさら、民法上

の雇用契約における解雇の自由を正社員との関係で持ち出す実益はないはずである。期間の定めのある労働契約について、旧労働基準法18条の2、および労働契約法16条における「解雇は、客観的に合理的な理由を欠き、社会通念上相当であると認められない場合は、その権利を濫用したものとして、無効とする」という規定が、民法における雇用契約の諸規定の適用を排除する以上、解雇の自由を論じる意義が一体どこにあるのか、という点を根本的に問い直す必要がある。いまでも解雇の自由が維持されているとことさら説く見解は、その議論の意義を問い直す必要がある。

　また、立証責任の問題と解雇の自由という二つの実体法上の問題が密接に関わると従来は理解されていたが、両者の次元の異なる問題が論理必然的な関係に立つとはいい難い。これらは理論的に区別する意義は有するが、訴訟上の実益は極めて乏しいといわざるをえない。正当事由説の重要な意義は、解雇訴訟における証明責任を転換させるという点にあった。しかし、例えば、『労働事件審理ノート』によれば、普通解雇については、労働者が解雇権濫用の評価根拠事実を主張し、使用者は再々抗弁として評価障害事実を主張することになる。整理解雇については、解雇の意思表示の有無は使用者の抗弁事由であり、①人員削減の必要性、②解雇回避努力義務、③人選の合理性等は解雇権濫用の評価障害事実であるとされている。つまり、権利濫用という規範的要件事実の立証においては、権利濫用という評価を根拠づける事実は権利濫用を主張する者（労働者）が、その評価を妨げられる事実は権利濫用を争う他方当事者（使用者）が立証すべきと解するようになっている。2003年改正時の国会付帯決議は、現在の裁判実務が解雇権濫用の評価の前提となる事実のうち圧倒的に多くのものについては使用者側に主張立証責任を負わせていること、及び労働基準法旧18条の2の規定がこの裁判実務を変更するものではないことが確認されている。正当事由説からはこれらの①〜③の証明責任が使用者にあるとされるが、この点で両説は大きく異ならないことになる。ことさら正当事由説と権利濫用説の証明責任上の差異を強調して、正当事由説にならないように立法したと説く議論の実益にも疑問がある。さらに、立法過程に関わった方々への筆者のインタビューによれば、正当事由説と権利濫用説の証明責任上の差異を強調して、使用者が原則として証明責任を負うことがないように配慮して立法した

という事情もない。

解雇の自由を定める規定は立法過程において削除されており、また、解雇権濫用法理が法規制化された段階において解雇の自由が残されているとする実益にも乏しい。

よって、解雇権濫用法理が確立した現在では、民法において100年以上前に創設されたといわれる解約の自由は、労基法改正およびその後の労働契約法の制定によって、すでに消滅したとみるのが、素直な解釈であるといえる。

3 解雇規制の正当性

但し、解雇規制が制約される根拠は、上のように、契約による拘束というところだけに求められるわけではない。仮に、労働者が解雇された場合、失業にさらされ、高失業率かつ不景気な経済状況にあっては、職業活動が妨げられ、職業選択の自由が制約される。それにとどまらず、むろん、労働者の経済的生存がおびやかされ、解雇という手段を講じられたことにより、職業生活にあった労働者はその名誉と人格を傷つけられる。年齢、障害、疾病や能力不足を理由として、労働者を解雇する権限を使用者が行使することにより、年齢、障害、疾病のために、個人が自己の職業能力に応じて使用者のもとで労務を提供し職業生活を営むことが不可能となる。したがって、これらを理由として、解雇の自由を制約することは十分に正当化できると考える。

整理解雇との関係では、一方で、解雇である以上、約束は守らなければならないという私的自治の原則との関係が問われる。これにとどまらず、整理解雇が多数の従業員が雇用される事業場を対象として行う以上、被解雇者の選定という人選の問題が付きまとう。そこで、第1に、労働者の属性・能力・健康状態に基づいて整理解雇の対象者の人選が行われると、使用者は労働者の人格と不可分の労働力を使用しそれを処分するという性格の問題が現れる。人間であり人格的存在である労働者は、自己実現の場としての事業場においてその人格的・精神的利益を侵害されるおそれがある。使用者が労働者の属性・能力に着目して整理解雇の対象者の人選を行う場合、労働力評価や適格性判断の基準、手続、査定結果は、もっぱら管理職によって一方的に決定されるものであるため、労働者は企業の組織とその決定により人格的・精神的利益が侵害されう

る。健康状態についても同じようなことがいえる。疾病のための欠勤を欠勤日数・欠勤率から除外しないと、疾病にあった労働者が被解雇者として選定され、結果として疾病にある労働者が不利に扱われる。障害者については、職業能力・経験に応じた雇用が促進されるどころか、それを阻害する結果をもたらす。

　第2に、雇用契約の規定が民法に挿入された当時、起草者らは、身分契約における拘束関係からの解放という観点を重視して、これらの規定を構想した。他方で、使用者は、解雇という契約の自由を破る権限を恣意的といえるほどに一方的に行使している。当時における低賃金、長い労働時間、短い休日での寄宿舎からの外出禁止など厳しい女工の拘束状態を考えれば、起草者らが、身分契約における拘束関係からの解放という観点を重視して、雇用契約上の規定を構想したのはいうのであれば、これにはうなずける面もある。しかし、その思想が、使用者に雇用契約の民事的な効力を解消する強大な権限を授けている結果を招いている。その後において解雇権濫用の法理が徐々に形成されそれが立法化をみることとなった。しかし、解雇規制（特に、労働契約法16条）が再び廃止されれば、――とりわけ、中小企業において――一方的に解雇「権」をふりかざす使用者の行為態様をこの時代において復活させることになる。法哲学的な議論はともかく、解雇という恣意的な決定とそれに関わる選別（差別も含む）により、労働者は、契約を維持するという利益のほか、その人格的利益（職業人としての誇りや人間の尊厳に関わる利益）や職業上の利益（キャリアや能力維持・発展に関わる利益）を損なっているのは事実である。

　こうした諸理由（契約上の拘束の擁護、人格的・職業的利益の保護）から、労働契約法の領域においては、解雇権の行使が制約されると理解されるべきである。

3　解雇と差別禁止法理

　現代の日本の資本主義社会においては、専門能力によって組織を構築・運営する「雇われ経営者」がオーナー経営者に取って代わりつつある。彼らは株主の価値の最大化を考えつつ、短期的な利益を追求する株主に対し責任を持つことになっているが、経営や組織の構築について広範な自由裁量権をもとにトッ

プダウン方式で決定しつつある。従業員重視の経営から株主重視の経営へと転換が図られつつあった。不況で国内での収益が減少し国際競争が激化し、一層短期主義的な経営に重きが置かれる。国内の労働コストの高さに直面し、海外に生産拠点を移し、海外生産の増加をとめることができずにいる。国内での正規社員の雇用は、非正社員化の傾向と相まって、減少の一途を辿った。グローバル経済化、労働のフレキシビリティーの確保と労働コストの削減、外部への委託、雇用形態の多様化のなかで、これらの社会的な保護を必要とされると思われる労働力が排出され、人員整理などを通じた企業の組織的権力の下における一方的な措置から、公正さを欠いた選別・差別が行なわれる危険性が以前にも増しつつある。規制緩和と解雇の問題について、吉田教授も、労働は売買以上の意義を有し、労働者の能力を形成・発展させ、人間関係をとりむすび、人格的発展をはかる行為であるとする。解雇はそのような場を使用者の意思により一方的に剥奪するものである。解雇を使用者が自由にできるとすれば、人間である労働者の生活関係全体に対して強い影響力をおよぼしうる。自己決定の理念が重要となるが、この理念は労働力の取引が公正に行われる場だけではなく、労働の場を含む労働生活全体で尊重されねばならない。人格的存在である労働者は、権利主体でもあるから、権利や利益を安んじて行使し、主張できるためにも客観性のない解雇の脅威からは解放される必要がある。使用者は労働者の人格と不可分の労働力を購入し使用する以上、このような自己決定の理念にもとづき解雇の自由を制約される。労働市場では解雇の自由が規制されてはじめて公正な取引が可能となるので、このような特殊性をあらためて確認すべきであるとする[46]。村中孝史教授も、解雇から労働者が受ける不利益として、①収入の道が奪われる経済的不利益、②無能であるという人格的評価を受けること、③自己実現の場としての精神的利益を受ける労働の場が奪われること、④解雇の脅威が労働者の「人格的従属」を強め、その結果、労働者の人間としての尊厳を侵害する危険があること、などの諸点を指摘している[47]。両教授が説かれるように、解雇や希望退職において、労働者が解雇された場合の労働契約関係の存続保護法理が立てられるべきなのは、主たる債務である労働の提供が人格と結びついている事実から生じる。

　私的自治の原則によれば、私法の領域において、当事者は契約の成否、内容

について自らの意思に基づいて決定する。しかし、労働契約の領域においては、法律行為による給付の約束に基づきその労働力を他人の処分に委ね、支配関係のなかに入ることとなる（人格的ないし人的従属性）。この問題は、労使間の交渉力・情報の非対等性という次元の問題にはとどまらない[48]。ドイツ法においては、自由の濫用、従属性に対するコントロールの正当性をめぐって理論的基礎に関する研究がより根底的になされ、現在でも、ツェルナー教授らのわずかな見解を除いて、労働者の従属性を否定する見解は少ない[49]。労働者が約束に従った労務の提供にあたって企業組織と指揮のなかに入るという事実が、労働者の生命・人格に対する配慮義務、女性や高齢者に対する差別的な使用者の措置からの保護、保護的な法規、集団的な労使関係におけるメカニズム（従業員の代表組織等）を根拠づける基礎となる。人格的ないし人的従属性に基づくこのような労働法上の保護と労働者の自己決定権は両立しうる。契約自由の機能的な要件が欠如するとき、各種の不利益取扱いの禁止等が契約の自由を制約する規範として機能する。こうした理が容易に否定されてはならないと考える。

　後述するように、組織的な権力の名の下に、解雇の問題との関係では、整理解雇法理を通じても、少数者が解雇され、中高年、疾病者、障害者、勤務態度不良者、労働条件引下げ拒否者に対する、客観的理由のない恣意的で差別的な取扱いがなされるかたちで、解雇がなされる。こうした企業組織における労務の提供の本質ないし労働契約関係の特殊性と結びついて問題が生じている。これに即して、その保護のあり方を新たな法理ないし法規制として再考しなければならない。解雇が認められるのは、解雇が合理的な理由に基づき差別的な理由でないことを使用者が主張しうる場合である。自由な社会は差別を許容するのではなく、自由な社会は、個人の自由を排斥する個別的な差別を許容しない。規制緩和論への支持不支持にかかわらず、考慮されなければならないのは、おそらく、解雇との関係では労働市場において高齢者・障害者、疾病者などの弱者を不利益に取扱う労働市場の不公正さを排除しなければならないということである。こうした平等取扱いの問題は、アメリカ並みの労働市場規制を唱える規制緩和論者であっても、解雇規制を必要と考える立場であっても、考慮されなければならない点である（平等取扱いの自由主義的正当化）。

第Ⅱ部　日本法における解雇規制とその行方

注

1) 梅謙二郎『民法要議　巻之三　債権編』(1897年・和佛法律学校／明法堂、復刻叢書信山社・1992年) 693頁以下。
2) 幾代通編『注釈民法(10)債権』(有斐閣・1967年) 69頁。我妻榮『債権各論中巻二』(岩波書店・1962年) 854 (588頁)、星野英一『民法概論Ⅳ(契約)』(良書普及会・1986年) 249頁。
3) 宮島尚史「(整理) 解雇の法構造」学習院法学会雑誌38巻2号 (2003年) 1頁 (14頁)。
4) 岡實『工場法論』改訂増補 (有斐閣・1985年、初版は1917年) 252頁。
5) 岡實・前掲書254頁。
6) 岡實・前掲書256頁。
7) 犬丸義一『職工事情 (上)』(引用は岩波書店・1998年) 105頁。乙会社では、「繰越数」1911人、満期退社18人、無届満社968人、事故請願1784人、死亡者16人、雇入れ総数3065人となっている。
8) 大審院第三民事部大 7 ・12・14 https://www.d1-law.com/d1w2_portal/index.html 参照。
9) なお、試用期間の労働者には、解雇予告と予告期間などの規定は除外されている。
10) 第二次案では、事業主が労働者を解雇した場合の退職手当に関する規定が置かれていたし、第三次案では、解雇予告や退職手当・年金についての、地方長官による審査または調停の制度についての定めも置かれていた。
11) 以上については、渡辺章編『日本立法者資料全集51』(信山社・1996年) を分析。
12) 野川忍「立法資料から見た労働基準法」日本労働法学会誌95号 (2000年) 45頁 (60頁)。
13) 野川忍・前掲論文60頁。
14) 野川忍・前掲論文61頁。
15) 大津地判昭28・3・14労働関係民事裁判例集4巻1号50頁。
16) このほか、同種の判断を説示したものに、札幌地判昭29・4・13労働関係民事裁判例集5巻2号202頁、東京地判昭32・1・21判例時報111号17頁、静岡地方沼津支判昭34・2・6労働関係民事裁判例集10巻1号16頁、大坂地判昭41・5・31労働関係民事裁判例集17巻3号707頁。
17) 沼田稲次郎「解雇の自由と権利濫用」沼田稲次郎ほか『解雇をめぐる法律問題』(1954年・東洋経済新報社) 3頁 (14頁以下)。
18) 本多淳亮「解雇自由の法理」民商法雑誌第35巻第5号 (1957年) 654頁 (669頁)。本多教授は次のように述べる。「生存権は労働法の最も基礎的な理念であり、まさにこの生存権を具体的に実現するという法目的を持って労働法は登場した」と述べて、これにもとづく解雇規制が必要であると説いている (本多淳亮・前掲論文43頁)。
19) 峯村光郎「解雇自由・不自由論議は無用か」労働法律旬報132号 (1953年) 3頁 (4頁)。
20) 松岡三郎『労働法概論』(弘文堂・1957年) 79頁。
21) 本多淳亮・前掲論文38頁。
22) 村中孝史「日本的雇用慣行の変容と解雇制限法理」民商法雑誌119巻4・5号 (1999年) 582頁 (604頁)。
23) 村中孝史・前掲論文604頁 (注22) 参照。

24) 有泉亨『労働基準法』（有斐閣・1963年）145頁。
25) 有泉亨・前掲書（注24）145頁。同様の見解に立つものに石井照久『新版労働法』（弘文堂・1971年）226頁。ほかにこれについて考察したものに、峯村光郎・前掲論文（注19）3頁、窪田隼人「解雇の自由」窪田隼人ら編『労働法演習』（有信堂・1960年）176頁（177頁）。
26) 下井隆史「労働契約における基礎理論をめぐって」日本労働法学会誌42号（1973年）31頁（50頁）。
27) 本久洋一「解雇制限の規範的根拠」日本労働法学会誌99号（2002年）12頁（21頁以下）。
28) 本久洋一・前掲論文（注27）24頁。
29) 本久洋一・前掲論文（注27）22頁以下。このように解雇権行使要件の実質的な根拠が示されるが、その解雇権行使要件の規範は具体的には、次のように述べている。「信義則上の配慮義務として、第一に、使用者は、解雇権行使に際して、とくに解雇理由の存在について慎重に判断しなくてはならない。この配慮義務は、解雇にあたっての手続上の義務として具体化する。第二に、使用者は、解雇権行使の帰結の緩和に努めなくてはならない。具体的には、訓練休暇、就職あっせん等が社会的相当性の考慮要素となる（同23頁）」。解雇の手段的規制が明確に基礎づけられる必要があるとする。
30) 米津孝司「解雇法理に関する基礎的考察」西谷敏／根本到『労働契約と法』（旬報社・2011年）261頁（275頁、276頁）。
31) 米津孝司・前掲書（注30）280頁。
32) 村中孝史・前掲論文（注22）606頁、607頁。
33) 村中孝史・前掲論文（注22）607頁、608頁。
34) 村中孝史・前掲論文（注22）609頁。
35) 川口美貴「経営上の理由による解雇規制法理の再構成」日本労働法学会誌98号（2001年）29頁（38頁）。
36) 野川忍「解雇の自由とその制限」『21世紀の労働法第四巻・労働契約』（有斐閣・2000年）154頁（175頁）。
37) 本久洋一・前掲論文（注27）21頁。
38) 本久洋一・前掲論文（注27）21頁。
39) MünchArbR, Bd. II., 2. Aufl., § 131 Rn. 41（Berkowsky）.
40) MünchArbR, Bd. II., 2. Aufl., § 131 Rn. 45（Berkowsky）.
41) 中窪裕也「「解雇の自由」の現在――アメリカと日本」中嶋士元也先生還暦記念論集『労働関係法の現代的展開』（信山社・2004年）341頁（355頁）。
42) 荒木尚志／大内伸哉／大竹文雄／神林龍編『雇用社会の法と経済』（有斐閣・2008年）8頁〔大内教授執筆部分〕
43) 山口幸雄／三代川三千代／難波孝一『労働事件審理ノート（改訂版）』（判例タイムズ社・2007年）17頁。学説においても、使用者のほうが解雇の正当事由を主張立証する責任を課されていることになり、実質的に挙証責任の転換がなされているに等しいという指摘は存在していた（野田進『労働契約の変更と解雇』（信山社・1997年）502頁）。
44) 山口幸雄・三代川三千代・難波孝一・前掲書31頁。
45) さらに、ドイツにおいてとは異なり、日本の解雇訴訟の実務においては、証明が不十分

であることを理由として敗訴させるという判決があまり存在しない。圧倒的多くの事件においては、それぞれの要件にかかわる事実につき労働契約当事者の弁護人が各々主張・立証しており、一方の当事者の弁護人が主張し立証すれば、ほぼ必ず他方当事者の弁護人がその点について主張・立証し、裁判官は、これを前提として、「自由心証」に従い、法律要件にかかわる事実を認定し、双方の当事者の弁護人の主張・立証のうち十分と認める側の（主張・立証された）事柄について、「事実」として認定している。このため、少なくとも、現在の実務を前提としても、証明責任を論じる意義に乏しいというのは、実務家にとっては納得のいく感想であろう。

46) 吉田美喜夫「解雇規制と規制緩和」萬井隆令／脇田滋／伍道一道編『規制緩和と労働者・労働法制』247頁（261頁）
47) 村中孝史・前掲論文（注22）606頁以下。
48) 土田道夫『労働契約法』（有斐閣・2008年）11頁。
49) Richardi, MhbArb, Bd. 1. München, 2000, § 1 Rn. 11.

第3章

新自由主義思想のオールタナティブを求めて
―― 社会国家原理と社会的包摂

1　社会国家原理の起源とその内容

　日本法は憲法25条以下において社会国家原理を内在させている。具体的には、社会国家原理にもとづく人間らしい生存の最低限のため不可欠な人権として社会権が観念されている。国家の任務は、憲法上定められるものではなく、国家は一定程度の立法の裁量を与えられるのである。社会権は社会国家の基本的な存立の一部をなす。自由権、とりわけ、財産権や経済的活動の自由が、近代国家成立期において、立憲主義の基本的要求として成立したのに対して、社会権は、歴史的に、20世紀になって登場した人権であり、資本主義と私有財産制が生み出したさまざまな矛盾と病理現象――構造的な失業、貧困、飢餓、疾病など――の解決・克服は国家に求められていき、消極国家から積極国家へ転換していった[1]のはよく知られた事実である。「社会国家（福祉国家）の理想に基づき、特に、社会的・経済的弱者を保護し実質的平等を実現するために保障されるに至った[2]」。その内容は、国民が人間に値する生活を営むことを保障するものであり、法的にみると、国家に対して一定の行為を要求する権利である（作為請求権）である[3]。社会国家原理からは社会保障の要請と社会正義の要請が導かれ、国家の行為義務と行為の付託が基礎づけられる。

　ワイマール憲法に由来するといわれる社会国家原理の論争は、19世紀における国家論にまで遡る。ローレンツ・フォン・シュタインは、18世紀にすでにフランス語で、état social, Etat social という語が先行して存在していたことから、これを社会国家の原理として取り込んでいる[4]。ドイツの社会国家はビスマルクの手によって内容を初めて結実させられ、社会保障の生成をみた。その

後、ワイマール憲法において、社会国家の原理が憲法に規定されるに至った[5]。現代においても、社会国家の原理は、日独において継承され、自由な法治国家から社会的法治国家への転換によって、価値のあるモーメントを含むものとなった[6]。不平等の削減、社会的経済的弱者の保護、自由の発展のための生存に関わる前提条件の生成に向けられたものであった[7]。

生存権について、最高裁は、傍論において、すべて国民は、健康で文化的な最低限度の生活を営む権利を有するとする憲法25条の規定は、すべての国民が健康で文化的な最低限度の生活を営み得るように国政を運営すべきことを国の責務として宣言したにとどまり、直接個々の国民に対して具体的権利を賦与したものではないと判断し、「具体的権利としては、憲法の規定の趣旨を実現するために制定された生活保護法によって、はじめて与えられているというべきである」[8]としている。いわゆる堀木訴訟においても、最高裁は、憲法25条の趣旨にこたえて、立法府の広い裁量に委ねられているとしている[9]。これにより、これらの判例が意味するのは、立法（もしくは行政）の判断に立法（もしくは行政）裁量の逸脱がある場合には、違憲となりうることである。しかし、その裁量的判断の逸脱にのみ司法審査が限定されてしまった結果、広範な立法・行政上の裁量を認めてしまったことをも意味している[10]。

2　貧困の克服と「社会的包摂」のための解雇法制

生存権理念の外延が狭まる中、現在、6人に1人が貧困にあるといわれ、国民総中流とは遠い昔の話となり、まじめに働いても普通の暮らしさえできなくなりつつあると指摘される[11]。こうしたなか、労働法も、日本で進行しつつある貧困社会を妨げる役割を果たすどころか、それをサポートする機能を果たしてきた。

有期労働契約について、日経連の報告書「新時代の『日本的経営』」を経て、2003年の労基法の法改正により、有期労働契約の上限規制を3年に延長した。労働者派遣についても、1985年に労働者派遣法が制定され、1999年の同法改正により、5業種（現在4業種）を除いて自由に労働者派遣が認められ、2003年の同法改正により、3年までの派遣も可能となり、製造業への派遣も解

禁された。平成21年度版労働経済白書によれば、全雇用者に占める非正規の従業員は33.4％と（派遣労働者数は2.3％）、非正規労働者は増加してきた。雇用保険の期間も極めて限定され、不況が繰り返されるたびに、雇用保険が受給できず生活保護に移行できない長期失業者は、その生存を脅かされている。労働法学は、この間、ヨーロッパ並みのフレキシブルな非典型雇用、職業紹介事業の民営化、派遣法の規制緩和を探求するあまり、不安定な非典型雇用や大量失業の事態を生じることを予測し、これらに厳格な規制を課させることもなかった。

90年代の労働法学は、憲法13条に基礎を置く自己決定権の理念を基軸とし、従属状態を自らの主体的な努力によって克服し、可能な限り契約内容に対して実質的な影響を及ぼそうとした。いわゆる中流意識の浸透を通じ、従属労働概念は実感から遊離するものと断じ、もはや食えないという戦後ではないとの出発点からその自立を説き、労働者の従属性を否定し自己決定権を強調していった。法の解釈を定立する際に、第1に、現実社会の中で進行する経済的諸関係がこうした抽象的な概念に即応したものであるのかを確認し、第2に、法的な形態と定式化された事実との適合的な照応関係が崩れているときには、新たな適合的照応関係を構成することが必要である。その意味で、自己決定権や自立の概念は、成果主義・格差社会の進行、期間雇用者等不安定雇用の増大、戦後最悪の失業率といった現代の労働法に問いかける深刻な問題に対処しうるだけの法理念ではありえなかった。1990年代以降の労働法学は、この状況に即した理念の創造をできず、グローバル・カジノ資本主義に対抗しうる法の理念の発見をなしえなかった。

では、解雇規制とも関係の深い貧困とはいかなる原因によるものなのか。その原因を特定するのは困難を極める。しかし、社会政策の領域では、現代の貧困が生じる理由として、病理学的説明（例えば、知的・精神・身体障害をもつ者は競争しにくい）、家族論的説明（貧困者の家族的背景や遺伝的背景に焦点を当てるもの）、下位文化論的説明（例えば、子供時代の不在、早熟な性、結婚、見捨てられる妻と子の多さなど）、資源論的な説明（経済成長が十分ではなく、資源が行き渡らないため）、構造論的な説明（階級、地位、権力のような社会関係の編成が影響を与える）、機関論的な説明（他者の作為や不作為の結果とみなす、例えば、福祉国家の失

敗）などが挙げられている[19]。

これに対し、一部の経済学者からは、豊かな経済社会を創造するためには、経済成長を可能にする構造改革、規制緩和が必要であると説明される（先の分類では、資源論的説明に該当する）[20]。

しかし、同じ経済学者でも、ガルブレイス教授によれば、これに反して、現在の貧困社会において重要な点は、低成長時代の先進資本主義諸国においては、経済成長や国民総所得の増加によっては現代の貧困を除去できないということである[21]。現代の貧困の大半は、個別的な貧困だからであるとされる。つまり、貧困に導くのは、精神薄弱、不健康、産業生活の規律に順応できないこと、アルコール中毒、少数者グループに関する差別、教育上のハンディキャップ、失業、老齢である[22]。これらの者は、経済成長期にあっても、貧困者として取り残される、というものである。

特に、生まれながらにしてこれらの潜在能力が欠けている場合、そうした能力で職業生活をしていかざるを得ないことやあるいはまったくそれが不可能になることは、本人としては選択することはできない。最初から機会の平等が奪われており、個人の努力ではどうすることもできない。しかし、潜在能力の欠如は、世界における最も裕福な国々においても驚くほどみられる[23]。ノーベル経済学者、アマルティア・セン教授によれば、例えば、ニューヨーク市のハーレム地区の人が40歳以上まで生きる可能性は、バングラディシュの男性よりも低い。これは、保健サービスに関する諸問題、都市犯罪の蔓延など、ハーレムに住む人々の基礎的な潜在能力に影響を与えているその他の要因と深く関連している[24]。社会環境は、不十分な医療施設や都市の内部における暴力的な有り様、社会的な介護の不在、その他の要素に深く影響される。所得の低さは、貧困に影響を与えている多くの要因の一つに過ぎない[25]。

「豊かな社会において貧しいことは、それ自体が潜在能力の障害となる。所得で測った相対的な貧困は、潜在能力における絶対的貧困をもたらすことがある」[26]。したがって、社会における不平等の克服は、歴史的にみても、常に、平等の概念の周縁を拡大させることによるし、形式的平等を実質的な平等にまで高めるためには、平等に与えられている権利を個人の力だけでは充分に行使できない人々が、集団を形成することによって、みずからの勢力を強めていくほ

第3章　新自由主義思想のオールタナティブを求めて

かはない[27]。

　セン教授は、貧困を「受け入れ可能な最低限の水準に達するのに必要な基本的な潜在的な能力が欠如した状態」ととらえ、「所得が不十分であるとは、それが外部より与えられた貧困線よりも低いということではなく、その所得が特定の潜在能力を発揮するのに必要な水準に達していないことだ」と述べる[28]。身体障害、病気など所得を得る能力を低下させるハンディキャップが貧困を導くとする[29]。前述の病理学的説明にも即応している。

　日本においてリストラの対象とされているのも、中高年者、疾病者、障害者、成績・勤務態度不良者、組合員等、少数の者である[30]。ネットカフェ難民に関する調査から[31]、ネットカフェ難民となる原因としても、リストラ・疾病を理由として会社を見つけたり出社したりできずにいること、家族や夫婦間での暴力・著しい不和から家庭に帰れないこと、残業のため帰宅できないこと、低賃金のため家賃が払えないことが挙げられると分析できる。これらを総合すると、高齢、障害、不健康、産業生活の規律への不順応、少数者グループに関する差別などがアンダークラス、いわゆる貧困層を作り出す遠因となっているのがわかる。かつては、労働組合など社会的組織の団結を通じて、貧困を取り除くことが可能であった。しかし、労働組合の組織率の低下に加えて、高齢者、疾病者、障害者、一人親など労働組合から遠い人々を組織化することは労働組合においては行われていない。人間や社会というものが個人化しアトム化し、共同体の紐帯やつながりがばらばらになって、既に久しい。いわゆる金融資本主義のもとで、投資や労働等を通じて儲けられた者が、勝ち組となり、その反面でそうした手段で儲けられなかった者が負け組となっている。派遣切り、リストラ、非正社員の契約打ち切りを通じて、労働者は労働市場から比較的容易に退出させられ、標準より低い生活を強いられる。正規従業員を辞めさせられ、非正規従業員になると高い失業リスクにさらされるが、非正規従業員であるために失業給付は受けられないことがあり、生活困窮に陥ったとしても、事実上生活保護を受けるのは難しい。一度雇用のネットからこぼれ落ちたが最後、どこにも引っかかることなく、どん底まで落ち込んでしまう。湯浅誠氏は、これを「すべり台社会」と呼んでいる[32]。市民社会の自己修正能力や市民組織の自己創出能力は重要であるが、どのような社会運動や社会主体が経済的強

者をコントロールし、市民社会が強者にとっての自由の王国となることを牽制できるのかは不明である。国家の保護的、再分配的機能なくして、市民社会における自由と平等の確立は不可能である。今後のあり方としては小さな国家・新自由主義的な思想に基づく福祉国家の否定ではなく、福祉国家の反省的継続が必要である。

3　新自由主義に対峙する社会国家原理

　1990年代アメリカ、イギリス、オランダにおいて、失業率を下げる経済のダイナミックな経済的発展がみられたことが知られている。ドイツの労働法学者ローマチカ（Hromadka）教授は、その原因は常に同一であるという。労使関係における個人の自由な領域の拡大、労働に対するモチベーションの向上、解雇規制の見直しにあったと指摘する。解雇法制のみならず高賃金の保障が、かえって失業率を高める労働市場の働きを有する、という指摘は、先進国共通に、絶えることがない。資本主義社会においてわずかな経済成長率の上昇が高所得者に一層の利益と富を蓄積させ続ける一方で、特定の者に限り苛酷な程度での貧困を発生させている。貧困は個人の不努力の成果であるといわんばかりである。こうした昨今の新自由主義の潮流に対して、これに対抗できる何らかの原理が必要である。

　日独の資本主義国家においては、それぞれ、自由主義に対する修正原理たる社会国家原理を内包させている。障害、疾病、離婚、高齢などにより、職業生活において平等に競争に参画する機会を失う場合、個人の努力ではどうすることもできないことが多い。最初からあるいは事後的な事故・疾病により機会の平等が奪われ、本人としては選択の自由がない。生来的あるいは事後的な障害・疾病・高齢により、自由な競争のための機会の平等が奪われている場合、こうした事態を放置することは、機会の平等を原理とする自由競争社会においても背理となるはずである。潜在能力の欠如の結果、自由な競争社会のなかで生き抜く可能性が彼らにとっては遮断される。したがって、個人が社会的経済的に貧困状態にあるのが個人の努力不足によるもので、それは個人の自己責任に帰すべきだというのは、早計である。社会から排除された人が大量に社会の

第3章　新自由主義思想のオールタナティブを求めて

底辺に滞留すると、失業により個人は職業生活に復帰せず、場合によっては生活保護を受ける立場から個人を逃れなくなる立場に陥らせる。経済全体としてみても、貧困の増加により需要が低下し、労働力の質、経済の活力ともに低下するおそれがある。このため、社会的に排除された人が国家・社会に帰属し、参画するための「統合（Integration）」が必要である。国家法によって特定の者が特定の事由により排除するのが許容されるはずはなく、また、反対に、排除されているままで滞留するのを許さないものでなければならない。

　社会国家原理から、立法者の具体的な義務が帰結されるものでなかったとしても、社会国家原理は、憲法が特に法治国家原理が設定する限界をこえない限りで、平等の生産者（Gleichmacherei）となるのである。[36] 社会国家原理は、この限りで、法律による具体化や法律解釈を通じてはじめて、平等原則の適用を決定する憲法上の価値である。もともと、20世紀において、社会国家（福祉国家）の理想にもとづき、とくに社会的・経済的弱者を保護し実質的平等を実現するために社会権も保障されるに至った。[37] 資本主義諸国における弱者救済、貧困を克服するための法原理であったはずの社会国家原理のもとで、現代における貧困が、高齢、障害、不健康、産業生活の規律への不順応、少数者グループに関する差別などを原因として作り出されている以上、社会国家原理は、能力的に先天的にあるいは後天的に恵まれない者が、機会の平等を原理とする資本主義社会に参画できるよう促し、社会の一員として働くことによって市民としての役割を果たせるよう、国家が助力し促進・保護する、という社会包摂を内容とする宿命になると考えられる。個別的貧困を取り除くための社会包摂が現代における社会国家原理の具体的な内容となるものといえる。疾病や障害、老齢にある労働者が恵まれない仕事や地位にあっても、競争の敗者として労働市場の外側で失業者として滞留することなく、その疾病、障害、老齢というハンディを抱えたままでも、誇りを持って生活できるような社会こそ追求されるべきなのである。競争原理の下では、「チャレンジ、再チャレンジしなければ……と考えるのは、今の職場内外の地味な生活が不安定で発言力もなく、ともかくそこから脱出しなければ……という切実な思いに駆られるから[38]」ではないか。恵まれない仕事や地味な仕事のままであっても、それでも生活できる、蔑視されない、人間の尊厳を奪われないという社会の創出こそ求められる。[39]

格差社会が進行している現代日本において、社会国家原理や生存権保障の理念のもとで、貧困者に対する社会包摂への立法政策的な配慮を行わなければならないことは、自由主義原理にとっても次のように正当化しうると考える。先に引用したセン教授は、貧困を「受け入れ可能な最低限の水準に達するのに必要な基本的な潜在的な能力が欠如した状態」ととらえ、所得が不十分であるとは、それが外部より与えられた貧困線よりも低いということではなく、前述のとおり、その所得が特定の潜在能力を発揮するのに必要な水準に達していないという[40]。障害、病気など所得を得る能力を低下させる事態こそが問題の本質である。日本でも、特定の一部の者に貧困が苛酷に生じる場合が多く、その保護の放置は正当化しえない。現代の貧困の本質は、一つには、資本主義社会における競争へのスタートや社会参加が一部の者のみが困難になるという点にある以上、社会国家は、これらの者のインクルージョン、社会的包摂を促進しなければならない。つまり、競争原理を内在的な原理とする自由主義経済秩序において、特定の人間が競争のスタートラインに立つことができない場合、これらの人間がスタートラインから排除されない、という法秩序を創造しなければならない、というところから、その自由主義的正当化は生じるのである。

また、社会的包摂の自由主義的正当化は、生存権や社会国家原理が自由主義的性格を有しているものであったことからも正当化しうる。芦部教授も、「社会権も、公権力による不当な侵害があった場合には、その排除（不作為）を裁判所に請求できる自由権としての側面をあわせもつ」と述べておられる[41]。現代における経済的生存が脅される個別的貧困が、先進国の貧困を作り出しているという認識に立つと、自由主義的生存権の諸問題のひとつとして、これらの解決が急務となる。

こうしたことから、労働法上何が帰結されるのかが重要である。

まず、第1に、社会的包摂の観点からは、雇用の喪失を防止するため、解雇法制には類型的な社会的な保護が必要であるということが帰結されうる。社会的に保護に値する者が雇用社会から排斥されない法制が必要だからである。つまり、社会的に保護に値する者に対する解雇・整理解雇は許されず、これらの者が労働市場から排斥されない、という法理が要請される。労働契約の領域においては、法律行為による給付の約束に基づきその労働力を他人の処分に委

ね、労務指揮のなかで、労働力が一定程度自由に処分されるのはすでに指摘したとおりである（人格的ないし人的従属性）。人格的ないし人的従属性に基づいてこのような労働法上の保護が必要であることと社会的包摂の観点から社会的保護に値する者を保護し不利益的な取扱いから保護しようこととは、両立しうる。契約自由の原則を制約するものとして、各種の不利益取扱いの禁止等が規範として機能する（第Ⅱ部第4章5参照）。

　第2に、ハンディキャップや疾病を抱えながらも雇用を維持できる法制や法理のさらなる発展が不可欠である。貧困を克服し、潜在能力に乏しい者の資本主義社会への参画を促し、国家がこの者を助力し促進・保護するという、社会包摂の思想から、これらの個別的貧困の一因も取り除くのが説得力ある解決方法であると考える。以下で示されるように（第Ⅱ部第4章）、老齢、疾病や障害を理由として解雇されるケースが多いが、その際、老齢・疾病・障害のあるままでも、誇りを持って安定した暮らしが可能となる社会こそ希求されるべきなのである。そのためには、職場内外の医療やケア、リハビリ施設と連携して、段階的に職場復帰できる社会構造が創り出されなければならず、これには、疾病を理由とした解雇の法理の再検討まで要請される（第Ⅱ部第5章2）。

注

1) 野中俊彦／中村睦男／高橋和之／高見勝利『憲法Ⅰ』（有斐閣・1994年）443頁。
2) 芦部信喜（高橋和之補訂）『憲法』（第3版）（岩波書店・2002年）242頁。
3) 芦部信喜・前掲書（注2）242頁。
4) Lorenz von Stein, Gegenwart und Zukunft der Rechts-und Staatswissenschaft Deutschlands, Stuttgart, 1876 (Neudruck, in Aalen, 1970), S. 215.
5) Dazu v. Mangoldt / Klein / Stein, GG, Bd. II., 2005, München, Rn. 99 f.
6) V. Münch, GG-Komm, 2001, München, Rn. 37.
7) V. Münch, GG-Komm, 2001, München, Rn. 37.
8) 最大判昭和42年5月24日判例時報481号9頁判例タイムズ206号204頁。
9) 最大判昭和57年7月7日判例時報1051号29頁判例タイムズ477号54頁。
10) 但し、近時の原告勝訴の事件には、生活保護届の辞退訴訟（広島高判平成18年9月27日賃金と社会保障1432号49頁）、預貯金の資力認定をめぐる訴訟（秋田地判平成5年4月23日判例時報1459号48頁）がある。
11) 朝日新聞2009年11月4日社説。
12) 高橋賢司「なぜ労働法学は規制緩和と貧困社会に無力だったのか」労働法律旬報1711号（2010年）57頁（58頁）。

13) 西谷敏『労働法における個人と集団』（有斐閣・1992年）69頁、82頁以下。但し、西谷教授によれば、単に自己決定権の強調から保護法や団体法を否定するものではなく、労働者において、真正の自己決定と従属性の考慮にもとづく二次的自己決定との間に乖離が存在するため、第一次自己決定の実現に助力を与えるという視点からの司法的コントロールを要求し、一次的な自己決定の制度的担保を「労働保護法」と「団結権保障」も必要とする（西谷敏『労働法における個人と集団』（有斐閣・1992年）69頁、82頁以下）。
14) 籾井常喜「プロレイバー労働法学に問われているもの」前田達男／萬井隆令／西谷敏編『労働法学の理論と課題』（有斐閣・1985年）75頁（83頁）。
15) 道幸哲也『職場における自立とプライヴァシー』（日本評論社・1995年）4、163頁。
16) 土田道夫「労働保護法と自己決定」法律時報66巻9号（1994年）56頁。
17) 横井芳弘「労働法学の方法」日本労働法学会編『現代労働法講座』（総合労働研究所・1981年）134頁（155頁）。
18) 高橋賢司・前掲論文（注12）。
19) ポール・スピッカー『貧困の概念』（生活書院・2008年）208頁以下。本書は、家族論的説明については、最も貧しい人々は比較的短期間で貧困から抜け出せた（特に結婚を通じて）という調査結果をもとに、こうした説明の仕方には異議を唱えている。下位文化論的説明に対しても、貧困を貧困者のせいにするための理由付けであるとして、批判を加えた。貧困層に結婚生活の破綻が多く家族生活が営めていないという点に対しても、雇用の見通しが改善されるときには夫婦の破綻は少ないとの批判をしている。また、もし貧困が、社会参加の欠如や、貧困でない人々が享受する生活の利便性やパターンを欠いた生活から成り立っているのであれば、貧しい人々は異なった行動をしなければならないが、「そうした生活のしかたを、かれらが選びとっているというのは、全くのでたらめである」としている（同215頁）。
20) 例えば、竹中平蔵『やさしい経済学』（幻冬舎・2005年）33頁。
21) ガルブレイス『ゆたかな社会（決定版）』（岩波書店・2006年）385頁。
22) ガルブレイス・前掲書（注21）379頁。
23) アマルティア・セン『不平等の再検討』（岩波書店・1999年）177頁。
24) セン・前掲書（注23）178頁。
25) セン・前掲書（注23）178頁。
26) セン・前掲書（注23）179頁。
27) 作田啓一『価値の社会学』（岩波書店・1972年）227頁。
28) セン・前掲書（注23）174頁以下。
29) セン・前掲書（注23）126頁。
30) 高橋賢司「甦る解雇の自由（四）」立正法学40巻2号（2007年）155頁（164頁）。
31) 「ネットカフェ暮らしの実態調査結果」賃金と社会保障1442号（2007年）19頁以下。
32) 湯浅誠『反貧困』（岩波書店・2008年）33頁。
33) 岡本英男『福祉国家の可能性』（東大出版会・2007年）260頁。
34) 岡本英男・前掲書（注33）257頁参照。
35) Hromadka, Zukunft des Arbeitsrechts, NZA 1998, S. 1 (3).
36) Vgl. v. Mangoldt / Klein / Starck, Bonner Grundgesetz, § 3 Rn. 28.

37) 芦部信喜・前掲書（注2）242頁。
38) 熊沢誠『格差社会ニッポンで働くということ』（岩波書店・2007年）40頁。
39) 熊沢誠・前掲書（注38）40頁。
40) セン・前掲書（注23）174頁。
41) 芦部信喜・前掲書242頁。

第4章

整理解雇の新たな法理のために

　整理解雇は、(1)人員削減の必要性があること、(2)使用者側が解雇を回避するために相当な努力をしたこと、(3)選定基準が合理的であって、被解雇者の人選が合理的であること及び、(4)解雇に至る過程で労働者や労働組合と十分協議を尽くしたことを要し、これらを欠く場合は解雇権の濫用として無効と解すべきであるとされる。これらの整理解雇法理は、平成不況で行われたリストラの実態に応じて十分に保護の機能を果たしてきたといえるのであろうか。2000年代には、失われた10年ないし15年という長い不景気からようやく脱出したにもかかわらず、すでに、再び、不景気へ回帰し経済は後退しているが、日本の雇用関係においてなされるリストラの実態に即した十分な保護法制ないし法理が形成されていなければ、再来する不景気の中で、日本の労働者や労働組合は同じ轍を踏むことになりかねない。そこで、本章では、これらの平成不況で行われたリストラの実態に応じた保護が判例や従来の学説において十分なされてきたかを検証する。まず、裁判例における整理解雇法理、および、これに対する労働法学説の対応を検討する。その上で、これらの問題に対して十分な保護がなされてこなかったのだとすれば、今後、いかなる理念の下にいかなる保護法制ないし保護法理を確立していかなければならないのかを考察する。

1　裁判例における整理解雇法理

　まず、整理解雇法理の定式を確立させた有名な判決に大村野上事件、長崎地裁大村支部昭和50年12月24日判決がある。この事件では、会社は繊維業界の不況を理由として注文が減少したのに伴い、1　出勤状況、2　作業能力、3　協調性、4　無届けアルバイト、5　共稼ぎ（同一家庭内で本人以外に収入のある者が

いるかどうか）等の項目による右基準に従って評定人選を行い、29名の指名解雇を実施した。「整理解雇が権利濫用となるか否かは主として次の観点から考察してこれを判断すべきものと解する。余剰人員の整理を目的とするいわゆる整理解雇は、一旦労働者が労働契約によって取得した従業員たる地位を、労働者の責に帰すべからざる理由によって一方的に失わせるものであって、その結果は賃金のみによって生存を維持している労働者およびその家族の生活を根底から破壊し、しかも不況下であればある程労働者の再就職は困難で、解雇が労働者に及ぼす影響は更に甚大なものとなるのであるから、使用者が整理解雇をするに当っては、労働契約上の信義則より導かれる一定の制約に服するものと解するのが相当である。」「即ち、第一に当該解雇を行わなければ企業の維持存続が危殆に瀕する程度にさし迫った必要性があることであり、第二に従業員の配置転換や一時帰休制或は希望退職者の募集等労働者によって解雇よりもより苦痛の少い方策によって余剰労働力を吸収する努力がなされたことであり、第三に労働組合ないし労働者（代表）に対し事態を説明して了解を求め、人員整理の時期、規模、方法等について労働者側の納得が得られるよう努力したことであり、第四に整理基準およびそれに基づく人選の仕方が客観的・合理的なものであることである。けだし以上の諸点を満す整理解雇であれば、他に特段の事情のない限り、使用者としては一応誠実に権利を行使したものと認め得るからである」と説示した。[1]

東洋酸素事件において、東京高裁昭和54年10月29日判決は、アセチレン部門の閉鎖に伴う管理職以外の全従業員の整理解雇につき、(1)アセチレン部門の業績改善は困難であり、その事業部門の閉鎖に企業運営上やむをえない合理的理由があり、(2)原告らの職種は現業職またはそれに類似する特殊職であるから、配転先の職種もこれらに限定されるところ、他部門におけるこれら職種も過員であったこと、希望退職の募集により熟練従業員の引抜を誘発するおそれがあり整理解雇実施前に全企業的に希望退職者募集措置をとらなかったことにも理由があったこと等の事情からすれば解雇当時閉鎖事業部門の労働者を他に配置転換させる余力が会社にはなく、また、(3)同部門は独立採算部門であり、整理対象者を閉鎖事業部門の47名全員としたこともその選定基準として合理性を欠くものではないこと、(4)アセチレン工場においては控訴人会社の前記解雇の通

告があったこと等により同年8月に入ってからは欠勤者が増加し、同月10日以後は同工場の操業が殆ど停止する状態となり、一方同月14日の組合との団体交渉は中断のまま組合側の申入れにより終ってしまったので、控訴人会社としては同工場の閉鎖、解雇を延期する措置をとるに至らなかったことが認められ、同社は労組と十分な協議を尽くさないまま部門閉鎖と解雇を実行したとしてもただちに、信義則に反するとはいえないこと等の理由によって、就業規則所定の「やむを得ない事業の都合」による解雇と認めている[2]。

　この事件について、宮島教授は、整理解雇の諸現象は、「内部留保、資産の含み利益、払拭決算、『債務超過』『倒産を通しての再建』、『一営業部門・一工場閉鎖』、金融・独占企業や政府の政策・戦略等のちょっとした操作と弁明とをもって、『必要性』と『回避努力』へ容易にむすびつけられて整理解雇についてこれを肯定されやすく、したがって、これら『必要性』『回避努力』基準は、整理解雇否定の決定的要素とはなりにくい」と指摘される。その上で、「整理解雇は、『動態としての営業活動』上の都合による解雇であり、その必要性、緊急性、『倒産』等労働者の基本的人権をおびやかし、企業主個人の栄燿栄華をはかるものであって、協約・就業規則上のこれに対する諸規則の存在以前に、そもそも現行憲法秩序においてとうていその権利を認めることはできがたいものである。権利行使の労使の『対等』にのみ固執したり、あるいは企業として生涯『雇用の義務』なし、というのであれば、営業上の巨額の収入と労働者の生活の窮乏との『不平等』や、労働者の全生活や生命というかけがえのないものまで労働者は『犠牲にする義務』もないのである」と述べている。宮島教授は、『客観的基準』の確立とフェアーな運用等は、整理する企業側の事情としての『基準』でありえようはずもなく、整理される労働者側の事情、したがって労働者の年齢、勤務成績・健康等、『整理解雇』と区別さるべき『労働者の責に帰すべき事由による解雇』基準にならざるをえず、逆に『整理する企業の事情の基準』は、前記第一記載の『必要性』と『回避努力』に吸収されてしまうはずである」[3]。「右のやり方を通しての『四原則』の刺殺による憲法原則の抹殺にあるのである」と指摘される。毛塚教授は[4]、同判決は、同事件の人選基準との関係で、一部門を廃止する場合その全従業員を解雇対象者にすることを客観的合理的選定であるとするが、わが国の雇用慣行の下では一般に人事

第4章 整理解雇の新たな法理のために

管理が企業全体で行われていることからすれば、その合理性に疑いがあると述べている[5]。

現在でも、整理解雇は、(1)経営上整理解雇をする必要性があること、(2)使用者側が解雇を回避するために相当な努力をしたこと、(3)選定基準が合理的であって、被解雇者の人選が合理的であること及び、(4)解雇に至る過程で労働者や労働組合と十分協議を尽くしたことを要し、これらを欠く場合は解雇権の濫用として無効と解されている。整理解雇法理が要請される理由として、「本来解雇権の行使は使用者が有する経営権の発現として使用者の専権に属し、原則として自由であるけれども、決して使用者の恣意的行使が許される訳ではな(い)」(前記長崎地裁大村支部昭和50年12月24日判決) ということを論理的な出発点としている。しかし、労働者の犠牲の下になされる整理解雇に対し、一定の場合に限定して保護機能が果たされているのがわかる。本来問われるべき人選基準については、重大な関心が向けられている様子はなく、仮に人選基準の客観性が問われても、客観的で公正な基準が立てにくい、という問題点が露呈している。特に、整理解雇の場合使用者の経営上の事情で解雇が問われるはずであるにもかかわらず、労働者の年齢、勤務成績・健康等の事情が斟酌され、いつの間にか「労働者側の事由による解雇基準」に転化してしまわざるをえない問題点がこの時期に指摘されていたのは、特筆に価する。また、人員削減の必要性や解雇回避努力義務という二つの要件についても、これらの要件のもつ危険性が指摘されていた。そういう意味で、出発点から、裁判例の法理が、企業の都合により労働者の犠牲のもとに成り立つ整理解雇に対し、限定的な保護機能しか有していない問題点が指摘されているといえる。

2 人員削減・解雇回避努力義務に関する裁判例

では、現在の整理解雇法理は、どのような機能を有しているのであろうか。平成不況における日本企業の経営環境の変貌に伴い、整理解雇の要件自体が変更を必要とするものなのかどうかが根本的に問われる。問題は、裁判所の判断が変貌しているのはどの部分においてなのか、どのような限りで、整理解雇法理を見直すべきなのか、という点を見定めるべきであろう。そこで、本節にお

いては、現在の整理解雇法理、まず、人員削減の必要性と解雇回避努力義務がいかなるものであるのかを、裁判例の分析を通じて整理する。特に、(1)多くのケースにおける整理解雇の場合、(2)グループ企業におけるリストラの場合、(3)不採算部門・室への在籍の場合、(4)受注減少の場合、(5)民事再生手続開始決定後の場合、(6)外資系企業の場合という類型を示しながら、特に、人員削減の必要性、解雇回避努力義務について、裁判所がいかなる判断を示してきたかを検討する。

また、被解雇対象者の数で分類すると、Ⅰ）少数者の整理解雇の場合と、Ⅱ）の大量解雇の場合とに大きく分かれる。Ⅰ）の場合とⅡ）の場合とは大きく性質の異なる問題を孕んでいると捉える。まず、Ⅰ）の少数者の整理解雇の場合、企業再生が整理解雇を手段として少数の労働者の犠牲の下に行われる場合、特定の社会的な弱者に苛酷にわたる場合がありうる。これらの社会的に保護に値する者の社会的な保護が整理解雇法理の課題となるはずである（本章4および5）。これに対し、Ⅱ）の大量解雇の場合、大量解雇の場合にヨーロッパ法上要求されるような大量解雇法制をも有していないということが問題の中心となる。大量解雇を制限し、従業員を保護するという思想と法規制の導入が検討されるべきこととなる。これと同時に、迅速な解雇・企業再編の過程の導入という課題（特に補償の問題）が設定される。これについては最後に述べることとする（本章6）。

1 人員削減の必要性（裁判例）

（1）**多くのケースにおける整理解雇の場合**　赤字が発生し財政悪化が続くと、会社の存続が危ぶまれることもあることから、人員削減の必要性があったと認められていることもある。赤字が続いたことから人員削減の必要性を肯定する裁判例もある[6]。

これに対し、赤字であったとしても、営業成績、売上げが増加し、販売管理費を減少させていない場合には、人員削減の必要性は肯定されないことも多い[7]。7期連続の赤字決算、1億6900万余りの累積損失があったとしても、売上げも好調で、売上損益自体は黒字が続いている場合、裁判所は、「販売費及び一般管理費の削減努力の不足」という経営努力の不足を指摘し、かつ、希望退

職、退職勧奨をおこなわず、新規採用（研修中）１名とアルバイト１名を合わせて、生コン車を当初予定よりも多い13台で事業を行っている場合に、人員削減の必要性は肯定されないと判断している。[8] 他の事件でも、総売上げの減少の有無、販売費及び一般管理費のうちの地代家賃・リース料、修繕費、事務用品消耗品費の減少の有無を確認し、整理解雇に至るまでの間、一定の限度で、財務状況改善のための経営努力をなしたかどうかも、役員手当の削減とともに、裁判所によって審査されている。[9]

これらの裁判例における人員削減の必要性を分類すると、１．企業として赤字が継続して発生し、財政的に困難に陥っている場合、２．赤字が継続的には生じておらず、赤字が一時的に生じているが、営業成績、売上げが増加し、販売費・一般管理費を減少させていない場合、３．全体として黒字でも、生産見込量に対する著しい人員過剰、あるいは近い将来業績回復が期待し得ない不採算部門の縮小閉鎖を行う必要がある場合がある（しかし、これらの程度の主張から、裁判所によって人員削減の必要性が肯定されることはまれである）。

しかし、人員削減の必要性については、裁判所は、経営が赤字であるかどうか、売上げ・営業成績が上昇しているかどうか、販売費・一般管理費が削減しているかどうかだけで判断するわけではない。整理解雇直前に退職者がいるか否か、新規採用者がいるか否か、賞与・役員報酬が支払われているか否かが、人員削減の必要性を肯定するにあたって極めて重要な要素として判断されている。

a) 退職者の有無　　整理解雇直前に退職者がいるか否かが問われることは多い。鹿児島地裁は、希望退職、配置転換を実施しなかったこと、及び、他の２人が解雇に応じ、さらに他の１人が自主退職していることから、人員削減の必要性が肯定されないと判断している。[10] ゼネラル・セミコンダクター・ジャパン事件では、売上げが横ばいか若干微増の状況で、当期未処分利益剰余金が６億1000万円、次年度も５億5020万円にものぼる場合に、解雇前後で社員数（正規従業員、有期契約社員、派遣社員）に変動がなく、正社員５名削減予定だったが５名がすでに退職している場合、人員削減の必要性がないと判断されている。[11]

b) 新規採用の有無　　新規採用をストップしたかどうかも重要な要素である。一部門の赤字が認められても、企業全体では黒字の場合に、ただちにその部門廃止の必要性が肯定されるわけではなく、その部門においてかえって正社

員4名を新規採用し、さらにパートを雇用する予定である場合、人員削減の必要性が否定されている[12]。従業員3名を増員し、高率の株式配当を実施したうえ、営業規模の拡大に伴う人材の補充、育成強化を予定していた場合に、東京地裁は、人員削減をすべき経営上の必要性は大きいとはいえないと判断している[13]。

c) 賞与・役員報酬の有無　　賞与・役員報酬が支払われているか否かも問われている。受託業務の減少に伴ない累積損失が増加している状況下でのある期の賃金手当が3277万1792円であるのに、役員報酬が3972万円にものぼり、解雇回避努力が足りないと判断されている[14]。大阪地裁平成13年7月27日決定では、解雇のわずか2ヶ月前に新卒の新規採用者2名に内定を出し、特定の従業員に対しその功績を理由として高額な賞与（単年度合計202万円）を支給している場合、当該企業において人員削減の必要性はないと判断されている[15]。

　以上の検討からは、人員削減の必要性の判断にあたって、経営が赤字であるかどうか、売上げ・営業成績が上昇しているかどうか、販売費・一般管理費等が削減しているかどうか、整理解雇直前に退職者がいるか否か、新規採用者がいるか否か、賞与・役員報酬が支払われているか否かが問われている。つまり、判例法理の検討からは、①経営が赤字であるかどうか、売上げ・営業成績が上昇しているかどうか、販売費・一般管理費等を削減しているか（経営状況確定のルール）、②新規採用を行ってはならない（新規採用禁止のルール）、③希望退職者・退職勧奨者など任意退職した者が今後予想される場合、退職者をまず確定しなければならない（任意退職者確定先決のルール）、④役員の報酬や賞与をある程度減額するなどの方策を模索すべきである（経営者の負担軽減先決のルール）ことが見出される。これらの要素を欠く場合、経営が赤字であるかどうかを問わず、解雇権の行使は濫用となり無効となりうることがわかる。これに対し、人員削減の必要性の要件が解雇の有効性の判断にあたって飾りにすぎず、人員削減の「必要性」に対する法的評価の限界として、「ラフな言い方をすれば、これまでの判例ではほぼ7割方のケースにおいて使用者側の主張が認められており、このようにして、いわば整理解雇の必要性に関しては論理的にではなく事実上の司法審査の限界があると言える[16]」と述べているが、裁判例をみる限り、こうした指摘は当を得ていない。むしろ、現在の裁判例では、①～④の

要素が客観的に判断されており、適切な判断を繰り返していると思われる。

(2) **グループ企業におけるリストラの場合**　グループ会社における不採算の子会社の従業員の処遇について親会社や大株主の意向によりリストラが検討されることも少なくなく、親会社の意向による子会社の従業員の解雇も漸増している。子会社が倒産必至であるため、その親会社へ吸収合併する場合、配置転換を含めその親会社での雇用の可能性が問われる[17]。被告とは別の会社が、将来Ｊ社に対して多額の保証金返還義務を有していること等を前提に被告の株式を買い増しした結果筆頭株主となっているのであるから、被告会社において不要となる従業員の処遇について、筆頭株主たる別会社を含めて検討する必要があったというべきであると判断されている[18]。つまり、大株主の指示や大株主たる親会社の指示の下で、グループ企業に対し、売上げ（損益）に見合う人員の適正化（削減）や、経営効率化の再検討などを申入れるケースや[19]、子会社が倒産必至であるため、親会社へ吸収合併するケースがある。

これらの場合、裁判所は、解雇回避努力義務の履践を通じた、出向・転籍を含めたその親会社での雇用の可能性を探求しているが、適切な判断傾向であると評価しうる。

(3) **不採算部門・室への在籍の場合**　不採算の部門や室があった場合にそこで雇用されていた従業員のみを対象とする解雇が行われた。場合によっては、会社と折り合いの悪い者や組合員等を不採算の部門や室に移動させ、その上で解雇するという場合がみられる。東京高裁は、平成13年11月８日判決において、本件解雇基準の適用範囲が生コン部輸送部門に限られていたことは明らかというべきところ、実態として一審被告会社の生コン部を縮小すべき必要性はこれを認めるに足りず、むしろこれに関連する管理部門、さらには一般管理部門を縮小すべきであったのに、これら管理部門を含めた整理解雇の候補者となるべき者の選定の努力がなされた形跡は全くうかがえず、懲戒処分を含む規律違反の有無や人事査定等に基づく多分に主観的で合理性の乏しいものであったというほかないと判断している[20]。

これに対し、東洋印刷事件においては、電算室が廃止されることに伴い、電算室に勤務していた従業員６名全員が解雇され、かかる解雇は無効ではないと判断されている[21]。市場調査室は廃止されるべきでないが、廃止されるとしても

原告の配置については、関連会社への出向をも含めて、検討の余地はあったことから、整理解雇として原告1人を（退職勧奨の対象者は外に10数名いたが、これらの者は、希望退職制度に応じたり、他の職種に転換したりしており、最終的に解雇となった者は原告1名であった）指名解雇しなければならなかったというのは疑問であると説示されている。[22]営業所を閉鎖して、従業員を解雇するまで経営が悪化していたかは、判断し難いと判断した判決もある。[23]

こうした場合の解雇の有効性については裁判例において判断が分かれている。

（4）**受注減少の場合**　他社からの受注の減少から、人員整理の必要性が肯定されるとする裁判例もある。[24]しかし、売上げが減少していたとしても、不動産資産の売却により損失を解消でき、12名が退職した後、従業員2名、パート・臨時社員各1名を新規採用し、製造原価の低減までに時間的猶予があることからして、解雇の必要性がないと判断されている。[25]

ほかに、受注減少を理由とした解雇を認めたものに、東京地判平13・7・6労働判例814号53頁〔ティアール建材・エルゴテック事件〕、東京地決平12・2・29労働判例784号50頁〔廣川書店事件〕。

（5）**民事再生手続開始決定後の場合**　民事再生手続開始決定後、再生計画案の認可を受けた後、事業の一部の譲渡・46名の人員削減を行おうとした被告会社において、「経費削減目標を立案したり、どれだけ人員を削減すればいくらの経費が節約できるといった検討はせず」、46名を減員しなければならないとの的確な根拠はなく、転職を希望ないし決断した者を多数慰留することには無理がある場合に、「原告ら2名分の人員削減をする必要があったか疑問である」と判断された。[26]

紡績業と不動産業を営む会社が、民事再生法に基づく再生手続を申し立てた後に紡績部門の廃業を決定し、同部門の従業員ほぼ全員を解雇したことにつき、整理解雇の四要素に照らして解雇を無効とすると判断されている。[27]

（6）**外資系企業の場合**　裁判例でも、合理的な理由があり、当該労働者の当面の生活維持及び再就職の便宜のために相応の配慮をしている場合（特別退職金等合計2334万5024円の支給を約束、就職斡旋会社のサービスを受けるための金銭的援助の再就職先が決まるまでの間の無期限提供）、債権者の年収が1052万余円（賞与込）であることに照らし、「相当な配慮」をしていると判断し、解雇を有効

と解している。この判決を受けて、アメリカ並み処遇の必要性（高収入、解雇）を想定し、再就職支援、補償金などにより解雇制限を緩和すべきとの学説もある。シンガポール・デベロップメント銀行事件では、配転の実現可能性がなく転職斡旋会社のサービス提供を含む希望退職パッケージを提示し退職金を5割増とし基本給及び職務手当の各12ヶ月分支給し外国銀行協会などの求人情報を提供したという場合で、希望退職を募っていなかったとしても、解雇回避努力を欠いたとはいえないと判断されている。いずれも配転困難と認定された事案であった。外資系企業のうち、職務が特定されている場合、配転が困難となる場合が少なくない。こうした場合、従来の解雇法理とは異なり、合理的理由があり、再就職支援、退職金・金銭的な補償の支払などで相応の配慮をすれば足りるかが問題となる。その意味では、労働法学上解雇法理の転換が必要かどうかが問われている。以下において、今後の整理解雇法理はいかなる内容であるべきなのかを考察しようと考える。このほか、事業所の閉鎖・偽装解散、営業譲渡をめぐる解雇事件はかなり多いが、これについては営業譲渡そのものであり整理解雇固有の問題とは別個の問題があるため、ここでは扱わない。

2　解雇回避努力義務

　多くの裁判例では、配転・出向、希望退職が行われないままの当該労働者の解雇は、解雇権行使の濫用となり無効であると判断される。

　　配転を解雇に先立って検討しない場合、解雇回避努力義務を履行したと判断される。出向についても、大阪地裁は、原告の配置については、「関連会社への出向をも含めて、検討の余地があった」と判断し、「人員削減の必要性が小さくなっており、他に、配転等の解雇回避措置を採りうる状況のもとでは、原告ただ1人を、整理解雇として指名解雇しなければならないというのは疑問である。退職勧奨の対象者の内で、これを拒否したのが、原告だけであるとしても、他の退職勧奨者との公平を害するとまでの事情もない」と判断している。

　　筆頭株主たる別会社への出向を含めて検討する必要があると判断する裁判例もある。

　　しかし、配転・出向が極めて困難な場合には、解雇回避努力は尽くしたものと判断されることがある。

　　被告会社らや関連会社に、余剰人員を配置転換や出向で吸収しうるだけの労

働力需要がなかった場合には、配置転換、出向をなしえないことから、解雇回避努力はなしたものと解されている[35]。

また、配転にあたって、経歴、能力を考慮しなければならないことになる。開発部門において高度な専門性が要求され、技術者として一定の知識・素養が求められる場合に、年齢、経歴を考慮しても、研修を実施したとしても、他部署への配転が困難であると判断されている[36]。

解雇回避努力として希望退職の募集も必要であると判断されている[37]。

3 「整理解雇見直し論」の射程

日本の経済社会、経営環境の変貌が整理解雇法理に変容を迫る現在、どの限りで裁判所の判断が変貌を迫られているのか、また、どのような範囲で、整理解雇法理を見直すべきなのか、という、裁判例の法理が変更された射程を見定めるべきであるということをすでに述べた。つまり、整理解雇の4要件ないし4要素を維持し法理を転換させないのが適切なのであれば、特にそれについて論じる必要はないわけである。

人員削減の必要性の判断にあたって、①経営が赤字であるかどうか、売上げ・営業成績が上昇しているかどうか、販売費・一般管理費等を削減しているかどうかを検討しなければならない（経営状況確定のルール）、②新規採用を行ってはならない（新規採用禁止のルール）、③希望退職者・退職勧奨者など任意退職した者が今後予想される場合、退職者をまず確定しなければならない（任意退職者確定先決のルール）、④役員の報酬や賞与をある程度減額するなどの方策を模索すべきである（経営者の負担軽減先決のルール）、という判例法理が存在しているのが確認された。これらの要素を欠く場合、(1)多くのケースにおける整理解雇の場合、(2)グループ企業におけるリストラの場合、(4)受注減少の場合、(5)民事再生手続開始決定後の場合、解雇権の行使は濫用であるとして無効であると判断されているのがわかる。つまり、少なくとも、(1)多くのケースにおける整理解雇の場合、(2)グループ企業におけるリストラの場合、(4)受注減少の場合、(5)民事再生手続開始決定後の場合には、整理解雇の要件ないし要素が特に変更されているわけではないことが確認できる。労働契約法16条との関係では、これらの(1)、(2)、(4)、(5)の場合は、それぞれ、人員削減の必要性がない

場合といいうる。このため、これらの人員削減の必要性の要件や解雇回避努力義務の要件といった雇用の継続性に関わる要件については、特に変更されるべき理由にも乏しい。したがって、まず、これらの(1)、(2)、(4)、(5)の場合は、整理解雇の法理（特に、前期の①〜④のルール）は変更されていないし、変更されるべきでもないと捉えるべきである。

　平成不況時の裁判例をみる限り、整理解雇の見直しが必要かどうかの検討が必要な類型は、(3)不採算部門・室への在籍、(6)外資系企業の場合というケースということになる。

　(3)の不採算部門・室への在籍の場合で、裁判例では判断が分かれている。配置転換・出向の可能性がない場合については、村中教授は、「資格や能力の点で共通性が認められる従業員グループごとに人員削減の必要性を問うのが妥当と考えられる[38]」し、この場合、事前に回避措置として、職業教育を行った上での配転というメニューが必要であるとし、「こうした配転の場合、どのような職種への配転を考慮する必要があるのか、また、配転のためにどの程度の職業教育を行う必要があるのか、という問題を生じる[39]」としている。しかし、そもそも、不採算部門の廃止という事態がただちに労働契約の存続の必要性（人員削減の必要性）を否定するものなのか、という問題を人員削減の必要性という要件との関係で投げかけられている。日本的雇用慣行のもとで職務を限定せずに雇用された労働者について、配転・出向などを検討しないまま、労働者の所属する部門廃止により解雇が行われる場合、「解雇回避努力義務を尽くしたかどうかを検討する前提がかけている[40]」としたり、あるいは、同義務の履行をしたと判断したりすること[41]には、疑問が残る[42]。(3)の不採算部門・室への在籍については、いじめ・いやがらせという側面があり、一般的人格権の侵害の可能性も否定できない。このため、第Ⅱ部本章5で別途再考することとする。

　(6)外資系企業の場合との関連では、雇用の流動化の実態の変化に対応しようとするあまり、労働法学の課題であるはずの解雇法理の存続保護の問題を正面から問うことがなくなっている。外資系企業において再就職のあっせん＋補償金の提供が整理解雇にあたってなされているが、特に、理論的には、再就職のあっせん＋補償金の提供による雇用の提供が契約法理といかなる関係に立つのか、あるいは、補償金の提供が労働契約の存続の必要性を否定できる理由とな

るのか、判然としない。かかる場合のうち、職種が特定されていない場合はもちろん、職種が特定されていない場合でも、債務法上、配置転換の可能性による雇用の提供を義務づける理論的可能性は存しないのかなど課題は少なくない。とりわけ、雇用が流動化している日本の社会において、労働契約法16条に即した整理解雇法理とはいかなるものなのかという問いに対して、解答が求められる。外部労働市場の形成の必要性という社会の必要性とは別に、債務法上、解雇規制を緩和して外部市場をアクティブにする必要があるのか、という点も問題になりうる。[43]

以下では、これらを含めて、整理解雇の4要件ないし4要素を維持し法理を転換させないのが適切であるかどうか、「整理解雇の見直し論」の見直しを行う。

3 人員削減の必要性に関する新基準の試み

1 人員削減の必要性についての新基準

小西教授は、経営合理化に基づく解雇が有効となるためには、剰余労働力が発生することが必要であり、かくして、経営合理化の必要性と剰余労働力の発生とは区別して考えられるべきであると述べておられる。[44]ドイツの解雇訴訟においても、被解雇者である労働者の継続雇用の必要性がある場合には解雇は有効にならない、という判断基準が定式化されている。[45]その際、余剰の人員が存在し、継続雇用の可能性がもはや存在しないかどうかが問われる。[46]これに対し、整理解雇の必要性の判断に関して、保原教授は、整理解雇が許されるための経営状況（第1要件）については、(イ)経済的マイナス要因があり、企業全体として収益が悪化して赤字転落していることまでは必要ではなく、全体として黒字でも、生産見込量に対する著しい人員過剰、あるいは近い将来業績回復が期待し得ない不採算部門の縮小閉鎖を行う必要があること、(ロ)倒産必至でもないが、近い将来他の労働者の共倒れが予想されること、(ハ)倒産必至であること、といった分類をしたのち、[47]整理解雇について「企業の経常利益がマイナスとなり、整理解雇以外の方法で、当面その解消が期待できない場合には、必要な範囲で、整理解雇の必要性を認めるべきである」とする。[48]道幸教授も「司法

機関が経営状態を適切に判断するのが困難であっても、解雇の必要性は問題にすることができる」と指摘される[49]。

しかし、約束は守らなければならないという原則にしたがって継続雇用が原則になるとすれば、人員削減の必要性があるとは、解雇は配転・出向の可能性もなく（継続して）雇用される可能性がない場合に限られるというのは、現在の私法秩序に最も適した解釈のはずである。つまり、第1の要件（人員削減の必要性）と第2の要件（解雇回避努力）は人員削減の必要性＝雇用の可能性を判断するために一体として理解し、配転・出向の可能性を含めて継続雇用の可能性の必要性がない場合に解雇が認められるにすぎないと解するべきである。裁判例の中には、継続雇用と解雇回避努力とを厳格に求めず、解雇がただちに無効にならないとするものもあるが[50]、これには賛成しかねる[51]。

このため、不採算部門の廃止によりただちに労働契約の存続の必要性は否定されないと解されるし[52]、グループ企業・大株主の指示の存在によって人員削減の必要性という要件が肯定されることはないと解される[53]。

上のように解雇権が制約されるとしても、次に問われるのは、剰員が発生し、人員削減の必要性がある場合とは、いかなる場合なのか、ということである。

前記の検討からは、①経営が赤字であるかどうか、売上げ・営業成績が上昇しているかどうか、販売費・一般管理費等を削減しているかどうかを検討しなければならない（経営状況確定のルール）、②新規採用を行ってはならない（新規採用禁止のルール）、③希望退職者・退職勧奨者など任意退職した者が今後予想される場合、退職者をまず確定しなければならない（任意退職者確定先決のルール）、④役員の報酬や賞与をある程度減額するなどの方策を模索すべきである（経営者の負担軽減先決のルール）、という判例法理が存在していることが確認できる。これらの①～④の要素の未充足の場合に、剰員が発生せず、人員削減の必要性がないと論理的にはいいうる。

先にも引用したが、下井教授は、かつて、人員削減の「必要性」に対する法的評価の限界として、「ラフな言い方をすれば、これまでの判例ではほぼ7割方のケースにおいて使用者側の主張が認められており、このようにして、いわば整理解雇の必要性に関しては論理的にではなく事実上の司法審査の限界があ

ると言える[54]」と述べている。

　しかし、現在の裁判例では、①～④の要素が判断されており、こうした①～④の要素の充足の有無は客観的に判断できるのであって、この点で、下井教授が説いておられるような司法審査の限界があるというわけではない。これらは、裁判例上、経営が破たんし、民事再生手続開始が決定された場合でも、要求されている。これらの①～④の要素の未充足の場合、いずれも剰員が発生しているとはいえず、労働契約関係を解消しなければならない必要性が存しない場合であるといえる。この程度まで具体化した人員削減の必要性を吟味すべきである。こうした人員削減の必要性の要件（ないし）要素に関しては、既述の不能の概念との対比で考えても、①から④というより具体化された諸要素の充足が必要であるとの解釈は論理的に整合的であるといえるからである。

2　雇用の流動化と解雇規制の新たなあり方、雇用関係のアメリカ化

　労働市場が流動化しつつあるなかで、とりわけ外資系企業において、解雇規制が緩和されるべきかどうかが問われている。むろん、雇用が流動化する日本の労使関係の将来を見込んだ議論である。市場価値の高い高度な専門的能力を有する労働者に対し解雇の合理的理由と相当な配慮（退職金の上乗せ）さえ存すれば解雇でき、他の要件（人選など）は必要とされないかという点が現代における解雇法理の争点となっているのは前述の通りである。荒木教授は、「職務、キャリアを自ら選択し、それらについて契約上、使用者の一方的変更に服しない雇用関係を選択した者は、内的柔軟性を制限する雇用関係を選び取っている。この場合は、内的柔軟性の欠如を補うべく、外的柔軟性を認めないと硬直的な雇用システムとなってしまう。そうすると、雇用保障の程度も個人の選択した雇用関係に応じてモザイク状になっていくであろう。解雇の規制については、このような雇用の内的・外的柔軟性に照らした対応が必要であり、一律に解雇規制を緩和して外部市場をアクティブにすれば足りるというものではないと考える[55]」と述べている。

　しかし、原則として、労働契約法16条の存在を前提とすれば、解雇を行う場合には、労働契約において人員削減の必要性があることと配置転換・出向が困難であることが私法上要求されると解されるべきである。これは長期雇用を前

提とした雇用であっても転職市場が開かれ雇用が流動化されている雇用であっても変わるべき事柄ではない。

より重要なのは、（合理的理由があり）補償金による解決が行われる場合に、整理解雇の4要件（ないし4要素）が課されず、解雇が有効になるかどうかである。学説においても人員削減の必要性、解雇回避努力義務の履践、人選（社会的観点）の客観性、説明・協議義務の履行など整理解雇の4要件（ないし4要素）が課されなくなるのか、理論的な説明が十分にはなされてはいない。これらの事件において特徴的なのは、補償金による解決を労働者が望まず、原職復帰を望んでいる場合があることである。しかし、もし、こうした場合に、金銭解決が可能であるならば、原職復帰を望む労働者が解雇無効を主張する機会を失わせてしまう結果を生み出す。こうした場合、人員削減の必要性や配置転換・出向の必要性という要件のみならず、労働契約法16条で要求される解雇権濫用法理の存在意義すら動揺しかねない。このため、こうした金銭解決という形での要件の緩和はなされるべきではないと解すべきである。

3　職務が特定されている場合の解雇の可能性

さらに、職務が特定されている場合、より困難な問題が生じる。職務が特定されている場合で、他の事業場への配転・出向が不可能である場合、解雇が有効であるとするのは一見して納得がいく論理のように思われる。ナショナル・ウエストミンスター事件においても、トレード・ファイナンス部門が閉鎖され[56]、職務が特定されていたことから、他の事業場への配転が困難であるとされた事案であった。しかし、職務の特定の有無を問わず、配転が困難である場合も、職務の転換などの職業訓練を一定程度積めば、他の職務への配転は不可能ではないはずである。すなわち、職務が特定されていた場合でも、使用者が労働能力に即した雇用を提供できた場合であったと考えられる。このように、使用者が労働者に対しその雇用を提供しなかった場合も、債務の本旨に従った履行を提供したと評価されてよいか疑問もないとはいえない。他方で、特定された職務について労働者が履行を提供できないときに、契約内容の変更もないのに、使用者が事業場において労働者を他の事業場へ配置転換すべきであると解するのは、契約法上は論理的に無理がある。

こうした考慮から、職務が特定されていたとしても、信義則上、他のポストへの配置転換、より軽易な負担を伴う雇用の提供を行うことが解雇回避努力義務の一内容として要求されると解すべきである。使用者が労働者に対して労務指揮権にもとづいて空いたポストを提供しうるときには、労働者の配置の変更の必要性を充足させる、契約の変更を使用者は追求すべきであると考える。そのために、使用者は、契約を変更すべく、変更解約告知を行うことができるものと解される。

この場合、変更解約告知が適法となるか否かについては裁判所による2段階の審査が行われるべきである。問題になるのは、第1に、経済的な事情を理由として配置の変更の必要性を充足させる、契約の変更かどうかであり、特に、他のポストへの配置転換、より軽易な負担を伴う雇用の提供が行われたかどうかである。まず、変更解約告知の第1段階において、使用者によって変更された労働条件の適法性が問われる。変更の必要性は、使用者側の経済的な事情そのものである。第2に、変更された労働条件が労働者にとって甘受しうるものでなければならない。変更された労働条件において、職能資格制の場合資格の変更（降格）、賃金の減額、従前の職位・職務内容、変更後の職位・職務内容が裁判所によって審査される。契約を変更して、他のポストへの配置転換により雇用の提供が行われたとしても、その労働者の職業能力に即せず、降格した場合や、賃金の減額が多額にわたる場合には、客観的に見て、当該労働者にとって甘受できないと解される余地があると考える。[57]

このように解するときは、職務が特定されている場合で、労働者が経済的な理由によりその特定された職務への従事が不可能である場合、解雇がただちに有効であると解されないというメリットがある。これにより、同時に、変更解約告知により、契約を変更して、他のポストへの配置転換、より軽易な負担を伴う雇用の提供が必要であると解する余地を残すメリットがあり、解雇を回避しない場合、その後に行われた解雇は、無効であると解するメリットがある。つまり、職務が特定されていた場合でも、使用者が労働能力に即した雇用を提供できた場合には、契約内容を変更して新たな雇用を提供する義務があると考える余地が生じるのである。

4　裁判例・学説における人選基準論

1　現在の裁判例における整理解雇法理——人選基準

　現在では、整理解雇の4要件を総合考慮するとする判決・決定も少なくなく、これらの要件を要素と呼ぶ判決もあるが、さしたる差異は存しない。複数の要件が同時に判断される。1999年から2000年にかけての東京地裁の判決・決定を除いて、裁判所の判決・決定ではこれら4要件（ないし4要素）の具備が要求される点で落ち着いている。1要件でも欠くと解雇は無効と判断されることもあるし、そうではなく、総合的にすべての要件・要素を考慮して解雇の有効性を判断することもある。

　ここで特に問題としたいのは、整理解雇法理における人選基準の客観性の要件である。まず、ここでは、現在まで同基準がどのように裁判上運用されているかを見ることにする。特に、平成不況時の判例を中心に見ることにする。

　整理解雇における被解雇者の選定基準を設定していない場合に、かかる整理解雇は無効と解されることが少なくない。[58] 勤務成績は、従業員の勤務成績、能力、協調性等の人事考課や欠勤、遅刻、早退等の勤怠から判断され、使用者からみれば、このような基準を整理解雇基準に用いることによって、整理解雇により一定の労働力の排除ができることになるが、これらの評価は、使用者の判断にもとづくものであるから、使用者の主観を完全に排除することは非常に困難である。このため、人選基準の設定としては、評価項目、評価対象となる期間、評価方法等が明らかであることが求められると解すべきである。[59] 被解雇者らよりも評価が低い者がいた場合、会社の恣意的判断が多分にあったものとして、適正な勤務評価がなされていなかったこと等を理由として、解雇が無効と判断されている。[60] 人事考課がある程度客観的に行われていたとしても、一定割合の者に毎年退職勧告を繰り返している場合、下位の考課順位の者がいなくなるのは、当たり前であり、相対評価のもとでは平均的な水準に達していないというだけでは不十分であり、著しく労働能率が劣り、しかも向上の見込みがないときでなければならないという判断もされている。[61]

　極めて抽象的な基準により解雇することも裁判例上は認められていない。[62]

「適格性の有無」という人選基準について具体的な運用基準を設定したうえで各職員の適格性の有無を検討したことの主張・立証はないこと、及び、被告が原告らの不適格性を主張するのは、原告らの勤務態度に関する個別の出来事であり、これが他の職員との比較でどのようであったかも判然としないことから、これらを主な理由として、人員削減の必要性があり、解雇回避努力が一応評価されたとしても、業務委託化に伴って行われた本件解雇が無効と判断されている。[63]

　欠勤率が人選基準となることがあるが、欠勤については、25回と全従業員の中で最も多いとされるが、女性生コン運転手の一種の職業病的な側面があることは否定できず、人選に不明瞭な面があるとして、解雇が無効と判断されている。[64] これに対し、高松重機事件（高松地方裁判所平成10年6月2日判決）においては、特に疾病や傷病等による欠勤者について、「欠稼時間の多寡を基本に被解雇者を選定することにはそれなりの合理性があり、このような整理基準を設定することは企業の合理的な裁量権の範囲内であると解される」と判断している。

　組合に対して不信感もしくは嫌悪感を募らせて、反組合的な意思から組合員を人選した場合、不当労働行為となるのはいうまでもない。[65] 客観的人選基準とその運用のないまま、幹部職員が優先的に再雇用されている場合に、大阪地裁は、経営破綻についての原因究明やそれを踏まえた再建に向けての真摯な人選がなされたかについて疑問がもたれると判断している。[66] また、五段階評価はあるものの、中心的な業務を担っていた組合員が最低の評価になっている等の事情がある場合に、不当労働行為を認定した。[67]

　日本において、前述の通り、事業場単位で人選を行い、廃止される事業場の従業員のみを解雇する場合がしばしばみられる。[68] これについて一部の学説では問題視されている。[69] これに対し、東京高裁は、解雇基準の適用範囲が生コン部輸送部門に限られていたことは明らかというべきところ、実態として1審被告会社の生コン部を縮小すべき必要性はこれを認めるに足りず、むしろこれに関連する管理部門、さらには一般管理部門を縮小すべきであったのに、これら管理部門を含めて整理解雇の候補者となるべき者の選定の努力がなされた形跡は全くうかがえず、懲戒処分を含む規律違反の有無や人事査定等に基づく多分に主観的で合理性の乏しいものであったというほかないと判断している。[70]

営業部門分社化のため新会社を設立し、そこへ営業部員を転籍出向させる場合に、原告１人が会社の方針に反対した場合、解雇が無効と判断されている[71]。

中高年を対象とした整理解雇についても、一定年齢以上を被解雇対象者とする整理解雇が有効であると解されているものが多い[72]。

2　労働法学の対応とその限界——人選基準に関する法理とその限界

　小西教授は、使用者の一方的に作成する整理解雇基準によっては使用者の剰員選定の自由は自己制限されないと解すべきであろう、と説くのにとどまっている[73]。この点については、ドイツの社会的法理についても検討を加えつつ、「『使用者は……自己の企業の利益のためにどの労働者を保持すべきかを知る唯一の裁判官である』とするところを、基本的には承認せざるを得ないであろう」と述べている[74]。渡辺教授も、ドイツの社会的選択という考え方について、「この考え方も比較論的考え方と同様に当該企業の労働者たちの側から見れば、『自分をやらずに先ず彼奴の方をヤレ』という主張になってしまうのであり、しかもそれと比べて衡量対象は性質上ヨリ一層客観的な認識・評価が困難で複雑な要素を含んでいる。そもそも個々の労働者の市民的生活の状態が企業経営の必要や合理性の追求にあたって当該労働者に不利益に考慮されるということは、常識論的にはともかくたやすく承認できることではないと思う。結局この法益権衡論的見地からする処理は最も遅れてとられるべき手段というほかはない」と述べるにとどまり[75]、人選基準における社会的選択の法理の導入については消極的な態度をとっておられる。藤原教授は、人選基準については「労使間の合意または使用者の政策的判断にゆだねてよい」と指摘する[76]。

　これらからわかるのは、学説においては十分な人選基準が確立していたとはいい難い、ということである。裁判例においても、一貫して、90年代後半の一定の時期をのぞいて、４要件ないし４要素が要求されているものの、これらのうち人選の合理性について客観的で画一的な基準があるとはいえない。

　しかし、近時、盛教授は、整理解雇法理の最大の問題点が解雇基準にあるとし、中高年などを対象とする解雇基準に疑問を投げかけている[77]。山田教授[78]も、一定年齢を上限とする希望退職や整理解雇について、年齢差別を理由として合理性がないのではないかと述べている。

こうした問題意識を受けて、より包括的に、より多くの差別類型を考慮し、公正な人選基準とはいかなるものであるのか考えていく。

3 解雇の人選における社会的保護の必要性——分析の視点

整理解雇の法理を考えるにあたり、いかなる問題があるかを考察し、それに応じたいかなる保護が要請されているのかを考える必要がある。その際、いかなる者が日本の労使関係において整理解雇の対象となっているのかを考察する必要があると考える。同時に、それが、整理解雇のいかなる本質的な問題を顕にするのかを考えなければならない。以下これを考察していく。

人選基準を主な争点として平成不況時の整理解雇の有効性が争われた事件を分析すると驚くべき事実に遭遇する[79]。整理解雇の実際は、希望退職者の募集の有無を問わず、ごく少数の者のみを解雇するという場合が圧倒的に多いことである。平成不況における101件の整理解雇事件（営業譲渡事件を除く）のうち、10人未満の少数の被解雇者しかいない場合は、91件に及ぶ[80]。大方わずか一桁の労働者のみを対象とした整理解雇しかなく、その実態は、いわば、「狙い撃ちリストラ解雇」ないし「指名整理解雇」が本質となっている。

平成不況時の判例を見ると、リストラの対象とされているのは、次のような者である。
——中高年[81]
——欠勤率の高い者[82]
——扶養家族のない者および消防設備士の資格のない者[83]
——廃止される事業場の従業員[84]
——パートタイマー[85]
——会社の方針に反対した者[86]
——組合員や勤務態度不良者[87]

経営側の者と折り合いがよくない者を排斥したりすることが窺える場合も少なくない。企業の実務、組合の実務ないし、企業で働く労働者からみれば、これらの者が解雇対象者となっているというのは、意外と肌で実感するところと一致するのではなかろうか。

この事実によって問われるのは、第1に、整理解雇の主な目的である人員整

第 4 章　整理解雇の新たな法理のために

平成不況時の解雇一覧

事件名	裁判年月日	掲載誌	被解雇者数	特　徴	解雇の有効性
千代田化工建設事件	横浜地判平元・5・30	労判540号22頁	1名	子会社化、移籍拒否、組合員	無効
トップ工業事件	新潟三条支決平2・1・23	労判560号63頁	原告など8名ら	毎期利益、自己資本増加経営健全、協議不十分	無効
日新工機事件	神戸地姫路支判平2・6・25	労判565号35頁	原告ら	移籍拒否者	無効
日産ディーゼル工業事件	浦和地判平3・1・25	労判581号27頁	2名	配転拒否、工場閉鎖	無効
サイゴンマリタイム事件	東京地決平3・11・22	労判599号46頁	4名	会社整理のため、同じ経営者への移籍を取りやめ解雇	無効
東京教育図書事件	東京地判平4・3・30	労判605号37頁	4名	組合員、いやがらせ	無効
前出事件	東京地判平2・9・25	労判570号36頁	1名	扶養家族ない者、消防設備士の資格なしを基準	有効
正和機器産業事件	宇都宮地決平5・7・20	労判642号52頁	13名	工場閉鎖反対の従業員の解雇、希望退職・配転聴取せず	権利濫用
福岡県労働福祉会館事件	福岡地判平6・2・9	労判649号18頁	5名	外部委託化、職員全員の解雇	有効
千代田化工建設事件	東京地判平成6・1・27	労判645号27頁	1名	分社化移籍拒否、少数組合員解雇	無効
大申興業事件	横浜地判平6・3・24	労判664号71頁	1名	地連脱退させるため、脅しと懐柔後、解雇	無効
八千代電子事件	東京地八王子支判平6・8・30	労判659号33頁	2名	部門縮小、協調性欠け、他より見劣りする者	有効
インターセプター・メディア・ソフトサービス事件	大阪地決平7・1・10	労判680号88頁	バイト全員9名ら	事業再構築、バイト全員の解雇、組合員排除	無効
土藤生コンクリート事件	大阪地決平7・3・29	労判693号99頁	組合員のみ	分割移籍拒否かつ労働条件変更拒否者、組合員	無効
ジャレコ事件	東京地決平7・10・20	労判697号89頁	4名	ゲーム開発遅延・中止、開発四部廃止・人員削減	無効
社会福祉人大阪暁明館事件	大阪地決平7・10・20	労判685号49頁	4名	60歳定年後の再雇用者解雇、放漫経営、和議事件	1名有効、3名無効
三和機材事件	東京地判平7・12・25	労判689号31頁	1名	和議、分社化、出向拒否者(組合幹部)、配転せず	無効
よしとよ事件	京都地判平8・2・27	労判713号86頁	3名	パート(5名解雇後定年すぎた2名再雇用)	無効
ロイヤル・インシュアランス・パブリック・リミテッド・カンパニー事件	東京地決平8・7・31	労判712号85頁	1名	部長職解任	無効
社団法人大阪市産業経営協会事件	大阪地判平9・6・16	労判739号155頁	1名	協議会解散後債権者のみ債務者に再就職できず	無効
サンク事件	大阪地判平10・3・27	労判744号84頁	1名？	レストラン部赤字だが、ホテル全体黒字、協議なし	無効
兵庫県プロパンガス保安協会事件	神戸地決平10・4・28	労判743号30頁	複数名	委託業務(保安)廃止、組合嫌悪	無効
高松重機事件	高松地判平10・6・2	労判751号63頁	4名	赤字、工場閉鎖、分会長が出勤不良者	無効

第Ⅱ部　日本法における解雇規制とその行方

事件名	裁判所・判決日	出典	人数	事由	結論
宗田ゴム事件	大阪地決平10・6・4	労判747号87頁	4名人員削減	パートなど雇用、希望退職不募集、損失解消	無効
大阪労働衛生センター第一病院事件	大阪地判平10・8・31	労判751号38頁	1名	パートへの切り替え通告後解雇	無効
島長事件	東京地判平10・10・27	労判758号88頁	5名	青果部の営業不振、勤務態度不良	無効
北原ウエルテック事件	福岡地久留米支決平10・12・24	労判758号11頁	不明	研磨テストの成績・勤怠・組立技能テストの成績	無効
高島屋工作所事件	大阪地判平11・1・29	労判765号68頁	1名	赤字部門閉鎖、遅刻等多、協調性欠く	有効
聖パウロ学園事件	最一小判平12・9・28	労判794号5頁	1名	宗教科廃止	無効
長門市社保協事件	山口地決平11・4・7	判決未掲載	2名	ヘルパー業務の民間委託	有効
ナカミチ事件	東京地八王子支決平11・7・23	労判775号71頁	3名	オーディオ生産海外移転、組合員、部門廃止、配転・転籍	有効
ゴールド・ハウス・インターナショナル事件	東京地決平11・9・1	労判789号83頁	1名	営業部長成績不良	有効
東洋印刷事件	東京地決平11・10・4	労旬1482号24頁	9名	電算部廃止、組合員、60歳以上の者	1名無効、ほか有効
同和観光事件	大阪地決平11・10・15	労判775号33頁	4名	非違行為で報復的な解雇、金員着服→人選	無効
浅井運送事件	大阪地決平11・11・17	労判786号56頁	14名全員	破産の場合解雇法理不適用	損害賠償棄却
ケイエスプラント事件	鹿児島地判平11・11・19	労判777号47頁	4名	欠勤・遅刻・早退、勤務態度・健康状態	無効
角川文化振興財団事件	東京地決平11・11・29	労判780号67頁	14名	編纂部閉鎖、嘱託など	有効
大友運輸事件	大阪地判平11・12・24	労判785号80頁	1名	腎機能障害者1級、非違行為4年後の解雇	無効
ナショナル・ウエストミンスターバンク事件	東京地決平12・1・21	労旬1483号29頁	1名	外資、生活維持・再就職便宜、退職金	有効
峰運輸事件	大阪地決平12・1・21	労判780号37頁	2名？	組合員、勤務態度不良など	無効
三田尻女子高校事件	山口地決平12・2・28	労判807号79頁	7名	人員削減を要する程財政悪化していない	無効
廣川書店事件	東京地決平12・2・29	労判784号50頁	1名	出版分室閉鎖、組合員、配転困難	有効
ワキタ事件	大阪地決平12・4・17	労判792号138頁	1名？	パート、英文書類作成業務不要	無効
藤川運輸倉庫事件	東京地決平12・4・18	労判793号86頁	4名	スト、組合撲滅の意図、再雇用せず	無効
北海道交通事業協同組合事件	札幌地判平12・4・25	労判805号123頁	6名	勤務態度不良	有効
マルマン事件	大阪地決平12・5・8	労判787号18頁	1名	担当の室閉鎖、成績平均よりやや下、希望退職拒否	無効
シンガポール・デベロップメント銀行事件	大阪地決平12・6・23	労判786号16頁	2名	外資、配転無理、退職一時金・転職斡旋サービス提供	有効
知多南部卸売市場事件	名古屋地決平12・7・26	労判794号58頁	1名	パートへの切り替えのオファー、解雇	無効

第 4 章　整理解雇の新たな法理のために

事件名	裁判所・判決	掲載	人数	理由	結論
揖斐川興業運輸事件	横浜地川崎支決平12・9・21	労判801号64頁	営業所勤務者(6名ら)	営業所閉鎖、配転・出向なし、団交拒否	無効
沖歯科工業事件	新潟地決平12・9・29	労判804号62頁	6名	歯科技工士のうち目標達成率低い者、組合員	無効
ワキタ（本訴）事件	大阪地判平12・12・1	労判808号77頁	1名？	パート、英文書類作成業務不要	無効
中越黒鉛工業所事件	大阪地決平12・12・28	労判805号146頁	少なくとも3名	組合結成	無効
白峰学園事件	横浜地判平13・2・1	労判811号88頁	1名	フランス語講座の廃止、理事会は原告解雇に眼目	無効
東工設備事件	東京地決平13・2・28	労判807号91頁	債権者ら	勤務態度不良、勤務成績不良	無効
恵泉寮事件	神戸地判平13・3・26	労判813号62頁	寮少なくとも6名	寮廃止	無効
労働大学事件	東京地決平13・5・17	労判814号132頁	7名	組合員、業務の外部委託化、非協力的	無効
ティーアール建材・エルゴテック事件	東京地判平13・7・6	労判814号53頁	140名	同課の日給月給・パートを雇止め、その後正社員解雇	有効
オクト事件	大阪地決平13・7・27	労判815号84頁	3名	赤字、高額賞与支給	無効
島之内土地建物事件	大阪地決平13・10・31	労判816号85頁	少なくとも3名	部門閉鎖	無効
岡惣事件	東京高判平13・11・8	労判815号14頁	4名	ストに対する損害賠償、懲戒、スト参加者への解雇	無効
オー・エス・ケー事件	東京地判平13・11・19	労判816号83頁	本人および役員	取締役辞任要求	無効
ヴァリグ事件	東京地判平13・12・19	労判817号5頁	6名	①53歳以上、②53歳未満不合理と判断、解雇の3ヶ月前に人員削減言及	無効
厚木プラスチック関東工場	前橋地判平14・3・1	労判838号59頁	1名	半日パート職種廃止、配転不可能、退職一時金提案	有効
乙山鉄工事件	前橋地判平14・3・15	労判842号83頁	1名	障害者、勤務態度不良理由	無効
塚本庄太郎商店事件	大阪地判平14・3・20	労判829号79頁	3名	売上げ減、バイトより優先的に解雇、組合に説明不十分	無効
奥道後温泉観光バス事件	松山地判平14・4・24	労判830号35頁	2名	貸切バス規制緩和、余剰人員なし、資料提供・説明なし	無効
国際信販事件	東京地判平14・7・9	労判836号104頁	10名全員	配転せず、諸経費削減せず、いやがらせ	無効
鐘淵化学工業事件	仙台地決平14・8・26	労判837号51頁	2名？	営業所廃止、出向可能、総合職転換提案拒否、退職金加算・再就職支援	無効
榎芳商店事件	大阪地判平14・8・9	労判833号91頁	1名？	65歳の原告を解雇、年金受領一応生活確保→人選正当	有効
マルソー上田木材事件	津地上野支決平14・9・3	労判743号88頁	6名中から解雇	組合員、経営不振	無効
安川電機八幡工場事件	福岡高決平14・9・18	労判840号52頁	7名	パート、出勤率など基準	無効
大誠電機工業事件	大阪高判平15・1・28	労判869号68頁	6名	JRの受注打切りによる出張所廃止	有効
平和学園高校事件	東京高判平15・1・29	労判856号67頁	3名	生徒数減少、資質・余剰生じた学科等を基準	有効

223

第Ⅱ部　日本法における解雇規制とその行方

事件名	裁判所・判決日	出典	原告含め数名	理由	結論
弥生工芸事件	大阪地判平15・5・16	労判857号52頁		パート、勤務態度不良	無効
東京金属ほか1社事件	水戸地判下妻支決平15・6・16	労判855号70頁	22名	解散、組合員	無効
京都エステート事件	京都地判平15・6・30	労判857号26頁	1名	筆頭株主意向の解雇、子会社含め処遇せず	無効
ジャパンエナジー事件	東京地決平15・7・10	労判862号66頁	4名	グループ内での雇用困難な者	無効
ゼネラル・セミコンダクター・ジャパン事件	東京地判平15・8・27	労判865号47頁	5名	グループ企業（外資）、5名退職	無効
PwCフィナンシャル・アドバイザリー・サービス事件	東京地判平15・9・25	労判863号19頁	3名の人員削減	外資、割り増し退職金	無効
東北充電装信州工場事件	長野上田支決平15・11・18	労判861号85頁	債権者ら	工場閉鎖、転勤拒否	無効
タイカン事件	東京地判平15・12・19	労判873号73頁	2名	期間雇用	無効
イセキ開発工機事件	東京地判平15・12・22	労判870号28頁	2名	派遣に先立ち解雇、民事再生手続、組合嫌悪	無効
千代田学園事件	東京地判平16・3・9	労判876号67頁	16名	組合を弱体化する意図で組合員を解雇	無効
ジ・アソシエーテッド・プレス事件	東京地判平16・4・21	労判888号139頁	3名	暗室廃止	無効
宝林福祉会事件	鹿児島地判平17・1・25	労判891号62頁	1名	措置制度から支援費制度移行、調理員外部委託	無効
ネスレコンフェクショナリー関西支店事件	大阪地判平17・3・30	労判892号5頁	5名ら	臨時職員、配転・協議なし	無効
マルナカ興業事件	高知地判平17・4・12	労判896号49頁	1名	職務適格性欠如、クレームへの対応	無効
九州日誠電気事件	福岡高判平17・4・13	労判891号89頁	1名	50・51歳以上の者解雇	無効
CSFBセキュリティーズ・ジャパン・リミテッド事件	東京高判平17・5・26	労判899号61頁	1名	外資、能力、協調性不足を理由	有効
印南製作所事件	東京地判平17・9・30	労判907号25頁	原告他数名	評価順位表適正とはいえない	無効
日本アグファ・ゲバルト事件	東京地判平17・10・28	労判909号90頁	1名	グループ収入減少、年齢・賃金高い、英会話能力	無効
三陸ハーネス事件	仙台地決平17・12・15	労判915号152頁	50名前後	事業廃止	権利濫用否定
山田紡績事件	名古屋高判平18・1・17	労判909号5頁	100余名	民事再生手続き、最高裁で和解成立	無効（最高裁和解）
ホクエツ福井事件	名古屋高金沢支判平18・5・31	労判920号33頁	2名	製造部門廃止、協議の際開示不十分、配転なし	無効
東光パッケージ事件	大阪地判平18・7・27	労判924号59頁	1名ら	原告ら結婚、同じ職場勤務嫌悪	無効
新宿区勤労者福祉サービスセンター事件	東京地判平18・8・25	労判923号13頁	1名	事務局長代行解任、排除、幹旋拒否	無効
東京自動車健保組合事件	東京地判平成18・11・29	労判935号35頁	1名	労働局相談などを嫌悪した解雇	無効
アイレックス事件	東京高判平19・2・21	労判937号178頁	21名	選定合理性なし、説明・協議不十分	無効

第 4 章 整理解雇の新たな法理のために

テレマート事件	大阪地判平19・4・26	労判944号61頁	27名	食品事業部全員、組合嫌悪	無効
横浜商銀信組事件	横浜地判平19・5・17	労判945号59頁	15名	55歳以上の役職員	無効
社福法人仁風会事件	福岡地判平19・2・28	労判938号27頁	2名	介護保険法事業悪化、部門廃止	無効
営業譲渡事件を除く			10名以上が12社		

理を通じた企業の再生が、使用者によるこれら少数者の解雇を手段として果たして可能になるのかということである。整理解雇の多くのケースは、赤字を計上し、あるいは、営業成績、売上げが減少し、販売管理費が減少する場合である。こうした場合に、多くの整理解雇事件に見られるようなこれら数人ないし10人未満の労働者の解雇を通じて、企業再生が達成されうるのか、重大な疑義が存する。

　第2に、これと関連するが、これらの者が判例、学説において十分な保護がなされ、裁判上整理解雇対象者から保護されていたであろうか、という点が問題となる。解雇法上、裁判例においていわゆる4要件（ないし要素）が必要と解する法理が確立してきたが、このような「狙い撃ちリストラ解雇」ないし「指名整理解雇」を阻止するだけの役割を司法は十分果たしてきたとはいえない。こうした者に対する保護法理が十分には及んでいないのである。そうだとすれば、整理解雇において、社会的に保護に値すると思われる者を解雇させない、という保護法理を打ち立てることが求められることになる。そこで、こうした者を保護しようとする場合、信義則上の義務との関係で構想しようと本書では考えるが、問われるのは、いかなる根拠により、これらの者を解雇し得ないのか、そして、いかなる者が解雇されえないのかということである。その理念との関係（特に、社会国家原理との関係）が問われるとともに、信義則上の義務（特に、配慮義務および平等取扱い義務）の法的な基礎づけそのものも問われる。これについては順に後述していく（第Ⅱ部本章5）。

4　日本の労使関係における「人選」の意味

　公正な人選基準が存在しているとはいい難かったことが、日本の労使関係においては現実的にはどのような状況をもたらしてきたのであろうか。

　査定制度を理由することにより、主体的な意思による成果の管理・実現を迫

られるが、その実は、職能資格制度や職階制のなかでの選別により精鋭とぱっとしない者にわけさせ、それが場合によっては人員整理に影響してくることすらある。この傾向は、成果主義賃金とそのための目標管理制度の導入により、一層強まっていることはいうまでもない。期待される社員になるための社員間競争が、ときにはグロテスクに展開され、会社に融和しない個人や労働者グループは、いじめ、退職勧奨、リストラ解雇という形態をとって、職場八分にされることすらある。日本の企業社会の持つ二面的な性質、成果主義による個の差異化、前近代的な風土を抱えたままの"村"社会がリストラという形で鮮明になる。その上、日本的経営のもとでは、希望退職、退職勧奨、整理解雇を通じて、能力、やる気、体力、態度や性格において望ましくないとみなした者を退職に追い込むことのできる職場環境を有している。中高年の多くが、疾病を抱えつつ労働し、それを会社に知られることなく黙々と働いても、そうした者を整理解雇や希望退職にあたって、欠勤日数を問題にすることで、会社の外へ放逐してしまう。こうした職場社会の個のあり方こそ問われるべきであるのに、差別類型に限りがある現在の差別禁止のもとでは、こうした者を自由権的に十分に保護できずにいる。これまでの法理の限界点をにわかに露呈させている。執拗な退職勧奨やいじめに対しては部分的に不法行為法理などで救済されるが、解雇や希望退職において、中高年、（精神的な疾病を含む）疾病者、障害者、勤務態度不良者等が選別された場合の労働契約関係の存続保護法理が現在のところ十分には存在しない。

　解雇事件の多くの事件は、法や判例を遵守せず、整理解雇規準の明白な違反事例が多い。ヨーロッパ社会との比較では、人間としての主体的自由の精神の形成が教育の場でも労働の場でも、現在でもなお十分なものではないことも一因であろう。企業組織内部の価値や行動形態が、法の精神をも超越してしまうという、日本型企業社会特有の現象が現れる。また、法の非法化と関係して、企業の社会的責任として注目されるコンプライアンスについても、法を遵守する企業は、不祥事を引き起こした過去への事後的な対処を行うにすぎず、一般には法令を遵守しないとの指摘もあり、このことも原因の一端を担っている。しかし、解雇での選別・差別事件が絶えないのはこうした原因にとどまらない。

さらに、原因としては、解雇の人選基準が問われる場合に、近代的な経営・人事管理とは無縁の、むしろ、人間関係のもつれ、経営者との方針の違い、組合活動の弱体化を図る行動が解雇と関わっている。前近代的な封建的な側面が垣間見られ、場合によってはそれが前面に現れている。成果主義的人事管理・人事考課から客観的に能力のない者を選び出しているというよりは、アプリオリに労働者の排出を狙おうとしている。だからこそ、前近代的な人事管理による被害者＝労働者の人格と人間の尊厳を回復させる、被解雇者の社会的保護が必要だと考えられる。

　ヴェーバーは、かつて、来世に救いが予定されているか否かは、純粋に神の判断によるとし、市民層が事業活動に勤勉に精を出しそれが神の意に沿うと理解し、儲けた金で贅沢をすることが禁ぜられたが、合理的な経営により得られた利潤は生産のために再投資させ、かくして、プロテスタンティズムは、勤勉な企業家の精神と結びつき、その倫理は資本主義の精神の核心を支えるととらえた[92]。しかし、ここでは、資本主義社会の問題点が横たわり、「社会的実益（有益性）＝全体の福祉に奉仕する事象化された規律された正しい職業労働こそ『隣人愛』の表現とみなされるのであるから、そうした『人間性に疎遠な』対他関係の実践が物象と物象の非人間的な相互依存関係から成り立つ『市場ゲゼルシャフト形成』に対応することになったのである[93]。」現在では「いわば隣人との関係における人間性は死滅し去ったのである[94]」。減量経営の中、日本の組織労働者は、厳しい選別に駆動される労働者間サバイバル競争の中で、連帯と協同の気風を失いつつある[95]。

　かつては、実際には、日本の労使関係は、理論的には否定されたはずの共同体関係に類似し、一方では、労働者に対し、私生活の支配（政治活動の禁止、配転）を要求する関係であったのに対し、他方では、企業年金、寡婦の雇用、中高年・疾病労働者の雇用確保など企業内福利に恩恵的な配慮を施す関係であった。こうした労使のあり方は、80年代ころまでは経営側への「忠誠」を、経営側からの「恩恵」的給付を、内容とする情宜的な日本の社会の中核をなしていた。上述の中流階層の形成や階層上昇を予定する機会の平等を戦後民主主義の一内容と即応するものであった。

　しかし、グローバル経済、経営の効率化とスリム化、成果主義の進展によ

り、また、リストラの実施によって、残された精鋭の労働者にとっては、ノルマ・残業が苛酷な状態に至り、労働者間の競争はより熾烈なものとなった。リストラにより企業を去った労働者は、格差社会の中で、中高年に対する「年齢」による採用差別、短い雇用保険給付、総需要の減少のもと、長期失業者として苦しい生活が強いられた。企業内に残った労働者にとっても、もはや、企業は、企業年金、寡婦の雇用、確かな雇用の確保など企業内福利に恩恵的な配慮を施してくれる存在ではなくなった。企業外に放出された労働者にとって、企業は、高齢、疾病、障害、「勤務不良」にかかわらず、雇用を確保してくれる場ではなくなった。かくして、法的には基礎づけのない共同体としての企業社会は、実体のある存在ではなくなり、企業内で孤立しアトム化した労働者個人同士が、生き残り競争を展開している。企業は、もはや一戸建て住宅を建てられるような豊かな可処分所得をもたらす中流階層をも崩壊させつつあるといわれる。しかし、日本の企業社会は、共同体社会から契約社会へと性格を転じたのではない。むしろ、90年代以降の平成不況以降、企業は、一方では、企業内にとどまった労働者には、一層の「支配」を、その恩恵に被れなかった労働者（中高年、疾病者、障害者、勤務態度不良者、労働条件引下げ拒否者、閉鎖される部門の労働者、外国人、パートタイマー）には、「選別」の洗礼を浴びさせている。アメリカの労働社会とは異なり、日本の労働者は、転職によりこれらの不利益を回避できるわけではなく、企業は、アトム化された個人の逃げ場のない企業社会となったのである。日本型の企業社会のうちから、苛酷な企業社会の部分（リストラ、残業、ノルマ、選別）だけが残され、「負」の部分が強化された一方で、企業内福利の「正」の部分がなくなったのである。失われた15年は、日本型企業社会の質的な貧困化をもたらし、その社会の負の部分の解消こそ今後求められていくことになる。

5 日本社会における社会的包摂と配慮義務

1 雇用における平等

こうした日本の雇用社会の負の部分を解消させようという問題（特定の者の排除の問題）は、平等規制と関わりがあると考えられる。日本の画一的な雇用

保護の労使関係及び、整理解雇法理において十分な保護も及んでいるのかという点が改めて問われることになる。そこで、まず、憲法および労働法において捉えられてきた平等原則の射程及びその限界について振り返る必要がある。

（1）**平等取扱い原則**　平等取扱い原則とは、客観的でない理由から比較しうる状況にある労働者を異なって取り扱うことを許さない使用者の義務をさす[96]。平等取扱い原則の本質は恣意の排除にあり、客観的でない理由から比較しうる状況にある他の労働者に対して個々の労働者を随意に劣位に置くことのみを禁止する[97]。特に、法解釈上は、2つの側面を区別しなければならないとされ、規範の定立と規範の適用（実行）である[98]。

ドイツの労働法上の平等取扱い原則は、同じまたは比較可能な状況にある労働者あるいは労働者のグループに対し、同一に取り扱うことを使用者に対し命ずるものである。禁止されるのは、あるグループ内において個々の労働者を随意に冷遇することや疎外されたグループを形成することである。むろん、契約の自由の枠内で個別的に交渉された賃金を支払うことは使用者には妨げられない。しかし、一定の要件または一定の目的によりこれを定めることで、認識可能な一定の原則に従い使用者が賃金を与える場合には、平等取扱い原則は適用される。平等取扱い原則がこれにより適用される限りでは、不平等の正当化には正当な根拠を要する[99]。賃金条項に発展したこの原則は、老齢事業所年金にも適用される[100]。

ほかに、意味があるのは、共同体法に一致した解釈原則による国内法である。国内裁判官に対してはその適法性の範囲内で、共同体法の完全な実効性を確保することを義務づけられている[101]。この原則は、同時に、ある抵触が国内法の他の規範によって回避される解釈方法の適用により、一定の事情のもとで国内法を解釈し、EU法を考慮して適用することを可能にする、国内の裁判官に対する義務と原則を包含している[102]。一般的な平等取扱い原則が基本法から帰結される国内の憲法上の平等原則に照らして解釈されることは国内法において認められている[103]。年齢を理由とした差別禁止のヨーロッパ法上の原則が適用されるとしたら、その限りで、国内法上の一般的平等取扱原則の解釈に対し影響を及ぼすとされる[104]。

ドイツの労働法上の平等取扱い原則の妥当性の根拠についてはかつては実体

法上根拠づけられていたわけではない。基本法上の平等原則とは異なるものであるし、これに基礎を置くものではない。ドイツ労働法においても、「規範の完遂（Normenvollzug）」[105]、配慮義務[106]、社会法的な保護原理[107]に拠るとの見解があったが、いずれも説得力に欠けている。配慮義務や社会法的な保護原理に根拠づけられるというのは、明らかなことではない[108]。このなかで、労働法上の平等取扱い原則は一般的人格権に拠るという見解が最も説得力があると思われる[109]。コーイング教授は、すでに、「恣意的な差異は、同時に、そのように扱われる者の人間の独自の価値を侮り、無視すること」[110]を意味すると述べている。その者が行い得て行ったことを真摯に受け止めることを不要とし、疑念をもち、あたかもその者を計算に入れず、あたかも私たちと同様に人間ではなくモノであるかのように、扱っているのである[111]。日本の最高裁は、被上告人らを退社後尾行したりし、特に被上告人の１人については、ロッカーを無断で開けて私物である「民青手帳」を写真に撮影したりしたという場合に、「これらの行為は、被上告人らの職場における自由な人間関係を形成する自由を不当に侵害するとともに、その名誉を毀損するものであり」、また、被上告人らに対する行為は「そのプライバシーを侵害するものでもあって、同人らの人格的利益を侵害する」と判断し、労働法における人格的利益の保護を不法行為において認めている[112]。こうした労働者の人格を保護しなければならない点は最高裁も認めているところである。かかる人格権ないし人格に対する配慮義務に平等取扱い義務の根拠は求められると解しうる。

　従来、平等原則を定める憲法14条前段では、「人種、信条、性別、社会的身分又は門地」に差別類型を限定していたが、労働基準法３条においても、すでに、「労働者の国籍、信条又は社会的身分」を理由とした「賃金、労働時間その他の労働条件」における差別的取扱を禁ずるところにまで射程範囲を拡大させている。さらに、パートと正社員の均等処遇について、長野地裁上田支部平成８年３月15日判決において、すでに、「労働基準法三条、四条のような差別禁止規定は、直接的には社会的身分や性による差別を禁止しているものではあるが、その根底には、およそ人はその労働に対し等しく報われなければならないという均等待遇の理念が存在していると解される。それは言わば、人格の価値を平等と見る市民法の普遍的な原理と考えるべきものである」として、「同

一の労働に従事する臨時社員の賃金が女性正社員の賃金の八割以下となる場合には、許容される賃金格差の範囲を明らかに超え、その限度において使用者の裁量が公序良俗違反として違法となる」という判断が示されている。派遣社員と正社員の均等処遇原則の導入も叫ばれて久しく、ドイツでは、すでに、2004年からは、全派遣期間について比較しうる基幹の労働者と同様に、平等取扱いが要請されている。つまり、派遣法10条5項において、「3項1項6号による一の派遣先への同一の派遣労働者の12ヶ月以上の連続した派遣の場合に、12ヶ月の経過後、派遣元企業は、派遣先企業の事業所において比較可能な労働者に適用される賃金を含めた労働条件を派遣労働者に対し与えなければならない」と規定されている。これらは、憲法上の平等原則で定められたカタログをこえて、類型的に不平等な取扱いについて違法視することとしたものである。

さらに、雇用と職業における平等の実現のための一般的な枠組みの設定に関する理事会指令2000／78は、「加盟国の平等取扱い原則の実現を考慮して、雇用と職業に関する宗教、世界観、障害、年齢、または、性的な志向を理由とした差別の撲滅に関する一般的な枠組みを設定する」ことを目的として（1条）、1条で掲げられた事由による平等取扱いを実現するため、直接・間接差別を禁止している（2条）。

ドイツにおいても、この指令の国内法への置き換えのための措置として、2006年7月7日、連邦参議院で一般平等取扱法が通過し、2006年8月18日同法が施行された。一般平等取扱法1条は、「この法律の目的は、人種、民族に特有な出自、性、宗教、または、世界観、障害、年齢、性的なアイデンティティを理由とする不利益的取り扱いは、阻止され、または、除去されなければならない」と定めた。また、3条3項において、ハラスメントも禁止され、「1条で掲げられる事由と関係する期待されない行為態様が、当該人の尊厳を侵害し、脅迫、敵視、嫌悪、辱め、または、侮辱によって特徴づけられる環境形成を目的とする場合、又は、そうした環境形成に影響を与える場合には、不利益的な取扱いとなる」と規定されている。ヨーロッパにおいては、近代社会において抽象的な法の下の平等という概念のもとで生じた間隙を埋めるべく、反差別に向けて立法措置を含めた取り組みが進んでいる。

これと対比すると、性を理由とした不利益取扱いの法理は日本法においても

発展しつつあるものの、年齢、障害を理由とした差別禁止法理を日本法はいまだ知らない。セクシュアルハラスメント以外のハラスメントについての明確な禁止規定も有していない。こうしたことが、日本法上一定の類型的な差別や不利益取扱いを生じさせる原因になっているといえる。これは、現代の雇用社会において判例法理によって補充されるべき法の欠缺が存することを意味する。日本法においても、平等ないし均等処遇の原則は労働法上は、憲法で明文上認められた差別類型をこえて保護の射程範囲を含みうるものでなければならない。

　（２）　日本における平等原則　　日本の雇用システムにおいては、事実上、平等の原理が内在していたと考えられる。

１）日本の場合、長期雇用のシステムが判例法理としての解雇権濫用法理とともに、従業員の雇用保障を行ってきた。日本の企業別組合は、長期雇用とよばれる雇用慣行の上に乗った労働組合の宿命として、解雇への反対を使命としてきた。[115]

２）成果主義賃金が導入される以前には、労働者の潜在的な能力に着目して、賃金が勤続年数に応じて段階的に上昇していく、年功序列型賃金が発達し広まっていた。平等と生活保障が組合の政策の基本であったといわれる。[116] 男性正社員に関しては、勤続年数に応じて、平等に昇格していくシステムが確立していた。

３）昇進について、２）と関係するが、平等昇進が基本とされ、アメリカなどと異なり、遅い選抜が行われ[117]、入社後15年までは昇進による差がわからない形で男性正社員が昇進していった。

４）就業規則は画一的・統一的な決定という性質に依拠して判例法理が形成された。

　しかし、既述の通り、日本の雇用社会において雇用の平等を確保するというのは、男子・正社員を対象とするにすぎなかった。２）と３）に関係するが、昇進・昇格をめぐって、女性やパート、派遣社員といった非正社員は画一的な平等性の確保という労使関係上の理念からは除外されている。日本社会では、年功序列型の賃金体系や人事管理においてみられたような平等の要素が後退し、能力主義、競争原理がますます重要な要素を占めてきている。[118] これに加えて、１）に関して、平成不況において、多くの場合、ごく数人（多くて10数人）を対象とした少数者を狙い撃ちにした解雇の不平等さ、不公正さが顕わになっているように思われる。中高年、疾病者、成績・勤務態度不良者、組合員等、少数の者のみが整理解雇を甘受しなければならない地位に陥りつつある。こう

した特定の社会的に保護に値する者に対する社会的な保護や平等規制が及んでいないのである。日本の画一的な雇用保護を旨とする労使関係・整理解雇法理双方において、これらの者への配慮の視点が抜け落ちているといえる。

従来の日本の雇用保護の労使関係において断片的かつ非体系的にしか確立してこなかった「平等法理」をこえて、特定の社会的に保護に値する者に対する新たな保護法理が要請されることになる。

こうした社会的に保護に値する者を保護しようとする場合、理念の問題が問われるが（社会国家原理の関係）、これを以下において述べることにする。

2　社会的包摂の必要性

資本主義社会においてわずかな経済成長率の上昇が高所得者に一層の利益と富を蓄積させ続ける一方で、同じ社会において特定の者に対し苛酷な程度での貧困を発生させている。年齢、疾病・障害など所得を得る潜在能力を低下させるハンディキャップが貧困を導くことはすでに述べたところである。[119] 生来的なあるいは事後的な障害・疾病・高齢による、潜在的な能力の欠如の結果、自由な競争社会のなかで生き抜く可能性が奪い去られている。生まれながらにしてあるいは事故や病気、老齢によって、競争社会において生きぬくだけの潜在能力が欠けている場合、本人としては選択の自由が制限され、自由社会において機会の平等が奪われており、個人の意思、判断と責任に基づいて職業生活を築いていくのが困難である。そればかりか、生来の障害、事故による疾病や障害、病気、高齢によって、あるいは、労働能力や協調性の不完全さによって、リストラの対象とされることもありうるのである。これらは、解雇法制を含め労働・社会福祉法制において十分に考慮されておらず、それが貧困の一因をなしていると考えられる。

現在のリストラの状況をみるとき、これが法治国家、福祉国家の理念を保持した国家の姿といえるのか、という疑念に対して十分に理論的な解答を得るのも難しい。近代社会は、基本的人権と自由・平等の理念を掲げて成立してきた。しかし、こうした近代を支えた理念とは異なり、特定集団に対する差別・排除は増殖しており、近代における「法の下の平等」には包摂されない「障害」「国籍」「高齢」といったカテゴリーでの差別も行われている。ヨーロッパ

社会でも、職場において、特定の労働者に対するいじめや嫌がらせは行われている。
[120]

　1980年代に始まったサッチャリズムやレーガノミクスは、個人の自由を何よりも重視し、国家による経済活動への過度の干渉や弱者救済を目的とした手厚い福祉行政を批判することで大きな支持を集めた。イギリス・アメリカの保守政権の政策は、大きな政府がもたらす国民負担の上昇や経済の非効率、公的な部門の拡大に歯止めをかけることに主眼が置かれた。しかし、小さな政府を支持する米英の経済政策が行き過ぎてしまったように、その路線を引いた日本の構造改革路線、新自由主義路線も明らかに行き過ぎてしまった。[121]構造改革路線、新自由主義の性格上、社会的弱者を弱者のままになおざりにし、富の膨張を招いてしまう。自由主義の下で、競争の中稼ぐことが正義とされ、その競争に敗れて失職するのは、あくまでも自己責任なのだとみなされる。グローバル経済のもと中国やベトナムへの企業の海外進出により、特に、企業の工場進出、現地生産や委託生産により、企業は現地の労働者を雇用し安い賃金を利用する一方で、企業は巨額の資本を蓄積させていった。企業再編、特に、合併、企業譲渡を繰り返すなかで、企業は多額の富を生み出し蔵えつつある一方で、不要な労働力を労働市場へ屈託なく排出してきた。グローバル資本主義や新自由主義による被害は、世界で引き起こされているグローバルウォーミングの問題にとどまらずに、貧困社会による社会の解体まで生じさせていた。こうしたことは、西洋の共産主義国の崩壊する中、資本主義の勝利、民主主義の勝利が連呼されたことと無縁ではない。格差の拡大を正当化することこそすれ、それを防止する原理と手法を欠いたままであった。労働法学においても、自己決定権の強調は、必ずしも、貧困社会の肯定を意味しないが、貧困社会や新自由主義に対して対抗しうるだけの理念性を兼ね備えたものではなかった、というのはすでに述べたとおりである（第Ⅱ部第3章2）。キリスト教を母体とするヨーロッパ社会とは異なり、連帯という発想が個人の自由の前提とはされず、労働組合の組織率が低下する中、労働組合運動としても労働法学としても連帯ということが語られない。個人の自由権や社会権に互いに配慮したものでなければならない市民社会も、日本社会においては成立したとは言いがたく、個人の自由権や社会権が確固たる雇用社会の理念として浸透しているとはいえない状況

第4章 整理解雇の新たな法理のために

である。この日本の状況は、個人の自由が根底から確立され、社会的弱者への配慮に満ちたドイツやフランス、北欧の社会の状況とは大きく異なっている。

規制緩和と福祉国家について論じた章において、社会国家原理や生存権保障の理念のもとで、貧困者に対する社会包摂への法律上の配慮を行わなければならないのはすでに示した。宮本教授は、社会参加支援をライフサイクルに組み込むことが必要であるとする。第一の橋は、教育と労働市場をつなぐ橋であり、生涯教育や社会人入学を重視した高等教育など、働き始めても学び直すことができる条件づくりが、この橋の役割である。第二の橋は子どもを産み、育て、家族のケアにかかわりながら働き続けるための橋で、保育や介護のサービスなどがその内容である。第三の橋は、解雇されたり自発的に職を辞した後でも労働市場に戻っていくための橋であり、職業訓練や職業紹介などがその中身である。最後に第四の橋は、体とこころの弱まりに対処しつつ働き続けるための橋であり、高齢者の就労支援や人々の「生き難さ」を解消するさまざまなサポートを指している。[122] また、岩田教授が説く通り、社会的包摂は、労働市場への参加や復帰だけで達成されるものではない。労働参加を強調するだけではなく、これと並行した所得保障があってこそのワークフェアであり、アクティベーションとなる。また、ある社会への帰属の現実的基点となる住居・住所の保障と市民としての権利義務の回復も必要である。[123] 就労、福祉、教育、住宅、高齢などさまざまな分野での社会的排除をなくすことが貧困問題の重大な課題の1つである。職場やコミュニティにおける社会的排除のプロセスを読み取り、これに応じた対策を練ることが肝要である。階層間移動を流動化するための制度改革とともに、他者の潜在的能力を育むための制度改革が必要である。[124]

しかし、労働の参加のない状態が人間の尊厳が保障された状態であるといい難い。疾病や障害等があったとしても、また中高齢であったとしても、労働者が誇りを持って安定した暮らしが可能となる社会の創造こそ第一義的に達成されるべきである。高齢、疾病、障害等を理由として解雇され、ひとたび労働市場の外へ放出されれば、再び労働市場の中へ入ることも困難である。採用段階において、年齢、疾病、障害を理由とした不利益取扱い（不採用）が日本法では禁止されておらず、これらの属性を持った者を不採用とすることもほぼ採用の自由に属している。資本主義諸国において、高齢、精神薄弱、不健康、障

害、少数者グループに関する差別などが労働の機会を奪い、貧困を作り出す原因となっている。ましてや、労働市場の入り口（採用）、出口（解雇）のいずれの段階でも、ヨーロッパ法とは異なり、障害、老齢を理由とした差別さえ禁止されていない場合、労働市場とその法の不公正さが顕になる。そうである以上、社会国家原理において、能力に先天的にあるいは後天的に恵まれない者が、資本主義社会において排除されないよう、これらの者の社会包摂が宿命であると考えられるのである。個別的貧困を取り除くための社会包摂が、現代においては、社会国家原理の具体的な内容となるのである。

そのためには、第1に、ハンディキャップや疾病を抱えながらも雇用を維持できる法制や法理のさらなる発展が不可欠であり、貧困を克服し、潜在能力に乏しい者に対して国家が助力し保護するという、社会包摂の思想から、解雇法理との関係で、これらの個別的貧困の原因も取り除くことは説得力のある解決方法であると考える。[125]

第2に、これらの少数者の雇用喪失を回避するため、解雇法制においては日本の雇用関係において類型的に排除されがちな者を排除し得ないという社会的な保護が必要である。社会国家原理は、使用者の選択の諸利益に対して優先的なえり好みを認めることを禁じると構想すべきところである。選択の決定が、理性的で客観的な観点にしたがって行われ、かつ、それに対して正当な裁量の制限が付与されるべきである。これは、現代の日本の雇用関係においては、特に社会的に保護に値する労働者が優先的に解雇されることは許されるはずがないという特有の意味を包含すべきであると考える。

3　配慮義務の法理の過去と現在

(1)こうした社会的に保護に値する者を保護しようとする場合、信義則上の配慮義務との関係で構想しようと考えるが、まず、ここでは配慮義務の法的な基礎づけについて検討する。

ドイツにおける配慮義務、平等取扱い義務の理論的展開を把握しつつ、日本法において付随義務として新たな法理を確立しようとしたのは、和田教授である。和田教授は、ドイツにおいても配慮義務という名称がもはや必要なくなっており、債権関係一般について認められる付随的義務と構成すれば足りるこ

と、付随的義務は法律の規定、契約上の合意、そして民法242条の信義則を根拠として導かれると説いた。「使用者の付随的義務も、それによって保護される労働者の利益に応じて、主たる義務である賃金支払い義務の確実な履行を保護するもの、賃金支払いと関連した労働者のその他の利益を保護するもの、さらにそれ以外の労働者の人格的・財産的な利益を保護するものに分けられ、この中でも労働関係では特に最後の義務が重要な意味を持っていること[127]」を明らかにしている。さらに、信義則の機能として、労働法上指摘できるものに、「解雇権の行使を制限するもの（軽微な義務違反に対する解雇の制限、経済的な危機の際の解雇回避義務、有期契約の更新拒否の制限等）、懲戒権の行使を制限するもの（軽微な義務違反に対する重い処分の禁止等）、人事権の行使を制限するもの（業務上の必要のない人事異動の制限等）、そして、安全配慮義務や労働受領義務などを抽出することができるであろう[128]」と述べている。その上で、安全配慮義務の根拠としては「もはや信義則に言及する必要はなく」、「労働受領義務は労働関係の人格的性格から」、また、「平等取扱義務は労働関係の組織的性格と人格的な性格から導くことができる[129]」と説いている。

(2)判例においては、「生命及び健康等を危険から保護するよう配慮すべき義務」を負っているものと解すべきとし、「安全配慮義務は、ある法律関係に基づいて特別な社会的接触の関係に入った当事者間において、当該法律関係の付随義務として当事者の一方又は双方が相手方に対し信義則上負う義務として一般に求められる[130]」と判示し、信義則に基づく、いわゆる安全配慮義務は、一般的に定着をみている。現在は、労働契約法5条は、「使用者は、労働契約に伴い、労働者がその生命、身体等の安全を確保しつつ労働することができるよう、必要な配慮をするものとする」と安全配慮義務を明文化している。さらに、過労自殺との関連においても、最高裁は、「使用者は、その雇用する労働者に従事させる業務を定めてこれを管理するに際し、業務の遂行に伴う疲労や心理的負荷等が過度に蓄積して労働者の心身の健康を損なうことがないよう注意する義務」を負うことを明らかにしていること[131]はよく知られている。

裁判例においては、さらに、生命及び健康に対する配慮義務から一歩進んで、セクシュアルハラスメントの関係にまで配慮義務の射程を拡張させている。「使用者は労働者に対し、労働契約上の付随義務として信義則上職場環境

配慮義務、すなわち労働者にとって働きやすい職場環境を保つように配慮すべき義務を負っており、被告連合会も原告ら労働者に対し同様の義務を負うものと解される[132]」と説示し、被害者の上司である主任に対するセクハラの被害に対する訴えにもかかわらず、同主任が被告連合会に報告せず、監督義務者らが何らの対応策も取らず、加害者の行為を見逃して、再三の行為を招いたことについて同職場環境配慮義務違反を怠ったものとして、原告らに対し被告連合会が債務不履行責任を負うと判断している。

(3)日本の民法学においても、労働関係における安全配慮義務について、「債務者が従属的である場合には、債権者の危険支配領域内で債務者がみずからの技能を展開するという状況が認められるため、債務者の負う具体的行為義務の判断に際しては、債権者による指揮管理、さらには債権者の危険領域への債務者の配置の可能性が考慮に入れられることになり、債務者が責任を負う範囲がそれだけ狭められるとともに、債務者固有の危険支配領域以外の領域に源を有する危険について債務者がこれを原因として債務不履行責任を負うということも、原則として否定されることになる[133]」という点に実質的根拠をおく見解が有力である。これを労働関係において発展させて考えれば、本来労働者は自己の事項を自ら決定・形成するという自己決定権を有しており、自らの人格・生命・健康を支配し、自らの意思にしたがって法律関係も形成させることができるところ、労働関係においては、労働力の提供に伴ってその労働力の処分を使用者に委ね、自らの人格を使用者の労務指揮権の下に置いたまま労働力を提供せざるを得ないことから、市民生活において自ら支配しえていた人格・生命・健康に対する管理・処分可能性を十分に保持しえなくなると考える。

(4)村中教授は、解雇の実質的根拠について労働が労働者にとっての自己実現の場であることと解雇の脅威が労働者の人格的従属を強めることに置いている[134]。「労働が使用者の指揮・命令下で行われるという事情があるために、解雇の脅威は命令権者としての使用者の地位を極めて強いものとする。なるほど、労働者は契約上合意された範囲内でのみ使用者の指揮・命令に従いさえすればよい。しかし、労働が労働の人格と不可分である以上、そうした使用者の強権的地位は、事実上、労働者に対する『人格的支配』にまで至る可能性がある[135]」。グローバル経済の進む中で、労働のフレキシビリティーの確保と労働コ

ストの削減のため、外部への委託、雇用形態の多様化が正規雇用を奪う一方で、不況下にあって人事構成の高齢化が進行している状況下において、中高年を中心とした労働力が排出され、中高年の処遇も見直しが行われ、成果主義賃金制度の導入が広がる中で個別的人事管理の徹底が行われていると指摘する。

(6)解雇と配慮義務について、こうした判例や学説をふまえ、以下のように考える。人間であり人格的存在である労働者は、自己実現の場としての事業場においてその人格的・精神的利益を侵害されるおそれがある。解雇は、その法形式とは異なり、その過程において公正さを欠いた選別・差別の介在する危険性が日本の労使関係にはつきまとう。使用者が労働者の属性・能力・健康状態に着目して整理解雇の対象者の人選を行う場合、労働力評価や適格性判断の基準、手続、査定結果は、もっぱら管理職によって一方的になされるものであるため、労働者は企業の組織とその決定により人格的・精神的利益を侵害されうる。健康状態についても同じようなことがいえる。労働者に高齢、疾病、障害などの事情がある場合、経営の効率性にそぐわないものとして、これらの者が整理解雇の対象とされている。不採算部門を企業が抱える場合、経営のスリム化のため、労働者もろとも閉鎖部門を死滅させる。

しかし、こうした状況のもとでは、債権関係は、単なる労働力の提供と賃金支払いの主たる義務の双務関係・交換関係のみに限定されるべきなのでなく、むしろ、信義則上の付随義務としての配慮義務が、一定の法益と福利を要求する、という本質的な内容を有するものでなければならない。労働力の提供が労働者の人格と不可分である以上、労働契約において、合意に基づき労務提供義務と賃金支払い義務が基礎づけられることにとどまらず、信義則上、生命、健康、人格に配慮し、これを促進すべき義務を使用者は負うものと考える。

判例の法創造を促進する法理論としては、信義則上の配慮義務をリストラ・整理解雇との関係で構想することが必然的かつ不可欠であると思われる。つまり、すでに述べた解雇を取り巻く状況では、労働者が一定の属性（老齢、疾病、障害など）を理由とした選別により、使用者の組織的権力のもとで、労働者がその人格の尊厳を損なわれ、労働者が受けるべき福利を喪失している。そこで、労働者が不利益に取り扱われず、人格の尊厳が損なわれないように、労働領域・生活領域において、労働関係と関わる労働者の平等を取り扱うべき義

務が生じ、正当な人格的な利益と福利を配慮し保護すべき（具体的には社会的に保護に値する者を保護すべき）信義則上の義務を使用者は負うべきものであると考える。

4 解雇法理における配慮義務、平等取扱い義務の機能

上のように、整理解雇法理との関係で、平等取扱い義務、配慮義務法理を説く第1の意義は、整理解雇・希望退職にあたって、労働者の適格性・能力が問われても、客観的基準もなく、また、基準に従って客観的に人員が選定されないまま、恣意的で一方的な選別がなされることから、労働者を保護するべき点にある。日本的経営のもとで賃金との関係では成果主義・能力主義賃金制度に見合った法理が形成されつつあるのに対し、整理解雇・希望退職との関係では、これに見合った法理論が十分には形成されていない。解雇は、使用者が行使する恣意的な権力の行使として行われる。特に、労働力の自由な処分権の最たるものであるとして解雇権が行使される。かかる法理は恣意的で一方的な解雇権の行使による人選を制約する機能を期待されうる。

第2の意義は、第1の意義として述べたことと関連はするが、中高年、（精神的な疾病を含む）疾病者、障害者等が選別され、整理解雇・希望退職の対象となっているが、これに対応した差別禁止法理を十分に形成する点にある。グローバル経済化、労働コストの削減、雇用形態の多様化のなかで、これらの社会的な保護を必要とされる労働力が排出されている。期待される社員になるための社員間競争には勝者にはなりえなかった、会社に融和しない個人や労働者グループは、いじめ、退職勧奨、リストラ解雇という形態をとって、能力、健康、体力、性格において劣るとみなされ、望ましくないとみなした者が退職に追い込まれ、人格の尊厳を損なう。解雇や希望退職において、一定の属性（例えば、障害、疾病、老齢等）を有する者が選別された場合の労働契約関係の存続保護法理が立てられるべきなのは、主たる債務である労働の提供が人格と結びつき、労務提供に伴い、その人格の尊厳が損なわれるところから、生じる。こうした企業組織における労務の提供の本質ないし労働契約関係の特殊性と結びついて問題が生じている。

したがって、使用者には信義則上社会的に保護に値する者を配慮し保護すべ

き義務、ないしは、平等に取扱うべき義務があると考えられ、整理解雇にあたっても、一定の属性を理由として使用者が労働者に対して不利益に取扱いことは禁止されると考えられる。

以下において、最後に、いかなる者が整理解雇にあたって保護に値するのかを個々に考察していく。

5　新たな解雇法理

社会国家ドイツでは、解雇制限法1条3項1文の規定により、現在では、事業所への所属の期間（勤務年数）、高齢、扶養義務、重度障害の4要素のいずれかの要素を持つ者を整理解雇にあたって除外すべきものとしている。ほぼ1世紀にもわたって、ドイツにおいてこれら社会的に保護に値すると考えられている者を経営上の理由による解雇から除外する扱いを法律上求めている。社会的観点として、事業所への所属の期間（勤務年数）、年齢、扶養義務を主に考慮し、事業所への帰属が長ければ長いほど、年齢が高ければ高いほど、扶養義務がある労働者であればあるほど、労働者は保護に値するとされ、解雇の対象者から除外される、という取り扱いがなされるべきこととなる。但し、ドイツ法において社会的に保護に値する者と全く同様の者を日本の解雇法制において保護すべきだということにはならない。日本の整理解雇法理を考慮するとき、整理解雇において保護に値する者を類型化し、苛酷な事態からいかなる労働者を社会的に保護すべきかを考える必要がある。

日本の平成不況時の整理解雇の裁判例を検討した結果、人選基準について一定の類型があることがすでに述べた[136]。そこで、ここでは、整理解雇により類型的にどのような者が解雇されているのか、そして、これらに対して、裁判例において救済が十分及んでいないかどうかをよりきめ細かく検討する。同時にこれが、類型的にどのような者が社会的に保護に値するのかを示すことになる。解雇権の行使にあたって使用者の恣意を防止すべきことが使命とするはずの解雇法理からすれば、日本の労使関係の実態に適合させ、苛酷な事態から労働者を社会的に保護すべきかどうかを個別的に判断する必要がある。注意すべきことは、これらの者を保護する場合に、何が社会的であるのかというのを一般的に論じる必要はない、ということである。解雇に関する法規制上、労働者に対

する解雇が無効とされるべきかどうかを判断するのに、労働政策的にあるいは経済学的に、何が社会的であるかどうかを審査する必要はない。予め予想してすべてが列挙して類型化され、最終的なものとして示されていなければ、社会的保護が実現されないというものでもない。個々の場合の判断にあたって、社会的な事情が評価されればよいはずである。以下では、整理解雇の対象者となっている者について、過去および現在においていかなる者が日本の労使関係において類型的に社会的に保護に値するのかを検討する。これによって、社会的に保護に値する者の保護すべき射程範囲を個別的に画定していくこととする。

（1）**中高年の労働者**　ドイツ法では、整理解雇にあたって、勤続年数、年齢、扶養義務の有無、重度障害を考慮すべきことが規定され、ドイツ法上中高年は解雇対象者から除外され解雇から保護されている。日本では、年齢別の非自発的離職率をアメリカ・ドイツなど他国と比較しても、日本の中高年（特に54歳以降）の離職率は際立って高いことが指摘され[137]、日本の労働市場は、会社都合退職そのものが中高年者に集中する特徴を有している。希望退職について、中堅以上の労働者を対象とすることは多く、むしろ、リストラの対象として狙い撃ちにあう様相を呈している[138]。平成不況のリストラにおいて中高年が解雇されることが多く、ややもすれば中高年が差別を受けているのを前提にすれば、勤続年数や年齢などを可能な限り考慮して被解雇者を選定する慎重な態度が日本の労使関係でも強く求められることは、すでに述べたところである[139]。日本の裁判例でも、一定年齢以上を被解雇対象者とする整理解雇を有効であると解するものが多く[140]、年齢差別という類型も、EU法やアメリカ法とは異なり、日本法が知るわけでもない。今後の解雇法理における人選基準の判断にあたって、信義則上勤続年数や年齢などに可能な限り配慮し、一定年齢以上の者が解雇されない、という法理論を裁判例において構築すべきではないかと考えられる。

こうした者の保護の必要性に対しては、労働者が高年齢になるにしたがって賃金が高くなるため、賃金コストの増大が中高年を優先的に解雇することを正当化しうるとの批判がありうる。確かに、年功賃金制の下では労働者の年齢にしたがって賃金コストが上昇していく。しかし、年功賃金制の下での賃金の上昇の問題と解雇をめぐる差別の問題は本来別問題である。中高年の賃金の高さ

を理由に解雇してよいのであれば、ヨーロッパ法での一類型である年齢差別というのはありえないことになる。この点は厳密に議論する必要がある。平成不況のリストラにおいて中高年が解雇されることが多く、日本の企業社会では、他国と比して、会社にとって望ましくないとみなされた中高年者が解雇に追い込まれるという点が問題の焦点である。こうした事実を法律および法解釈を通じて合法化させてしまう。さらに、中高年者労働者に対する優先的な解雇は、EU 法やアメリカ法では禁止されており、日本法においてこれが禁止されないことにはその正当性に疑問の余地が残る。

社会的な観点として年齢を考慮すべきとの要請は、人格的性格を有する継続的労働関係の本質と密接に結びついている。労働者がその労働力の投入によって企業の維持と収益のために長く貢献するほど、可能な限り労働関係を長く維持する、という信頼が生じることになる。つまり、信頼保護の思想がまず内在している[141]。年齢を理由とした事業所への長い帰属は、社会的な生存の基礎となる[142]。

これらは年齢を理由として中高年労働者を優先的に解雇することを禁ずる実質的な理由になるのではないかと思われる。

（2） **疾病労働者・障害者**　欠勤率が人選基準となることがあるが、ケイエスプラント事件では、鹿児島地方裁判所は平成11年11月19日判決において、欠勤が25回と全従業員の中で最も多いものの、女性生コン運転手の一種の職業病的な側面があることは否定できず、人選に不明瞭な面があるとして、解雇が無効と判断されている[143]。高松重機事件においては、高松地方裁判所平成10年6月2日判決においては、疾病者について、「欠稼時間の多寡を基本に被解雇者を選定することにはそれなりの合理性があり、このような整理基準を設定することは企業の合理的な裁量権の範囲内であると解される」と判断されている[144]。

遅刻、早退、欠勤について共通していえることは、本人あるいは家族のけがが、病気のためにやむを得ず勤務の一部を欠く場合とそうではない場合とで評価が異なるのは当然であるということである。病気のためやむを得ず勤務の一部を欠く場合があるが、疾病のための欠勤を欠勤日数・欠勤率から除外しないと、疾病にあった労働者が被解雇者として選定されてしまうのをよしとしてしまう。結果としては疾病にある労働者が不利に扱われる法理論であるともいえ

る。また、疾病の結果、現在、労働者が職務遂行をなすだけの労働能力を欠く場合には、現在たまたま疾病になっているだけの理由で、被解雇者となってしまい、失業者へと転じさせてしまう。中高年の多くは、実際のところ、疾病を抱えつつ労働し、それを会社に告知することもなく黙々と働いているのが現状である。そのなかには、労働災害とはみなされなくても、時間外労働の常態化している日本の労働関係において、会社での無理な働かせ方が、見えないところでストレスを積み重ねさせ、糖尿病、心臓疾患、精神疾患その他の疾病を抱えさせていることも少なくない。そもそも、疾病を理由とした解雇の場合に、欠勤（率）や労働能力の存否を問う現在の解雇法理のあり方自体にも疑いがある。池貝鉄工所事件では、指名解雇基準として、「高齢者」「業務に熱心でない者」「能力の劣る者」「職場規律を遵守しない者」「病弱者」「退社しても生活に窮しない者」などの基準が立てられたが[145]、こうした基準自体に問題があるといえる。

　以上のような理由から、疾病にあった労働者が整理解雇の被解雇者として選定される場合、かかる整理解雇を無効と考えるべきである。

　こうした疾病と並んで、障害が所得を得る能力を低下させ貧困を導く[146]。身体的ないし知的、精神的障害との関係では、ドイツ法においても、これらを理由とした普通解雇として、雇用差別の責任を使用者は問われうる。ドイツの整理解雇においても、社会的選択に関する規定により、障害者を解雇することは許されない。日本法において、これらの社会的保護に値すると思われる者が不利益を被ることを正当化する整理解雇法理が今後将来における法理として望ましいといえるかは疑問であるといえる。障害者について、障害者雇用問題研究会報告（平成13年11月8日）によれば、我が国の障害者雇用の状況は、有効求職者数は過去最高、障害者の解雇届出者数も高水準である等厳しい状況にあるとされる。福岡県における障害者の有効求職者の推移と解雇届者数（福岡労働局職業安定課）の資料によると、解雇届者数は平成10年度161人、平成11年度87人、平成12年度98人となっている。これは、障害者も整理解雇などのリストラの対象とされており、障害者の雇用が困難な状況が続いていることを示している。法律上は、事業主が障害者を解雇する場合には、障害者の早期再就職を図るため、その旨を公共職業安定所に届けなければならないと規定されるにとどま

る。整理解雇にあたって勤務態度が問題視され、裁判上障害者が整理解雇の対象となることがあり、解雇の局面における障害者に対する雇用差別を防止する法政策あるいは法理論が必要とされよう。

（3）　**勤務態度不良者**　勤務態度不良者について、高島屋工作所事件において、大阪地裁は、「技量又は能率が著しく低劣であって職務に適せず、配置転換も不可能で就業の見込みがないと認めたとき」、及び「やむを得ない会社の業務上の都合」を理由とする解雇につき、度重なる遅刻・私用外出、協調性の欠如、著しく低い勤務成績等の認定に基づき、解雇権の濫用とはいえないとされた。営業譲渡の際の人選基準として、「全社一丸となって会社を盛り上げようと気概のある者、会社の方針を守る者」という基準が立てられ、裁判において問題になっている。勤務中での態度というよりも、経営側の者と人間関係上折り合いがよくない者を排斥したりすることが窺える場合も少なくない。組合員を企業から排除・差別する目的をあわせもっている場合も多い。これをこえて、特定政党員、その同調者を企業から排除する目的をあわせもっている場合も多い。特定の発言を取り立てて問題もする場合も少なくない。

解雇を基礎づける個々の行為が懲戒解雇の正当性の問題として問われるならともかく、勤務態度が整理解雇の人選基準として合理的といえるかは疑問がある。勤務態度を基準とした整理解雇は、ドイツ法においては許されない。そのうえ、ドイツ法において、社会的観点を人選基準において考慮することが要求されているのと比較して、日本において勤務態度を人選基準として立てられることに、はるかに客観性もない。こうした基準が立てられる場合、使用者の恣意的な評価も伴わざるを得ない。仕事への意欲や潜在的な能力を引き出すことを目的として他従業員や経営側との協調性といった内面的事項を人事考課や整理解雇基準として要求する場合、組織への帰属意識を高める側面がある一方で、企業の管理が全人格的な領域に及ぶことになりかねない。こうした基準の多くが一見して客観性と納得性を持っているようにみえながら、組合員、疾病者、障害者など法的に十分に保護に値する者に対して適用され、実際のところは、特定の者の排除を目的としている場合が圧倒的に多い。今後は、こうした客観性の極めて乏しい「勤務態度」なる基準は、懲戒の対象となる場合はともかく、使用者と労働者との間の債権関係を解消させる整理解雇基準としては成

245

り立ち得ないと解すべきではないかと思われる。

 (4) **労働条件引き下げ拒否者**　裁判例には、「出向命令を拒否した者」「移籍拒否した者」「転籍に同意しない者」、労働条件引き下げに従わない者、再就職あっせんに応じなかった者を整理解雇した場合に整理解雇の有効性が問題になったケースもある。「『移籍先を会社が準備し、移籍条件に本人が適任と会社が判断し、移籍を勧めたにもかかわらず、移籍を拒否した者』を整理解雇対象者の基準に設定し、原告がこれに該当するとして本件解雇を行ったわけであるが、しかし、かかる解雇基準は、当該対象者に対し会社（被告）の就職あっせんに応じるか、又は会社（被告）を退職するかの二者択一を迫り、その就職先（移籍先）選択の自由を一方的に奪うものであって、究極的には会社（被告）が恣意的に移籍先を選択し、これがあっせんに応じなかった者を整理解雇することを容認することにもなりかねないものであって、このような解雇基準が客観的合理性を有しているとは到底いい難い」と判断されている。[156] 日産ディーゼル事件において、浦和地裁は、「被告は本件川口工場移転計画の実施に当たり、従業員に対し、右移転に賛成・協力し、指示に同意する限り解雇しない（逆に同意しなければ整理対象とする）との方針を明示せず、転勤に同意するとの意思表明の最終期限が昭和61年9月であることも何ら説明することなく、原告らに対しては右最終期限の1年以上前に行った意思確認を最後に一切意思確認を行わず、かつ異動の業務命令も出していないのであって、原告らが本件解雇の時点では転勤に同意する意思表明をしていたことを考え合わせるならば、被告は、解雇権の発動を回避するための努力を怠ったものと評価せざるを得ない」と判断している。[157]

営業部門分社化のため新会社を設立し、そこへ営業部員を転籍出向させる場合に、原告1人が会社の方針に反対した場合、解雇が無効と判断されている。[158]

このように、会社の方針（特に、労働条件引き下げやリストラの方針）に反対した者を対象とした整理解雇の場合、労働者は裁判上整理解雇から救済されるべきものである。このような転籍・出向などの拒否者に対する整理解雇は、最終的には会社が解雇の威迫のもとに恣意的に一定の選択を迫ることにほかならず、労働者の選択の自由を一方的に奪う結果を招きかねない。意見表明の自由を完全には認めない反自由主義的な態度が不公正とみなされるのは当然であ

る。このため、転籍・出向などの会社側の方針拒否者に対する整理解雇は、無効と考えられる。

（５）　女性　　性別を理由として対象者を策定した整理解雇に関しては、裁判例では、既婚女子および25歳以上の女子の基準、有夫の女子および27歳以上の女子の基準[159]、既婚女子で子供が２人以上という基準[160]も、これら基準によって解雇を行えば、公序良俗違反となり、解雇は無効となっている。「しっかりした社会的知識を持っていること」及び、「勤務作業等に耐えられるような身体であること」という整理解雇基準は、「人員整理の目的（経費節減により経営不振を打開すること）に反している」ことから、長崎地裁は、解雇は無効であると結論づけている[162]。こうした肉体的基準は、外見上女性を差別するものではないものの、実質的には女性を差別するものであるから、公序良俗にも反し、これら基準に基づく解雇は無効であると解すべきであるところである。

　女子のみを理由とするような整理基準は合理性を欠き、そのような基準によってなされる整理解雇は、公序良俗に反し、無効であると解される。均等法は、６条４号において「退職の勧奨、定年及び解雇並びに労働契約の更新」につき労働者の性別を理由とした差別的取り扱いを禁ずる。同趣旨から、女子のみに特別な条件（年齢や夫の有無）を付して整理解雇の人選基準とすることは、無効であると解される。つまり、性別により被解雇対象者を選定した場合、直接差別的な場合であれ間接差別的な場合であれ、性別により被解雇労働者を選定する整理解雇は、同条に反して無効と解すべきところである。但し、こうした法理が存在する限り、これらのグループの者を社会的に保護に値する者とみなし、解雇法制として特別な保護を要求する必要は必ずしもないように思われる。

（６）　隔離部屋・部門の労働者　　不採算部門が廃止される場合、事業場単位で人選を行い、とりわけ、廃止される事業場の従業員のみが解雇される場合がしばしばみられる[163]。こうした場合の解雇の有効性については裁判例において判断が分かれているというのは既述の通りである

　これについて一部の学説では問題視されている[164]。角川文化振興財団事件[165]においても、それまでの所属先では勤務できなくさせ、従業員を異動させる小部屋を会社は用意した。さまざまの名をもつこのような隔離部屋は、退職勧奨時代

にいくつかの企業でひそかに用意されていると推測できよう。セガエンタープライズ事件では、「パナソルーム」では、特定の業務は与えられず、ここに閉じ込められた10人のうち7人は退職した。東洋印刷事件では、電算室廃止決定の直前に配置転換させられた者が整理解雇されている[166]。こうした隔離部屋は、日本の労使関係では、法律の立ち入りにくいいじめ、いやがらせの側面がある[167]。会社側の方針に従わない者、勤務不足とみなされた者、組合員等を不採算部門に集め、不採算部門とこれらの労働者を会社に不要なものとみなし、労働者については整理解雇する例がたえない。こうした状況に置かれた労働者には、仕事が与えられなかったり、働きやすい職場環境が付与されなかったりすることから、これらの労働者の人間の尊厳や人格的な利益も損なわれかねない。本来ならば、人間として社会的に不要な人材などありえず、むしろ、なぜ、（企業によって）「不要扱い」されているのかを考えるべきであり、当該労働者の有する人格・誇り・技術に企業は十分な配慮をすべきところである。こうした隔離部屋・部門に、経営にとって望ましくない者、「勤務態度に問題があるとされる者」を異動させ、その部屋・部門ごと廃止すること自体に、私法上の一般的人格権による保護が及ばなければならないといえる。

したがって、――人員削減の必要性の問題も関わるが――人を隔離し、その隔離した部屋ないし部門の労働者を被解雇者として人選すること自体、一般的人格権に反し、許容されないというべきである。

　（7）　**組合員**　　組合を弱体化し組合員を差別する場合で、人選基準の客観性がなく、人選が恣意的な場合、その人選基準自体が不当労働行為となる可能性があるのはいうまでもない。被解雇者の人選が、被告会社と密接な関係のある組合に比して、少数組合の弱体化行為を意図して行われ、多数組合を優遇したものであるとき、人選の合理性も認めがたく合理的な理由又は相当性を欠くものというべきであり、権利の濫用に当たり、無効である[168]。

組合に対して不信感もしくは嫌悪感を募らせて、反組合的な意思から組合員を人選した場合、不当労働行為となるのはいうまでもない[169]。多くの場合、客観的人選基準とその運用のないまま、幹部職員が優先的に再雇用されている事件では、大阪地裁は、経営破綻についての原因究明やそれを踏まえた再建に向けての真摯な人選がなされたかについて疑問がもたれると判断している[170]。

第4章　整理解雇の新たな法理のために

　但し、不当労働行為に関する実体法上の救済措置が存するなかで、これとは別に、二重に雇用保護法理が組合員に対して必要かどうかは、慎重な検討を要する[171]。

　（8）　パートタイマー　　リストラの一貫として、会社の減益傾向の中で事業の転換・再構築を図るため、余剰人員化したパートタイマーを解雇した事件は多い。大阪地裁は、英文タイピストの必要性がなかったことは認められるものの、原告は、相当以前から、一般補助事務要員としての業務を行っていたものであって、原告と同程度の勤務歴を持つ正社員の賃金に比べれば、それほど高額とはいえず、解雇回避の努力を尽くしたとはいい難いと判断している[172]。解雇された上で再雇用を促された２名が、解雇の有効性に疑問を抱いている場合に、解雇を認めなければパートとして採用しないという方針は、従業員の身分保障の趣旨に反すると判断する判決もある[173]。金属塗装会社がパート従業員に対して行った整理解雇につき、確かに9000万円弱の負債をかかえ賃金カットも行っていたが、従業員の希望通りに必要性の少ない時間外労働を行わせ、基本給の３分の１から２分の１にも及ぶ時間外手当てを支払っていることからすると人員削減の必要性に疑問が残ること、従業員は設立当初よりむしろ増加していること、人件費削減10％の対象も一部にとどまっていること、人員削減の方針を従業員に表明したり退職勧奨を行ったりする等の解雇回避努力を行っていないこと、被解雇者として当該従業員を選定した合理的基準を主張していないこと等からして、解雇権の濫用であり無効であると判断されている[174]。

　日本法においても、パートタイム労働者のみが整理解雇の対象となり、優先的に解雇することを許容してよいかどうかは、疑問がある。

　第１に、比較法的にみてパートタイム労働者を差別する取扱いを正当化しうるかという問題がある。ドイツ法においても、パートタイマーに対する平等取扱い原則が法定されている（就業促進法２条１項）[175]。とりわけ、女性が多く雇用されるパートタイム労働においては、パートタイマーを整理解雇の対象者として許容することは、間接差別の疑いもあり、きわめて問題であるといわざるを得ない。

　第２に、格差社会といわれる現代の社会において、パートタイマーなどの非正規従業員が、優先的に雇用を失い、貧困に陥っていることは知られている。

景気の調整弁として考えられがちなパートタイム労働者については、法的な根拠もなしに、優先的に雇用を打ち切られることが長く許容されてきた。特に、パートタイム労働を通じて家計を支える労働者が、整理解雇の対象者とされた場合、生計を支える途を失い、失業者となるが、かかる解雇は苛酷を極めるといえる。社会国家における社会的包摂という観点からすれば、むしろ、こうしたパートタイム労働者を整理解雇から保護することは、貧困を防止する上でも、意味がある。

　こうした解釈については、労契法17条において、期間の定めのある労働契約の解約にやむを得ない事由の存在を要していることから、上のように、パートタイマーの優先的な整理解雇を禁ずると解するのは、無理があるという批判もありうる。しかし、この批判は当を得ていない。第1に、そもそも、有期労働者の解雇の有効性の問題（労契法17条）と、整理解雇の人選基準の問題とは、別次元の問題であり、本来は異なる論点である。労契法17条は、有期労働者の個別的に解雇した場合の有効性を原則的に定めたものであり、これに対して、パートタイマーの整理解雇は、事業場の正規従業員と非正規従業員のうち、パートタイマーのみを優先的に解雇した場合の人選の正当性が問われているのである。第2に、ここで考慮すべきなのは、日本の雇用社会において、パートタイマーをはじめとする非正規従業員が受けている類型的な不利益な取り扱いについて、法律上十分な保護が必要であるということである。非正規従業員に対する差別的取り扱いは、賃金・賞与をめぐる問題のみならず、解雇や更新拒否にもわたっている。こうした現代における差別的な取り扱いから社会的に保護を図ることこそ、社会的な法治国家のあるべき姿なのではなかろうか。

　したがって、パートタイム労働者が整理解雇の対象となり、優先的に解雇することを許容すべきではない。

　（9）　外国人　　外国人労働者の雇用管理の改善に関して事業主が適切に対処するための指針第4六では、「事業主は、事業規模の縮小等を行おうとするときは、外国人労働者に対して安易な解雇等を行わないようにするとともに、やむを得ず解雇等を行う場合は、その対象となる外国人労働者で再就職を希望する者に対して、関連企業等へのあっせん、教育訓練等の実施・受講あっせん、求人情報の提供等当該外国人労働者の在留資格に応じた再就職が可能とな

るよう、必要な援助を行うように努めること。その際、公共職業安定所と密接に連携するとともに、公共職業安定所の行う再就職援助に係る助言・指導を踏まえ、適切に対応すること」と規定している。しかし、東京都では、外国人労働相談窓口を設けているが、相談内容には「賃金不払い」や「解雇」に関するものが多く、相談者の国籍は様々だが、言語や考え方、労働慣行の違いでトラブルとなっているケースが数多いという。「賃金不払い」1,035項目（25.9％）、「解雇」852項目（21.3％）で全体の5割近くを占める。以下、「労働契約」327項目（8.2％）、「退職」169項目（4.2％）、と続いている。母国で誘われて来日し、数年間働いていたが解雇を通告され、帰国するにもお金が必要なので補償金を請求したいという例や、働き始めて数週間後、社長から「日本人従業員と合わない」といって突然解雇された例が相談例として紹介されている。[176] 厚生労働省は、外国人労働者を雇用している企業に対し、氏名や出身国など雇用状況の報告を義務づける方針であるが、これにとどまらない保護が必要である。

　これらの検討からは、日本の雇用関係でリストラにおいて定型的に問題とされそうな整理解雇は、年齢、疾病、勤務態度不良、労働条件引下げ拒否、障害、部門の閉鎖、国籍、パートタイムを理由とした整理解雇とみてよいように思われる。こうしたことからは、日本の労使関係において類型的に使用者の恣意や差別により整理解雇にあたって被解雇対象者とされたこれらの者を社会的に保護すべき要請が存在するように思われる。

6　まとめ

　人選基準の合理性ないし客観性が求められるとしても、整理解雇法理における合理性、客観性の内容は一様ではなかったことがわかる。何が合理的であるのか、というのは一義的に定義されなければならないところ、整理解雇における人選の合理性とは内容のない空虚な概念となっている。[177]

　現行の裁判例では、整理解雇が、高齢者、疾病者、場合によっては障害者、勤務態度不良者、隔離部屋・部門の労働者、パートタイマーを対象とする場合には、整理解雇は裁判上も有効とされることも少なくない。これは、極論すれば、日本の労使関係において整理解雇の対象者にならないためには、労働者

は、年をとってはならず、疾病・障害を持つことも許さず、閉鎖される部門ないし部屋に入ってはならない、パートタイマーになってはならないということである。法によって帰結されたものを端的に表現すればこのようになるが、個人の尊厳と人権が保障されるべき社会国家において、いささか非人間的で、理不尽で、非理性的なことを労働者に要求しているのではないかと考えられる。労使関係においてもこれらの社会的に弱者ともいうる者を整理解雇の対象者としえて、使用者が解雇権を行使しうるということには、その恣意性、随意性が露呈するといえる。なかでも、中高年、疾病者や障害者に対する整理解雇を有効とする判決は、中高年、疾病者・障害者に対する偏見や労働市場での採用の困難さを考慮すれば、問題がないとは決していえない。解雇にあたっての使用者の恣意を防止すべきことを使命とするはずの解雇法理からすれば、日本の労使関係の実態に適合させ、使用者の恣意から労働者を社会的に保護することこそ、最も解雇法理に適合的なはずである。これらの実質的に保護が必要とされる理由として、この場合、労働契約終了も、使用者は、組織的な権能のもとで労働力を処分し、客観的な人員整理基準が企業においても裁判上も設定されないまま、恣意的で一方的な選別がなされることから、労働者の人格の尊厳が損なわれるおそれが強いことにもある。人格的ないし人的従属性に基づく労働法上の保護が必要であることと、社会的包摂の観点から社会的保護に値する者を保護し不利益的な取扱いから保護・促進しようこととは、両立しうる（第2部第3章3）。

　特定の労働力が排出されているとの認識は学説において存在していたものの、勤務成績不良の者、疾病者、高齢者、労働条件引下げ拒否者、外国人、隔離部屋・部門に属する者、パートタイマーが整理解雇の対象とされている現状を鑑み、日本の整理解雇法理においては、これらの者を社会的に保護する法理が十分に形成されているとは言い難かったのではないかと思われる。整理解雇法理の生成期の代表的な裁判例である、前出大村野上事件・長崎地裁大村支部昭和50年12月24日判決、及び、前出東洋酸素事件・東京高裁昭和54年10月29日判決以来、裁判例では、人選基準について、いかなる者を解雇してはならないかという十分に具体的な内容をもったかたちでは整理解雇法理が形成されず、また、いかなる精神に基づきいかなる法益を保護すべきなのか、という視点を

第4章 整理解雇の新たな法理のために

欠いたまま、「客観性」なる内容的に空虚な概念で、法的な紛争解決を志向してきた。このため、もともと、解雇段階における労働者の人格の尊厳を保護し、促進するという視点もやや欠いていた面も否定できない。この点の裁判所の不作為には、学説における不作為と並んで、重要な法理形成の欠如がみられるといえる。

本書では、日本の労使関係において類型的な使用者の恣意や差別により、整理解雇にあたって解雇対象者とされたこれらの者を平等に取り扱い、社会的に保護すべきであるという、新たな法理を提供しようと試みるものである。中高年、疾病者、障害者、勤務態度不良者、労働条件引下げ拒否者、外国人、隔離部屋・部門に属する者、パートタイマーに対する恣意的で差別的な整理解雇は、信義則上社会的に保護に値する者に配慮し保護すべき義務に反し、または、平等取扱い義務に反すると解され、無効であると考える。一定年齢を上限とする希望退職や整理解雇は、無効であると解すべきである。欠勤については、疾病者に不利に換算されていないかを判断し、欠勤率を労働者に不利に斟酌することは適当ではないし、かかる整理解雇を無効であると判断すべきである。[178] 障害者や疾病者を不利に斟酌することは許されず、協調性のない者、労働条件引下げを拒否した者に対する同様の整理解雇も無効であると解すべきである。整理解雇として、一定の隔離された労働者を解雇する場合やパートタイマーを解雇する場合も、無効であると考えられる。こうした法理によって、前述の人選の合理性の基準によって中高年、疾病者、障害者、勤務態度不良者、労働条件引下げ拒否者、隔離部屋・部門に属する者、パートタイマーが解雇対象者として選定され、（場合によっては）整理解雇が有効と判断されていた事態を十二分に排除できると考える。

なお、これら以外の者が社会的保護に値するということは十二分にありうるが、これについては、そうした者が、真に社会的に保護に値するか否かという本書で示したような検証（保護の実質的な正当化の可能性の検討）を通じて、保護類型の拡張を考慮すべきである。しかし、まずは、現時点で社会的に保護に値する者の類型化を図り、保護の法理を確立していく、という基本的なスタンスが何より重要であると考える。

こうしたことの正当性にもかかわらず、使用者があえて高齢者、疾病者、障

害者、勤務態度不良者、労働条件引下げ拒否者、隔離部屋・部門に属する者、パートタイマーを「指名」して整理解雇するというケースがある。こうしたケースからは、日本の労使関係における「指名」整理解雇の「苛酷性」が顕わになる。そこからの社会的な保護を説くことを通じて、これらの者の社会的な包摂を構想するところに、本書の意義があると思われる。これにより、社会包摂の思想から、競争社会のなかで潜在能力に乏しい者に対して国家が平等に助力し保護しつつ、解雇法理との関係で、これらの個別的貧困の一因も取り除こうとするものでもある。

これに対し、大量の者、例えば、100人の者を解雇する場合、前記のような社会的に保護に値する者を解雇できなくなるのではないか、という批判も考えられる。しかし、この批判は整理解雇の実際とは乖離しており当を得ていない。この点は重要な点であり、整理解雇の実際は、ごく少数の者だけを整理解雇するという場合ばかりであり、この章の冒頭で述べたとおり、平成不況における101件の整理解雇事件（営業譲渡事件を除く）のうち、10人未満の少数の被解雇者しかいない場合ケースが大半を占める。これが意味するのは、整理解雇といっても大量解雇事例はあまり存在しないということである。

しかし、一部に、使用者が労働者を大量に解雇する場合（大量解雇）がありうるが（前述のⅡの類型）、日本法においては、ヨーロッパ法やドイツ法ととは異なり、大量解雇法制がなく、協議義務や情報提供義務が課される手続が法定されているわけではない（本書第Ⅰ部第3章5）。日本法においても、大量解雇を回避する可能性（配転・出向等）、不利益軽減措置（再就職あっ旋、再教育）について、情報提供および協議すべきであるといえ、1 解雇理由、2 解雇される労働者の数とカテゴリー、3 原則的に雇用される労働者の数とカテゴリー、4 解雇が計画される時期、5 人選基準、6 補償の算定方法について、情報提供すべきであるといえて、法政策的にはこれらの規定の創設の検討がありえよう（但し、6の補償の規定についてはより慎重な検討が要請されることになるであろう）[179]。労使関係において、整理解雇により会社が再生できるかどうかは、経営・財務資料の開示を通じて、整理解雇に対して労働組合が使用者に対し協力できるかどうかにかかっている。日本の整理解雇の裁判例にあたっては、使用者が労働組合に対していかなる情報まで提供しなければならないか、

第4章　整理解雇の新たな法理のために

とりわけ、経営資料を提供しなければならないかについて、必ずしも説示されない。だからこそ、日本法においても、第一に、これらの資料の開示を含む情報提供と協議を基礎にした集団的な参加制度の構築という法政策的課題について、より発展的な議論が要請される。

　また、大量解雇の場合の整理解雇の人選の合理性についていかに解すべきか、という問題が残る。少数者を社会的に保護すべき法理が形成されるべきであるのと比して、大量解雇の場合に、解雇制限が緩やかに解されてよいものとはいえない。このため、整理解雇による大量解雇の解雇対象者が、高齢者、疾病者、障害者、勤務態度不良者、労働条件引下げ拒否者、パートタイマーの場合には、大量解雇の場合にも、かかる整理解雇は裁判上も無効と解すべきである。但し、日本の現在の労使関係においては、整理解雇段階において労働者を大量に解雇するというのは、かなりレアケースであることは強調しておきたい。

　さらに、提言したいのは、整理解雇にあたって、裁判所は、中高年、疾病者、障害者、勤務態度不良者、隔離部屋・部門に属する者、労働条件引下げ拒否者が被解雇者から除外されているかどうかを、整理解雇の4要件の審査の際に、合理性の要件に代わって検討し、社会的保護の法理ないし平等取扱い法理を確立すべきであるということである（新第3要件）。こうした法理が可能となれば、整理解雇の4要件（ないし要素）のうちの人選基準の客観性という抽象的な中身のない概念は歴史的使命を終えて、必要性も消失するはずである。従前の要件によっては、人選基準の客観性ないし合理性の担保という趣旨は十分に果たしているとはいい難いことから、いずれは、人選基準の客観性ないし合理性という基準（いわゆる第3基準）は、社会的に保護に値すべき者を被解雇者から除外するという法理によって取って代わられるべきと考える。これにより、これらの者を配慮義務にもとづいて社会的に保護しようとするものであるが、101件の整理解雇事件（営業譲渡事件を除く）のうち10人未満の少数の被解雇者しかいない場合は、91件に及ぶという前記の事件数からして、その射程範囲は決して狭いものではないと考える。むしろ、整理解雇の名を借りた前記のような形での指名解雇を抑止する効果を持ち、これを断つ役割を果たしうると考えられる。

　このように考えるとき、反対に、いかなる人選基準であれば、整理解雇とし

第Ⅱ部　日本法における解雇規制とその行方

て許容されるのかという点が残された問題となる。これには、疾病による欠勤を除いた欠勤率算定による被解雇者の選択、年齢別にグループを分けた上での各グループからの被解雇者の選択などが考えられる。[181][182]

注
1)　長崎地大村支判昭50・12・24判例時報813号98頁〔大村野上事件〕。
2)　東京高判昭54・10・29労働判例330号71頁〔東洋酸素事件〕。
3)　宮島尚史「「整理指名解雇権」の態様と法理」労働法律旬報1049号（1982年）4頁（8頁）
4)　宮島尚史・前掲論文（注3）8頁。
5)　毛塚勝利『労働判例百選（第5版）』〔別冊ジュリスト101〕（1989年）80頁。
6)　前橋地判平14・3・15労働判例842号83頁〔乙山鉄工事件〕。被告は、2期にわたって約3億円に及ぶ大幅な売上高の減少を嚆矢として、これ以降赤字になり、本件解雇日を含む次の期には2728万円余りの損失を出した。被告は預金の解約、新規借入等により資金繰りをしたが、他からの借入が総収入の相当割合を占めていた、という事案であった。
　　赤字の場合で人員削減の必要性が肯定されたものに、大阪地判平7年10月20日労働判例685号49頁〔社会福祉法人大阪暁明館事件、病院の負債の事件、職員やパートらの削減を行っている〕、東京地判平14・12・17労働判例846号49頁〔労働大学（本訴）事件、3年連続赤字が発生し、被告の第9回総会の監査報告においても、財政悪化が続くと被告の存続が危ぶまれることが指摘されていたという事情の下では、人員削減の必要性があったと認められている〕。ほかに、東京地八王子支決平11・7・23決定労働判例775号71頁〔ナカミチ事件〕がある。
7)　赤字が続いている場合で、新規採用を停止し、人員が減少し、役員報酬、管理職の給与も一部カットしたという場合であっても、同営業所のこれまでの営業成績、川崎営業所と他の営業所等との比較によっても、同営業所を閉鎖して、その前従業員を解雇するほど経営が悪化していたかは、判断し難いと判示する裁判例もある（横浜地川崎支決平12・9・21労働判例801号64頁〔揖斐川工業運輸事件〕）。
8)　鹿児島地判平11・11・19労働判例777号47頁〔ケイエスプラント事件〕。
9)　高知地判平17・4・12労働判例896号49頁〔マルナカ興業（本訴）事件〕。
10)　大阪地決平13・7・27労働判例815号84頁〔オクト事件〕。これに対し、同じ時期の判例を検討したものに、北海道大学労働判例研究会（道幸、山田、大石、紋屋、津幡、北岡、國武、加藤）「最近の整理解雇判例法理の総合的検討（上・下）」労働法律旬報1501号4頁以下、1502号（2001年）6頁、奥野寿／原昌登「整理解雇裁判例の分析」神林龍『解雇規制の法と経済』（日本評論社・2008年）117頁がある。
11)　東京地判平15・8・27判例タイムズ1139号121頁、労働判例865号47頁〔ゼネラル・セミコンダクター・ジャパン事件〕。
12)　大阪地決平10・3・27労働判例744号84頁〔サンク事件〕。レストラン部が恒常的に赤字であったが、ホテル全体では解雇予告時は黒字であり、解雇予告以前男子正社員3名、女子正社員1名を採用していることから、人員削減をする必要性に迫られていたとは認めら

第4章 整理解雇の新たな法理のために

れないと判断されている。
13) 東京地判平14・7・9労働判例836号104頁〔国際信販事件〕。これに対し、トップ工業事件では、人員算定の方法には合理性がなく、新規採用も予定しており、170名体制であれば経営が安定するという非付加価値の減少の根拠も、会社は組合に合理的な説明できず、利益も計上して自己資本も増加しており、経営が健全な状況にある場合、整理解雇が企業の合理的運営上やむをえないとはいえないと判断されている（新潟地三条支決平2・1・23労働判例560号63頁〔トップ工業事件〕）。
14) 横浜地判平6・3・24労働判例664号71頁〔大申興業事件〕。
15) 大阪地決平13・7・27労働判例815号84頁〔オクト事件〕。ほかに、神戸地決平7・10・23労働判例685号43頁〔コンテム事件〕。
16) 下井隆史「整理解雇の法律問題」日本労働法学会誌55号（1980年）21頁（29頁）。
17) 長野地上田支決平15・11・18労働経済判例速報1857号27頁〔東北住電装事件〕。
18) 京都地判平15・6・30労働判例857号26頁〔京都エステート事件〕。
19) 東京地決平15・7・10労働判例862号66頁〔ジャパンエナジー事件〕、長野地上田支決平15・11・18労働経済判例速報1857号27頁〔東北住電装事件〕、熊本地判平16・4・15労働判例878号74頁〔九州日誠電氣事件〕など。
20) 東京高判平13・11・8労働判例815号14頁〔岡惣事件〕。東京地決平12・2・29労働判例784号50頁〔廣川書店事件〕も、長野分室の閉鎖がやむをえないからといって、解雇が有効とはいえず、配置転換の可能性を検討している。評釈には山川隆一・ジュリスト1195号126頁。
21) 東京地決平11・10・4労働法律旬報1482号24頁〔東洋印刷事件〕。
22) 大阪地判平12・5・8八労働判例787号18頁〔マルマン事件〕。
23) 横浜地川崎支決平12・9・21労働判例801号64頁〔揖斐川工業運輸事件〕。ほかに、東京地決平12・2・29労働判例784号50頁〔廣川書店事件〕、東京地決平11・11・29労働判例780号67頁〔角川文化振興財団事件〕、熊本地判平16・4・15労働判例878号74頁〔九州日誠電氣事件〕。
24) 受注の大部分を占める別会社の業績不振を理由とした、その会社からの受注の減少の場合である。
25) 大阪地決平10・6・4労働判例747号87頁〔宗田ゴム事件〕。この事件では、さらに、派遣社員を雇い入れ、臨時社員として再雇用したことは、これをもって、本件解雇が経営上の必要性を欠いていたものということはできないと判断されている。
26) 東京地判平15・12・22労働判例870号28頁〔イセキ開発工機（解雇）事件〕。
27) 名古屋高判平18・1・17労働判例909号5頁〔山田紡績事件〕。最高裁では和解成立（掲載誌なし）。
28) 東京地決平12・1・21労働判例782号23頁〔ナショナル・ウエストミンスター・バンク（第三次仮処分）事件〕。
29) 野川忍「解雇の自由とその制限」日本労働法学会編『講座21世紀の労働法』（有斐閣・2000年）175頁。
30) 大阪地判平12・6・23労働判例786号16頁〔シンガポール・デベロップメント銀行（本訴）事件〕

第Ⅱ部　日本法における解雇規制とその行方

31) 東京地決平13・2・26労働判例807号91頁〔東工設備事件〕、松山地判平14・4・24労働判例830号35頁〔奥道後温泉観光バス事件〕。
32) 東京地判平15・12・22労働判例870号28頁〔イセキ開発工機（解雇）事件〕。この上、東京地裁は、希望退職を募集する場合、転職を希望ないし決断した者を多数慰留しており、裁判所は、いささかやりすぎという感を否めないと判示している。このほか、横浜地川崎支決平12・9・21労働判例801号64頁〔揖斐川工業運輸事件〕は、配置転換、関連会社への出向、一時帰休の募集を行わず、希望退職の募集も募集期間が1ヶ月と短期間であったという事件で、解雇を無効と判断している。
33) 大阪地判平12・5・8八労働判例787号18頁〔マルマン事件〕。
34) 京都地判平15・6・30労働判例857号26頁〔京都エステート事件〕。
35) 東京地判平13・7・6労働判例814号53頁〔ティアール建材・エルゴテック事件〕。このほか、前橋地判平14・3・15労働判例842号83頁〔乙山鉄工事件〕。
36) 東京地八王子支決平11・7・23労働判例775号71頁〔ナカミチ事件〕。
37) 新潟地決平12・9・29労働判例804号62頁〔沖歯科工業事件〕、鹿児島地判平11・11・19労働判例777号47頁〔ケイエスプラント事件〕。
38) 村中孝史「人事制度の多様化と解雇の必要性判断」季刊労働法196号（2001年）27頁（40頁）。
39) 村中孝史・前掲論文（注38）41頁。
40) 東京地決平12・2・29労働判例784号50頁〔廣川書店事件〕。
41) 東京地決平11・10・4労働法律旬報1482号24頁〔東洋印刷事件〕。
42) 米津孝司「整理解雇法理と日本型雇用慣行」法律時報73巻3号（2001年）118頁。
43) 荒木尚志「労働市場と労働法」日本労働法学会誌97号（2001年）55頁（80頁以下）。
44) 小西國友「解雇の自由(3)」法学協会雑誌86巻11号（1969年）31頁（39頁）。
45) BAG Urt. v. 11. 9. 1986 EzA Nr. 54 zu § 1 KSchG betriebsbedingte Kündigung. 特に、経営を理由とした解雇に関して、連邦労働裁判所は、事業所内の事情による解雇と事業所外の事情による解雇とを分けて判断している。まず、売上げ・受注減少を理由とした解雇のような事業所外の事情による解雇につき、本文のように、より厳格な基準で審査している。
46) 本書第3章1参照。
47) 保原喜志夫「整理解雇をめぐる判例の法理（三）」判例時報（1030号）148頁（151頁）（判例評論278号4頁（5頁））。このほか、藤原教授は、①倒産回避説（人員整理を行わなければ、企業自体の存続維持が危殆に瀕するという差し迫った経営状況が必要であるとする説）、②経営不振解消説（現在および将来予想される経営不振等の経営上の困難を解消するために、人員整理という手段の選択が客観的にみて合理的であればよいとする説）、③生産性拡大説（経営不振等の経営上の困難が存在しなくても、企業の生産性向上や業績の拡大、事業の活性化等のために、人員整理が客観的かつ合理的な手段であれば、人員整理の必要性が認められるとする説）の3つがあるとする（藤原稔弘「整理解雇法理の再検討」日本労働研究雑誌491号（2001年）34頁（40頁））。
48) 保原喜志夫「整理解雇をめぐる判例の法理（四）」判例時報1088号164頁（判例評論297号2頁（11頁））。

49) 道幸哲也「整理解雇過程論の試み」労働法律旬報1502号（2001年）53頁（56頁）
50) 東京地決平11・10・4労働法律旬報1482号24頁〔東洋印刷事件〕、東京地決平12・2・29労働判例784号50頁〔廣川書店事件〕。いずれも担当の室の閉鎖の事案。
51) 解雇回避努力の要件は要素であるとしながらその解雇努力回避義務への司法審査を説く学説（土田道夫「解雇権濫用法理の法的正当性」日本労働研究雑誌491号（2001年）4頁（14頁））や、解雇回避努力の実施は義務化すべきであるとする学説（藤原稔弘「整理解雇法理の再検討」日本労働研究雑誌491号（2001年）41頁）がある。これに対し、四要件の維持を唱える学説として、和田肇「整理解雇法理の見直しは必要か」季刊労働法196号（2001年）12頁（17頁）。奥田教授は、三要件説を唱えておられる（奥田香子「整理解雇の事案類型と判断基準」日本労働法学会誌98号（2001年）47頁（61頁））。
52) 東京地決平12・2・29労働判例784号50頁〔廣川書店事件〕、大阪地判平12・5・8八労働判例787号18頁〔マルマン事件〕、横浜地川崎支決平12・9・21労働判例801号64頁〔揖斐川工業運輸事件〕。
53) 東京地判平13・11・19労働判例816号83頁〔オー・エス・ケー事件〕、長野地上田支決平15・11・18労働経済判例速報1857号27頁〔東北住電装事件〕参照。
54) 下井隆史「整理解雇の法律問題」日本労働法学会誌55号（1980年）21頁（29頁）。
55) 荒木尚志・前掲論文（注43）80頁以下。これに対し、近藤教授は、労働者の生活の保護、生存権理念実現のため、現代においても、「四要件」は維持されるべきであるとする（近藤昭雄「現代における解雇法理について」労働判例790号（2000年）6頁（13頁））。
56) 東京地決平12・1・21労働判例782号23頁〔ナショナル・ウエストミンスター・バンク（第三次仮処分）事件〕。
57) 野川教授は、ナショナル・ウエストミンスター事件について変更解約告知に適合する事案であったとし、「Yの労働条件変更の必要性が（通常からみれば高額の給与をともなうとはいえ）一般事務職に移るXの不利益を上回っているとの判断は下しにくいであろう。また、解雇回避努力義務についても、9月12日に申しこまれた団交要求をも拒否するなどの点から見て、十分であるとは認められまい。そうすると、本件では、変更解約告知の手法によったとしても、結局結論は同じことになるものと思われる」と述べておられる（ジュリスト1161号（1999年）200頁（203頁））。これに対し、奥田教授は、解雇回避努力そのものの評価として考えられる場合、金銭補償が一定のウエイトを持つであろう。しかしながら、より不利益の小さい可能な回避措置の存否を判断指標とすれば、金銭補償は他の解雇回避措置が考えられない場合にとりうる手段であり、それに優先して評価されるものではない」と説いておられる（同・前掲論文（注51）60頁）。
58) 東京地判平13・11・19労働経済判例速報1786号31頁〔オー・エス・ケー事件〕、東京地判平14・12・17労働判例846号49頁〔労働大学（本訴）事件〕（本件評釈には、奥野寿・ジュリスト1272号（2004年）160頁）。
59) 大阪地決平13・7・27労働経済判例速報1787号11頁〔オクト事件〕。
60) 大阪地決平13・7・27労働経済判例速報1787号11頁〔オクト事件〕。
61) 東京地決平11・10・15労働判例770号34頁〔セガ・エンタープライゼス事件〕。本件判例評釈には野川忍・ジュリスト1185号（2000年）122頁。
62) 横浜地判昭62・10・15労働判例506号44頁〔池貝鉄工整理解雇仮処分申請事件〕。ほか

に、東京地判平14・12・17労働判例846号49頁〔労働大学（本訴）事件〕、東京地決平15・7・10労働判例862号66頁〔ジャパンエナジー事件〕。
63）　東京地判平14・12・17労働判例846号49頁〔労働大学（本訴）事件〕。
64）　鹿児島地判平11・11・19労働判例777号47頁〔ケイエスプラント事件〕。
65）　福岡地労委命令平14・1・11労働判例825号93頁。ほかに、組合員の解雇された上での再雇用が問われた事件で、解雇が無効となった事件として大阪地判平11・3・31労働判例765号57頁〔日証（第一・第二解雇）事件〕、新潟地決平12・9・29労働判例804号62頁〔沖歯科工業事件〕。
66）　大阪地判平11・3・31労働判例765号57頁〔日証（第一・第二解雇）事件〕。
67）　東京地判平4・3・30労働判例605号37頁〔東京教育図書事件〕。
68）　東京地決平11・10・4労働法律旬報1482号24頁〔東洋印刷事件〕、東京地決平10・1・7労働判例736号78頁〔ナショナル・ウエストミンスター事件〕、東京地決平11・11・29労働判例780号67頁〔角川文化振興財団事件〕。
69）　道幸哲也「整理解雇過程論の試み」労働法律旬報1502号（2001年）53頁（57頁）、高橋賢司「甦る解雇の自由（三）」立正法学40巻1号（2006年）61頁（163頁）。
70）　東京高判平13・11・8労働判例815号14頁〔岡惣事件〕。東京地決平12・2・29労働判例784号50頁〔廣川書店事件〕も、長野分室の閉鎖がやむをえないからといって、解雇が有効とはいえず、配置転換の可能性を検討している。
71）　東京地判平7・12・25労働判例689号31頁〔三和機材事件〕。判例評釈に、太田晃詳平成8年度主要民事判例解説〔判例タイムズ臨時増刊945〕（1997年）390頁、野田進・ジュリスト1124号（1997年）129頁。
72）　例えば、東京地判昭63・8・4労働判例522号11頁〔エヴェレット汽船事件〕、福岡地判平4・11・25労働判例621号33頁〔三井石炭鉱業事件〕。
73）　小西國友「整理解雇の法理」ジュリスト585号（1975年）33頁（39頁）。
74）　小西國友・前掲論文（注73）39頁。但し、かかる自由も完全な自由であるわけではなく、「使用者の選定が公序良俗に違反したり或いは法律の規定ないし規定の精神に違反することがあってはならない」とする（同39頁）。
75）　渡辺章「整理解雇の法律問題」季刊労働法96号（1975年）31頁（39頁）。
76）　藤原稔弘「整理解雇法理の再検討」日本労働研究雑誌491号（2001年）34頁（42頁）。藤原教授は、労使間の合意または使用者の政策的判断に委ねてよいとし、「勤務成績のみで選定してよいし、家族状況や年齢等により選んでもかまわない」と指摘している（同42頁））。
77）　盛誠吾「整理解雇法理の意義と限界」労働法律旬報1497号（2001年）6頁（14頁）。
78）　山田省三「雇用における高年齢者処遇と年齢差別の法的構造」水野勝先生古稀記念論集『労働保護法の再生』（信山社・2005年）305頁（318頁）。藤本教授は、アメリカの年齢差別法及び日本の経済企画庁における「雇用における年齢差別禁止に関する研究会の中間報告」を研究し、「年齢差別禁止法制定の環境が整ったときは、20歳以上のすべての労働者を適用対象に採用、解雇、賃金その他あらゆる雇用のステージについて、年齢差別を理由とする取扱いを差別として禁止することを明らかにしたうえで、当面は45歳以上の労働者を対象にすることから始めるのが現実的だろう」と述べている（藤本茂「年齢差別禁止立

第 4 章　整理解雇の新たな法理のために

法化の前提」労働法律旬報1493号（2000年）4頁（8頁））。また、柳澤武『雇用における年齢差別の法理』（成文堂・2006年）270頁は、明らかに「年齢」だけを理由として解雇者を選択していることが証明できた場合には、高年齢者雇用安定法4条の事実上の潜脱に等しいとみなすことが考えられる、と述べている。さらに、年齢差別に関して、EU法・アメリカ法・日本法を比較法的に考察した大著に櫻庭涼子『年齢差別禁止の法理』（信山社・2008年）がある。

79) 雑誌「労働判例」に掲載されたものを対象とした。
80) このデータは、雑誌「労働判例」に掲載されたものを数えたものであるが、被解雇者の実数が明らかでないもの、および、純粋な整理解雇事案とは異なる営業譲渡は含んでいない。偽装解雇事例は含む。被解雇者数が認定事実からは不分明な事例があり（特に全員を解雇している場合）、判決・決定からわかる限りで計算している。平成に判決・決定された事件のうち、平成元年から平成19年2月までの判決を挙げている。
81) 東京地決昭63・8・4労働判例522号11頁〔エヴェレット汽船事件〕（評釈には西村健一郎・法学セミナー34巻4号（1989年）141頁）、福岡地判平4・11・25労働判例621号33頁〔三井石炭鉱業事件〕。
82) 鹿児島地判平11・11・19労働判例777号47頁〔ケイエスプラント事件〕。この事件では事業縮小を理由とする運転手の解雇について、解雇回避措置がとられていないこと、人員整理の必要性及び人選方法にも疑義があることなどを理由として無効とされている。
83) ①扶養家族のない者、②消防設備士の資格のない者から順に対象としていくことにしたところ、当時保守管理部門を担当する業務部に所属する社員10人のうち右基準を満たすものは原告1人であった場合に、かかる解雇を有効と判断されている（東京地判平2・9・25労働判例570号36頁〔前出工機事件〕）。
84) 東京地決平11・10・4労働法律旬報1482号24頁〔東洋印刷事件〕、東京地決平10・1・7労働判例736号78頁〔ナショナル・ウエストミンスター事件〕、東京地決平11・11・29労働判例780号67頁〔角川文化振興財団事件〕。
85) 大阪地判平12・12・1労働判例808号77頁〔ワキタ（本訴）〕事件、京都地判平8・2・27労働判例713号86頁〔よしとよ事件〕、大阪地判平15・5・16労働判例857号52頁〔弥生工芸事件〕、福岡高決平14・9・18労働判例840号52頁〔安川電機八幡工場（パート解雇）事件〕。
86) 東京地判平7・12・25労働経済判例速報1589号3頁、労働判例689号31頁、判例タイムズ909号163頁〔三和機材事件〕（評釈には、野田進・ジュリスト1124号（1997年）129頁）。
87) 大阪地判平11・1・29労働判例765号68頁〔高島屋工作所事件〕。「技量又は能率が著しく低劣であって職務に適せず、配置転換も不可能で就業の見込みがないと認めたとき」、及び「やむを得ない会社の業務上の都合」を理由とする解雇につき、度重なる遅刻・私用外出、協調性の欠如、著しく低い勤務成績等の認定に基づき、解雇権の濫用とはいえないとされている。ほかに、勤務態度が問題になった事件として、東京地八王子支判平6・8・30労働判例659号33頁〔八千代電子事件〕、横浜地判昭62・10・15労働判例506号44頁〔池貝鉄工整理解雇仮処分申請事件〕、大阪地決平6・8・5労働判例668号48頁〔新関西通信システムズ事件〕。組合員の解雇が問題になった事件としては、例えば、福岡地労委命令平14・1・11労働判例825号93頁、大阪地判平11・3・31労働判例765号57頁〔日証

（第一・第二解雇）事件〕、東京地判平4・3・30労働判例605号37頁〔東京教育図書事件〕、東京地判平7・12・25労働判例689号31頁〔三和機材事件〕。
88) 熊沢誠『日本的経営の明暗』（筑摩書房・1989年）247頁。
89) 最1小判昭55・7・10労働判例345号20頁、判例タイムズ434号172頁〔下関商業事件〕、東京地判平7・12・4労働判例685号17頁〔バンクオブアメリカイリノイ事件〕。
90) 加藤周一『日本文学史序説・上』（筑摩書房・1999年）44頁。
91) 日経ビジネス2006年9月11日号50頁。
92) マックス・ヴェーバー『プロテスタンティズムの倫理と資本主義の精神』（岩波書店・1989年）特に289頁以下。
93) 姜尚中『マックス・ウェーバーと近代』（岩波現代文庫・2003年）107頁。
94) 姜尚中・前掲書（注93）107頁。
95) 熊沢誠・前掲書（注88）233頁。
96) Vgl. MünchArbR Bd. I., 2. Aufl., München, 2000, § 14 Rn. 1 (Richardi). これはドイツ法上の概念である。蛯原典子「労働法における平等取扱原則」日本労働法学会誌96号（2000年）161頁、高橋賢司「ドイツ労働法における一般平等取扱い法（一）」立正法学論集44巻1号（2010年）147頁においてドイツの法理は詳説されている。
97) MünchArbR Bd. I., § 14 Rn. 1 (Richardi).
98) MünchArbR Bd. I., § 14 Rn. 8 (Richardi).
99) Vgl. BAG 15. 5. 2001, BAGE 98, 1.
100) Vgl. BAG 24. 1. 2006, DB 2006, 1621, zu II 2 b dd (1) der Gründe
101) Vgl. dazu nur EuGH 5. 10. 2004-C-397/01 bis C-403/01-[Pfeiffer ua.] EuGHE I 2004, 8835, Rn. 114.
102) EuGH 5. 10. 2004-C-397/01 bis C-403/01-[Pfeiffer ua.] aaO, Rn. 116.
103) Vgl. BAG 15. 11. 1994-5 AZR 682/93-BAGE 78, 272, zu I 1 der Gründe.
104) BAG 27. 6. 2006, 3 AZR 352/05 (A).
105) MünchArbR Bd. I., § 14 Rn. 2, 6 (Richardi).
106) BAG AP Nr. 3, 4 zu § 242 BGB.
107) Dersch, RdA 1949, S. 325f; ders, RdA 1958, S. 441ff., 445.
108) Schwerdtner, Fürsorgetheorie und Entgelttheorie im Recht der Arbeitsbedingungen, Heidelberg 1970, S. 99.
109) Schwerdtner, a. a. O., S. 99.
110) Coing, Festschrift für Hans Dolle, Bd. 1, 1963, Tübingen, S. 112. Vgl. Schwerdtner, a. a. O., S. 99.
111) Coing, a. a. O., S. 112f. Vgl. Schwerdtner, a. a. O., S. 99.
112) 最3小判平7・9・5〔関西電力事件〕労働判例680号28頁。労働法に対する一般的人格権の適用を考察した先駆的研究は角田邦重「労使関係における労働者の人格的権利の保障」季刊労働法143号（1987年）20頁である。
113) 長野地上田支判平8・3・15判例タイムズ905号276頁、労働判例690号32頁〔丸子警報器事件〕。
114) これらについては、高橋賢司・前掲論文（注96）155頁。

115) 例えば、古くは、大河内一男「日本の労働組合」『大河内一男集第四巻』（労働旬報社・1980年）95頁。
116) 熊沢誠『ノンエリートの自立』（有斐閣選書・1981年）122頁。
117) 小池和男『仕事の経済学（第2版）』（東洋経済新報社・1981年）。
118) 中山和久・籾井常喜・西谷敏・金子征史・毛塚勝利・深谷信夫・盛誠吾・浜村彰「戦後労働法学の五〇年を問う（第四部）」労働法律旬報1357号（1995年）6頁（9頁）（西谷敏発言部分）。
119) アマルティア・セン『不平等の検討』（岩波書店・1999年）115頁以下、126頁。
120) ドイツ法に関する文献では、Wolmerath, Mobbing, 3. Aufl., Baden-baden, 2007; Wickler, Handbuch Mobbing-Rechtsschutz, Heidelberg, 2004. 原俊之「職場のいじめに関する法的論争」横浜商大論集43巻2号（2010年）122頁。
121) 中谷巌『資本主義はなぜ自壊したのか』（集英社インターナショナル・2008年）31頁、林和彦「イギリス保守党政権下の労働市場の規制緩和(1)(2)(3)」日本法学72巻3号159頁・同巻4号143頁、73号1号109頁。
122) 宮本太郎『生活保障』（岩波書店・2009年）171頁（173頁以下）。
123) 岩田正美『社会的排除』（有斐閣・2008年）175頁以下。
124) 橋本努『自由に生きるとはどういうことか』（筑摩書房・2007年）256頁。
125) むろん、こうした解決が日本社会に存在する貧困の問題を包括的に全廃することを意味しない。しかし、解雇法制という法律が貧困をもたらしてはならないため、こうした法理を提唱するのである。
126) 和田肇『労働契約の法理』（有斐閣・1990年）252頁。
127) 和田肇・前掲書（注126）252頁。
128) 和田肇・前掲書（注126）255頁。
129) 和田肇・前掲書（注126）255頁。
130) 最2小判昭50・2・25労働判例222号13頁〔陸上自衛隊事件〕。
131) 最2小判平12・3・24労働判例779号13頁〔電通事件〕。
132) 津地判平9・11・5労働判例729号54頁〔三重セクシュアルハラスメント事件〕。
133) 潮見佳男「「なす債務」の不履行と契約責任の体系」『契約責任の現代的諸相〔上〕――北川善太郎先生還暦記念』所収（東京布井出版・1996年）35頁（125頁以下）。
134) 村中孝史「日本的雇用慣行の変容と解雇制限法理」民商法雑誌119巻4・5号（1999年）606頁以下。
135) 村中孝史・前掲論文（注134）607頁以下。
136) 平成になってから出された判決・決定につき雑誌「労働判例」に掲載されたものをすべて検討した。このほか、すべてではないが、他の雑誌、労働経済判例速報、判例時報、判例タイムズ、第一法規の判例体系も補足的に参照した。
137) 小池和男『仕事の経済学』（第2版）（東洋経済新報社・1999年）152頁。
138) 熊沢誠『リストラとワークシェアリング』（岩波書店・2003年）64頁。
139) 拙稿「甦る解雇の自由（三）」立正法学40巻1号（2006年）61頁（160頁）。
140) 東京地決昭63・8・4労働判例522号11頁〔エヴェレット汽船事件〕、福岡地判平4・11・25労働判例621号33頁〔三井石炭鉱業事件〕。これに対し、「幹部職員で53歳以上の者

という基準は必ずしも合理的とはいえない面がある」と説示した裁判例もある（東京地判平13・12・19労働判例817号5頁〔ヴァリグ日本支社事件〕）。この事件では、さらに、「被告は、まず非組合員を対象に、一部の者を除外して、順次退職勧奨・整理解雇を行ったともいえるのであり」「被告の退職勧奨・整理解雇の対象の人選は全体として著しく不合理であるといわざるを得ない」と判断され、解雇権濫用であり、無効であると判断されている。

141) Stahlhacke / Preis / Vossen, Kündigung und Kündigungsschutz im Arbeitsverhältnis, § 2 Rn. 1097 (Preis).
142) Stahlhacke / Preis / Vossen, Kündigung und Kündigungsschutz im Arbeitsverhältnis, § 2 Rn. 1096 (Preis).
143) 鹿児島地判平11・11・19労働判例777号47頁〔ケイエスプラント事件〕。
144) 高松地判平10・6・2判例タイムズ994号170頁、労働判例751号63頁〔高松重機事件〕。
145) 横浜地判昭62・10・15労働判例506号44頁〔池貝鉄工整理解雇仮処分申請事件〕。
146) アマルティア・セン・前掲書（注119）126頁。
147) 精神薄弱者更生相談所から障害の程度につきB判定を受けている労働者につき、前橋地判平14・3・15労働判例842号83頁〔乙山鉄工事件〕。
148) 大阪地判平11・1・29労働判例765号68頁〔高島屋工作所事件〕。
149) 大阪地決平6・8・5労働判例668号48頁〔新関西通信システムズ事件〕。本件評釈には関戸一考・労働法律旬報1346号（1994年）20頁、中村和雄・民商法雑誌113巻（1996年）4・5号795頁。
150) 大阪地判平11・1・29労働判例765号68頁〔高島屋工作所事件〕。ほかに、勤務態度が問題になった事件として、東京地八王子支判平6・8・30労働判例659号33頁〔八千代電子事件〕がある。
151) 保原喜志夫「整理解雇をめぐる判例の法理（七・完）」判例時報1108号（1984年）155頁（157頁）（判例評論303号9頁（11頁））。
152) 保原喜志夫・前掲論文（注151）157頁。
153) 大阪地判平11・1・29労働判例765号68頁〔高島屋工作所事件〕。
154) 國武英生「人選基準論」労働法律旬報1502号（2001年）41頁（42頁）。
155) 角田邦重「労使関係における労働者の人格的権利の保障」季刊労働法143号（1987年）20頁（21頁）。
156) 神戸地姫路支判平2・6・25労働判例565号35頁〔日新工機事件〕。
157) 浦和地判平3・1・25労働判例581号27頁〔日産ディーゼル工業事件〕（評釈には新谷真人・季刊労働法160号205頁がある）。
158) 東京地判平7・12・25労働判例689号31頁〔三和機材事件〕。
159) 山形地米沢支判昭51・9・24労働判例264号57頁〔米沢製作所事件〕。
160) 東京地八王子支判昭47・10・18労働判例166号46頁〔日特金属工業事件〕。
161) 東京地決昭50・9・12労働判例233号18頁〔コバル事件〕。中村和夫「整理解雇の必要性と整理基準による性差別（一）（二・完）」労働判例308号27頁、310号4頁参照。
162) 長崎地判昭52・3・31労働判例276号28頁〔不動建設事件〕。
163) 東京地決平11・10・4労働法律旬報1482号24頁〔東洋印刷事件〕、東京地決平10・1・

第4章　整理解雇の新たな法理のために

7労働判例736号78頁〔ナショナル・ウエストミンスター事件〕、東京地決平11・11・29労働判例780号67頁〔角川文化振興財団事件〕。

164) 道幸哲也「整理解雇過程論の試み」労働法律旬報1502号（2001年）53頁（57頁）、高橋賢司「甦る解雇の自由（三）」立正法学40巻1号（2006年）61頁（163頁）。
165) 東京地決平11・11・29労働判例780号67頁〔角川文化振興財団事件〕。
166) 東京地決平11・10・4労働法律旬報1482号24頁〔東洋印刷事件〕。
167) 熊沢誠『リストラとワークシェアリング』（岩波書店・2003年）76頁。
168) 東京地判平16・3・9労働判例876号67頁〔千代田学園事件〕。
169) 福岡地労委命令平14・1・11労働判例825号93頁、大阪地判平11・3・31労働判例765号57頁〔日証（第一・第二解雇）事件〕、東京地判平4・3・30労働判例605号37頁〔東京教育図書事件〕、東京地判平7・12・25労働判例689号31頁〔三和機材事件〕、新潟地決平12・9・29労働判例804号62頁〔沖歯科工業事件〕。
170) 大阪地判平11・3・31労働判例765号57頁〔日証（第一・第二解雇）事件〕。
171) 組合員の場合、裁判所による不当労働行為の認定に困難がつきまとい、組合員に対する整理解雇は、救済される場合とされない場合とがある。したがって、不当労働行為の救済法理以外に、組合員も被解雇労働者に属してはならないという法理の検討が必要かもしれない。
172) 大阪地判平12・12・1労働判例808号77頁〔ワキタ（本訴）事件〕。
173) 京都地判平8・2・27労働判例713号86頁〔よしとよ事件〕。
174) 大阪地判平15・5・16労働判例857号52頁〔弥生工芸事件〕。
175) 水町勇一郎『パートタイム労働の法律政策』（有斐閣・1997年）113頁。但し、本書において示したように、判例では、パートタイマーと正社員とを比較し、パートタイマーを優先的に整理解雇したとしても、差別的取り扱いにはあたらないと解されている（本書第Ⅱ部第2章4 4c）。
176) http://www.sangyo-rodo.metro.tokyo.jp/monthly/koyou/soudan_14/pdf14/sodan7.pdf
177) 就業規則法理においては、労働契約法が制定される以前からその合理性の内容はほぼ確定しつつあったものの、これと比して、整理解雇の人選基準としての合理性、客観性の要素とされるものが画一的なものではないのである。
178) 鹿児島地判平11・11・19労働判例777号47頁〔ケイエスプラント事件〕。
179) EC理事会指令98/59参照。島田陽一教授は、立法提言として、「使用者が雇用調整計画に基づく人員削減が解雇以外の手段によっては達成できず、整理解雇を実施しようとする場合においては、解雇対象者の数、解雇時期、解雇対象者の選定基準および当該解雇によって労働者が被る不利益を軽減する措置についての計画について、労働者代表と誠実に協議しなければならない」とし、雇用調整計画との関連で、協議義務の創設を提言されている（同「解雇規制をめぐる立法論の課題」日本労働法学会誌99号（2002年）74頁（93頁））。
180) 例えば、東京地決平成12・1・12労働判例779号27頁〔明治書院事件〕。
181) 第Ⅰ部第3章3 4
182) このほか、能力、勤務態度を基準として整理解雇する場合がありうる。しかし、本来、能力、勤務態度を理由とした解雇は、整理解雇の問題ではない。ドイツでは、これらの能

力・勤務態度を理由とした解雇は、(日本の整理解雇にあたる)経済的理由に基づく解雇としては行われず、そうした解雇も正当化されることはない。能力を理由とした解雇は人的な理由に基づく解雇の問題であるし、勤務態度を理由とした解雇は行為を理由とした解雇の問題でしかない。それぞれ、人的な理由に基づく解雇、行為を理由とした解雇に対しては、経済的理由に基づく解雇と同様に、予測可能性の原則、最終的手段性の原則、社会的選択の法理が厳格に適用される。この方が日本法と比して論理的である。これに対し、日本法では、整理解雇の人選基準が能力・勤務態度などの事由を基準とされたり、これらの事由の存否が個別的に審査されたりされている。しかし、これらの事由による普通解雇ないし懲戒解雇としては正当化されない場合も論理的にはありうる(東京高判平18・12・26労働判例931号30頁〔CSFBセキュリティーズ・ジャパン・リミテッド事件〕)。にもかかわらず、能力不足の者、勤務態度に問題のある者が整理解雇の対象とされ、結果的に裁判所によってかかる整理解雇が有効とされる可能性がある。ここに日本の整理解雇法理のゆがみが存在すると思われる。本来、能力を理由とした解雇は普通解雇の問題として労働者の労働能力の有無を判断すべきであるし、勤務態度を理由とした解雇は懲戒解雇の問題として労働義務違反、誠実義務違反等の義務違反を正面から判断すべきものである。民法上の不能の概念と対比して労働契約法16条により解雇の有効性を解釈すれば、そのような解釈しかありえないように思われる。日本の整理解雇は、多くの場合、希望退職者の募集、退職勧奨の後に行われ、希望退職、退職勧奨に応じないわずかな者に対して、整理解雇が実行に移される。終身雇用制が崩れつつあり、グローバル経済のなかでの激しい競争にあるなかで、利益追求を至上命題とする企業において経済的余裕がなくなりつつあり、このため、能力、健康、勤務態度に問題のある者を抱えきれなくなる事態が生じつつある。しかし、だからといって、私法上これらの者の解雇が容易に正当化されうるかは別問題である。労使の実務では、能力、勤務態度に問題のある者が整理解雇の対象とされ、多くの場合、これらの問題を抱える者が狙い撃ちにされているのが実情であろう。人選の問題としてこれらの者が対象となる整理解雇のほうが、能力、勤務態度を理由とした解雇よりも、緩やかに判断されうるというのはわからない論理ではない。しかし、能力を理由とした解雇が普通解雇の問題として、勤務態度を理由とした解雇が懲戒解雇の問題として判断された場合に、本当に解雇されえないのであれば、なぜ、整理解雇の場合、解雇が可能になるのか疑問なしとしない。そこで、将来的には、これらを理由とした解雇は、それぞれ整理解雇として行いえず(よって無効とされ)、むしろ、能力を理由とした解雇は普通解雇として、勤務態度を理由とした解雇は懲戒解雇として、別類型で処理されるべきである。

第5章

疾病を理由とした解雇

　現在、労働者が心身の不調のために労働義務を履行できない状況においては、使用者は、当該労働者を、労働能力が失われたものとして解雇できることとなっている。この場合、裁判所は、解雇の有効性を審査するために、使用者が配置転換により軽易な業務に就かせれば労働者が十分労働能力を有しているかを問うものと、軽易な業務に就かせなくても休職終了時に原職での労働能力を十分有しているかどうかのみを問うものとに分かれているといわれている[1]。また、解雇までの間労働者との労働契約関係を維持しながら当該労働者の労働の提供を免除または禁止する休職制度を多くの企業では有している。長期雇用システムにおいて休職制度は、解雇を一定期間猶予し、心身の回復を図ることを許容するための制度となっている[2]。問題は、休職が終われば解雇される可能性も有していることから、使用者はどの程度まで当該疾病労働者の心身の回復のための努力を支援すべきなのか、という点が問われる。温情的な日本的経営のもとでは、賃金を支払いながら当該労働者を企業に留めている一方で、企業は希望退職、退職勧奨、整理解雇を通じて、長期に休んだ疾病労働者で望ましくないとみなした者を退職に追い込むこともある。中高年のなかには、仕事やノルマなどによるプレッシャー、職場の人間関係による心身の不調を訴える労働者も少なくない。グローバル経済の進展による厳しい経営環境の中で、長期にわたる休職制度を通じて労働者の心身の回復を待つだけの経営上の体力を失っている企業もある。こうしたなかで、職場社会の個の保護のあり方が問われることになる。本章では、裁判例や企業での実務を概観しその問題点を指摘した上で、雇用社会における疾病労働者の保護の問題を解雇との関連において述べることにする。

第Ⅱ部　日本法における解雇規制とその行方

1　疾病の場合における裁判例

1　労働能力の有無

（1）　**職務の特定のある場合**　これについては、数多くの裁判例があるが、例えば、カラープリントの焼付け、出荷検査等を主な業務としていた原告が、依頼により自動車の屋根に登り、宣伝用の写真を撮影中転落し、右大腿骨頸部骨折および右橈骨小骨骨折の障害を負ったという場合に、「申請人の傷病は完治しておらず、座姿勢による作業は可能であるとしても、軽作業、長時間の立位作業の勤務には耐えられないもの」である場合、「復職可能な状態にあったとはいえず、右規定に該当する」として就業規則所定の休職後の退職の規定を適用している[3]。

（2）　**職務の特定がない場合**　職務の特定がない場合についても、同様の問題が存する。脳出血で倒れ、右半身不随となった保健体育の教員の休職後の解雇について、「『身体の障害』によって控訴人の就業規則10条1号所定の『業務に堪えられない』と認められるかどうかが争点であって、被控訴人が主張するような補助や教育的効果に対する期待（ただし、現実問題としてこれが常に随伴するとは考えがたい。）がなければ、被控訴人が教員としての業務を全うすることができないのであれば、被控訴人は身体の障害により業務に堪えられないもの、すなわち同規則の同条項に該当するものであることを肯定するに等しいものというべきである」と判断されている[4]。

また、休職期間満了時に休職者の原職復帰が認められるためには、原則として従前の職務を通常の程度に行える健康状態に回復したことを要するが、休職者の職務に限定がなく、他の軽易な職務には従事することができ、当該軽易業務に配置転換することが現実的に可能であったり、当初は軽易な職務に就かせれば、ほどなく従前の職務を通常に行うことができる場合には、復職を認めるのが相当であると説示するものがある。しかし、裁判例では、事業者への保証・保険の信用補完や貸付け等を行う法人の職員が、神経症により傷病休職となる前の段階で軽易な職務に従事していたとしても、休職期間満了時における復職の判断に当たって基準となる従前の職務とは、当該法人の職員が本来通常

行うべき業務をいうとされた。この事件では、2年6か月の休職期間満了時において、法人の職員が本来通常行うべき、金融・財務に関する判断を伴う職務を遂行しうる状態にあったとは認められず、また、当初軽易な職務に就かせればほどなく当該職務を通常に行うことができたとも認められないとされ、休職期間満了による解雇が有効とされた。[5]

　最近、こうした裁判例にも変化の兆しもみられ、「運転者として職種を特定して第1審被告に雇用された者であると認められる。そして、労働者がその職種を特定して雇用された場合において、その労働者が従前の業務を通常の程度に遂行することができなくなった場合には、原則として、労働契約に基づく債務の本旨に従った履行の提供、すなわち特定された職種の職務に応じた労務の提供をすることはできない状況にあるものと解される（もっとも、他に現実に配置可能な部署ないし担当できる業務が存在し、会社の経営上もその業務を担当させることにそれほど問題がないときは、債務の本旨に従った履行の提供ができない状況にあるとはいえないものと考えられる。[6]）」と判断されている。東海旅客鉄道（退職）事件において、大阪地裁も、「労働者が私傷病により休職となった以後に復職の意思を表示した場合、使用者はその復職の可否を判断することになるが、労働者が職種や業務内容を限定せずに雇用契約を締結している場合においては、休職前の業務について労務の提供が十全にはできないとしても、その能力、経験、地位、使用者の規模や業種、その社員の配置や異動の実情、難易等を考慮して、配置替え等により現実に配置可能な業務の有無を検討し、これがある場合には、当該労働者に右配置可能な業務を指示すべきである。そして、当該労働者が復職後の職務を限定せずに復職の意思を示している場合には、使用者から指示される右配置可能な業務について労務の提供を申し出ているものというべきである[7]」と判断している。

　最高裁第1小法廷は、平成10年4月9日判決において、「労働者が疾病のためその命じられた業務のうち一部の労務の提供ができなくなった場合においても、その能力、経験、地位、使用者の規模、業種、労働者の配置・異動の実情及び難易等に照らして当該労働者が配置される現実的可能性があると認められる他の業務について労務の提供をすることができ、かつその提供を申し出ているならば、なお債務の本旨に従った履行の提供があると解するのが相当であ

る」と説示した。労働者が疾病のため、その命じられた業務のうち一部の労務の提供ができなくなったことから直ちに債務の本旨に従った労務の提供をしなかったものと断定することはできず、当該労働者を現場監督業務から外して自宅治療を命じた間の賃金及び一時金の支払義務の有無を判断するためには、当該労働者が配置されることが現実的に可能な業務が他にあったかどうかを検討すべきであるとして、原審判決の破棄・差戻しを命じた[8]。

2 現在の裁判例の問題点

（1） ドイツ法と比較した場合の日本法の問題点　　日本の裁判例では、労働不能について、――元の職務での労働不能であるにせよ、軽易な業務での労働不能であるにせよ――解雇時点での労働不能を問題にしている。しかし、ドイツ法の判例では、将来にわたって疾病の結果労働不能になることが予測されなければならないという基準が確立している。例えば、一度限りの事故や過去の疾病に基づくもので治癒する可能性が存する場合には、将来にわたっての労働不能は予測されないことから、解雇は無効と判断されるのに対して、日本法では現在の労働能力の有無を判断するだけのものとなっており、大きく異なっている[9]。つまり、ドイツでは、疾病を理由とした解雇にあたっては、裁判所において将来にわたって労働不能であるかどうかまで問われているのに対し、日本法においては、裁判所において現在の時点での労働不能の有無のみが問われている。日本法では、その意味では、過去の疾病期間（休職期間）の長さが疾病労働者に対しサンクションを意味しうる可能性があるばかりか、現在の時点での労働能力が十分ではなく復職が可能でない場合、疾病を理由とした解雇が有効となってしまう結果を招く。

さらに詳述すると、ドイツ法においては、長期の疾病についても、将来にわたって労働能力があるかどうかを裁判所が審査し、「多かれ少なかれ不確かな予測の確認又は修正のため、事実審の最終の口頭弁論終了時まで疾病の実際の後の進展が考慮されなければならない」と判断し、労働者が解雇の時点までにセラピーを実施する準備があるかどうかが重要となると判断している[10]。つまり、例えば、セラピーを受ける準備があれば、将来労働能力が回復する可能性があることから、その時点での解雇は無効となる可能性がある。これに対し、

日本の裁判例では、1年半程度の休職の後、「社会復帰が可能」との診断書に基づきトラック運転業務への復帰を希望し、事務職や単純労務であれば就労可能になっていたところ、長距離トラックの継続運転の原職務への就労可能な状態に未だ回復していなかったと判断されていたが[11]、リハビリにより徐々に回復していた事案であり、近い将来まで労働不能であったかまでは判断してはいない。もし近い将来労働能力が回復し復職できる可能性があるとすれば、やはりその正社員の地位を維持させるべきではないかと考える。今後日本の法理の検討が必要である。

（2） **疾病を理由とした解雇救済のための社会的観点**　　現在、企業においては、休職に加え、休暇制度を設ける場合が少なくない。医師によると、復職にあたって、半日勤務（4時間）が一般的であり、2時間勤務時間が短くなるだけで労働者の負担は軽減されるとする。望まれるのは、医学的な専門家、心理カウンセラーの確保、人事労務担当者や社外委託による相談窓口の設置であるという[12]。滋賀県の調査によれば、精神的な疾患への配慮として、資格に伴う仕事からの除外、軽作業への限定、業務の特定化、フォローの充実、業務負荷量の軽減、復帰前訓練、復帰判定委員会の設置、異動、勤務時間の制限、上司・同僚の支援等が企業において行われている。これらの職場復帰への配慮を行う場合、特に、復帰前訓練、職場メンバーからの支援、復帰後の異動がある場合、疾病労働者の復帰後再休業は少なく、職場に円滑に復帰できる可能性は高まる、と報告されている[13]。疾病の場合も裁判所において、段階的に職場復帰させるという社会福祉的な観点を導入することが不可欠であると考える。これに対して、従来の裁判例や学説では、疾病休職の場合、労働能力の有無が従前の職務について存するのか、あるいは、復職後軽易な職務であれば存するのか、という点に関心が集中する嫌いがあり、労働者の復職のための会社側の配慮が十分であったかどうかを審査する法理が十分には形成されていない。復職のための配慮を行えば、労働者が職場に復帰でき、現存する労働能力により職務を遂行できるのであれば、解雇する必要はないのではないかといえる。単に休職中賃金を支払うのみで、復帰のためのプログラムは何も行わないまま、解雇が可能となる法理が確立され続けるのが望ましいわけではない。このため、復帰のための措置により職場復帰が可能になるのであれば、長期雇用を予定し

た期限の定めのない労働契約上の債務の履行が可能となる場合において、労働能力回復・発揮のための配慮を義務づけることが必要であると思われる。

3　整理解雇における疾病労働者の保護の問題——別類型の必要性

さらに、疾病を抱える労働者が整理解雇の被解雇者として選定され、解雇されてしまう場合が少なくない。この場合、疾病を抱える労働者に対する解雇が普通解雇としては正当化されない場合（普通解雇）でも、整理解雇の解雇者の1人として選定され、結果として整理解雇されることがある。人選の問題としてこれらの者が対象となる整理解雇のほうが、疾病を理由とした解雇よりも、緩やかに判断されている。ここにも日本の整理解雇法理の問題点が存在する。解雇法理の回避の方法・抜け道が存在する。労使の実務では、健康に問題のある者が整理解雇の対象とされているのが実情である。疾病を理由とした解雇が普通解雇の問題として処理された場合に、仮に解雇されえないとしたら、なぜ、整理解雇の場合、解雇が正当化されるのか疑問が残る。

しかし、能力を理由とした解雇の場合と同様、本来は、疾病を理由とした解雇は、整理解雇の問題ではない。ドイツでは、これらの疾病を理由とした解雇は、（日本の整理解雇にあたる）経済的理由に基づく解雇としては行われえず、こうした整理解雇も正当化されることはない。ドイツ法上疾病を理由とした解雇は人的な理由に基づく解雇の問題（日本でいうところの普通解雇の問題）でしかない。人的な理由に基づく解雇に対しては、予測可能性の原則、最終的手段性の原則、社会的選択の法理が厳格に適用される。この方が日本法と比して論理的である。

これに対し、日本法では、整理解雇の人選が疾病・勤務態度などの事由を基準とされたり、これらの事由の存否が個別的に審査されたりされている。しかし、これらの事由による普通解雇ないし懲戒解雇としては正当化されない場合も論理的にはありうる。

こうした点を考えると、本来、疾病を理由とした解雇は普通解雇の問題として労働者の労働能力の有無を判断すべきである。民法上の不能の概念と対比して労働契約法16条における解雇の有効性を解釈すれば、このように解するのが適切ではないかと思われる。そこで、将来的には、これらを理由とした解雇

は、それぞれ整理解雇として行いえず（よって無効とされ）、疾病を理由とした解雇は普通解雇として処理されるべきである。整理解雇者としては、前章において既述したように、疾病労働者は被解雇労働者からは除外されるべきである。また、整理解雇において疾病労働者が対象となる場合も、普通解雇の問題としてのみ処理すべきである（これは性質決定の問題である）。

2 新たな法理の可能性＝配慮義務の可能性

1 採用時職種の特定のない雇用の場合の社会的・福祉的観点

　裁判例や学説においては、普通解雇において、休職後、従前の労働能力が求められるにせよ、軽減された職務における労働能力が求められるにせよ、労働能力の有無のみが問われている。これについては、野田教授は、病気休暇権を提唱し、病気は労働者の責めに帰すべきでない・労働契約において当然に予想された履行障害であり、労働者が病気に罹ることによって労働義務を免れるとともに、使用者は業務命令権を行使することができなくなる。ゆえに労働者が病気である旨を証明したのに、使用者が病気休職を認めず、また病気休職制度が存在しないときには、労働者は、使用者の意に反して休むことができるとする学説を発表している[14]。これにより、使用者は、労働者が休んだ期間について賃金不払いとすることはできるが、第1に、使用者は、原則として労働者を原職に復帰させなければならない。第2に、労働者が病気を理由に一定の期間休んだ後に復職を求めたとき、使用者は、原則として労働者を原職に復帰させなければならない。第3に、病気を理由とする休暇の長さは、病気休職の制度があるときはその期間が標準となり、それがないときにも、病気の重篤さの程度や頻度、回復の見込み、病状の安定等の諸要素に加え、企業の規模、事業の内容、労働者の担当する職種や地位などを総合的に考慮して判断されるべきであると述べている。その上で、裁判例を分析し、例えば、精神分裂病に罹患した私立大学の助教授に対してなした病気休職の満了による解雇は有効であるとし、私生活上の交通事故による後遺症は大型トラック運転手としての長距離運転に耐えうるものでないから、休職後の解雇は有効であるとしている[15]。

　他方で、これまでの裁判例や学説をふりかえるとき、疾病休職の場合、労働

者の復職のプロセスが十分に現在の法理では考慮されていないことは既に述べたところである。これに対して、現在、大手企業の富士フイルムでは、「3ヶ月を限度に特別期間を制定し、内2ヶ月は勤務日数および勤務時間の短縮を認める。残り1ヶ月も残業・出張の制限等の配慮を行うなどの対応が一般的である」[16]とされる。ソニーでは、「原則フルタイム勤務だが、徐々に仕事量を増やすなど業務量の調整を行う」[17]扱いがなされている。精神的疾患への配慮としても、復職の前段階としてリハビリ出勤を導入する企業があり、この間は業務を与えてはならず、自主的な作業を行わせるのがふさわしいと指摘される[18]。上司による定期的な面接をし、負担が適切かどうかをチェックし、1、2日休んだときは、業務の軽減を検討することが必要であり、4日以降は、残業は20時間以内、宿泊を伴う出張は避けるなどの配慮をしつつ、健康管理優先から労務管理に移行していく扱いが必要であるとする[19]。上司は、同僚に対しても、復職にあたって勤務時間や業務内容の配慮を行う期間を事前に説明し、理解を得なければならず、同僚の不満で職場環境が悪化しない配慮が必要であると指摘される[20]。前述の滋賀県の調査によれば、精神的な疾患への配慮として、資格に伴う仕事からの除外、軽作業への限定、業務の特定化、フォローの充実、業務負荷量の軽減、復帰前訓練、復帰判定委員会の設置、異動、勤務時間の制限、上司・同僚の支援等が企業において行われているが、これらの職場復帰への配慮を行う場合、特に、復帰前訓練、職場メンバーからの支援、復帰後の異動がある場合、疾病労働者の復帰後再休業は少なく、職場に円滑に復帰できる可能性は高まる、と報告されている[21]。これらを普遍化する法理を考えるべきである。そこで、現在の法理では、普通解雇においても、休職後、従前の労働能力が求められるにせよ、軽減された職務における労働能力が求められるにせよ、休職終了時の労働能力の有無のみが問われるにとどまっていたが、復職のプロセスを十分に考慮する必要があるのである。

2　配慮義務──社会国家原理と社会的包摂のために

　上のような問題意識を法理論に反映させるためには、まず、労働者を社会・福祉的な観点から処遇すべき配慮義務を、疾病労働者が職場復帰しようとする努力に対して一定の配慮をなすべき義務として構成することが必要である。も

ちろん、職場復帰のための職業的な労働能力の形成は、原則的には、労働者個人が努めるべき事柄であり、（リハビリを含め）労働者の職場復帰のための現存の能力や潜在能力の向上と開発は、国の政策的な責務である。国の就労支援としては、職業リハビリテーションあるいは医療保険の拡充が一層促進されなければならないであろう。しかし、これにとどまらず、労働者の労働能力が労働契約関係に即して発揮され、使用者の事業所の利益のために資することを鑑みるならば、使用者も、職場復帰のために労働者が行う職業能力の形成と開発に対して協力すべき立場にあるといえる。したがって、使用者は、労働者が望む限り、企業内での就労の機会を与えるとともに、企業内外において復帰前訓練、勤務時間の制限、時間外労働・深夜労働の制限、上司・同僚による支援など職場復帰に関して労働者の潜在的ないし顕在的な能力の向上・開発のために配慮し、それを促進すべき信義則上の義務があると解すべきである。つまり、休職後復職時に労働能力を問うことにとどまらずに、信義則上、職場復帰にあたっての配慮義務（信義則）＝復帰前訓練、復帰判定委員会の設置、異動、勤務時間の制限、上司・同僚の支援等の配慮義務があるものと解される。同時に、期限の定めのない労働契約において、――職務の特定が予定されていない場合――復帰前訓練、復帰判定委員会の設置、異動、勤務時間の制限、上司・同僚の支援等が行われないまま、当該労働者を解雇するのは、解雇権の濫用であり無効であるとする余地があると解すべきである。

　こうしたことが求められる第1の理由は、労働契約が存続し労働者の労働能力が残存しているにもかかわらず、労働能力がないことを理由として労働契約関係を解消できないと解するからである。職場復帰にあたっての疾病労働者への配慮として、復帰前訓練、復帰判定委員会の設置、異動、勤務時間の制限、上司・同僚の支援、管理監督者への研修、カウンセラーなどの相談窓口の設置等が企業において行われれば、現存する労働能力を活用して、労務を提供することが可能である。労働能力が残存しまた労働能力が将来的に完全に復活する可能性があったにもかかわらず、こうした配慮を怠っている場合、かかる解雇の有効性が疑問視されることになる。これまで、軽易な業務に配置を替えることができたにもかかわらず、労働者を解雇した場合、解雇は無効であると判断される傾向は存在したが、現在では、かかる使用者の配慮として要求される水

準はここまでのレベルであると考えるのである。

　配慮義務を課す第2の理由は、解雇法制との関係で、身体障害、病気など所得を得る能力を低下させる潜在能力の低下が貧困を導くことがあるから、当該労働者を解雇させないというところにある。疾病にある労働者が恵まれない仕事や地位にあっても、競争の敗者として社会に沈殿することなく、疾病のままでも、――また完全に疾病から回復していなかったとしても――人間としての尊厳を持って生活できるような社会が構築されるべきである。このことは、社会国家原理や生存権保障の理念のもとで、貧困者に対する社会包摂への法律上の配慮を行わなければならないという原理的な要請と一致する。アングロサクソン型の福祉国家においては、受容不可能なほどの貧困と不平等という問題が突きつけられている。資本主義諸国における現代の貧困が、精神薄弱、不健康にも起因し得る以上、社会国家原理において、先天的にあるいは後天的に能力的に恵まれない者が、資本主義社会において排除されないよう、疾病者・障害者の社会包摂が重要であると考えられるのである。人権の格差によって、そうした権利を有する豊かな人々と権利を奪われている人々との分断を回避しなければならない。健全な生活を送るための最低限をこえる生活水準・労働条件の保障と社会的包摂の保障こそが、グローバル化時代にあって持続可能な社会を構築していくことになる。新自由主義ないしは競争原理に対峙する社会国家原理によって、国が疾病者や障害者に対しても、労働社会において十分な生活の安定と人間としての尊厳を確保させる法制が求められる。

　こうした配慮義務を課すことによって、第1に、疾病を理由とした解雇の場合に、裁判所も労働者の労働能力だけを形式的に問うことにとどまらず、段階的に職場復帰させるという社会・福祉的な観点を導入することが可能になると考える。労働能力の欠如[23]や非違行為・暴言[24]を理由として解雇される判例が多いのとは異なり、むしろ、疾病労働者の労働能力について残存した能力、ないしは潜在的な能力に着目し、それらを回復ないし向上させることなしに、当該疾病労働者の解雇により労働契約関係を一方的に解消させるのを防ぐ、という意味がある。疾病のままでも、ないしは、完全に疾病から回復していなかったとしても、安定した生活が可能になるのである。

　第2に、精神的な疾病・障害に対する国の対策に比して、それ以外の疾病・

障害の場合の保護に遅れがみられるが、身体的・精神的な疾病を問わず、画一的な基準が適用されるために、上のような配慮義務が義務づけられていくべきであると考える。

　こうした配慮義務にもとづく処遇を求める見解に対しては、配慮義務は付随義務であり、解雇は主たる義務に関わるものであるから、配慮義務の有効・無効の有無は、解雇の有効性には関わらないという批判がありうる。しかし、本稿では、信義則上、職場復帰にあたっての配慮義務＝復帰前訓練、復帰判定委員会の設置、異動、勤務時間の制限、上司・同僚の支援等の配慮義務があると考えるのは、解雇の全段階において、これらの配慮を尽くしたものでなければ、解雇できないと考えている。整理解雇の前段階で要求される解雇回避努力義務に比した義務である。つまり、いわば疾病労働者に対する解雇回避努力義務として、信義則上、職場復帰にあたっての支援促進義務を課そうとしたものである。したがって、上述の批判は当を得ていない。

　さらに、社会福祉的な観点からは、労働者の労働能力の発現たる労務提供行為に対して、使用者は賃金を支払うことにとどまらずに、労務提供行為を妨げてはならない義務を負うというべきである。つまり、就労請求権を肯定すべきである。従来、判例においては、就労請求権を認めることには極めて消極的である。この点については、使用者は、信義則にもとづいて労働者の生命のみならず、人格および労働能力に対しても配慮すべきと解すべきであるから、かかる配慮義務にもとづいて、就労請求権が信義則上基礎づけられると解すべきである。

3　採用時職種の特定がある場合——変更解約告知の可能性とその裁判上の審査

　その上、職務が特定されている場合、より困難な問題が生じる。多くの裁判例は、職務が特定されている場合で、疾病労働者が疾病を理由としてその特定された職務への復帰が不可能である場合、解雇が有効であるとする。これらの判決の論理にあるように、職務が特定されている場合で、疾病労働者が疾病を理由としてその特定された職務への復帰が不可能である場合、解雇が有効であるとするのは一見して納得がいく論理であると考えられる。しかし、職務の特定の有無を問わず、配転が困難である場合も、職務の転換などの職業訓練を一

定程度積めば、他の職務への配転は不可能ではないはずである。但し、契約時の職種の特定が疾病の場合に他の職種での雇用を否定する趣旨であるかどうかは丁寧に認定すべきである。たとえば、長時間運転業務に服するトラックの運転手が、疾病（慢性腎不全）のためにその職種での業務の遂行が困難になった場合、契約時の特定を杓子定規にこの段階で影響させ、解雇の対象となるとするのは適切な解釈とはいい難い。他の残存する能力での雇用が可能である場合に、雇用維持のために十分な配慮を行ったといいうるかは疑問がないわけではない。すなわち、職務が特定されていた場合でも、使用者が労働能力に即した雇用を提供できた場合であったにもかかわらず、その雇用を提供しなくても、債務の本旨に従った履行を提供したと評価されてよいわけではないのである。

　このような観点から、ポストの喪失に導く解雇の前に、使用者は、ポストを失う労働者を事業場または企業内において他の方法で雇用しなければならないと考える。この目的のために、使用者は、まず、その事業場または企業内において配置換えが可能であるかどうかをまず吟味しなければならない。解雇は、解雇の時点において労働者が雇用される事業場または企業内において労働者の継続雇用の可能性が存在する場合、無効となる。重要なのは、解雇される労働者が雇用されるべき空いたポストが実際上存在しているかどうかである。使用者は、他の比較しうる空いた（同等の価値の）ポスト、または、変更された（より悪化した）労働条件での空いたポストへの労働者の継続雇用に関して義務がある。つまり、使用者が労働者に対して労務指揮権にもとづいて空いたポストを提供しうるときには、疾病を理由として配置変更の必要性を充足させる、契約の変更を使用者は追求すべきであると考える。職務が特定されていたとしても、契約を変更して、他のポストへの配置転換、より軽易な負担を伴う雇用の提供が必要であると解すべきである。その手段が変更解約告知である。但し、この場合、変更解約告知が有効となるか否かについては裁判所による２段階の審査が行われるべきである。

　このように解するときは、職務が特定されている場合で、疾病労働者が疾病を理由としてその特定された職務への復帰が不可能である場合、解雇がただちに有効であると解されず、他のポストへの配置転換により解雇を回避せずに行われた解雇は、無効であると解するメリットがある。これにより、変更解約告

知により、契約を変更して、より軽易な負担を伴う雇用の提供が必要であると解する余地を残すメリットがあり、解雇を回避しない場合、その後に行われた解雇は、無効であると解するメリットがある。つまり、職務が特定されていた場合でも、使用者が労働能力に即した雇用を提供できた場合には、契約内容を変更して新たな雇用を提供する義務があると考える余地が生じるのである。他方で、特定された職務について労働者が履行を提供できないときに、契約内容の変更もないのに、使用者が事業場において労働者を軽易な職務に配置し配置転換すべきであるとする、解決方法の論理的な矛盾も解決しうる。

さらに、同様の解雇回避努力義務という観点から、復職直後の労働者が直ちに従前業務に復帰できない場合でも、比較的短期間で復帰することが可能である場合には、ポストの喪失に導く解雇の前に、休業又は休職に至る事情、使用者の規模、業種、労働者の配置等の実情からみて、短期間の復帰準備時間を提供したり、教育的措置をとるなどが信義則上求められるというべきで、このような信義則上の手段をとらずに解雇することはできないと解すべきである。[27]

注

1) 疾病を理由とした最近の裁判例を分析したものには、道幸哲也／小宮文人／島田陽一『雇用をめぐる法律問題』(旬報社・1998年) 204頁、吉田美喜夫「疾病労働者の処遇」ジュリスト別冊『労働法の争点 (第7版)』(有斐閣・2004年) 242頁、春田吉備彦「職場における精神疾患者をめぐる判例分析と労働法上の課題」『労働保護法の再生――水野勝先生古稀記念論集』(信山社・2005年) 461頁、大石玄「疾病休職をめぐる最近の裁判例」労働法律旬報1488号 (2000年) 56頁、水島郁子「疾病労働者の処遇」日本労働法学会編『講座21世紀の労働法7』(有斐閣・2000年) 127頁、鎌田耕一「私傷病休職者の復職と負担軽減措置」安西愈先生古稀記念論文集『経営と労働法務の理論と実務』(中央経済社・2009年) 97頁。
2) 菅野和夫『新・雇用社会の法』(有斐閣・2002年) 77頁。
3) 東京地決昭54・3・27労働経済判例速報1010号25頁〔アロマ・カラー事件〕。
4) 札幌高判平11・7・9労働判例764号17頁〔北海道龍谷学園 (旧小樽双葉女子学園) 事件〕。
5) 東京地判平16・3・26労働判例876号56頁〔独立行政法人N事件〕。評釈には、小西康之・ジュリスト1295号 (2005年) 230頁。
6) 大阪高判平14・6・19労働判例839号47頁〔カントラ事件〕。本件評釈には、水島郁子・労働法律旬報1560号 (2003年) 46頁、野田進・ジュリスト1254号 (2003年) 257頁。本件では、大型貨物自動車運転手として稼動してきた1審原告が慢性腎不全に罹患したため、復職期間取得後の復職に際して、産業医の診断書の「慢性腎不全、慢性肝障害により就業

不可。要治療である。」との記載により復職を拒否し、その後1審原告と被告との間で和解が成立し、1審原告は職場復帰したが、この復職までの賃金の支払いを1審被告会社に求めた事案である。

7) 大阪地判平11・10・4労働判例771号25頁〔東海旅客鉄道（退職）事件〕。加藤智章・法政理論〔新潟大学〕33巻3号（2001年）180頁、山下昇・平成11年度重要判例解説〔ジュリスト臨時増刊1179〕（2000年）211頁、大石玄・労働法律旬報1488号（2000年）56頁。

水島教授も、当栄ケミカル事件の長野地裁の判決を参照して、「当面業務量を減らすとか、暫定的に軽作業に従事させるなど、労働者のために慣らし期間（リハビリ期間）を設けることが、使用者に求められる（水島郁子「疾病労働者の処遇」日本労働法学会編『講座21世紀の労働法7』（有斐閣・2000年）127頁（139頁））とする。なお、第1審原告が鬱病を発病し、その症状が増悪していったのは、第1審被告が、第1審原告において、業務の遂行に伴う疲労や心理的負荷等を過度に蓄積して心身の健康を損なうおそれのあること及び既に損なっていた健康を更に悪化させるおそれのあることを具体的客観的に予見可能であったにもかかわらず、第1審原告の業務量を適切に調整して心身の健康を損なうことや更なる悪化をたどることがないような配慮をしなかったという不法行為によるものであるとともに、雇用契約上の安全配慮義務に違反する債務不履行によるものであったともいうことができると一般的に説示した判決がある（東京高判平23・2・23労働判例1022号5頁〔東芝事件〕）。

8) 最1小判平10・4・9労働判例736号15頁〔片山組事件〕。本件評釈には、三井正信・労働判例百選〈第7版〉〔別冊ジュリスト165〕（2002年）38頁、山田哲・日本労働法学会誌93号（1999年）165頁、小嶌典明・労働判例738号（1998年）6頁、水島郁子・平成10年度重要判例解説〔ジュリスト臨時増刊1157〕（1999年）212頁。

9) 高橋賢司「甦る解雇の自由（三）」立正法学論集40巻1号（2006年）61頁（65頁、69頁、157頁）。

10) BAG Urt. v. 9. 4. 1987, NZA 1987, S. 811. アルコール依存症の事例である。被告はアルコール依存症のソーシャル・アドバイスをさせようとしたが、原告はこれを拒んだという事件である。拙稿・前掲論文71頁。

11) 静岡地富士支決昭62・12・9労働判例511号65頁〔ニュートランスポート事件〕。

12) 『アエラムック』（朝日新聞社・2007年）65頁。

13) 平成17年度産業保健調査研究報告書滋賀県内労働者の精神疾患の状況と職場復帰支援に関する調査研究（18年3月）。

14) 野田進『「休暇」労働法の研究』（日本評論社・1999年）125頁。

15) 野田進・前掲書（注14）129頁。鎌田教授も、一定の負担軽減措置の下に復職可能な場合に復職配慮義務が生じるとし、業務の性質および難易度、当該企業の規模、業種、当該企業における労働者の配置・異動の実情および難易度に照らして個々のケースに応じて判断されるべきであるとする（同・前掲論文（注1）120頁）。契約時の業務の特定の有無を問うていないようである。

16) 前掲書・（注14）80頁。

17) 前掲書・（注14）80頁。

18) 前掲書・（注14）67頁。

19) 前掲書・(注14) 67頁。
20) 前掲書・(注14) 67頁。
21) 前掲調査研究 (注13)。
22) アマルティア・セン『不平等の再検討』(岩波書店・1999年) 115頁以下 (126頁)。
23) 前記の多くの裁判例。
24) 例えば、東京地判昭58・12・26労働経済判例速報1181号3頁〔東京芝浦電気事件〕。
25) 大阪高判平14・6・19労働判例839号47頁〔カントラ事件〕。
26) まず、変更解約告知の第1段階において、使用者によって変更された労働条件の有効性が問われる。変更の必要性は、職務が特定されかつ労働者が疾病であるため、現在の職務では労働者の心身に負担がかかり、職務を変更してもより軽易な負担のかかる雇用を提供する必要があることである。第2に、変更された労働条件が労働者にとって甘受しうるものでなければならない。変更された労働条件において、職能資格制の場合資格の変更（降格)、賃金の減額、従前の職位・職務内容、変更後の職位・職務内容が裁判所によって審査される。契約を変更して、他のポストへの配置転換、より軽易な負担を伴う雇用の提供が行われたとしても、その労働者の職業能力に即せず、降格した場合や、賃金の減額が多額にわたる場合には、客観的に見て、当該労働者にとって甘受できないと解される余地があると考える。この場合は、変更解約告知は無効であると解する。
27) 大阪高判平13・3・14労働判例809号61頁〔全日本空輸（退職強要）事件〕参照。

第6章

能力・成果主義人事管理と解雇

1 能力主義・成果主義雇用管理普及による解雇事件の増加

　能力主義・成果主義雇用管理の進行に伴い、労働者の能力・適性がないことを理由とした退職強要・解雇が漸増している。極めて抽象的な基準により解雇する場合や、人事考課が客観的に行われないまま、解雇する場合も少なくない。平均的な水準に達していないというだけで解雇され、著しく労働能率が劣り、しかも向上の見込みがないとされ、かかる理由により、解雇が行われている[1]。勤務態度や個々の発言が不良であることを理由として解雇する事件や、障害を抱える労働者の勤務態度や小さなミスの積み重ねを理由として解雇する事件も少なくない[2]。能力・適性を理由とした解雇が増えていることの背景には、生産性の向上、効率的な経営を強調していることも関係している[3]。しかし、能力や成果不足を理由として解雇が可能であるとすれば、減量経営の中、日本の労働者は、企業への生き残りをかけた労働者間の厳しい「選別競争」にさらされてしまう。さらに、解雇の脅威のもとに行われる過度の能力主義・成果主義人事管理により、労働者のストレス被害や健康阻害も職場において懸念される。

　労働者は使用者の指揮命令下にあり、使用者によって設定される秩序に組織的に組み入れられるが、人事考課や処遇の資料が集積されるにしたがって、労働者の従属性が高まると指摘される[4]。経済的従属性と人的従属性の2つが存在する場合に解雇の脅威がもたらすのは、本来平等であるはずの人間の間に生じる、支配する人間と支配される人間の関係があり、それらは人間の尊厳を侵害する場合であるともいえるという[5]。競争原理、能力主義が強化されるなか、企業が効率的な労働力の利用を目的に労働者に対する人格的な支配を強めつつあ

り、労働者の人格が損なわれる危険を生じさせている。もともと、労働契約当事者において契約の自由が保障されていたとしても、解雇が使用者の指揮命令権下におかれる労働者に対して行われる場合、使用者の有している権限を強める側面を有している。

　さらに、労働は、働く人間にとって人生の目標であったり、生きがいであったり、あるいは誇りであったりする。労働そのものが精神的な価値を有しており、労働者にとって自己実現の場に他ならない。能力主義的な人事管理の下で、労働者が勤務態度・能力の不良を理由として解雇される場合、労働者は、それまで企業の中で蓄積させた能力・ノウハウを活用できなくなる。また、人事考課での評価が公正でないまま労働者に対する解雇が行われる場合、当該事業場に残った他の労働者も仕事に対するモチベーションをダウンさせかねない。さらに、それにとどまらず、解雇は労働を通じて培ってきた労働者の名誉、誇りを著しく傷つける結果を招く。能力・勤務態度を理由とした解雇の場合、人事考課にしばしば上司の主観が混入したり、あるいは、経営側や職場の仲間と折り合いが悪かったりするために、評価される側の労働者個人が選別・差別される場合、その名誉感情は著しく損なわれたものとなる。解雇訴訟がしばしば人格訴訟といわれ、失われた名誉、誇りを回復するため長年訴訟で解雇の無効を争うことがあるといわれるが、能力・勤務態度不良を理由とする場合にはその様相を一層強めることもあろう。

　しかし、日本の長期雇用のシステムにおいては、特定の職務や専門的知識・能力が予定されて採用されるわけではなく、むしろ、OJTを中心とした企業内の職業・技能訓練を通じて、労働者が潜在的に有していた能力・技能を向上させていくことが予定されていた。欧米とは異なり、学卒の大量採用が採用時に行われ、厳格に採用当初から完成された能力や技能を必要としているわけではない。労働契約上は、採用時において、一定の職務や能力があることが前提とされていない以上、解雇の段階で、予定されていなかった職業能力や業績の不足を問うことは原則としてできないはずである。このため、能力不足を理由として解雇にまで至っている事件は、後にみるように、日本企業では例外的となる中途採用の事案で、かつ、契約時に特定の能力（営業成績、特定のプロジェクトの能力、ないしは管理職としての能力）が期待されていた事案ばかりである。

但し、雇用の流動化が進むにつれて、特に、現在でも外資系企業などにおいては、長期雇用のシステムとは異なり、特定の職務や専門的知識・能力が予定されて採用されている。しかし、この場合でも、能力・適性がないことを理由として解雇する以上、公平な人事考課・目標管理等を通じて労働者の能力を公正に評価するシステムがあり、かつ、それにもとづいて労働者の能力を実際に使用者が公正に管理・評価していることが前提となる。このため、労働法の法理論としては、賃金との関係にも増して、使用者による人事評価・査定の判断の適正さ・公正さが求められることになる。しかし、労働法学説上は、これを要求する法理は必ずしも十分には確立していない。

2　能力不足（人事考課・勤務成績・欠勤・遅刻など）を理由とした解雇の裁判例

　平成不況における雇用調整は、従来の不況対策のための人員削減とは大きく異なり、バブル期において企業が抱え込んだ余剰人員の整理にとどまらない。能力・成果不足を理由とした解雇が行われている。とりわけ中高年の従業員や管理職・ホワイトカラーについての処遇の見直しを主な内容としている。管理職のホワイトカラーの生産性の低さ、従業員の高年齢化、これにともなう人件費の負担増が指摘され、従来型の従業員構成と雇用慣行を見直しつつ、能力・能率の悪い従業員・管理職を解雇しようとするものである。
　まず、労働契約法16条を前提として、民法上の不能と対置して考えれば、長期雇用を想定して勤務する場合、労働者の能力・業績不足を理由とした解雇ができるのは、一定の場合に限られるべきである。この点について、この場合、東京地裁平成13年8月10日決定の次のような説示部分が出発点となりうる。
　「長期雇用システム下で定年まで勤務を続けていくことを前提として長期にわたり勤続してきた正規従業員を勤務成績・勤務態度の不良を理由として解雇する場合は、労働者に不利益が大きいこと、それまで長期間勤務を継続してきたという実績に照らして、それが単なる成績不良ではなく、企業経営や運営に現に支障・損害を生じ又は重大な損害を生じる恐れがあり、企業から排除しなければならない程度に至っていることを要し、かつ、その他、是正のため注意

し反省を促したにもかかわらず、改善されないなど今後の改善の見込みもないこと、使用者の不当な人事により労働者の反発を招いたなどの労働者に宥恕すべき事情がないこと、配転や降格ができない企業事情があることなども考慮して濫用の有無を判断すべきである。」

このエース損害保険事件では、営業職の退職勧奨の末の解雇が争点になっている。全従業員の25％（150人）の人員削減を実施するよう命じ、希望退職を募集するとともに、「社内公募」と称して役職・資格ごとに指定されたグレードの430名分のポジションに従業員自身が応募してポジションを争わせることとし、これに応募しない又は応募しても選ばれなかった者は退職させる扱いをするという事案であった。その上、全社員の配置を一旦白紙にして配置し直すという一方的な合理化リストラのもとで、不慣れな営業職への配転、適切な引継ぎ・指導・研修・教育がないまま業績・業務効率が低い社員とみなし、退職勧奨にあたって退職を強要する屈辱的な言動を繰り返したという事実において、債権者甲野に対しては「このような状況下で生じたことを捉えて解雇事由とすることは甚だしく不適切で是認できない」とし、本件解雇は解雇権の濫用として無効であると判断されている[7]。その際、①「単なる成績不良ではなく、企業経営や運営に現に支障・損害を生じ又は重大な損害を生じる恐れがあり、企業から排除しなければならない程度に至っていること」を要し、かつ、②「今後の改善の見込みもないこと」を挙げている。

従来から、解雇事由たる「甚しく職務怠慢または勤務成績劣悪で就業に適していないと認められた場合」とは、職務の実をあげない程度が、単なる職務怠慢や勤務成績不良と評価されるだけでなく、使用者が指揮命令権を行使しても職務の実をあげるように是正することはもはや期待できず、当該従業員を職場から排除しなければ適正な経営秩序が保たれなくなるに至った状態を指すと解されている[8]と判断する裁判例は存在した。

営業職の営業成績及び勤務態度の不良を理由とする普通解雇が問題になった事件において、約1年11カ月間まったく売上がなく、しかもその間、無断欠勤し、出勤しても外出先の報告をせずに外出してそのまま帰宅してしまうことが多く、かつ、営業の基本となる記名カードもほとんど取得せず、原告が果たして営業活動をしているのかどうかも不明瞭な状態が続いていたうえ、原告は上

司であるK支店長に反抗的な態度を取り続け、勤務態度改善の意欲も認められなかったのであるから就業規則の解雇事由である「業務上やむを得ない事由があるとき」及び「会社業務の円滑な遂行に非協力的と認められたとき」に該当し、有効と認められている[9]。同じく営業職の正社員について、年間1億の売上げができるかを尋ねられ承諾したため、営業職員として2番目に高い給与（35万円）を支給されたうえで、雇用されたが、売上げは8ヶ月で1500万円余りで、他の営業職員の実績が売り上げ目標の70％を上げているのに対し、この正社員（債権者）が売上げ目標額の30％しか上げておらず、返品率も高く、新規開拓数も他の営業職員に比して少ないことから、大阪地裁平成3年11月29日決定は、営業成績不良を理由として解雇の効力は否定されるべきではないと判断している[10]。日報の提出期限、営業会議や約束の時間に遅れることや、全員でやるべき棚卸し業務を行わないなど協調性を欠いていたことも解雇の効力の判断にあたって認定されている。

　これらからは、営業職の解雇の有効性については、①売上げが契約当初の期待とは程遠い低いレベルであること、あるいは皆無であったこと、さらには、②無断欠勤や遅刻、③上司や同僚に対して反抗的あるいは非協力的であったことから、判断されているといえる。いずれも中途採用の事例であり、期待された売上げには程遠いかあるいはほぼ皆無であったという点が重視されているようである。また、②と③の要素なしには解雇を問責しないという点も特筆される。

　管理職の事例としても、原告の店長としての勤務状況は、商品及びパート従業員の管理能力に欠け、いわば成り行きまかせの店舗運営であり、また、店舗における弁当等の食品の製造・販売を業とする被告においては、接客態度は第一次的なことであるが、原告は、態度やことば使いが横柄、乱暴で、客と喧嘩して揉めるなど接客態度が不良であり、接客業務に携わる従業員としての適格性に欠ける行動があったため、解雇は合理的理由のない違法なものではないと判断したものがある[11]。代表取締役が、ある商品について全く利益を計上できず、自ら提出した予算案上の売上げも達成できない状況にあり、経営能力に疑問をもたれた事案において、同代表取締役の行った予算案の策定が職務内容であったとは認められず、予算案の立案が予算審議会の一資料程度に過ぎないも

のと推認され、商品に関する企画も企画会議や見本会議を経て決定され、商品の発注には関与できなかったことから、同商品について利益が上がらなかったことの責任が同代表取締役のみに責任があったとはいえないと判断された。[12]

　専門職の事例では、三井リース事業事件においても、国際事業本部海外業務部が中心になって進めていたプロジェクトにおいて、債権者の法的知識は通り一遍のものに過ぎず実際の業務にはまったく役に立たなかったほか、チームの他のメンバーとの人間関係も悪化したが、期待された能力、適性に欠け、業務遂行に対する基本的姿勢にも問題がある場合に、再度の配置転換によっても、債権者には改善の徴候がみられず、解雇が、解雇権濫用に当たらないと判断されていた。[13] 同じく専門職のシステムエンジニアとして雇用されたにもかかわらず、技術・能力が伴わず、教育訓練を施しても意欲不足で身につかず、日常の勤務成績も悪かった労働者に対する解雇は、就業規則所定の解雇事由に該当しており、また、当該労働者の申述を聞いたほか、勤務態度等の改善努力の有無を観察する措置をとったが無断欠勤を続けるなどしたことから、解雇に及んだものであり、手続的にも違法なものとはいえないので、解雇予告期間の経過により効力を生じるとされた。[14] 裁判所は、米国製品の国産化のプロジェクトの失敗、出勤状況、顧客との会議、実験、アプリケーションレポート（営業担当者を経由して顧客から依頼されて実施したもので、顧客はこの記載内容を検討した結果、被告から機械を購入することにもつながるという、被告のビジネスの遂行上極めて重要な文書）の不実施や保管状況、月報のずさんさ、発言・暴言などを考慮し、観察期間におけるこれらの事項各々の改善状況を考慮している。原告は、既にシステムエンジニアとしての技術・能力を備えた技術者と認められて被告に雇用されたもので、このため、原告に対する処遇としては、初任給時から、右技術・能力に見合うものと考えられた高額な給与が支給された旨を認定している（職務の特定、期限の定めはない模様）。

　専門職の場合でも、①プロジェクトでの期待された業務能力があまりになかったこと、②欠勤、遅刻、月報のずさんさなどの有無、③暴言などを通じた人間関係の悪化の有無、④これらの改善状況が判断されているといえる。専門職の場合の能力・適性を理由とした解雇にあたっての裁判例における判断基準は、ほぼ営業職の場合における裁判例の判断基準と変わらない。専門職として

の能力を期待されて採用されているが、契約上特定の専門職に特定されているかどうかはいずれも定かではない事案である。しかし、いずれもプロジェクトでの期待された業務能力があまりになかった中途採用の事案であった。専門職としての期待された能力のみならず、②の勤務状況や③の暴言までも、裁判所が考慮している点が特筆に価する。これらの②③の点まで考慮されるべきかどうかは、能力の有無を問われるべき専門職の解雇の有効性にとっては、疑問の余地がある。

　期限の定めのない雇用契約を締結し、人事部採用課、人材開発部教育課、企画製作部企画制作一課、開発業務部国内業務課、第二設計部、ソフト設計課、CS品質保証部ソフト検査課などにそれぞれ配属されていた労働者の解雇が問題になったセガエンタープライズ事件においては、会社としては、労働者に対し、さらに体系的な教育、指導を実施することによって、その労働能率の向上を図る余地もあるというべきであり（実際には、債権者の試験結果が平均点前後であった技術教育を除いては、このような教育、指導が行われた形跡はない。）、いまだ「労働能率が劣り、向上の見込みがない」ときに該当するとはいえないと判断されている[15]。被告の事業にとって必要な人間かどうかというのでは、「業務上の必要性ということをそのまま述べているだけで何も内容がない」と判断されており、3段階評価をしているが、成績が優秀であるのに業務上の必要性が否定された者もいるとなるとそれ以外の要素も考慮しているようでもあり、被告の人選基準は実質的には取締役らの総合判断という以外にないのではないかと疑われると判断されている[16]。人事考課がある程度客観的に行われていたとしても、一定割合の者に対し毎年退職勧告を繰り返している場合、下位の考課順位の者がいなくなるのは、当たり前であり、相対評価のもとでは平均的な水準に達していないというだけでは不十分であり、著しく労働能率が劣り、しかも向上の見込みがないときでなければならないと判断されている[17]。

　事務員の場合、珠算3級の技能を有する募集をして採用したにもかかわらず、そのような技能はなく、計算業務に支障をきたしたと使用者が主張する事件において、東京地裁昭和52年3月31日決定は、原告をそのまま在籍させ、他の事務に担当を代える等の人事配置の適性を図る措置をとらず、勤務に対してルーズな態度を取っていたが譴責あるいは出勤停止の懲戒処分にすれば足り、

試用員が非組合員であったにもかかわらずストに参加し上司の命令に反して職場離脱したものの、命令不服従であるとしても譴責あるいは出勤停止の懲戒処分の問題にすぎず、「いきなり解雇をもって臨むには、あまりにも些細な事柄に藉口したものというほかない」と判断されている[18]。

　これらの裁判所の判断を総合すると、次のような判断の共通性がみられる。
　第1に、長期雇用における期間の定めも職務の特定の定めも規定されていない事案が多く、その事実は、営業職であると専門職であるとを問わない。
　第2に、解雇が有効とされたほとんどすべての事案は中途採用の事案であり、多くの事案は、裁判所は人事考課にまで立ち入らないまま（多くのケースでは、能力不足を理由に解雇しながら人事考課を通じた能力管理を行っていないと思われる）、①契約時期待された能力が欠けていること（あるいは、企業経営や運営に現に支障・損害を生じ又は重大な損害を生じる恐れがあること）、かつ、②改善されないこと、あるいは、改善の見込みがないことの2要素を判断要素として挙げる[19]。付加的な事情として、③勤務状況（出勤時間、欠勤の有無）、④発言・暴言が斟酌されている。この点も、営業職、専門職を問わない。使用者が人事考課により労働者の業績や能力につき能力主義的に人事管理を行っている場合では、被解雇者より他の労働者が低い評価を受けているかどうかを個々的に比較して判断し、被解雇者よりも低い評価を受けている他の労働者が存在する場合、被解雇者に対する解雇が濫用にあたると判断されている。しかし、外資系企業を除くと、人事考課を持ち出して、解雇の有効性を主張するのは例外的なケースにとどまっている。つまり、既に述べたように、期待された能力の欠如、個々のミスや著しい損害をあげて、解雇を使用者側が主張し裁判所がこれを認定することが圧倒的に多い。
　第3に、整理解雇や疾病に基づく解雇と比べると、能力不足・勤務態度不良に基づく（普通）解雇固有の法理が形成されているとはいい難い。つまり、解雇権の行使が濫用ではないとされる事件では、使用者の主張においてもまた裁判所の認定においても、営業職なら営業成績、特定のプロジェクトで採用された場合そのプロジェクトの成否など、成果・結果が極端に重視される傾向がある。期待された成果・結果が得られない場合のプロセスや成果・結果が出ない要因・理由の分析、他の労働者の業績・成績との比較による当該労働者の業

績・成績の分析などが欠けているのがわかる。極端な言い方をすれば、結果主義人事管理ともいえる。能力・成果主義人事管理のもと人事考課を行い、解雇の際、人事考課を持ち出して普通解雇する場合、その人事考課による個々の労働者の勤務成績の判断が公正であることを要求される。そうした点が裁判例においても学説においても考慮されていない。同時に、いかなる場合に使用者による個々の労働者に関する人事評価が公正といえるか、という判断基準も問われていない。

第4に、専門職としての期待された能力のみならず、③の勤務状況や④の発言・暴言までも考慮されているが、この点は前述した通り、これらの③④の点まで考慮されることが、能力の有無を問われるべき専門職の解雇の有効性にとって、適切といえるかは、今後慎重に判断していかなければならないであろう。

3 従来の解雇法制と解雇法理の概要

1 雇用システムの流動化と解雇法理の特徴

雇用の流動化とともに、専門的な知識、技能、語学力を即戦力として求める雇用のあり方が日増しに高まっている。これらの者に対しては、日経連が示した報告書『新時代の「日本的経営」』において、高度専門能力活用型グループについては、賃金については年俸制、業績給の適用、賞与については成果配分の適用など長期蓄積能力活用型グループとは異なった処遇が必要ではないかと説かれた。[20] 従来、外部労働市場が不完全な形で形成される日本の雇用の中でより高い労働条件を求めて転職を通じて雇用される、これらの労働者の雇用の確保のあり方については十分な議論が労働法学上存在していたわけではない。欧米並みの外部労働市場の発展が叫ばれるものの、これにともなう法規制の整備や法理論の整備がいまだ発展途上の段階にあるといえる。

特定された職務について業績・成果が求められる雇用にあっては、労働契約がいわば民法類型における「請負契約」化している側面もあるとの指摘もあるが、これらの者を対象とした労働契約が「仕事の完成」を目的としているわけではないという差異も重要である。この差異から導かれるのは、労働者が営業

職、専門職、管理職として雇用されたとしても、これらの雇用が債務の本旨としては何らかの「仕事の完成」が目的とされておらず、労務の提供行為そのものを目的としているという点である。この点は解釈上の指針となる重要な点であると考えている。

2 従来の解雇法理の問題点

　従来、例えば、長期雇用と連動するといわれる整理解雇の有効性については、四要件で判断されるべきなのか、という論争や、あるいは、疾病の場合の解雇において軽易な業務に就労可能であれば労働不能ではないといえるのか、といった論争と比べると、能力欠如を理由とした普通解雇に関する学説は評釈を除くとごくわずかにしか存在しない[21]。解雇法理を通じて画一的に雇用が確保され、就業規則法理がこれと結びついて画一的な決定を建前としてきたのに対して、人事管理が個別化する中で個別労働者の能力・業績が十分でない場合の解雇法理が十分考察され、それが確立してきたとはいい難い。

　他方で、整理解雇と普通解雇の峻別、普通解雇と懲戒解雇の峻別、懲戒解雇と整理解雇の峻別という問題がある。普通解雇の場合、複数の解雇事由が列挙されたうえで解雇されるか、あるいは、少なくとも複数の解雇事由が適用になりうる場合が多いが、解雇事由が並存、競合する中での判断のあり方については、裁判においても錯綜した感がある。例えば、能力欠如を理由とした解雇の場合に、裁判所が整理解雇か普通解雇かの選択肢がある場合、裁判所は整理解雇を性質決定すべきではないのではないかという問題と並んで[22]、そもそも、こうした場合に整理解雇しうるのかという問題がある。これについては既に述べたので、繰り返さない（第Ⅱ部第4章6まとめ脚注参照）。とりわけ、ここでは、整理解雇と普通解雇、普通解雇と懲戒解雇の類型的な整除が必要である。とりわけ、勤務態度不良といったいささか上司や同僚からの主観的な評価・判断をともなう事由を理由とした解雇が問題となる場合、懲戒解雇として処理すべきであって、普通解雇として扱うべきではないのではないか、という類型化の問題も含んでいる。

　契約法理としても、雇用が流動化するなかでの雇用のあり方の特色を把握し、これに内在する論理から導かれる解釈を施してきたとはいい難い。例を挙

げると、債務としての労務提供義務とそれを履行するための労働者の「能力」との関係を十分に考察する努力を怠ってきたのではないか。解雇を正当化するだけの能力が真に欠如しているのか、さらには、債務の本旨に従った労務提供義務を履行する場合に要求される「能力」とは何かという問いに十分に答えてこなかったといえる。能力・成果主義的に人事管理を行い、その結果勤務態度・能力に問題のある者を解雇するのであれば、解雇段階においても、それだけ、その性質上、人事考課の公正さ、厳密な「能力」評価・管理が求められるのが当然のことである。成果主義賃金との関係では、職業能力を尊重する見地から人事情報の開示と公正な評価を求める請求権が労働者にあると学説上主張されるのに対し、[23]解雇との関係では、公正さが求められることはないというのは問題であろう。

　第2に、業務・職務が特定された場合の「特定」の債権法上の位置づけとはいかなるものであるのか、民法は物の引渡債務に関して種類債権における「特定」について規定しているものの、労務の提供など役務に関わる債務の特定に関しては何ら規定を置いていない。「特定」された場合その債務が履行できない場合履行不能となってしまい、配転・異動の可能性を斥けなければならないのか、といった未解明の問題が横たわる。つまり、実際上、外資系企業のように、業務が特定されたうえで雇用された場合で、その業務を遂行する部門が閉鎖されるなどして、労働者が契約上履行義務を負うべきとされる「業務」がなくなった場合、配転・異動されることなく、当該業務の遂行を契約内容としてきた労働者は解雇されざるを得なくなっている。本書では、こうした場合、後述するように、使用者は、雇用を確保し解雇を回避する努力を尽くす義務の一内容として、労働者に対し契約内容（業務の特定に関わる契約内容）の変更を求め、相当な範囲の変更された労働条件での雇用の提供を行うべきであると考える。

4　能力・業績不足を理由とした解雇の判断方法・判断基準

1　一定の能力を有することが債務の本旨にしたがった履行として要求されている場合の解雇の判断基準について

　本来、能力・業績不足を理由として解雇する場合には、日本の裁判例をみる

限り、2つの場合があると思われる。長期雇用を前提として労働契約において期間・職種を限定されることなく雇用されている場合〔ケース1〕と、労働契約において職種が限定され、一定の能力を見込んで雇用されている場合〔ケース2〕である。

〔ケース1〕の場合、まず、労働契約法16条を前提として、民法上の不能と対置して考えれば、長期雇用を想定して勤務する場合、労働者の能力・業績不足を理由とした解雇をするのは難しいはずである。従来、正規従業員に長期雇用が保障されるなかで、学歴など労働者の潜在的な能力のみに着目して、いわば白無垢のままの労働者を採用し、企業内における教育訓練（OJT等）、昇進・配置転換・出向などを通じて、企業内における職務遂行能力を向上させていくことを前提とし、内部労働市場を通じたジョブローテーションと雇用の問題が密接に結合していた。長期雇用の下OJTを中心とした企業内の職業・技能訓練を通じて労働者が潜在的に有していた能力・技能を向上させていくことが予定される場合、厳格に採用当初から完成された能力や技能を必要としたわけではない。労働契約上は、採用時において、一定の職務や能力があることが前提とされていない以上、予定されていなかった職業能力や業績の不足を理由として解雇されることはありえないはずである[24]。

〔ケース2〕の場合、次のようなことが出発点として考慮されなければならない。

まず第1に、重要なことは、「債務の本旨」の確定の作業が十分に行われる必要があるということである。契約締結時において、いかなる業務・職種、及び、期待された能力・業績を見込んで雇用されたかを裁判所は労働契約の内容から解釈すべきである。能力欠如を理由とした解雇訴訟において、労務提供に関して、いかなる労務提供の業績・成績を通じた業務能力・管理能力が求められていたのか、――営業成績などとして目標値が定められていたとしても――その目標達成・未達成の法律効果は何に向けられているのか、専門職・管理職での雇用が労働契約上予定されていたのか等である。この場合、業務の性格上特有な一定の知識やノウハウが要する労務の対価として支払われる賃金の額の高さも、債務の本旨に従った労務の提供を行うため期待される職業能力の高さを推測させる一事情である。

第2に、債務の本旨としては何らかの「仕事の完成」が目的とされておらず、労務の提供行為そのものを目的としているという点が重要であることは既に述べた。債務の本旨として、特定の営業成績やプロジェクトの成功そのものが、請負契約のように「仕事の完成」として目的とされているわけではないのである。この解釈上の出発点から帰結されるのは、業績・成績不振、あるいは、目標未達成という事実だけでは、直接、解雇により一方的に労働契約を終了させるだけの債務の本旨に従った履行不能となるわけではない、ということである。営業成績や業績・成績（人事考課を含む）といった「結果」そのものから解雇できるというのではなく、労務の提供の可否が問われるということである。これは、解雇という形態で、営業成績や業績・成績（人事考課を含む）に関する「結果責任」が問われうるというわけではないことを意味する。重要となるのは、むしろ、著しい業績・結果の不振から推断される明らかな能力の欠如により、専門職・管理職として労働契約上明確に特定・予定されていた職務を遂行できないかどうか、結果として、債務の本旨にしたがった履行の提供がないといえるかどうかである。

　さらに、第3に、裁判例においてほぼすべてのケースで争点になる、勤務態度不良という事実は、本来、労務提供の「質」の問題として懲戒処分の要件として問われるものであり、したがって、譴責・賃金カットがまず最初に行われるべきこととされる。職種が特定されているとはいい難い事件において、他の事業場や他の企業において、他の労務の提供の方法を期待することができる場合、あるいは、譴責や賃金・賞与カットを行いうる場合、いきなり解雇により労働契約を終了させることができないと解する[25]。例えば、事務員の事案であったが、加藤製作所事件・東京地方裁判所昭和52年3月31日判決において、譴責あるいは出勤停止の懲戒処分の問題にすぎず、「いきなり解雇をもって臨むには、あまりにも些細な事柄に藉口したものというほかない」と判断した判断方法が正当である[26]。ある程度企業がその労働者を見込んで雇用している以上は、能力・業績が当初の予想・期待に反して思わしくない場合、採用段階における労働者の能力の見込み違いについて使用者にも一定の責任がないとはいえない。

　以上の考察からまとめると、次のような結論になる。①労働契約において、

労働者の職種及び、労務の提供にあたって期待される労働者の能力・適性が採用時に特定され、かつ、業務の性質上、債務の本旨に従った労務の提供を行うため業務の性格上特有な一定の高度な知識やノウハウが必要とされる業務である場合で、②採用後、労務提供時に期待される労働者の能力・適性が客観的に存在しないあるいは労働契約を解消するに値するほど十分ではないと判明した場合、③職種が特定されていた関係で、他の事業場や他の企業においてあるいは他の労務の提供の方法を期待することができない、あるいは職業訓練や改善のための努力を十分になしたなど、解雇を回避する努力を尽くして初めて労働不能となると解するのが論理的であると解される。

②にあたっては、期待された成果・結果が得られない場合のプロセスや成果・結果が出ない要因・理由の分析、他の労働者の業績・成績との比較による当該労働者の業績・成績の分析などを行う必要がある。②の点について、能力・成果主義的に勤務態度・能力を問題とし当該労働者を解雇するのであれば、解雇の段階においても、それだけ、その性質上、人事考課の公正さが求められることになるはずである。この点は、公正評価義務の問題が関わるが、これについては後述する（以下の３において）。

また、繰り返し述べたように、専門職、営業職としての期待された能力のみならず、勤務状況や人間関係の良好さまでも、考慮されていることがある。この点は前述した通り、これらの諸点まで考慮されることが、能力の有無を問われるべき専門職の解雇の有効性にとって、適切とはいい難い。特に、人間関係が良好かどうかまで問われる場合、近代的な経営・人事管理とは無縁の非客観的な要素が人事評価に表出しており、成果主義的人事管理・人事考課から客観的に能力のない者を選び出しているというよりは、安易に労働者の排出が可能となってしまうからである。

2　業績をあげることが債務の本旨にしたがった履行として要求されている場合の解雇の判断基準について

これらに対し、債務の本旨として期待されたものが労働者の能力ではなく、むしろ、労働者の労務提供による結果である、という場合がある（〔ケース３〕とする）。賃金支払形態が出来高給となっている場合や年俸制となっている場

合が挙げられる。また、契約締結時に結果を出すことが求められている場合もある。後者の例では、エイゼットロープ事件・大阪地方裁判所平成3年11月29日決定において、契約当初1億円の売上げができるかと尋ね承諾したため、営業職員として2番目に高い給与（35万円）で採用されていたが、その目標が達成されなかったという例がある。こうした場合は、これまで1で述べてきた能力そのものが債務の本旨である場合（〔ケース2〕の場合）とは異なるため、1で〔ケース2〕について述べたものとは異なる判断基準で判断することとなる。

〔ケース3〕の場合、重要なのは、債務の本旨として、期待された労務提供の結果がでなかった場合労働契約は終了するという内容であったかどうかという点である。簡単に言えば、契約締結時の言動・状況・期間の設定の有無などから、「結果がでなかったら辞めてもらう」ということが労働契約上明示されていたかどうかである。そうでなければ、期待された労務提供の結果がでなかった場合に、労働契約が終了するという効果とは直結しないはずである。まず、労働契約上出来高給、あるいは、年俸制であるという形で雇用されている場合は、労働契約における主たる義務である労務提供義務と賃金支払い義務のうち、賃金についての支払形態を出来高給あるいは年俸制にする旨の契約であると解される場合、こうした契約の意思解釈としては、単に成果（業績）と賃金とを直結させる趣旨にすぎず、これをこえて、債務の本旨として、期待された労務提供の結果がでなかった場合労働契約は終了するという内容ではないと判断される。つまり、労働契約上出来高給、あるいは、年俸制であるという形で雇用されているからといって、労働契約上、期待された労務提供の結果がでなかった場合、ただちにその契約が終了することはないと解される。エイゼットロープ事件・大阪地方裁判所平成3年11月29日決定においては、認定事実をみる限りは、契約当初1億円の売上げができるかと尋ねたことが、ただちに「成果が上がらなかった場合に、契約を終了させる趣旨」とは読めない。目標や、他の労働者の売上げ目標達成率よりも低いことへの期待のギャップのみならず、どのくらいの期間でその成果を期待する趣旨かを認定する必要がある。

3 解雇段階における公正評価義務について

〔ケース2〕と〔ケース3〕において、能力・成果主義的に人事管理を行

い、その結果勤務態度・能力に問題のある者を解雇するのであれば、解雇段階においても、性質上、労働者の職業能力・業績を評価する人事考課の公正さが求められるのが当然である。反対に、能力・成果主義的な人事管理に基づき勤務態度・能力不良者を解雇すると主張しているにもかかわらず、解雇の段階では人事考課の公正さは不要と考えるのはむしろ背理である。このため、労働契約終了も、信義則上、使用者は、組織的な権能のもとで労働力を処分していることに鑑み、労働者の利益、とりわけ、職業的能力・キャリアを促進しこれに配慮すべき義務があるものと解される。適正な能力・成果を評価すべき義務を労働契約終了後も（あるいはその終了直前にも）負うものと解され、その結果、公正かつ納得性のある人選基準、能力・成果評価基準に基づいて、人選を行い、その基準にしたがって客観的に人選を遂行すべき義務を負うと解される。成果主義賃金との関係で、毛塚教授ら第92回の日本労働法学会の報告者グループが、適正評価義務を説いているが[27]、この問題意識をさらに延長しこれを解雇との関連で問うべきではないかと考えられる。ドイツにおいて、能力基準が整理解雇において能力ある人を残すために適用されるのに対し、日本では、特定の者に対して能力のない者として烙印を押しその労働者を排除するために用いられるが、この点が大きく異なっているので、日本法上は特にこの点の保護が必要である。

　かかる義務から、整理解雇における被解雇者の選定基準を設定していない場合に、かかる整理解雇は無効と解されているが[28]、普通解雇にも同じことが要求されるべきであると解される。人選基準の設定としては、評価項目、評価対象となる期間、評価方法等が明らかであることが求められると考えられる[29]。被解雇者らよりも評価が低い者がいたにもかかわらず、当該被解雇者が整理解雇の対象となったのは、会社の恣意的判断が多分にあったものとして、適正な勤務評価がなされていなかったこと等を理由として、解雇を無効と判断すべきである[30]。多くの裁判では、適正な評価が必ずしも義務づけられているとはいい難いため、こうしたことを規範化することが求められる。他の営業職員の売上げなどと対比すべきであるが[31]、相対評価が原則となるべきではなく[32]、あくまで、営業職や専門職として当該労働者の能力・業績の欠落が著しいものとなることにより、能力がないことが推認されることがまず必要である。さらに、裁判例の

分析から繰り返し主張したように、期待された成果・結果が得られない場合のプロセスや成果・結果が出ない要因・理由の分析、他の労働者の業績・成績との比較による当該労働者の業績・成績の分析などを行う必要がある。この結果、少なくとも、例えば、1年間あまりで成果が上がらなかったからといって、ただちに解雇が正当化されると解すべきではない。これは、契約締結時に能力・業績が問われているかどうかによって異ならない。

4 職務が特定されていた場合の勤務成績・勤務態度不良を理由とした解雇について

さらに、職務が特定されている場合で（〔ケース2〕と〔ケース3〕について）、他の事業場への配転・出向が不可能である場合、解雇が有効であるとするのは一見して納得がいく論理であると考えられる。東洋印刷事件においても[33]、ナショナル・ウエストミンスター事件においても[34]、労働者の所属する部門が閉鎖され、職務が特定されていたことから、他の事業場への配転が困難であるとされた事案であった。しかし、職務の特定の有無を問わず、配転が困難である場合も、職務の転換などの職業訓練を一定程度積めば、他の職務への配転は不可能ではないはずである。すなわち、職務が特定されていた場合でも、使用者が労働能力に即した雇用を提供できた場合であれば、その雇用を提供しなくても、使用者はなすべきことをなしたとされ、債務の本旨に従った履行を提供したと評価されてよいかについて疑問もないとはいえない。

このような観点から、疾病の場合と同様のことが妥当すべきだと考える。ポストの喪失に導く解雇の前に、使用者は、労働者を事業場または企業内において他の方法で雇用しなければならない。この目的のために、使用者は、その事業場または企業内に存在するポストへの配置換えが可能であるかどうか、まず吟味しなければならない[35]。使用者は、他の比較しうる空いた（同等の価値の）ポスト、または、変更された（より悪化した）労働条件での空いたポストでの労働者の継続雇用について義務がある。つまり、使用者が労働者に対して労務指揮権にもとづいて空いたポストを提供しうるときには、疾病を理由として配置の変更の必要性を充足させる、契約の変更を使用者は追求すべきであると考える[36][37]。但し、使用者によって労働者にとって不利な新たな条件が提示される場

合には、労働者が同意する場合に限り、解雇についての必要性の要件が充足されない。

このように解するときは、職務が特定されている場合で、労働者がその特定された職務への復帰が不可能である場合、解雇がただちに有効であると解されないメリットがある。つまり、職務が特定されていた場合でも、使用者が労働能力に即した雇用を提供できた場合には、契約内容を変更して新たな雇用を提供する義務があると考える余地が生じるのである。

注
1) 東京地決平11・10・15労働判例770号34頁〔セガ・エンタープライゼス事件〕、本件判例評釈には野川忍・ジュリスト1185号（2000年）122頁。
2) 大阪地判平11・1・29労働判例765号68頁〔高島屋工作所事件〕。
3) 例えば、高知地判平17・4・12〔マルナカ興業（本訴）事件〕（浄化槽点検管理業務に従事することを前提として雇用された労働者に対する、事業縮小及び職務適格性欠如を理由とする解雇）。
4) 角田邦重「労働者の人格的権利の保障」季刊労働法143号（1987年）20頁（21頁）。
5) 村中孝史「日本的雇用慣行の変容と解雇制限法理」民商法雑誌119巻4・5号（1999年）582頁（608頁）。
6) 村中孝史・前掲論文（注5）609頁。
7) 東京地決平13・8・10労働判例820号74頁、判例時報1808号129頁〔エース損害保険事件〕。評釈としては、本久洋一・労働判例829号（2002年）5頁。
8) 大阪地判昭43・12・19労働関係民事裁判例集19巻6号1587頁〔三協化成解雇事件〕。
9) 東京地判平9・5・19労働経済判例速報1645号25頁〔住友不動産ホーム事件〕。この事件においては、平成4年12月1日付けでK支店に配属になった後は、平成6年3月末日までは半期（4月から10月まで又は11月から翌年3月まで）2棟ずつの売上をあげていた（最終の契約成立は平成6年2月20日）ものの、その後は本件8年1月の解雇時まで全く売上がなかったと認定されている。

また、平成5年9月、K支店長が原告に注意したところ、原告は「俺はAを支店長とは認めていないのだからお前の言うことは聞かなくていいんだ」などの発言を繰り返した旨認定されている。無断欠勤や外出先の報告のないことも多かったため、平成7年3月13日、K支店長が原告に対し、「休んでいるのに出勤簿に印を押すな」と注意すると、原告は「うるさいんだよ。支店長の能力のないヤツが余計なことを言うな」と言い返して口論、取っ組み合いになり、その際、原告はK支店長の顔面を頭突きし、K支店長は「顔面打撲・口腔内挫傷」の傷害を負ったことも認定されている。
10) 大阪地決平3・11・29労働判例599号42頁〔エイゼットロープ事件〕。
11) 東京地判昭5・11・26〔ユーマート事件〕勤務態度で問題とされたのは次のような行為であった。おやき部門に専属するようにとの指示を受け、次の店長会議においても、同様

の指示を受けたが、原告は、右指示に従わなかった。サザエ食品のスーパーバイザーは、原告の店長として（ママ）勤務振りについて、夕方早く帰ったり、商品の品切れを起こしたり、客と揉めるなどの点で、問題があるものと判断していた。同店オープン時の忙しい最中の午後五時頃に突然「帰る。」と言って、帰ったり、勤務時間中他の従業員に所在を明らかにせず職場を離れたりした。原告は、指導のため臨店していたサザエ食品スーパーバイザーが制止したにもかかわらず、焦げたお好み焼きを販売したり、おはぎが品切れをしているのに製造しなかったりした。また、朝早く来店する客から、何時来ても商品が出来ていないと松阪屋ストアに苦情があった。他店でも、原告は、サザエ食品スーパーバイザーの指導にもかかわらず、パート従業員のシフト管理の維持をきちんとしなかったり、原告は、「こんなに忙しい状態が続くのなら辞めたい。」などと漏らしたり、また、臨店したサザエ食品スーパーバイザーは、原告から「松阪屋から言われたので閉店する。」と言われて、松阪屋ストア事務所に確認したところ、松阪屋から「そういうことは一切言っていない。そういうことでは困る。」と苦情の申入れを受けた。

12) 東京地決昭60・9・30労働判例464号38頁〔リマークチョーギン事件〕。
13) 東京地決平6・11・10労働経済判例速報1550号23頁〔三井リース事業事件〕。
14) 東京地判平11・12・15労働経済判例速報1759号3頁〔日本エマソン事件〕。
15) 東京地決平11・10・15労働判例770号34頁〔セガ・エンタープライゼス事件〕。裁判所は、新入社員の指導は、債務者にとっても重要な事項であることは容易に推測できるところ、労働能力が著しく劣り、向上の見込みもないような従業員にこうした業務を担当させることは、通常考えられず、債務者の主張は採用できないと判断し、平成4年7月1日に開発業務部国内業務課に配属されて以降、債権者は、一貫してアルバイト従業員の雇用管理に従事してきており、ホームページを作成するなどアルバイトの包括的な指導、教育等に取り組む姿勢も一応見せていることから、本文のように判断した。
16) 東京地判平15・12・22労働判例870号28頁〔イセキ開発工機（解雇）事件〕。「○×△の三段階評価にした理由や残留者の決定方法について、Cは『昔から一緒にやっている人が多く大体評価は分かっていること、誰を残すかを決めるものであるから、細かな評価をするよりも直截な評価の方がわかりやすいという趣旨であり、残留者を決定する場面では、特定の対象者同士を比較して相対評価を討議した結果である』と述べるが、この点から見ても恣意的な判断の可能性が多分にあるという事案であった。
17) 東京地決平11・10・15労働判例770号34頁〔セガ・エンタープライゼス事件〕。
18) 東京地判昭52・3・31労働判例273号14頁〔加藤製作所事件〕。
19) 本久教授も、①「単なる成績不良ではなく、企業経営や運営に現に支障・損害を生じ又は重大な損害を生じる恐れがあり、企業から排除しなければならない程度に至っていること」を要し、かつ、②「今後の改善の見込みもないこと」が判断要素であると指摘しておられる（本久洋一「勤務成績・勤務態度の不良を理由とする解雇の適法性」労働判例829号（2002年）5頁（8頁））。
20) 日本経営者団体連盟『新時代の「日本的経営」』（1995年）32頁。
21) 根本到「解雇事由の類型化と解雇権濫用の判断基準」日本労働法学会誌99号（2002年）52頁、本久洋一「勤務成績・勤務態度の不良を理由とする解雇の適法性」労働判例829号（2002年）5頁。

22) このような見解を説く適切な見解として、根本到「解雇事由の類型化と解雇権濫用の判断基準」日本労働法学会誌99号（2002年）52頁（67頁）、本久洋一「勤務成績・勤務態度の不良を理由とする解雇の適法性」労働判例829号（2002年）10頁。
23) 毛塚勝利「賃金処遇制度の変化と労働法学の課題」日本労働法学会誌89号（1997年）5頁（22頁）、盛誠吾「賃金処遇制度の変化と法」日本労働法学会誌89号（1997年）53頁（64頁）、石井保雄「最近の賃金処遇の動向と人事考課をめぐる法的課題」日本労働法学会誌89号（1997年）85頁（98頁）、高橋賢司「ドイツにおける人事情報の閲覧・訂正・削除請求権の法的検討」労働法律旬報1392号（1996年）31頁（37頁）。
24) 〔ケース1〕の場合に本当に解雇が可能であるかどうかは慎重な検討が必要である。多くの裁判例は、長期雇用が前提となった〔ケース1〕ではなく、〔ケース2〕である。
25) 根本教授は、解雇回避措置として、職務能力の喪失・低下の問題については「配置転換の有無などを考慮したうえで、解雇事由の客観的な継続性が存するかが問題とされる」。これに対し、非違行為の場合には、「解雇回避措置は是正警告などが妥当なうえ、当該警告をしたうえで労働者自身の行為・態様などの主観的状態がどのように推移すると予測されるかが問題とされる」と述べておられる（根本到「解雇事由の類型化と解雇権濫用の判断基準」日本労働法学会99号（2002年）52頁（61頁））。
26) 東京地判昭52・3・31労働判例273号14頁〔加藤製作所事件〕。
27) 毛塚勝利「賃金処遇制度の変化と労働法学の課題」日本労働法学会誌89号（1997年）5頁（22頁）、盛誠吾「賃金処遇制度の変化と法」日本労働法学会誌89号（1997年）53頁（64頁）、石井保雄「最近の賃金処遇の動向と人事考課をめぐる法的課題」日本労働法学会誌89号（1997年）85頁（98頁）、高橋賢司「ドイツにおける人事情報の閲覧・訂正・削除請求権の法的検討」労働法律旬報1392号（1996年）31頁（37頁）。
28) 東京地判平13・11・19労働経済判例速報1786号31頁〔オー・エス・ケー事件〕、東京地判平14・12・17労働判例846号49頁〔労働大学（本訴）事件〕、東京地決平15・7・10労働判例862号66頁〔ジャパンエナジー事件〕、大阪地決平10・1・5労働判例732号49頁〔興和株式会社事件〕。
29) 大阪地決平13・7・27労働経済判例速報1787号11頁〔オクト事件〕参照。
30) 大阪地決平13・7・27労働経済判例速報1787号11頁〔オクト事件〕参照。
31) 大阪地決平3・11・29労働判例599号42頁〔エイゼットロープ事件〕。
32) 根本到「解雇事由の類型化と解雇権濫用の判断基準」日本労働法学会99号（2002年）63頁。
33) 東京地判平11・10・4労働法律旬報1482号24頁〔東洋印刷事件〕。
34) 東京地決平12・1・21〔ナショナル・ウエストミンスター・バンク（第三次仮処分）事件〕労働判例782号23頁。
35) 解雇は、解雇の時点において労働者が雇用される事業場または企業内において労働者の継続雇用の可能性が存在する場合、無効となる。重要なのは、解雇される労働者が雇用されるべき空いたポストが実際上存在しているかどうかである。
36) 職務が特定されていたとしても、契約を変更して、他のポストへの配置転換、より軽易な負担を伴う雇用の提供が必要であると解すべきである。その手段が変更解約告知である。但し、この場合、変更解約告知が有効となるか否かについては裁判所による2段階の

審査が行われるべきである。問題になるのは、ある事情を理由として配置の変更の必要性を充足させる、契約の変更であり、特に、他のポストへの配置転換、より軽易な負担を伴う雇用の提供などである。まず、変更解約告知の第1段階において、使用者によって変更された労働条件の適法性が問われる。変更の必要性は、使用者側の事情そのものである。第2に、変更された労働条件が労働者にとって甘受しうるものでなければならない。変更された労働条件において、職能資格制の場合資格の変更（降格）、賃金の減額、従前の職位・職務内容、変更後の職位・職務内容が裁判所によって審査される。契約を変更して、他のポストへの配置転換により雇用の提供が行われたとしても、その労働者の職業能力に即せず、降格した場合や、賃金の減額が多額にわたる場合には、客観的に見て、当該労働者にとって甘受できないと解される余地があると考える。

37) 野川教授は、ナショナル・ウエストミンスター事件について変更解約告知に適合する事案であったとし、「Yの労働条件変更の必要性が（通常からみれば高額の給与をともなうとはいえ）一般事務職に移るXの不利益を上回っているとの判断は下しにくいであろう。また、解雇回避努力義務についても、9月12日に申しこまれた団交要求をも拒否するなどの点から見て、十分であるとは認められまい。そうすると、本件では、変更解約告知の手法によったとしても、結局結論は同じことになるものと思われる」と述べている（ジュリスト1161号（1999年）200頁（203頁））。

第7章

労働審判制度と解雇に関する法の実現過程

1 労働審判制度のスタート

1 労働審判制度のスタートとその実態

　労働審判制度は、平成18年4月にスタートした。労働審判制度は原則として3回以内の期日で審理を終結するものとされ、非訟事件として審理が進められる制度である。対象とされるのは、労働契約の存否その他労働関係に関する事項について、個々の労働者と事業主との間に生じた民事に関する紛争とされ(労働審判法1条)、使用者と労働者との間のいわゆる個別紛争が労働審判の対象となる。[1] 東京地方裁判所において平成19年末までで申立てのあった労働審判数の新受件数は、平成18・19年度あわせて1163件あり、[2] 解雇訴訟などに関わる地位確認請求事件は454件であり全体の約半数を占め、次いで、賃金等請求事件が247件、退職金請求事件71件、その他の金銭が102件、非金銭その他の事件が45件となっている。[3] おおむね順調な滑り出しとの評価がなされている。[4]

　労働審判制度の実施前の段階において、いかなる紛争が労働審判にふさわしいかが議論され、一般論として、権利関係に争いがあるが3回以内の期日で審理が可能な紛争、典型的には、争点がそれほど複雑ではなく当事者が多数ではない解雇事件や、賃金、退職金、解雇予告手当請求事件等がこの事件にふさわしいとされていたが、おおむねこうした目安に沿って申立てがなされていると指摘される。[5] いわゆる掘り起こし効果が指摘され、平成15年から17年までの労働訴訟事件および労働仮処分事件の新受件数の合計数を、平成18年のみの労働審判申立数、労働仮処分事件、労働訴訟事件の合計数が上回っているとされる。[6]

　全国の労働審判事件の既済件数でみると、既済件数919件のうち、調停成立により終局したものが644件、審判成立により終局したものが162件、いわゆる

24条終了により終局したものが34件、特に、調停が多いことが指摘できる[7]。請求事件については、——その多くは解雇事件であるが——、東京地方裁判所の労働審判事件の既済件数をみると、調停成立で終局した事件の割合が多く、労働審判で終局した事件の割合が若干少ない。取下げ事件では、労働審判後手続外で和解してしまう場合、または、労働審判開始後棄却の判断が出る見込みである場合、相手を取り違える場合などがあると指摘される[8]。客観的に審判を3回続けるのが無理という場合に取り下げられるという[9]。審判の場合、第1回目期日が重要視され、争点の確認、審判官や審判員が事実を聴取し、特に、新受件数が最も多い地位確認分くらい時間がかかるとされる[10]。「精密司法の思想ではなく、主張立証は一応するが、この辺でどうだというざっくりした解決方法も有効に機能している[11]」と指摘される。事件の種類としても、予想以上のさまざまなタイプの事件に労働審判が活用されているとポジティブに評価されている[12]。労働審判員についても、労働審判官と審判員が同じような心証を多くの場合抱いていることが多いことや、労働関係の実務に関与した経験から問題の所在と解決の方向性を見出す能力が高いことや、労使関係の経験や知識から法律家が必ずしも知らない実務を審判に生かしていることが指摘されている[13]。

全国の統計で見ると、第3回期日で終局した事件が最も多く、第4回期日で終局した事件は25件となっている。労働審判既済事件については、申立てから終局までに要した審理期間は、平成19年3月末までに既済となった事件では、1ヶ月以内が48件、2ヶ月以内が281件、3ヶ月以内が326件、6ヶ月以内が262件、1年以内が2件となっており、平均審理期間は74.2日となっており、第3回までに終局した事件が最も多い[14]。労働審判規則13条においては、労働審判官は、特別な事由がある場合を除き申立てがあった日から40日以内の日に第1回期日を指定しなければならないと定めている。平成18年度の東京地裁の既済事件については、申立てから第1回期日の期日間隔の平均は38.8となっており、おおむね40日以内の指定がなされていることが指摘されている[15]。第1回〜第2回、第2回〜第3回の期日の間隔の平均はそれぞれ24.7日、19.8日となっており、期日を重ねるに従って期日間隔が短くなっていることが指摘される[16]。以上のように見ると、労働審判制度は迅速性を目的としていたが、その目的にかなった制度運用がなされていると評価できる。

審理の進め方としては、第1回期日から争点整理と並行して争点に関する審尋を行うとともに、積極的に調停を試みるという方式によるものが多いという[17]。「具体的には、第1回期日において、主張及び証拠の整理をして争点を確認するとともに、出頭している関係人や当事者に対する審尋を行って争点に関する事実関係を確認し、当事者から調停の意向を確認するところまで行い、第2回期日以降は主として調停を試みるという取り扱いが比較的多い」[18]。労働審判の審理では、第1回期日において集中的に主張立証をする方式が定着しており、当該期日での主張立証が重要であるとの認識が当事者においても浸透していると思われる。

2　現行の労働審判制度の運用をめぐる問題点

これに対して、スタート当初から労働審判の問題点も指摘されている。まず、申立後40日以内に第1回期日が開始されるが、まず、例えば、東京地裁では、答弁書の提出期限が第1回期日の10日前となっており、時間的制約から被申立人側の代理人の負担が過度のものである点である[19]。また、第1回期日開始後については、証人尋問の手続が法定されているものの、証人や証拠にもとづく権利関係の存否の確定に応じた解決が十分になされていないという問題点も提示されている。

さらに、「足して2で割る解決」が図られていることが指摘され、例えば、申立人側が40万円、相手が20万円を提示し、それ以上互譲が見られないという場合、中間の30万円という審判を出すという扱いも見られるという。この点については、経営法曹の弁護士[20]、例えば、中町弁護士から、労働審判においても、法律上の理屈と心証に応じた調停案が本来の姿ではないかと批判されている[21]。また、労働弁護士である鴨田弁護士からも、明らかな後退であるとのコメントがある[22]。さらに進んで、鴨田弁護士は、早い段階から調停成立を目指す運用は、安易な調停優先、その裏返しとしての権利関係の無視・軽視に陥る危険性を強くはらむと労働審判の運用に対して警鐘も鳴らしている[23]。例として、解雇事案につき、調停ベース（金銭解決）で期日が進められながら、土壇場で合意に達せず、委員会は（事実・権利関係に関して然るべき審理をしていなかったため）審判を出さず、権利関係審理のために第4回期日を開きたいと当事者に申

入れ、当事者がこれに強く反対したところ、棄却の審判がなされた事例を挙げておられる。

　労働審判制度は、権利関係をふまえて適正な調停解決を試み、不調の場合には適正・相当な審判がなされる制度であり、その前提として権利関係の的確な把握が必須であると指摘される[24]。審判員に、主張書面は交付されるものの、事前に書証（甲・乙号証）が交付されず、陳述書が交付されない裁判所もあるが、その交付の可否をめぐっても労働弁護士の側から疑問が呈されている[25]。適正な調停・審判をなす前提として権利関係の的確な把握が必要であるから書証の審判員への交付は必要であるというものである。

　このほか、裁判官からは、当事者の意に反した審判の主文が書かれてはならないため、主文をどのように命じられるのかは１つの問題とされている[26]。労働審判物以外の権利関係も含めた労働審判をするためには、労働審判手続きにおいて、①審判物以外の権利関係につきある程度審理が行われ、②これを前提とした調停案の提示などを通じて、審判物以外の権利関係も含めて審判したとしても当事者にとって不意打ちにならないことが必要であり、これらの要件を欠く場合には、当該労働審判は少なくとも相当性を欠くものと解されている[27]。労働審判委員会が、審理の結果、申立てに係る権利関係の発生原因事実の存在について核心に至る程度の心証を形成するに至らなかったものの、当該事実が存在することにつき一定程度の心証を抱いた場合、労働審判の主文はどのようにすべきかも問題となっている[28]。さらに、代理人がつかない事件への対処として、許可代理の可否が問われており、労働審判法４条但書において「必要かつ相当と認めるときには」弁護士でない者を代理人として許可できると定められているが、組合役員による代理の可否が問われている[29]。

２　労働審判における解雇事案

　以上のように労働審判制度が進行しているが、ここで、労働審判において最も申立て件数の多い地位確認請求などの解雇事件の解決方法を検討し、これを通じて解雇規制ないし解雇法理の具現化のプロセスを考察する。つまり、解雇の有効性が審判対象とされている事件について、いかに調停ないし審判によっ

て解決されているかなどを緻密に考察する必要がある。こうした考察を行うことなく解雇規制ないし解雇法理のあり方を検討するのは、実務から乖離した机上の空論になるおそれがあるからである。とりわけ、解雇規制をめぐっては、労働契約が成立する以前に金銭解決制度をめぐって活発な議論が展開されたことから、労働審判制度において解雇の金銭解決がいかに図られているのかを知るのは、解雇の金銭解決をめぐる今後の議論を見据える上で重要な視座を提供すると思われる。従来精密司法の下で、労働訴訟のうち事件数が最も多い解雇訴訟について訴訟の長期化が指摘され、それが労働訴訟そのものに対する迅速化の議論へとつながった。さらには、──ここが大事な点であると思われるが──労働審判制度導入以前の解雇規制をめぐる論争においても、解雇訴訟の多くにおいて金銭による解決を労働者が望んでいるにもかかわらず、緻密な事実認定と権利関係の存否の認定をしたうえで、解雇無効の判決を得るまで比較的長い時間を要したため、実定法上むしろ、解雇の金銭解決制度が不可欠ではないかという主張につながっていったと思われる。もし、労働審判制度導入後調停や審判において解雇にあたっての一定の金銭解決が図られているのであれば、もはや実定法上の金銭解決制度を必要としないのではないかという疑問も生じるところなのである。そこで、労働審判において、解雇法制ないし法理がいかに具現化しているかを観察することは、解雇規制のあり方という実定法のあり方そのものに関わることになる。そこで、労働判例に掲載された審判・調停を中心に、解雇事件をひとつひとつ取り上げ、その後、労働審判制度における解雇実務、特に補償金制度の問題について検討を加えていきたいと考えている。

1　労働審判にみる解雇事件[30]

事件①　地位確認等請求事件（名古屋地裁平成18年5月8日調停）[31]

〔申立にいたる経過〕　本件は、O社の従業員であったT（49歳、女性）が、上司の指示に従わなかったとの理由により解雇通告を受けたという事案である。会社は水道メーター等の製造会社の連結子会社で、親会社製品の梱包発送準備を業務内容としている。O社の従業員数は100名程度であるが、事業所が2か所あり、Tの職場は30名ほどの規模であった。Tによれば、Tは入社

以来、ミスのないよう仕事をしてきており、指示に従わなかったことは一切ないとのことであったが、平成18年3月2日、本件解雇通告を受けた。Tは、本件解雇通告の本当の理由は、Tを含む職場の同僚3人が、職場の懇親会の経理を担当している中間管理職の不明朗さを追及したこと、および当該同僚の1人が中心となって残業の不公平な割当の改善に取り組んだことを煙たがった会社が、同人らを退職に追い込もうとしたことにあるとした。そこで、同年4月3日に労働審判を申し立てた。申立ての趣旨は、①就労請求および賃金請求とそれに基づく利息（遅延損害金）請求であり、これに加えて、後日、Tの代理人弁護士より、②傍聴申請（同僚2名、組合役員2名）、③調停前措置請求（正社員の採用延期）、④審判員の氏名の事前開示の求め等であった。

〔調停の要旨〕　第1回期日、5月8日に、会社側代理人から「本当に復職されるのですか」との質問が入り、労働者側が復職を求めている旨を表明すると、会社側からはそれを受ける旨の表明がなされた。その後、直ちに調停条項の検討に移ることとなった。その結果、同日、①会社が遺憾の意を表明、②未払賃金の全額支払い、③出社猶予期間の設定、④今後の差別の禁止、⑤解決金の支払い等を内容とする調停が成立した。

事件②　配転命令無効確認等事件（東京地裁平成18年7月13日調停）[32]

〔申立にいたる経過〕　会社は、従業員数が10名未満の商社である。会社は、平成17年11月、退職した貿易関係の経理担当者の後任として、経験があるというBを中途採用した。しかし、能力不足で、また、社長がBに伝票の付け方等を注意したところ、両者の人間関係が悪化した。間もなく会社の決算期が近づき、Bの能力に不安を感じ、社長が新たにBの後任者を採用し、平成18年5月にBを営業部に配置転換した。これに対して、Bは、弁護士に依頼して、同年6月12日に本件労働審判手続きを申し立て、営業部で勤務する義務がないことの確認および慰謝料の支払いを求めた。他方、会社は、配置転換後もBの協調性等が改善されなかったため、平成18年6月15日付けで、同年7月15日を解雇日とする解雇予告の通知をBに対して行った。これに対して、申立人は、申立ての趣旨の追加的変更を行って、労働契約上の地位の確認および賃金の支払い等を求めた。

〔調停の要旨〕　第1回目期日で調停が成立し、調停条項の概要としては、①解雇の撤回と任意退職、②会社からの和解金140万円の支払い、③会社による遺憾の意の表明等であった。

事件③　地位確認等請求事件（横浜地裁平成18年6月26日調停）[33]
〔申立にいたる経過〕　本件は、同族の不動産会社（社員数10名未満）において、社長に対し、労働条件の明示や公私混同しないことなどを求めた直訴状を提出した3名の社員（50代男性・社長の弟、40代女性、20代女性。以下「Xら」）が平成17年11月28日付で解雇通知書を受けたというものである。平成18年4月3日労働審判を申立て、地位確認請求により、それぞれ金銭解決を望んでいた。

〔調停の要旨〕　第1回目に申立書と答弁書をふまえて双方に釈明の質問がなされ、席上解雇の有効性について双方の立場が分かれた。第2回期日では社長と申立人1名に対する尋問が行われ、尋問後審判委員会から調停案が示され、双方の当事者はこれを持ち帰るが、第3回目に調停が成立した。

調停内容としては、①解雇は撤回し、同日付で合意退職したものとする。②解決金の支払い（水準としては解雇から調停成立時まで6ヶ月経過していたが、約4ヶ月程度に留まった。申立人2名が平成18年3月から近所で同じ不動産業を開業し、顧客も一部を引き継いでいたことが考慮されたものと思われる）等であった。

事件④　地位確認等請求事件（東京地裁平成18年5月22日調停）[34]
〔申立にいたる経過〕　平成18年1月31日朝、Hは職場内にて同僚2人より暴行を受け、自ら110番通報し、警察が臨場する騒ぎとなった。翌2月1日、Y社所長は、「これで3回目だ。君に何か理由があるのじゃないか」としてHを即時解雇した。Hは、労基署の指導により解雇理由証明書を求めたが、Y社は「30日前に言えばいいことになっている」として拒否した。Y社主張によれば、「辞めてほしい」とは言ったが解雇ではなく、翌2日、Hが加害者に謝罪しなかったので、退職に向かってしまったという。3日以降、Hは出社していない。4月3日労働審判を申立て、申立ての趣旨は、①地位確認と賃金請求、②暴行被害に対する使用者責任としての慰謝料請求である。

〔調停の要旨〕　第1回期日（5月15日）の事実関係の争点は、①解雇か雇

止めか、②トラブルメーカーであることを理由とする雇用終了の可否であったが、簡裁事件にY社が参加しようとした経緯もあり、Y社は当初から相応の解決金支払の意思を表明したので、審判では、事実関係についての主張立証は行われず、いきなり解決金額の話となった。申立人はこの職場に復帰する意思はなかった。金額について代理人間で協議し、1週間後の第2回期日、①雇用契約終了の確認、②離職票の交付、③和解金（月給5ヶ月分）の支払い、④簡裁事件の取下げと同意等を内容とする調停が成立した。

事件⑤　退職金請求（札幌地裁平成18年10月12日調停）[35]

〔申立にいたる経過〕　大手の自動車販売店（Y社）の店長であった申立人が、平成18年4月に、18歳に満たない女性に対し、買春行為を行ったことから逮捕され、10日間の拘留を経て、罰金50万円の略式命令を受けた。Y社は、同年5月、Xを懲戒解雇とし、それを理由に大部分の退職金の支給を拒否した。退職金の一部は民間保険から直接に労働者に支払われる制度となっていたため、一部の退職金は支払われた。Y社の就業規則では懲戒解雇に該当する場合には退職金は支給しない旨の定めがあるが、他面、「情状酌量の余地があれば、降格又は減給にとどめる」旨の宥恕規定があり、また、諭旨退職処分等、他の処分の選択規定も設けられていた。Xは、解雇は争わないが、懲戒解雇処分と同一の理由によって退職金の大部分が支払われないのは不合理であり、Xの本件行為は、実質は諭旨退職相当であるから、退職金を受ける権利は存在するとして、平成18年7月5日本件申立て（退職金請求）を行ったものである。

〔調停の要旨〕　第1回期日では、審判委員会からは、退職金の4割をXに支払う案が出され、直接支払われた退職金と過払賃金の相殺を行うことで、双方とも検討するよう指示があった。第2回期日では、Xは審判委の案を了承したが、Y社は退職金の3割支給の線を譲らず、Xの功績の程度等他の資料を提出した。審判委は、4割支給の線は崩さず、次回はそれを了承するか否かの回答だけを求めることになった。そして、第3回期日では、Y社も審判委の案を了承し、Y社がXに対し、解決金名義で約184万円を支払う旨の調停が成立した。

事件⑥　地位確認等請求（横浜地裁平成18年9月7日調停[36)]）

〔申立にいたる経過〕　従業員数10名のY社は、Xの職歴に期待して、平成17年7月、営業職の正社員としてXを中途採用した（採用時58歳）。当時定年は60歳とされていた。しかし、Xは、入社後、指示された客先回りをほとんどせず、また、客先からの電子メール等での問い合わせに対しても迅速に回答せず、または間違った回答をし、客先から依頼された見積書を作成しないこと等がたびたびあった。そのため、複数の客先からY社に苦情が寄せられ（なかにはXを担当から外すことを求めてきた取引先もあった）、他の社員がXに代わって対応したり、Y社の代表者が取引先に謝罪したりした。上司や代表者がXに注意等をしたが改善はみられず、他の社員からも不満が出され、上司もXへの対応で精神的に疲弊してしまった。

Y社は、Xの入社から約8ヶ月後に、能力不足、勤務態度不良等を理由としてXを普通解雇した。これに対し、Xは、解雇無効を主張して、地位確認、賃金支払いを求めて、6月19日労働審判を申し立てた。

〔調停の要旨〕　第1回期日で調停が成立し、調停内容は、①本件解雇日をもってXがY社を退職したことの確認、②解決金の支払い、というものである。

事件⑦　損害賠償請求（横浜地裁平成19年1月12日調停[37)]）

〔申立にいたる経過〕　相手方Y社は、電気通信設備事業を営む一部上場企業で、相手方A社や利害関係人B社など数社から、いわゆる偽装請負が疑われる実態で下請け労働者を受け入れて事業を営んでいる。申立人Xは、A社の従業員で、Y社の支店において、同社の器具等を使い、調査業務を行っていた。平成18年8月7日、Y社がA社ら下請けの従業員に使用させている駐車場の位置の変更をめぐって、XとB社の従業員Zとの間で口論となり（Xの言い分が正しいことがわかったが）、その際Zが激高してXの首を捻り上げるなどの暴行を働いた。Xは反撃はしなかったが、仲間が止めに入り、それ以上のことはなかった。

Xは、上記暴行事件についてY社のN所長に申し出たが、NはXに原因があったと決めつけ、暴力を振るったZをかばう発言をした。そしてXは、同

日業務終了後、A社社長から、Y社からXの出入り禁止の通達があったと告げられた。他方、Xは、仕事中に首筋などに痛みが出てきたため医師の診断を受けたところ、全治2週間の頸部打撲傷と診断された（その後さらに全治4週間の頸部捻挫が加わった）。

Xは、Y社の出入り禁止通知により、自宅待機状態となった。その後、Xの代理人が問い合わせたところ、8月29日、会社都合によりXを即時解雇するとの通知書がX代理人宛に通知されてきた。

Xは、A社による本件解雇通知は無効であり、また本件解雇はY社の指示によるものでその実態はY社がしたことであるとして、10月5日、2社を相手に損害賠償請求の申立てを行った。第3回期日での調停が成立している。

〔調停の要旨〕　①A社のXに対する8月29日付解雇撤回と同日付の退職の確認、②解決金としてXの賃金7.5ヶ月分をA社が支払い、これをY社が連帯保証する、③ZはXに遺憾の意を表し、80万円を支払う。これをB社とY社が連帯保証する。

事件⑧　損害賠償請求（さいたま地裁平成18年9月20日調停）[38]

〔申立にいたる経過〕　運送会社Y社に勤務するトラック運転手Xは、埼玉を出て（当日夜発）福井に荷を運び（翌日朝着）、帰りの便で岐阜で荷を積み（翌日夕方発）、埼玉県岡部町の工場に運ぶ（翌々日朝着）という行程の業務を担当していた。平成18年2月7日夕方、Xは、岐阜で帰りの荷を積み終わって、会社に電話を入れると、途中、8日早朝にさいたま市の営業所に立ち寄るように指示を受けた。Xは、岐阜から岡部町に直行であれば、途中のパーキングエリアでまとまった睡眠時間を確保できるが、さいたま市に早朝立ち寄ることになると、経路も変わり、まとまった睡眠時間を確保できなくなると考え、その旨配車係に告げたが、配車の指示は変わらず、最後は営業所長から業務命令だといわれた。

Xは、当該命令を無視して岡部町に直行したところ、翌日、会社に呼び出されて、自宅謹慎命令を受けた。

さらに、始末書の提出を指示されて拒否したところ、会社は解雇通告を行った。Xは、同年6月21日、労働審判を申し立てた（損害賠償請求）。

〔調停の要旨〕　第3回目で調停が成立し、調停内容はY社はXに対し、解決金として、130万円を支払うこととされた。

事件⑨　地位確認請求（東京地裁平成19年7月19日審判）[39]

〔申立にいたる経過〕　申立人X（女性・年齢50代）は、平成12年1月に、パートとして雇用契約期間を定めずに勤務を開始した。当初は週2、3日の勤務であったが、平成16年以降は1日8時間、週5日勤務となり、正社員とほぼ同じ時間、業務に従事していた。また、平成17年4月以降、グループ関連企業の経理・事務作業も担当することになってからは、残業も行い、平成18年10月以降19年1月までの残業時間は、月61時間に達していた。

平成19年2月22日、Xは、総務部長から「平成19年2月28日をもって退職してもらいたい」旨を口頭で言い渡された。Xは、同日、東京都労働相談情報センターに相談し、同センターのアドバイスに従って、Y社に解雇予告手当の支払いと解雇理由書の交付を求めたところ、Y社は、解雇に関して異論を述べないことを記載した合意書に署名押印するなら、解雇予告手当を支払うと述べた。Xがこれを拒否したところ、Y社は、解雇理由を業務縮小によるものとする解雇予告通知書を交付した。5月23日労働審判を弁護士への依頼を通じて申し立てた（地位確認請求、賃金請求）。

〔審判の要旨〕　第1回期日では、会社側が退職勧奨に労働者が承諾したこと、毎月多額の赤字が生じていることなどを主張し、これに対し申立人側は、Xの家庭の事情から退職に合意したはずはないこと、解雇後新たに従業員を採用しており、経営状態が悪いという立証に乏しいことなどを主張した。審判委員会は、整理解雇の要件が証明されていないとして、調停を勧告した。申立人は、復職を希望していなかったことから、バックペイ4ヶ月分と退職補償金を合わせて月例賃金12ヶ月分相当を要望した。これに対し、審判委員会は10ヶ月分を調停案として示したが、会社側が抵抗したため、最終的には200万円の調停案となった。第2回期日までにおいて会社側は調停を拒否し、審判委員会が説得したが、不調に終わり、その期日に審判を言い渡した。

〔審判の要旨〕　①XがY社に対し、雇用契約上の権利を有する地位にあることを確認する。②Y社はXに対し、平成19年4月20日から本審判確定の

日まで、毎月5日限り月額27万8970円の割合による金員を支払え。

事件⑩　地位確認等請求（東京地裁平成19年12月7日審判）[40]

〔申立にいたる経過〕　平成19年5月、呼吸器科のクリニックYは、就業規則を改定するとして、X_1に、その同意書に署名押印させようとしたが、X_1はこれを拒否するとともに、労働条件や雇用維持を図るため、労働組合を結成した。Yは、組合の存在を否認し、脱退工作を始め、非組合員であるX_2にも「組合員とみなす。解雇する」と通告した。

組合は、賞与の支給などを求めて団体交渉を申し入れたが、Yはこれに応じることなく、同年7月、一方的に一律10万円の賞与を全職員に支給した。組合は、同年7月30日、東京都労委へ救済を申し立てた。また、同年8月3日には、Yは、X_1とX_2に対し、「事業縮小による整理解雇をする」と通告してきた。また8月24日には、X_1とX_2に対し、懲戒解雇を通告した。

X_1とX_2は、本件整理解雇および懲戒解雇がいずれも無効であるとして、同年10月4日、労働審判を申し立てた（地位確認等請求）。第2回期日で審判となっている。

〔審判の要旨〕　①X_1とX_2が、Yに対し、それぞれ労働契約上の権利を有する地位にあることを確認する。②Yは、X_1とX_2に対し、平成19年9月1日から毎月25日限り、月例給と各支払期日の翌日からの遅延損害金を支払え。

このほか、平成20年以降22年までの調停・審判例は5件ある[41]。以下この5件の新しい事件を含めて考察する。

2　解雇事件の労働審判・調停について

解雇事件において、地位確認請求・賃金請求の組み合わせで請求しているのが半数であるが、解雇事件の圧倒的多くの事件では金銭解決が図られている。つまり、このうち、地位確認請求が認められたのは、6件にすぎず、このほかは、地位確認請求の有無を問わず金銭解決が図られている。解雇の類型としては、——解雇類型が1つの事件で重複することがあるため延べの数で計ると——普通解雇事件が7件（ほかに3件ある——事件⑩以降の調停・審判）、懲戒解雇が2件（ほかに2件ある——事件⑩以降の調停・審判）、整理解雇が2件であっ

た。パートを含む非正社員の事件が２件ある。これらの解雇事件または解雇事件と関連した事件においては、退職金請求事件が１件、損害賠償請求事件が２件、就労請求が１件あった。地位確認請求を主位請求としているのがもちろん多数で、６件の事件がこれにあたることになる。請求内容が不明の事件が５件ある。解雇事件において、労働者側が復職を求めていない場合には、金銭解決により迅速な解決が図られるのは、相当な解決であるといえる。しかし、補償額については、整理解雇をめぐる事件においては、解雇の補償額は他の事件と比較しても低くなっている。中途採用の場合に、（賃金額が不明であるが）補償額が高い事件もある。これらの一部の例外を除いて、賃金半年あるいはそれにわずかに満たないものが多い。あるシンポジウムにおいても、基本的に賃金半年分の解雇補償額となるが、解雇無効の心証形成がありうると思料される場合には、経験上２年近くになることもあったことが裁判官によって説かれていた。

　これらの補償額の場合、雇用保険への「架橋的機能」を果たしうる。同時に、解雇訴訟中の賃金喪失分に対する対価にもなっている。ドイツにおいても、連邦労働裁判所のコッホ判事によると、解雇訴訟における和解による補償額が半年近くに及ぶが、これが失業保険が遮断される期間に対する補償となり、雇用保険の架橋的機能を果たしているとされる。コッホ判事は、会社都合による離職者のうち約半数は、失業保険に架橋させ解雇による補償金を得るために、解雇制限訴訟を提起しているとの印象を述べていた。

　これらの事件のうち、労働審判法20条に基づき審判を行ったのは、事件⑨、⑩の２件であり、残りは調停の成立によって解決している。労働審判手続は、原則として３回の期日で終結しなければならないが（労働審判法15条２項）、上記の事件では（本稿未掲載の新しい事件５件を含む）、１回で調停が成立したのは、４件であり、２回で成立したのは３件、３回で調停が成立したのは残りの６件である（不明２件）。これら解雇事件が関わる①から⑩事件においては平均２ヶ月で調停または審判による終局がなされている。労働審判制度の目的である迅速な解決が図られているのがここでもわかる。

　労働審判で扱われた事件をみると、使用者の恣意によって労働者を解雇したと見受けられる事件がいくつか存在する。交換尋問方式をとらず、審判委員会からいきなり質問を始めるという方式から、労使双方とも準備がおよばず、社

長などがいきなり聞かれて、「いや私はこういう理由で解雇したのです」と発言して、いきなり生の事実がでてくる[45]。つまり、労働審判が綿密な事実関係の認定を通じた解決をできる場合ばかりでないということが影響しているのかもしれない。解雇の要件に従って法的判断から労働者を解雇するのではなく、いさかい、気まぐれ、怒りから、使用者が労働者を解雇することがあるのがわかる。労働者が望まない限り、簡単に金銭解決による紛争の終局を志向してはならない理由もここにあるといえる。

3 労働審判における解雇事件の金銭解決について

（1） 労働審判における金銭解決について　ほとんど全ての事件で補償金（名目は和解金などとなることもある）により解決が図られている。解雇の金銭解決については、調停事件において、解雇撤回＋退職の確認＋何らかの名目での補償金の形で解決が図られているのは、事件②、③、⑦である。これに対し、地位確認請求の調停事件について、解雇の撤回が問われないまま、退職の形で補償金が支払われている事件もある（事件④、⑥）。審判では、請求（地位確認＋賃金請求）に対応して、労働契約上の権利を有する地位にあることを確認するとともに、金員の支払を命ずる審判内容となっている。こうしたなかで、最近では、事件①のほか、雇用契約上の地位の確認を求め、調停において原職復帰を認める画期的な調停が成立しており、注目に値する[46]。

しかし、日本の労働審判実務をみる限り、──雑誌に掲載されない事件まで検討したわけではないため断定は避けるべきであるが──調停ないし審判までの期間の賃金相当額に近い額が解雇にあたって補償されているという印象を抱かせる。さらに、一方で、会社の財政的な問題と関わる整理解雇事件においては、解雇の補償額は他の事件と比較しても低くなっている。他方で、多くの場合、勤続年数が高くなるに従って、解雇の補償金額を高くするという工夫が欠けていると思われる[47]。「一定年数当該企業のもとで勤続したという事実」に対する補償という側面を希薄にしているともいえる。また、「足して2で割る解決」が図られていることがありうるとされるが、それは当事者の円満な解決にしばしば資することがあるのは否定できないにせよ、そのことが補償の性格の内容をさらにあいまいにし、権利内容の希薄化が進むのではないかと思われる。

また、解雇に対する「補償」といっても、何に対する補償なのかという視点に関する生産的な議論を欠いたまま、解雇をめぐる労働審判において補償金支払いの事実だけが先行している。解雇に対する「補償」の額が労働審判の期間に相当するとき、それは審判中の賃金喪失分に対する対価でしかなくなり、「労働契約上の地位の喪失に対する補償」ではなくなるという点が重大な問題である。解雇に対する補償が「労働契約上の地位の喪失に対する補償」であるとするならば、勤続年数、年齢に応じて、解雇の補償金の額がより高額になるというのが筋である。労働審判実務をふまえて、補償の性格から根本的に問い直さなければならない[48]。

（２）**解雇の金銭解決制度の法制化について**　こうした実務上の問題点を抱える解雇にあたっての金銭解決であるが、これを法制度化しようとする提案は、労働契約法制定時に様々な議論を起こし、労働契約法及び労働審判法が導入された後も、解雇の補償制度を法律上規定すべきとの提案もある。しかし、以下のような理由から、これには賛成できない。

　まず、現在解雇の補償制度を実定法化することは、使用者が数ヶ月の賃金相当額の補償額を覚悟すれば、労働者を解雇できるという制度に転化しかねず、解雇法制を空洞化させるおそれがある。労働審判で扱われた事件をみると、使用者の恣意によって労働者を解雇したと見受けられる事件がいくつか存在するが、使用者が数ヶ月の賃金相当額の補償額を覚悟すれば、労働者を解雇できるというのであれば、使用者による解雇における恣意性が増すものと思われる。

　従来労働審判制度導入以前の解雇規制をめぐる論争においては、解雇訴訟の多くが、精密司法の下で緻密な事実認定と権利関係の存否の認定を必要とし、解雇無効の判決を得るまで比較的長い時間を要したため、実定法上、解雇の金銭解決制度が不可欠ではないかという主張へと転化していった。しかし、前節で検討したように、第３回期日で終局した事件が最も多く、平均審理期間は74.2日となっている。解雇の金銭解決制度によって主に果たそうとした審理の迅速性という目的は、労働審判制度における実務を通じてほぼ解決されたといってよい。また、現在労働審判の大半が地位確認請求であり、そのほぼすべての事件が――主位的であれ予備的であれ――金銭解決で終結しているという実務の動向を踏まえると、実定法上の解雇をめぐる金銭解決制度をもはや必要と

第Ⅱ部　日本法における解雇規制とその行方

しないのではないかと考えられる。

　さらに、実定法上の補償制度の定めは、補償額そのものを低位標準化するおそれがある。例えば、実定法上の解雇をめぐる金銭解決制度は、ドイツ法において、和解の場合の補償額についての法律上の定めこそ存在しないものの、和解額の相場が存し、最終的な補償額は比較的低いものとなっている[49]。ある調査によれば、裁判官の75％は、税込みの給与（月）×0.5×勤続年数という数式により、解雇訴訟における和解額を算定している[50]。日本においても金銭解決制度の導入によって、訴訟外において、使用者が労働者を解雇をしたうえで低額な補償金を支払うということも可能となってしまい、その結果、低額の補償金を払えば労働者の解雇ができるという事態も考えうる。

　解雇の金銭解決制度は、様々な議論を起こしながらも、最終的には、労働契約法においては盛り込まれなかった。「今後の労働契約法制の在り方に関する研究報告書」においては、ドイツの解消判決制度に酷似した制度が提言されていたが、今後、金銭解決制度について、この制度が再び提案される可能性もある。ドイツの判例においては、解消判決は例外的に認められるものであって、解雇制限法の趣旨は労働関係の存続を保護することにあると考えられ、解消判決が申立てられた場合も、解雇の争いによって当事者の信頼関係が損なわれ労働関係の存続が期待できないという程度では認められない（本書第Ⅰ部第4章1）。連邦労働裁判所のコッホ判事やヴァイアント教授にインタビューしたところでは、解消判決は、名誉毀損や非難行為のような例外的で特異なケースに認められるにすぎず、原則的な訴訟形式ではないと説明を受けた。むしろ、ドイツの解雇の補償としては和解と社会計画が中心であり、解消判決はあまり使われない手段であると述べていた[51]（本書第Ⅰ部第4章1）。筆者も参加することができた日本労働弁護団が2005年にドイツの労働裁判官や専門弁護士のもとで行なったインタビュー調査においても、これを裏付けるインタビュー結果を公表している[52]。こうした特殊なケースにしか用いられない解消判決制度を日本において立法化すべきかどうかについて、かなり疑問の余地がある。

　また、日本的雇用慣行として長く重要視されてきた長期雇用システムは、法制度上は（立法化される前は）判例・裁判例の蓄積によって解雇権濫用の法理が存在していたことを前提にしている。これらの法体系と日本の大企業が有して

いた長期雇用システムを十分考慮することなく、解雇の金銭解決制度が導入されれば、その金銭解決制度が日本の長期雇用システムを法律によって人工的に改変させてしまう結果を招きかねない。「保護の砦」の崩壊は、実際の日本の労使関係にも大きな影響を及ぼしていく。

以上の考察から、実定法上の金銭解決制度を必要としないのではないかと考えられ、解雇の補償制度の実定法化には賛成できない。

（3） **立法作業に欠けている議論**　現行の労働審判における解雇の補償金支払は、雇用保険への「架橋的機能」という役割を果たしている可能性があることは、すでに述べた。解雇の補償額が雇用保険への架橋的機能を果たしうるとすると、法政策的に問題となるのは、まず第1に、解雇の告知期間が日本の場合短いことである。労働者にとっては、転職のために、十分な熟慮期間が保障されず、労働者の能力、勤続年数、経験に即した新たな職場のポストを見つけるのが困難となる。ドイツ法においては解約告知期間が6週間となっているものの、労働協約においてはさらに長い定めを置く場合もみられ、勤続年数、年齢に応じて解約告知期間も長くなるよう規定される。[53] 特に、解約告知期間が長い分、賃金が保障されるべき期間中に、労働者が新たな職を探すいくばくかの余裕もあると思われる。

第2に、失業者が経済的に「自立」するため求職したが職が見つからず、雇用保険が切れた場合、これに続く「職業訓練受講給付金」の支給も長くなく、長期失業者は所得を得る途を失う。この問題の解消のためには、雇用保険の給付期間の延長が行われると労働を再開しようとするインセンティブが生じなくなるといわれるため、雇用保険制度との体系的整合性が必要となる。ドイツでは、雇用保険の給付期間の延長が行われると労働を再開しようとするインセンティブが生じなくなると指摘され、ハルツ法における失業手当金Ⅱへの大胆な改革による手当金支給の短縮化が図られている。これに対し、雇用保険が長期失業者に対しても支給されるデンマークでは、職場復帰を果たそうとするインセンティブは長い雇用保険の支給によっては悪化しないといわれる。[54] 現在の日本の雇用保険制度では、失業者が経済的に「自立」するため求職したが職が見つからず、雇用保険等が切れた場合、長期失業者は所得を得る途を失う。労働を再開しようとする意欲をそがないという視点も重要であるが、雇用保険制度

では、十分には「自立」できない長期失業者を国家がサポートするという視点は、より重要なのではないかと思われる。なぜなら、福祉国家理念を持つ現代の資本主義国家においては、長期失業者が給与生活者になる途が閉ざされ、雇用保険も受給できないという状況が、潜在的な労働者＝失業者の生存を脅かし、それが国家・社会のあり方として健全な状態とは思われないからである。国家の財政赤字の状況、新自由主義的な理念の下で、ますます社会保険に対する支出が制限されるが、むしろ、現代の福祉国家においては、雇用保険に対する国家による十分な支出が、労働者に対し能力・適性に適合した職を見つける十分な時間を与え、これにより、豊かな労働力を創出し、労働生産性を高め、個別企業のみならず産業全体にとっても、長期的には、プラスになるといえる。こうした視点の転換について、改めて問い直すときに来ているのではないかと考える。

4 解雇訴訟中の継続雇用請求権

就労請求をなし、調停において労働者の復職が認められた調停が成立した事実はすでに述べたところである。実際には、解雇訴訟において元の職場に戻りたいと思う労働者が少ないことから、復職を求める事案が少ないのは事実である。しかし、復職を労働者が求めるという場合、これに対応する就労請求権、特に、解雇訴訟において継続雇用請求権が実体法上基礎づけられることが不可欠となる。

かつての裁判例においては、就労請求権が認められたとする判断も示されたものの、現在の裁判所は、一般に就労請求権を認めるには消極的な態度をとっている。例えば、東京高裁は、かつて、業務の性質上労働者が労務の提供について特別の合理的な利益を有する場合を除き、就労請求権を否定している。労働関係の存続が確認された場合、債権法上は、労働契約関係が存することになり、その結果、労働者は労務提供義務を、使用者は賃金支払い義務を負うことになる。しかし、問題は、解雇の無効が裁判所によって確認された場合に、使用者が労働者の労務の提供を拒否した場合である。

現在、労働者が解雇の無効判決を勝ち取っても、使用者は継続雇用に関わる給付判決を受けてはいないため、解雇無効確認判決を無視することができ、実

際、使用者側の弁護士の中には、解雇無効判決は無視すればよいと経営者に助言していることもあるといわれる。このため、現在のように再雇用請求権がない場合、解雇が無効であると裁判所によって確認されたにもかかわらず、理論上、復職を請求できないという不可思議な状態が生じている。これに対し、ドイツ法では、一般的な就労請求権が認められているほか、継続雇用請求権が解雇訴訟中および解雇無効の判決確定後に認められている。これが、実定法上事業所委員会が異議申立て権を行使した場合に生じるとともに（事業所組織法102条5項）、102条5項の要件を備えない場合にも、判例において、一般的継続雇用請求権が解約告知期間経過後確認訴訟の確定判決前まで認められている[58]。

　日本法において特に必要なのは、おそらく、まず、解雇訴訟後における再雇用請求権であろう。間接強制を通じて、被解雇労働者が再雇用を要求できるというものである。これを認める実践的な意義は、まず第1に、何より労働者が復職を請求できる点にある。この再雇用請求権がない場合、債権関係の維持という債務の本旨に関わる目的が無に帰することになりかねない。同時に、再雇用請求権が実質的に従業員および家族の生存の基礎に資することになる。第2に、労働者の弁護士としては、いかに解雇の補償金の額を高くするかということに関心を抱くことも多いが、再雇用請求権が実体法上認められるとすれば、仮に和解で金銭解決をしようとする場合、労働者が、再雇用請求権を武器に、（復職を望まない）使用者に対し、より高額な金銭補償を求められる点にも実益がある。ドイツ法と同様に、再雇用請求権が和解による金銭補償での高額化の武器になりうるのである。

　これに対し、現行法においても、被解雇労働者は、使用者に対し地位確認請求とともに賃金請求権を行使できるため、地位確認・賃金請求の認容後、賃金請求権の履行を労働者が使用者に求められれば、再雇用請求権まで認める必要性はないとの意見もありうる。つまり、労働者の地位に関する確認判決と賃金に関する給付判決を得られれば、「訴訟後賃金を継続して支払いたくなければ、労働者を復職させなさい」と使用者に対し労働者は心理的に迫ることができる、というものである。これによって、労働者は、使用者に対し、かなり間接的な形で労働者の復職を迫ることができることから、再雇用請求権は不要であるというものである。しかし、労働者が解雇の無効判決を勝ち取っても、使

用者はこれを無視することができる、というのは論理的にいかにも不自然である。これは、地位確認の判決を命じた司法に対する信頼性をおびやかしかねないばかりか、結果的には、解雇法制を否認することになりかねない。JILPTの平沢調査員の緻密な調査において、復職を約する和解の後復職を果たした労働者の声が掲載されており、復職に対する評価について「やっぱり仕事ができていいなと思いますから、復職してよかったと思います。今、仕事をやっていて、自分自身はやっぱり仕事をしているのが本当なんじゃないかなと思います」と復職を果たした方が述べている。解雇が無効と判決される場合に、現行法上再雇用の給付判決（間接強制）を求められないというのは、現行法の欠陥である。これを司法の力で回復する必要がある。問題は、その法律構成である。

　信義則上、労働者の生命および健康への配慮義務が判例によって定着し（現在では労働契約法5条に規定がある）、信義則上の配慮義務の保護法益は、労働者の生命・健康に限られずに、労働者の人格にまで及ぶものと解される。労働者の生活はその大部分を労働関係によって規定されており、労働者の自尊心や家族・仲間からの尊敬もその仕事のありようによって決まってくるもので、労働契約関係に基づく労働は、労働者にとっては、身体的、肉体的能力の発展、したがって、人格の発展を可能ならしめる。そうであるからこそ、解雇によってひとたび、失業者となれば、労働契約関係を通じた尊敬を失いかねず、労働を通じた人格の発展を妨げることになりかねない。このため、解雇訴訟中の判決確定前、および、解雇無効の判決後、就労を請求できるのは、第1に、信義則上の人格に対する配慮義務に基づくものと考えられる。

　第2に、解雇法制によって債権関係が維持されなければならないのであるから、労働契約の主たる義務である労務提供義務を維持・促進しなければならない。ところが、労働者が義務を負う労務提供の受領を使用者によって拒否される場合には、当然のことながら、労務提供義務の履行を完成させることができない結果となる。そもそも、使用者は、労務提供義務の債権者として、履行の実現に協力すべき信義則上の義務があると解される。このため、解雇訴訟中の確定判決前、および、解雇無効の判決後、信義則上継続雇用・再雇用請求権が発生するものと解される。なお、受領遅滞の場合の解除権・損害賠償請求権、および、就労請求権の関係で、かつて、債権関係の共同体関係が前提として履

行の実現に協力すべき義務があると論じられたが、信義則にもとづき、債権者が履行の実現に協力すべき義務を負うことには、そうした共同体関係の存在を必ずしも必要とするものではない。

このほか、既述の実益を考えれば、継続雇用・再雇用請求権を立法によって認めるという方法もあるように思われる。

注
1) 労働審判制度の概要については、菅野和夫／山川隆一／齊藤友嘉／定塚誠／男澤聡子『労働審判制度』第2版（弘文堂・2007年）、鴨田哲郎・君和田伸仁・棗一郎『労働審判制度その仕組みと活用の実際』（日本法令・2005年）、村中孝史「労働審判制度の概要と意義」季刊労働法205号（2004年）27頁、毛塚勝利「労働審判制度創設の意義と課題」ジュリスト1275号（2007年）59頁、定塚誠／男澤聡子「新しく誕生した労働審判制度」NBL789号（2004年）35頁、水口洋介「最近の労働法の動向と個別労働紛争への対応　労働審判法成立」『現代法律実務の諸問題〈平成16年版〉〔日弁連研修叢書〕』（日本法令・2005年）、菅野和夫「労働審判制度の1年半——構想時の基本的論点に照らして」ジュリスト1253号（2003年）46頁などがある。特集としては、季刊労働法217頁（2007年）4頁以下、ジュリスト1331号（2007年）6頁以下、労働法律旬報1648号（2007年）6頁以下、「労働審判1年を振り返って〈座談会〉」判例タイムズ1236号（2007年）4頁、「労働審判制度への期待〈特集〉」法律のひろば第59巻第7号（2006年）4頁などがある。
2) 大竹昭彦「開始後1年を経た労働審判制度の現状と課題」季刊労働法217号（2007年）46頁（47頁）。
3) 大竹昭彦「開始後1年を経た労働審判制度の現状と課題」季刊労働法（2007年）217号51頁。
4) 野田進「労働審判制度と労働契約法」ジュリスト1331号（2007年）50頁。
5) 大竹昭彦「労働審判制度の施行状況と裁判所における取組」ジュリスト1331号（2007年）32頁（33頁）。
6) 大竹昭彦「労働審判制度の施行状況と裁判所における取組」ジュリスト1331号33頁。
7) 大竹昭彦「開始後1年を経た労働審判制度の現状と課題」季刊労働法217号46頁（50頁、53頁）。
8) 菅野和夫／徳住堅治／中町誠／難波孝一「〔座談会〕労働審判制度1年」ジュリスト1331号（2007年）6頁（25頁〔難波判事発言〕）。
9) 菅野和夫／徳住堅治／中町誠／難波孝一「〔座談会〕労働審判制度1年」ジュリスト1331号25頁〔難波判事発言〕。
10) 菅野和夫／徳住堅治／中町誠／難波孝一「〔座談会〕労働審判制度1年」ジュリスト1331号14頁〔難波判事発言〕。
11) 菅野和夫／徳住堅治／中町誠／難波孝一「〔座談会〕労働審判制度1年」ジュリスト1331号11頁〔徳住弁護士発言〕。
12) 菅野和夫／徳住堅治／中町誠／難波孝一「〔座談会〕労働審判制度1年」ジュリスト

第Ⅱ部　日本法における解雇規制とその行方

1331号12頁〔難波判事発言〕。
13) 菅野和夫／德住堅治／中町誠／難波孝一「〔座談会〕労働審判制度1年」ジュリスト1331号264頁以下〔難波判事、德住弁護士、中町弁護士発言〕。
14) 大竹昭彦「開始後1年を経た労働審判制度の現状と課題」季刊労働法217号53頁。
15) 大竹昭彦「労働審判制度の施行状況と裁判所における取組」ジュリスト1331号33頁。
16) 大竹昭彦・前掲論文（注15）1331号33頁。
17) 大竹昭彦・前掲論文（注15）1331号34頁。
18) 大竹昭彦・前掲論文（注15）1331号34頁。
19) 菅野和夫／德住堅治／中町誠／難波孝一「〔座談会〕労働審判制度1年」ジュリスト1331号14頁〔中町弁護士発言〕。これに対し、申立人側弁護士も、被申立人側から第1回期日前ぎりぎりに答弁書が送られるため、準備が困難になると指摘される（菅野和夫／德住堅治／中町誠／難波孝一「〔座談会〕労働審判制度1年」ジュリスト1331号14頁〔德住弁護士発言〕）。
20) 菅野和夫／德住堅治／中町誠／難波孝一「〔座談会〕労働審判制度1年」ジュリスト1331号22頁〔中町弁護士発言〕。
21) 菅野和夫／德住堅治／中町誠／難波孝一「〔座談会〕労働審判制度1年」ジュリスト1331号14頁〔中町弁護士発言〕。
22) 鴨田哲郎「労働者側弁護士から見た労働審判制度」労働法律旬報1648号（2007年）7頁（8頁）。
23) 鴨田哲郎・前掲論文（注22）9頁。
24) 鴨田哲郎・前掲論文（注22）9頁。
25) 菅野和夫／德住堅治／中町誠／難波孝一「〔座談会〕労働審判制度1年」ジュリスト1331号16頁〔德住弁護士発言〕、鴨田哲郎・前掲論文労働法律旬報1648号10頁、君和田伸仁「労働審判手続きの実態・問題点・活用可能性」季刊労働法217号（2007年）16頁（20頁）。
26) 菅野和夫／德住堅治／中町誠／難波孝一「〔座談会〕労働審判制度1年」ジュリスト1331号23頁〔難波判事発言〕。
27) 大竹昭彦・前掲論文（注15）217号57頁。
28) 例えば、退職金支払合意に基づく退職金支払請求労働審判事件において、同合意の存在につき確認に至らなかったものの、一定程度の心証を形成した場合、その心証形成の度合いに応じて、相手方に対し、減額した退職金の支払ができるかと問題とされている（大竹昭彦「開始後1年を経た労働審判制度の現状と課題」季刊労働法217号57頁）。労働審判の調整的機能からこれを肯定する立場がある（大竹昭彦・前掲論文（注15）217号57頁）。
29) 菅野和夫／德住堅治／中町誠／難波孝一「〔座談会〕労働審判制度1年」ジュリスト1331号20頁〔德住弁護士発言〕）、君和田伸仁「労働審判手続きの実態・問題点・活用可能性」季刊労働法217号25頁。
30) 労働審判については、調停・審判にあたって事実認定がなされていないことが多いことから、事実または事実の概要というタイトルを付すのがふさわしくないため、申立てにいたる経過をここでは特に労働判例に掲載された（主に）弁護士の先生方がまとめた「事実の概要」から抜粋させていただいた。相手方の代理人からみれば、これが事実ではないと

第7章　労働審判制度と解雇に関する法の実現過程

の反論は当然にありうるが、それは現在の労働審判において緻密な事実認定・正確な権利関係に基づく司法判断が行われていないことにもとづくと思われる。このため、──事実の認定として正しいかどうかはここでは対象とはできない──ここでは原則的に引用の形をとらせていただく。引用にあたっては労働判例の掲載号・頁を記載する。労働審判における解雇事件を詳細に検討したものに、野田進「労働審判制度と労働契約法」ジュリスト1331号（2007年）50頁以下がある。

31) 労働判例919号94頁。
32) 労働判例921号95頁。
33) 労働判例926号95頁。
34) 労働判例928号95頁。
35) 労働判例936号95頁。
36) 労働判例932号95頁。
37) 労働判例939号95頁。
38) 労働判例943号95頁。
39) 労働判例946号171頁。
40) 労働判例950号95頁。
41) 札幌地裁平19・5・22労働判例959号177頁、さいたま地裁平19・9・18労働判例972号97頁、東京地裁平20・6・10労働判例963号95頁、東京地裁平20・9・24労働判例974号97頁、横浜地裁平22・1・18労働判例995号97頁。
42) 東京地裁平19・12・7労働判例950号95頁、東京地裁平19・7・19労働判例946号171頁〔パート〕はいずれも整理解雇をめぐる事件であり、その補償額は他の事件と比較しても高くなっている。
43) 東京地裁平18・7・13労働判例921号95頁。
44) 高橋賢司「ドイツ法における解雇の補償」季刊・労働者の権利258号81頁93頁。
45) 菅野和夫／徳住堅治／中町誠／難波孝一「〔座談会〕労働審判制度1年」ジュリスト1331号19頁〔徳住弁護士発言〕。
46) 京都地裁平22・11・4労働判例1021号97頁
47) これに対し、ドイツの解雇の和解事件では、勤続年数に応じて解雇の補償額も高くなり、会社の財政的事情が問われる場合には補償額が低くなる扱いがみられる（本書第Ⅰ部第4章3参照）。
48) 解雇の意思表示の撤回と合意退職の確認、解決金420万円という調停が成立した事件において、審判委員会が解雇無効の心証を抱いたためと井上弁護士が述べておられるが（労働法律旬報1648号34頁）、解雇無効の心証をいただいたときに、補償金の額を高額にするという現在労働審判においても行われているだろう補償のあり方は、重要であると思われる。
49) 高橋・前掲論文（注44）93頁、本書第Ⅰ部第4章参照。
50) Hümmerich, NZA 1999, S. 343.
51) 高橋・前掲論文（注44）88頁、本書第Ⅰ部第4章参照。
52) 鴨田哲郎「ドイツにおける解雇訴訟の実務と労働時間法の適用除外者」季刊労働者の権利260号（2005年）152頁以下、拙稿「労働契約法制と労働契約法理における解雇法理のあ

り方」季刊労働者の権利260号（2005年）71頁（73頁）。
53) WSI Tarifhandbuch 2004, 2004, Bonn, S. 255.
54) アンダーセン「市民権の政治」山口二郎他編『ポスト福祉国家とソーシャル・ガバナンス』（ミネルヴァ書房・2005年）165頁（184頁）。
55) 大曽根寛『ライフステージ社会福祉法』（法律文化社・2008年）73頁（高橋執筆）、高橋賢司「日本における求職者支援のあり方と職業訓練受講給付金制度」季刊労働法232号（2011年）15頁（25頁）。
56) 例えば、大阪地決昭24年11月29日労働関係民事事件裁判集6号32頁。
57) 例えば、東京高決昭33年8月2日判例タイムズ83号74頁。
58) 鴨田哲郎「ドイツにおける解雇訴訟の実務と労働時間法の適用除外者」季刊労働者の権利260号152頁以下、高橋賢司「労働契約法制と労働契約法理における解雇法理のあり方」季刊・労働者の権利260号76頁、橋本陽子・皆川宏之「1　ドイツ」荒木尚志・山川隆一『諸外国の労働契約法制』75頁、172頁（橋本教授執筆部分）。
59) 労働政策研究・研修機構「解雇無効判決後の原職復帰の状況に関する調査研究」（2005）年123頁。
60) 角田邦重「労働関係における労働者の人格的権利の保障」季刊労働法143号（1987年）25頁（27頁）、高橋賢司「ドイツにおける人事情報の開示、訂正、削除請求権の法的検討」労働法律旬報1392号（1996年）31頁（36頁）、津地判平9・11・5労働判例729号54頁〔三重セクシュアルハラスメント事件〕、山崎文夫『セクシュアル・ハラスメントの法理』（労働法令・2004年）253頁。
61) Vgl. BAG Beschluss v. 27. 2. 1985, AP Nr. 14. zu § 611 BGB Beschäftigungspficht.
62) 我妻栄『債権総論（新訂版）』（岩波書店・1964年）346頁。

第8章

退職勧奨の法的問題

1 問題の所在

　終身雇用制、年功序列型賃金、企業別労働組合は日本的経営を支える三種の神器であるといわれた。しかし、1990年代、成果主義の進展、平成不況時の減量経営、グローバル経済の進展のもとで、終身雇用制、年功序列型賃金はついに終わりを迎えつつある。経済成長期には中心的な役割を果たしたはずの正社員の高齢化に伴う人件費の高さは日本企業にとって負担ととらえられるようになった。日本労働研究機構の調査によれば、過去1年間以内に23％の企業で人員削減を実施し、正規従業員を減少させる理由として、経営環境の変化では「国内需要の鈍化」、「規制緩和の影響による競争激化」、事業の見直しでは「技術革新・合理化・省力化」、「組織再編成による間接部門の縮小」、「不採算事業部門の縮小」が高い。人員削減の方法では、「早期退職優遇制度」43.8％、「転籍出向」36.7％、「希望退職の募集」15.0％、「解雇」4.5％となっている。[1] 上の調査では、早期退職優遇制度利用の理由について、次のような理由を挙げる。雇用保険の充実にみる「社会の成熟」と「感情的な対応を抑え」「会社の経営状態、雇用リストラの必要性、経営の観点から考えてどのような社員が退社すべきか等々を冷静に考え、その対象に自分が含まれるなら潔く受けて立とうと考え行動できる人」が多くなったことを重視している。そのほか「退職勧奨を受けてまで会社にとどまりたくないという名誉感情」、労働強化やノルマの引き上げ等の「合理化疲れ」による何がなんでも職にとどまろうとする気力の喪失などが希望退職に応じる理由であった。[2] 希望退職に積極的に応じようとする対応も見られるという。規制緩和時代の政財界に称揚される「もう終身雇用には執着しない」意識ともいえよう。企業にとって退職勧奨などの雇用調整

がこれほど容易になった背景には、従業員間にも能力、意欲、健康、あるいは思想において精鋭でなければ企業危機の際には整理されても仕方がないという文化が定着してしまったという事情もある。ヘッドハンティングが確実視できる少数の人を除けば、リストラをチャレンジと考えられる人の数は限られるであろう。退職者は強引な退職勧奨に耐えられず、または説得されてしぶしぶ会社を去っている。なじみの職場に固執しようとする者を社会に放逐するためには、退職勧奨や退職強要が必要とされている。時に退職勧奨や退職強要が個人の自由意思を支配する中で行われ、時に懲戒や解雇などの不利益を告知された上で短時間に退職に応じるかどうかの判断を迫られ、法的には従業員の自発的選択と扱われてしまう。また、陰に陽にその従業員が退職するように仕向けるということが起こり、そうなると、その従業員も本当は仕事を続けたいのに、感情的になったり、精神的に追い詰められたりして、つい辞めると言ってしまう。しかし、冷静になると「辞める」といったことを取消したくなる。辞職届の提出後これを撤回しようとする個人の訴訟が多いのも、そうした状況を反映したものにほかならない。本章では、希望退職に伴う日本の労使関係に典型的にみられる退職勧奨・退職強要という深刻な問題に新たなアプローチで迫りえないか、という問題意識のもとに考察を進める。退職の意思表示も、労働者が真に効果意思を持ったもの以外は、その法的効果（解約の効力）の発生を阻止することが必要なのではないか、という問題意識のもとに考察する。

2 従来の判例及び学説

　従来、詐欺・強迫（民法96条）または錯誤（民法95条）が成立しうる場合は、限定的なケースにすぎなかった。反省の意を表するために副学長の指導で提出した退職願の効力について、大学側は、退職の意がないことを知っていたとして、心裡留保に関する民法93条但書に該当する無効とされた。強迫が成立するためには、強迫者の故意、違法な強迫行為、強迫行為と表意者の恐怖心の因果関係、恐怖心と当該意思表示の因果関係の立証が必要である。詐欺が成立するためにも、ほぼ同様の要件が課されている。よく知られているように、労働者の瑕疵ある意思表示が認められるのは実務上はまれである。

小西教授は、労働者と使用者の意思表示の合致によって締結される合意解除も、それを構成する労働者側における申込ないし承諾の意思表示が、労働契約を終了せしめんとする使用者の終了意思の具体化された各種の所為の支配的影響のもとになされる場合には、それは解雇として取り扱われるべきであると説いている。擬制解雇の法理という画期的な法理を打ち出している。

　小宮教授も、理由なく労働者に対し隠然たる圧力を加え追い出そうとする行為は、解雇にも増して信義に反する行為になるとの認識から、その圧力行為と雇用の終了とが相当因果関係にあると認められる場合には、これを準解雇として解雇と同様に扱うのが法の趣旨に沿うものと考えられると述べる。その場合の法律効果も問題になるが、「違法な準解雇の圧力行為という事実行為と労使の合意解約という法律行為から成立している限り、これを一体として使用者の権利濫用を肯定するよりは、むしろ端的に使用者の違法な解雇を回避するための圧力行為が信義則に反し、それと相当因果関係にある合意解約は無効と捉えるべきではなかろうか」と説いている。

　かつて、合意解約に関して擬制解雇ないし準解雇の法理を承認しているとみられる判決があった。札幌地裁は、「Aの退職は、外形的には、その自発的なもののごとくであるが、しかし、右Aが組合の中心として活躍したことから、右Aの存在を嫌忌したX会社が、右Aに対し、直接その身体に対し、強圧を加えると共に強く退職を勧告し右Aを退職せざるを得ない立場に追い込んだ結果の現象にすぎず、合意解雇との形をとっているが、右Aの意思決定に、X会社の行為が（……）不当な影響を及ぼしているものとみざるを得ないのである。かかる場合においては、退職に関する形式的な合意をもって、不当労働行為の成立を否定すべきではないことは明らかである」と説示している。他の事件においても、不当労働行為の事案においては、退職の合意または退職届の存在にもかかわらず、それが使用者の圧力行為による場合には、不当労働行為の成立を肯定するものがある。これに対し、人員整理の際希望退職に応じた女子が会社との合意解約の効力を争った事件において、この労働者が、指名解雇基準に該当する項目（すなわち「有夫の女子」「30歳以上の女子」）があったこと、および、指名解雇リストに自分の名が載っている旨組合役員から聞きかつ労務課長もこれをにおわすような言動をなしたことから、退職願を提出し

たという事件において、仙台高裁は、「合意解約が成立した場合、その背後に違法な解雇の圧力が加わっていたとしても、合意解約の意思表示それ自体に強迫その他の瑕疵がない以上、（……）特段の事情がない限り、それが合意解約の効力に影響を及ぼすことはない」と判断した。こうした判断の延長線上で、最近に至るまで、合意解約に関して擬制解雇ないし準解雇の法理を承認しているとみられる判決がなくなりつつある。その要因として、第1に、合意解約に関して擬制解雇ないし準解雇の法理を承認しているとみられる判決がいずれも不当労働行為の成立をめぐって争われたもので、労働委員会の裁量的な判断を尊重して判断された傾向があること、また、第2に、私的自治の原則を尊重するあまり、法秩序が承認しているかどうか疑わしい使用者の労働者に対する圧力的行為の諸事実を裁判所が看過しているおそれがあることなどが考えられる。

3　希望退職、退職勧奨、退職強要の問題

　解雇の場合と同様に、一定の年齢を基準として希望退職者を募集している企業は少なくなく、退職金を上乗せして辞職できる労働者を限定している側面もあるものの、反面で、中高年を退職に追い込む機能を果たしているのはよく知られたことである。日本では、年齢別に非自発的離職率をアメリカ・ドイツなど他国と比較しても、日本の中高年の離職率は際立って高いことが指摘されるのはすでに述べた。希望退職について、中堅以上の労働者を対象とすることは多く、むしろ、リストラの対象として狙い撃ちにあう様相を呈している。平成不況のリストラが中高年の犠牲の上で成立し、中高年が差別を受けているのを考慮すれば、勤続年数や年齢などを可能な限り考慮してリストラ対象者として選定されないという慎重な態度が日本の労使関係でも強く求められることは、すでに述べたところである。日本の裁判例でも、一定年齢以上を解雇対象者とする整理解雇を有効であると解するものが多いが、希望退職について当初の人員削減計画において、生産ラインの確保等を考慮し、他社の事例等を参考にして、一律満50歳以上という客観的な基準により希望退職者を募集したことについては、基準の明確性、企業の経営状況の維持という見地から、一定の合理性

を認めることができると判断されている[19]。学説上説かれる年齢差別という類型[20]も、EU法やアメリカ法とは異なり、日本法が知るわけでもない。今後の解雇法理における人選基準の判断にあたって、信義則上勤続年数や年齢などに可能な限り考慮し、特定の年齢の者について平等に扱うよう配慮すべき義務が使用者には存するという法理論を裁判例において構築すべきではないかと考えられる。

　ドイツにおいては、解消のための合意解約（Aufhebungsvertrag）は、使用者が労働者に対し熟慮期間（Bedenkzeit）も解約権ないし撤回権を認めていない場合でも、これのみを理由として無効とされるべきかが争われている[21]。2002年1月1日に成立した民法典の改正により、消費者概念を民法典に挿入しており、クーリング・オフ（撤回権）を含む訪問販売に関する規制を民法典に挿入している[22]。民法312条1項、355条で定められる訪問販売（Haustürgeschäft）に対する撤回権は、労働契約上の解消のための契約には適用されない[23]。民法312条以下で新たに規制された理由は、訪問販売法、遠隔取引法それぞれへの民法典の統合、電子取引における契約の際の特殊な場合の規定化にあり、こうした解釈は、立法者の意思に即すると理解されている[24]。

　契約の自由の濫用は、裁判上の内容審査によって排除されるべきである場合もみられる。使用者の圧迫的、支配的な雰囲気の中で、合意解約が締結される場合、瞬時のうちに、冷静な判断力を駆使して、自らへの利益・不利益、会社の経営状況、自己のおかれた状況を把握するのは困難になる。だからこそ、いったんは提出した辞職届について、錯誤無効、強迫取消が労働者側から主張されたのだと思われる。しかし、問われなければならないのは、契約は契約であるとの割り切りが正義に適っているのかという問題である。問題の本質は、使用者のイニシアティブによって立てられた一方的な条件、圧迫的な状況のために、他の企業への転職の可能性、自らの能力、企業の経済的能力、家族の状況や（退職の結果生じる）さまざまな生活上の不利益について、十分な選択と決定の可能性が阻害されることにある。

4　退職勧奨、退職強要についての新たな視点

1　退職勧奨をめぐる日本企業の「不自由」社会

　戦後民主主義のもと、期待される社員になるための競争が、学校生活および職業生活を通じて熾烈に行われてきた。その一方で、会社に期待されない個人や労働者グループは、退職勧奨、解雇を通じて企業外へ放逐されようとする。その際、日本の企業社会の価値や行動形態が、法の精神をも超越してしまう[25]。このため、長期間、多数回、長時間に及ぶだけでなく、「寄生虫」「他人の迷惑」などの言動を伴ない、大声を出したり机をたたいたりして、退職勧奨を行い、名誉感情を妨げるケースもある[26]。部長職を経験した者に対し、ドラム缶の運搬などの単純労働への配転命令を退職勧奨拒否に対するいやがらせとして行われる場合もある[27]。前近代的な風土を抱えたままの日本企業の体質が退職勧奨にも現れる。ヨーロッパ社会とは異なり、人間としての主体的自由や人格的尊厳に対する企業側の配慮が足りない。能力をめぐる雇用社会の中で、競争での敗者、競争に目を向けない普通の労働者が働きやすい職場環境にはおかれないが、こうした事態はあまり改善が見られない。

2　私的自治の原則とその限界——知的従属性

　こうした過程を経てなされた合意解約の効力について、私法秩序としてみても、合意は合意として割り切ってよいか、という根本的な問題があるのは、すでに述べたとおりである。そうした法律行為論の強調が、単に使用者側に有利な抗弁として用いられるにすぎず、その撤回が私法上困難であるという法状況は、あまりにも法理論として工夫がなさすぎる。ドイツの連邦憲法裁判所は、当事者の力関係が均衡のとれていない場合にのみ、契約の自由が相当な利益調整の手段として現れ、そして、阻害された均衡の調整は現行民法の任務である、と強調している[28]。つまり、「一方の当事者の構造的な従属性が認識される定型化されたケースが問題になる場合で、契約の効果が地位の従属した契約当事者に通常でない程度に負担がかかる場合、民法秩序は修正を可能にするように反応しなければならない」[29]と説示して、親が債務者の場合の未成年者の保証

契約を無効であると判断した[30]。これは、私的自治の原則の保障（基本法2項1号）および、社会国家原理（基本法20条1項、28条1項）から生じる[31]。「この任務の意味において民法の大部分を意味するのである」[32]。契約の自由がドイツの法秩序の中心的な原理をなすことを誰も否定できないが、その修正も求められる[33]。現行のドイツの基本法秩序においては、社会国家原理と法治国家原理のもとで裁判所の法創造が許容されていることになり、内容審査を含む他律的な裁判所の判断は、——それが法創造であったとしても——一定の根拠と限界点において承認されるべきである。現代における知的従属性とは、意思薄弱や不経験による（ドイツ民法138条2項参照）ものではない。短時間のうちに自らの利益と不利益を計算し、企業によって提示された早期・退職の条件と退職そのものを自らの意思にしたがって判断するのが困難な場合がありうる。現代における知的従属性の問題の本質は、むしろ、使用者によって事前に仕組まれた詳細な早期・退職プログラムのために、詳細な価格条件や付随的な条件について、個人が自由な比較と選択をするのを阻害されることにある[34]。

5　私法秩序における新たな法理

1　合意解約の撤回の可能性

ドイツにおいて、労働協約において、退職にかかわる合意解約について熟慮期間が付与されていることは少なくないとされる[35]。これに対して、撤回可能性のない合意解約を有効と解すべきかも判例や学説では問われている[36]。一部の学説では、労働者によってもたらされた契約の解消と使用者のイニシアティブによる契約の解消とが区別されている。

ハンブルク労働裁判所は、「権利の行使は、正当な権利者が、不誠実な行為によってそれを獲得した場合には、原則的に濫用的なものとなる」「違法な権利行為の法律効果は、権利者が不誠実な方法で獲得した権利の行使を不可能にすることにとどまり、それゆえ、その者がこれによって生じた権利と請求権を主張し得ない、というところにある」と説示し、原告の撤回権は、違法な権利行使が、請求権を無力化し、請求権を基礎づけられないという効果を導くと判示した[37]。原告が解消契約を維持させたくないことを明らかにしたが、本件で

は、契約に従って原告を雇用すべき被告の義務を認めている。

この裁判例は、連邦労働裁判所によっては支持されていないが[38]、これをドイブラー（Däubler）教授は、遺憾であるとする。契約当事者には構造的な従属性が存するのは連邦憲法裁判所によって認められているところである[39]。先に述べた連邦憲法裁判所の判例では、多くの法的領域に構造的な従属性が存在することから、親の締結した契約に対する未成年者の保証契約との関係で、私的自治の原則の前提条件が確保されるべきであり、このため、裁判上の内容審査が不可欠である、と説示しているが[40]、この構造的な従属性のコンセプトと民法による裁判上のコントロールは、私法秩序が構造改革される限りでは、適切で正しい。「合意解約にノーという場合には、一時的にポストの喪失を覚悟しなければならないため、解雇を十分な理由によって克服しなければならない労働者は、極端に弱い立場にある」。このため、退職に関する合意（合意解約）も、民法242条（信義則）、138条（良俗）に服すると説かれている[41]。労働法における私的自治の原則を重視することで知られるユンカー（Junker）教授さえも、立法者がこのような結論を導かない以上、労働者保護の判例法による実現への着手を労働裁判所に対し要求している[42]。

2 民法学への接近の可能性と私法理論の統合

近時日本の民法学においては、契約締結上の過失あるいは契約準備段階の責任として損害賠償のみならず、解除の効果と結びつける学説がある[43]。契約上の履行義務からの解放あるいは履行した物の返還が消費者のニーズである場合（訪問販売において専門知識不足の消費者がセールスマンの手段を選ばないセールストークにまるめこまれて不要な物を買わされた場合）、損害賠償を請求するよりも契約上の履行義務からの解放が、実質的公平と消費者保護の観点から重要であるとする。これについては、特定の給付の履行を約した契約にまではいたらない「小さな約束の積み重ね」が見出されるにすぎず、そこから実体的な義務として相手に不要な出費をさせないように、通知・警告・助言・情報提供といった諸義務が発生しうるとしても、これらの諸義務に対する違反の効果は、損害賠償が限度ではないかとする見解もある[44]。最近、学説において、諸外国の例を参考に、「沈黙による詐欺」のような詐欺の拡張理論、「経済的威迫」のような脅

迫の拡張理論が主張されつつある。限局されたコモンロー上の強迫の意義を拡張するものとして論じられてきた経済的威迫や、不公正な勧誘を含むエクイティ上「非良心的行為」の名の下で展開された不当威圧の考え方の観念が認められ、この場合契約の取消事由とされている[45]。また、不当威圧に類似する事案に、「非良心的取引」という判決例も存在している[46]。経済的威迫はコモンローにおける伝統的な肉体的・物理的強制を越えて、経済的強制による意思の抑圧を理由に、表意者に取消権を認めようとするものである。取引的能力において優越する者の不当な要求や経済的依存関係にある取引の打ち切り等が問題とされる。

3 合意解約と権利濫用の法理

民法521条1項に基づき、承諾期間を定めた申込は、撤回できないとし（民法521条1項）、また承諾期間のないときも、「承諾の期間を定めないで隔地者に対してした申込みは、(……)撤回することができない」としている（民法524条）。しかし、これらの規定から、契約の一般原則として、合意解約の申込の撤回が認められないと解することには無理がある。というのも、これらの規定は、申込と承諾とが時間的間隔をおかずになされる対話者での契約の成立を想定したものではなく、隔地者間の契約を念頭において、承諾の可否を検討していた申込の相手方が損失を被ることのないようにするための規定である[47]。民法学者の滝沢教授は、「承諾があっても受領行為や履行行為等がない段階では契約の拘束力を弱く考える―たとえば信頼利益を賠償すれば申込の撤回が許されるとする余地もある[48]」と述べておられる。

労働法の分野においても、合意解約の申込の撤回に、「申込の撤回は制限される」という契約法の一般原則を適用する必要はないという見解が示されている[49]。合意解約の申込をした労働者が従来どおり勤続を続けるというだけであり、使用者に特別の不利益が生じるとは考えられず、合意解約の申込があったこと自体で、労使の信頼関係が崩れ、将来の継続的関係が維持できないという事態は想像しがたい、というのが主な根拠である[50]。

こうした問題意識をさらに労働法学において発展させ、退職勧奨については以下のように考える。「権利の行使は、正当な権利者が、不誠実な行為によっ

てそれを獲得した場合には、原則的に濫用的なものとなる[51]」。使用者による圧迫的、支配的な雰囲気の中で合意解約が締結される場合、労働者には、冷静な判断力を駆使して、自らに及ぼす利益・不利益、会社の経営状況、自己のおかれた状況を把握するのが困難になる。自己決定権の基礎となるべき了知可能性、比較可能性が十分とは言いがたい。こうした圧迫的、強圧的な事情を利用して、労働契約関係を解約する権利を使用者が取得したという場合には、かかる合意（合意解約の合意をさす）は、不誠実な行為によって獲得したとみることができる。このような場合、違法な権利行使を認めることは、正義、衡平の観念に従うと、許容されえない。違法な権利行為の法律効果は、権利者が不誠実な方法で獲得した権利の行使を不可能にすることにとどまり、それゆえ、解約権の行使が濫用とみられる場合には、解約の効果は発生しない[52]。したがって、合意解約の行使が権利の濫用となる場合、労働者は、労働契約の存続の確認請求、または再雇用を請求しうると解すべきである。この場合、労働者が原職復帰を望まない場合には、信頼利益の賠償を請求することもできると解しうる。こうした解釈の可能性が認められることは、使用者の圧迫的、支配的な雰囲気の中で、労働契約の合意解約が締結される労使関係において、労働者に対し、新たな救済の途を付与するものと思われる。特定商取引に関する法律6条において、撤回権を認めているが、これと異なるが類似した状況が生み出されているといえる。このため、退職勧奨の場合にも、クーリングオフの制度の創設が立法的な配慮として求められるが、そうした制度がない中では、裁判官には一般条項を介してあらたな判例法理による法創造が求められると思われる。

注
1) 日本労働研究機構「リストラの実態に関する調査」(1997年)。
2) 日本労働研究機構「事業再構築と雇用に関する調査報告書」(2002年)。
3) 熊沢誠『日本的経営の明暗』（筑摩書房・1989年）11頁。
4) 熊沢誠『リストラとワークシェアリング』（岩波書店・2003年）72頁。
5) 道幸哲也・小宮文人・島田陽一『リストラ時代　雇用をめぐる法律問題』（旬報社・1998年）101頁。
6) 道幸哲也・小宮文人・島田陽一・前掲書（注5）101頁参照。
7) 東京地判平4・12・21労働判例623号36頁〔昭和女子大学事件〕。
8) 我妻栄『新訂民法総則』（岩波書店・1965年）313頁以下、川島武宜『民法総則』（弘文

堂・1965年）303頁以下、四宮和夫『民法総則』第4版（弘文堂・1986年）184頁、188頁以下。
9) 小西國友『解雇と労働契約の終了』（有斐閣・1995年）172頁。
10) 小宮文人『英米解雇法制の研究』（信山社・1992年）79頁。
11) 小宮文人・前掲書81頁。このほか、違法な準解雇の無効を争って金銭的に和解するということになる可能性から、違法な準解雇につき不法行為責任を追及する途も模索すべきであろうとする（小宮文人・前掲書81頁）。
12) 札幌地判昭35・1・27労民集11巻1号95頁〔北海小型タクシー救済命令事件〕。
13) 東京地決昭27・6・27労民集3巻2号133頁〔雅叙園事件〕。
14) 仙台高決昭46・11・22労民集22巻2号1133頁〔小野田セメント事件〕。仙台高裁は、特段の事情について、1．違法な解雇を回避する意図の下に、2．右解雇の圧力により退職願提出を積極的に働きかけ、3．諸般の状況から何人も解雇が確定的であると判断すべき理由があり、4．そのため当該労働者において解雇は免れないものとの判断のもとにやむなく退職願を提出した場合であるとしている。
15) 労政時報3523号（2002年）2、12頁。
16) 小池和男『仕事の経済学』（第2版）（東洋経済新報社・1999年）152頁。
17) 熊沢誠・前掲書（注4）64頁。
18) 東京地判昭63・8・4労働判例522号11頁〔エヴェレット汽船事件〕、福岡地判平4・11・25労働判例621号33頁〔三井石炭鉱業事件〕。
19) 熊本地判平16・4・15労働判例878号74頁〔九州日誠電氣事件〕。
20) 藤本茂「年齢差別禁止立法化の前提」労働法律旬報1493号4頁（88頁）、山田省三「雇用における高年齢者処遇と年齢差別の法的構造」水野勝先生古稀記念論集『労働保護法の再生』（信山社・2005年）305頁（318頁）。
21) BAG Urt. v. 7. 3. 2002 NZA 2002, S. 2000.
22) Schaub, ArbR § 122, Rn. 5.
23) Schaub, ArbR § 122, Rn. 5.
24) Schaub, ArbR § 122, Rn. 5.
25) 加藤周一『日本文学史序説・上』（筑摩書房・1999年）44頁。
26) 大阪地判平11・10・18労働判例772号9頁〔全日空空輸事件〕。
27) 大阪地判平12・8・28労働判例793号13頁〔フジシール事件〕。
28) BVerfG, NJW 1994, S. 36 (38).
29) BVerfG, NJW 1994, S. 36 (38).
30) BVerfG, NJW 1994, S. 36 (38).
31) BVerfG, NJW 1994, S. 36 (38).
32) BVerfG, NJW 1994, S. 36 (38 f.).
33) Junker, NZA 1997, S. 1318.
34) 但し、連邦憲法裁判所は、優先的に、私的自治の原則の制限を不可欠なものとしているが、これは、結果的には、弱者の保護が、結果的に、法律行為への裁判によるコントロールの常時拡大へとつながる。しかし、個人の決定の自由が例外であり、これに対し民法による裁判所のコントロールが原則であると考えるのは、むしろ誤まっている。

35) Dietrich/Hanau/Schaub, Erf. Kom., 8. Aufl., München, 2008, BGB § 620, Rn. 13.
36) Dietrich, RdA 1995, S. 129 (135), Däubler, ArbR, Bd. 2., 11. Aufl., 1998, S. 656, Junker, NZA 1997, S. 1311.
37) LAG Hamburg, Urt. v. 3. 7. 1991, NZA 1992, S. 309.
38) BAG 27. 11. 2003, NZA 2004, S. 599.
39) Däubler, ArbR, Bd. 2., 11. Aufl., 1998, S. 656.
40) BVerfGE 81, S. 242 (254f.)=NZA 1990, S. 389.
41) Däubler, ArbR, Bd. 2., 11. Aufl., 1998, S. 656.
42) Junker, NZA 1997, S. 1311.
43) 本田純一「『契約締結上の過失』理論について」『現代契約法の体系(1)』（勁草書房・1968年）193頁（207頁）。
44) 河上正二「契約の成否と同意の範囲についての序論的考察（4完）」NBL472号（1991年）38頁。ただし、河上教授も、詐欺的商法について、「当該営業活動が、その方法・程度において社会的に許容される範囲を逸脱していることの主張や立証の困難さをはじめとして、不法行為処理の可能性には確かに多くの問題があるが」、「契約責任との競合関係における目配りが必要となる領域である」と述べている。
45) 木下毅『英米契約法の理論』（第2版）（東大出版会・1985年）347頁以下、348頁、354頁以下。
46) 木下毅・前掲書（注45）357頁以下。
47) 滝沢昌彦『契約成立プロセスの研究』（有斐閣・2003年）60頁、内田貴『民法II債権各論』（東大出版会）40頁。
48) 滝沢昌彦・前掲書（注47）60頁。
49) 道幸哲也／小宮文人／島田陽一・前掲書（注5）108頁〔島田教授執筆部分〕。
50) 道幸／小宮／島田・前掲書（注5）107頁以下。
51) Vgl. LAG Hamburg, Urt. v. 3. 7. 1991, NZA 1992, S. 309. 四宮和夫『民法総則（第4版）』（弘文堂・1986年）33頁。
52) Vgl. LAG Hamburg, Urt. v. 3. 7. 1991, NZA 1992, S. 309.

終　章

　ドイツの代表的な労働法学者ツェルナー教授が、解雇規制が既に雇用されている労働者を保護する一方で、未だ雇用されていない失業者の新規採用を抑制すると法曹大会で説いたのは、1970年代後半のことである。1990年代中盤、ツェルナー教授は、「労働市場と労働法」という論文を労働法の専門誌 ZfA に掲載させ、日独共に失業率が上昇する中でその刺激的議論には目を見張るものがあった。日本では、終身雇用、年功序列型賃金の崩壊が説かれつつも、OECD 諸国と比較して日本の長期雇用のシステムが低い失業率を達成しているという論調がいまだ強い頃であった。

　しかし、その後の経済学上の日独の議論を丁寧に検討すると、解雇規制の緩和論に見落とされている点があまりに多いことに気づかされる。解雇規制が緩和された場合、解雇が容易になる分、熟練といわれた労働者の技術の継承はいかに図るのか、という疑問がまず生じる。また、長期雇用が失業率を低く保ってきたという事実をいかに捉え、解雇規制が雇用を確保することによって失業率を高めない機能をいかに評価するのか、という問題点もある。その上、解雇規制が緩和されなくても、景気が好転すると失業率が低下することから、そもそも景気と失業率の関連性が強い国では、解雇規制を緩和する必要がないのではないか、といった労使関係における根本問題も考慮されていない。さらに、解雇規制が、働く労働者の職場、人格的価値と尊厳、経済的生存、契約上の約束、労働者の技術の継承など多様で根源的な価値を擁護しているのに対して、解雇規制緩和論の説く価値は、完全雇用とせいぜい効率性（ほかに、最近では非正社員やフリーターの雇用確保に関する利益）にすぎない。解雇規制の緩和というハイリスクの選択肢を実行に移しても、完全雇用の達成はほぼありえないにもかかわらず、解雇法制が擁護してきたこれらの価値を喪失させてまで、解雇規制の緩和という選択肢を選ばなければならないのか、という疑問も残る。

　これに対し、本書が示そうとするのは、この労働法上の根本問題に対して歴

史と客観的な事実が教えてくれる1つの解答である。解雇の自由が甦る世界とは、日独において解雇が自由であった時代が示すように、高齢・疾病・勤務態度などを理由として恣意的な解雇を許し、未払賃金の支払請求を理由とした解雇を許し[2]、賃金ベースアップを理由とした解雇を許し[3]、一定の思想や組合所属を理由とした解雇を許す世界[4]を意味する。その世界では、いわば、時計の針が反対方向へ戻されるだけではなく、労働契約関係の存続を保護し、労働者の経済的な安定を確保しようとする、労働法のシステム全体の最も重要な支柱を失わせる。解雇制限を失う世界は、長年築きあげてきた労働法そのものを失う世界に転ずるといっても過言ではない。資本主義の歴史においては、解雇規制がなかった頃から、「解雇による使用者の恣意を抑制したい」という裁判所での営為や智恵が学説とともに徐々に実現し、それが解雇制限の法制とその法理を結実させていった。現在では、日独ともに、解雇権の行使を体系的にかつ包括的に制約する法律とその法理が確立している。このように、解雇制限が専権的権力による恣意を抑制し、労働者の自由や生存への脅威を取り除くものであったという、法の機能と歴史を看過してはならない。

冒頭のツェルナー教授は、労働市場と私的自治の原則の重要性を説き、マクロ経済学と労働法の接近を試み、先駆的研究を示した。そのツェルナー教授が、解雇規制が新規採用を妨げ失業を増加させるかもしれないという認識を示しつつも、労働法学者として、1990年代の論文において次のように解雇規制の緩和について締めくくっている部分が、日独の将来の労使関係における普遍的な道標を示しているように思われる。解雇規制が人間の生存の基礎として重要であると[5]。

本書での考察から、解雇の自由は甦ってはならないものであると確認されなければならないとともに、解雇制限のための規制と法理は保持し、発展させなければならないと考える。

新自由主義的な基調をなす経済学的な主張に対し、本書では、社会国家原理のもとで、貧困者に対する社会包摂への法律上の配慮を行わなければならないと考える。資本主義諸国における現代の貧困は、高齢、精神薄弱、不健康、産業生活の規律への不順応、少数者グループに対する差別などが原因となっていると考えられる。このため、社会国家原理のもとでは、職業能力や健康上先天

的にあるいは後天的に恵まれない者が、資本主義社会において排除・差別されないよう、これらの者の社会包摂を日本社会の新たなコンセプトとして構想しようとするものである。個別的貧困を取り除くための社会的包摂は、現代においては、社会国家原理から具体的に派生し帰結されるべき中核的な内容になり得ると考える。[6)] 高齢であっても、また、疾病・障害があったとしても、労働者が誇りと尊厳をもって安定した暮らしが可能となる社会を構築しようとするものである。

　本書の中心的なテーゼは、こうした観点に沿う形で、日本の整理解雇の問題点に即した類型的な社会的な保護が必要であるという社会的選択の法理を説く点にあった。日本の整理解雇において類型的にみられる中高年、疾病者、障害者、勤務態度不良者、隔離部屋・部門の労働者、労働条件引下げ拒否者、パートタイマーを対象とした狙い撃ちの恣意的な解雇は許されないものとする。この点に本書の新しさがある。社会的観点という視点から「整理指名解雇」を個別的に無効としようとするものであり、中高年、疾病者、障害者、勤務態度不良者、労働条件引下げ拒否者、隔離部屋・部門労働者、パートタイマーに対する差別的な整理解雇は、信義則上無効であると考える。解雇法理は、元来、使用者は、随意に取り扱うことは許されないという恣意性の排除という機能を有していたが、社会的選択の法理は、現代の日本の雇用関係においては、特に保護に値する労働者が優先的に解雇されることは許されてはならないという特有の意味を包含すべきであると考える。上記のように、社会国家原理における社会的包摂の思想から、これらの社会的に保護に値する者の貧困への転落を防がなければならないが、社会的選択の法理は、資本主義国家における社会的弱者を雇用社会につなぎ止め、包摂させることを可能にする点を付け加えておきたい。

　疾病を理由とした解雇の場合にも、まず、配慮義務を課すことによって、裁判所が、労働者の労働能力の有無のみを問うことにとどまらず、段階的に職場復帰させるという社会・福祉的な観点を導入すべきことを提唱する。使用者は、労働者が望む限り、企業内での就労の機会を与えるとともに、企業内外において復帰前訓練、勤務時間の制限、時間外労働・深夜労働の制限、上司・同僚による支援など職場復帰に関して労働者の潜在的ないし顕在的な能力の向

上・開発のために配慮し、それを促進すべき信義則上の義務があると解すべきであるとするのである。従来の裁判例にみられる労働能力の欠如や非違行為・暴言を理由として解雇されるのとは異なり、これとは反対に、疾病労働者の労働能力について残存した能力、ないしは潜在的な能力に着目し、これらを回復ないし向上させることなしに、当該疾病労働者の解雇により労働契約関係を一方的に解消させるのを防ごうとするものである。これは、社会国家原理において、能力に先天的にあるいは後天的に恵まれない者が、資本主義国家において排除されないように、新たな雇用社会を創造しようとするものでもある。資本主義諸国における現代の貧困が、精神薄弱、不健康から引き起こされている以上、疾病者・障害者の社会包摂が重要であると考えるのである。

　また、本書では、解雇法の法原理についてもやや挑戦的なアプローチをとっている。解雇の告知期間のみを定める規定は、20世紀初頭にドイツにもみられた規定であるが、その後解雇権の行使は制定法により制限されつつある。そこで、本書では、労働契約法16条が創設されている日本法においては、いま、契約関係の存続を維持するというのが私法秩序の原則なのであり、解雇の制約を認めるのが私的自治の原則にも適合的な解釈であるという立場をとっている。労働契約関係において、解雇の自由が原則なのではなく、現在は「解雇の制約」が原則であるという新たな解釈への転換を促そうとするものである。つまり、解雇制限によって保護されるのは、使用者と労働者の債権関係、双方の当事者のいわば法的拘束なのであると解される。そうした法的な債権債務関係の拘束に入った唯一の理由は、「自己の意思にもとづく拘束」に他ならない。すなわち、労働契約関係も「自己支配」の領域なのである。これは、"Pacta sunt servanda（合意は守らなければならない）"、というローマ法以来の私法秩序の原則にも適合すると捉えられる。これによって、私法秩序のもとで解雇の自由が原則なのではないということを表明するものである。

　こうした「意思による拘束」という見地からは、整理解雇については、判例法理における、①経営状況確定のルール（経営が赤字であるかどうか、売上げ・営業成績が上昇しているかどうか、販売費・一般管理費等が削減しているかどうかを検討すべきであるとするルール）、②新規採用禁止のルール、③任意退職者確定先決のルール、④経営者の負担軽減先決のルールが維持されるべきであるとし、こ

れらの①〜④に反する場合、いずれも剰員が発生しているとはいえず、労働契約関係を解消しなければならない必要性が存しない場合であると解する。人員削減の必要性の要件として、上のような①〜④のルールを保持すべきである、というものである。人員削減の必要性は上のように①〜④のように解すべきであるから、剰余労働力が発生した場合[12]、あるいは、経常収支がマイナスになった場合[13]、というだけでは、人員削減の必要性は肯定されないと解すべきである。

　同様の観点からは、職務が特定されていない労働契約においては信義則上の解雇回避努力義務の一内容として、配転・出向をすべきことが要求されるが、この点については全く異論がない。しかし、労働契約において職務が特定されている場合、使用者が労働者に対して労務指揮権にもとづいて空いたポストを提供しえず、困難が生じる。このような場合、職務が特定されていたとしても、解雇は、解雇の時点において労働者が雇用される事業場または企業内において労働者の継続雇用の可能性が存在する場合、無効となる。重要なのは、解雇される労働者が雇用されるべき空いたポストが実際上存在しているかどうかである。使用者は、他の比較しうる空いた（同等の価値の）ポスト、または、変更された（より悪化した）労働条件での空いたポストへの労働者の継続雇用義務がある。つまり、使用者が労働者に対して労務指揮権にもとづいて空いたポストを提供しうるときには、疾病・能力を理由として配置変更の必要性を充足させる、契約の変更を使用者は追求すべきであると考える。職務が特定されていたとしても、契約を変更して、他のポストへの配置転換、より軽易な負担を伴う雇用の提供が必要であると解すべきとする（その手段は変更解約告知である）点も本書において示したところである。これは、能力不足・疾病による解雇の場合、および、整理解雇のうち一定の場合（外資系企業の場合）にあてはまる。

　また、日本法においては、ヨーロッパ法とは異なり、大量解雇法制がなく、協議義務や情報提供義務が課される手続が法定されているわけではない。従来、労働立法では、解雇手続に関する規定は皆無であり、立法者や労働行政が解雇の手続的規制に無関心であると指摘されている[14]。野田教授は、解雇の手続的規制が限られた範囲内でしか設けられていないことについて、フランス法との比較において日本法に批判を向けている[15]。

　これをこえて、大内教授は、手続き的ルールを中心にすえるように判断枠組

みを組み替えることが必要であると説く[16]。確かに、整理解雇の手続は重視されるべきである[17]。しかし、だからといって、手続と引き換えに解雇法理の規範が希薄化されてよいものではない。説明・協議義務という規範と他の要件における規範とは整理解雇の要件として双方必要とされるものであって、説明・協議義務による手続的要件を充足したから、他の要件は緩和されるというものではない。Pacta sunt servanda（約束は守らなければならない）の要請に立ち返って考えられるべきである。

　そこで、まず、説明・協議義務が他の要件とともに従来の法理通り必要であると解する。しかし、次に、どの程度の説明と協議が必要なのかという問題も存する[18]。既述のとおり、まず、協議・説明の程度については、不当労働行為救済制度で要求されるほどの協議・説明がこれまでの解雇訴訟においては必ずしも要求されているとは言い難い。法体系間での齟齬が生じているのにとどまらず、不当労働行為の審査にあたって要求される説明・協議が行われていなかったとしても、解雇が無効にならないこととなる。解雇をめぐる団体交渉の使用者による一方的な打ち切りが場合によっては可能になっている。団体交渉一般で必要とされる情報開示についても解雇段階で一層求められるのではないかと思われる。

　他方で、従業員代表法制をもたない日本法においては、解雇に対し従業員代表が関与する制度を有していないばかりか、大量解雇の場合にヨーロッパ法上要求されるような大量解雇法制をも有していない[19]。こうしたなかで公正な手続に基づく解雇とはいかなるものなのかという問いが発せられることになる。今後、大量解雇規制における協議義務や情報提供義務の法定は、法政策上考慮に値しよう。

　長期雇用においても、現在では能力・成果主義的に人事管理を行い、その結果勤務態度・能力に問題があると考えられた者を解雇するという事態が生じている。こうした事態に対応して、解雇段階においても、それだけ、性質上、労働者の職業能力・業績を評価する人事考課の公正さが求められるのが当然である。成果主義賃金との関係で、毛塚教授ら第92回の日本労働法学会の報告者グループが、適正評価義務を説いておられるが[20]、この問題意識をさらに延長し、人事考課が整理解雇のときにも用いられることに対応させて、これを解雇

終　章

との関連で問うべきではないかと考えられる。このため、労働契約終了の判断にあたっても、信義則上、使用者は、組織的な権能のもとで労働力を処分していることに鑑み、労働者の利益、とりわけ、職業的能力・キャリアを促進しこれに配慮すべき義務があるものと解される。適正な能力・成果を評価すべき義務を労働契約終了後も（あるいはその終了直前にも）負うものと解される。

　解雇の金銭解決制度については、ドイツ法との比較法的考察や労働審判における解雇実務の経験的な考察から、労働契約法16条を空文化させないため、今後解雇の補償制度を実定法化することには慎重でなければならないと考える。解雇の金銭解決制度の導入は、労働者を解雇できるという制度に転化しかねず、解雇法制を空洞化させるおそれがある。労働審判で扱われた事件をみると、使用者の恣意によって労働者を解雇したと見受けられる事件がいくつか存在するが、使用者が数ヶ月の賃金相当額の補償額を覚悟すれば、労働者を解雇できるというのであれば、使用者による解雇における恣意性が増すものと思われる。現在労働審判の大半が地位確認訴訟であり、そのほぼすべての事件が――主位的であれ予備的であれ――金銭解決でしかも迅速に終結しているという実務の動向を踏まえると、実定法上の解雇をめぐる金銭解決制度をもはや必要としないのではないかと考えられる。むしろ、解雇法理における労働者の権利の実現過程の問題としては、信義則にもとづき、解雇訴訟係属中・訴訟後の継続・再雇用請求権を法定化すべきであると提唱する。

　さらに、退職勧奨については、権利の行使は、正当な権利者が、不誠実な行為によってそれを獲得した場合には、原則的に濫用的なものとなりうるが、[21] 使用者が圧迫的、強圧的な事情を利用して、労働契約関係を解約する権利を取得したという場合（つまり合意解約しうる権利を取得したという場合）、その合意（合意解約の合意をさす）は、不誠実な行為によって獲得したとみることができる。圧迫的、支配的な雰囲気の中で合意解約が締結される場合、労働者には、冷静な判断力を駆使して、自らに及ぼす利益・不利益、会社の経営状況、自己のおかれた状況を把握するのは困難になるからである。合意解約の行使が権利の濫用となる場合、労働者は、労働契約の存続の確認、または再雇用を請求しうると解すべきである。この場合、労働者が原職復帰を望まない場合には、信頼利益の賠償を請求することもできると解しうる。

第Ⅱ部　日本法における解雇規制とその行方

注

1) Zöllner, Sind in Interesse einer gerechten Verteilung der Arbeitsplätze Begründung und Beendigung der Arbeitsverhältnisse neu zu regeln?, Gutachten D für 52. Deutschen Juristentag, München, 1978.
2) RAG 24. 9. 1929, ARS 6, 96.
3) RAG 18. 10. 1930, ARS 18, 75.
4) LAG Frankfurt a. M. Urt. 27. 11. 1933, ARS 24, 26.
5) Zöllner, ZfA, 1994, S. 423.
6) 高橋賢司「労働法学における新たな法思想「社会的包摂」の可能性」山田省三／石井保雄編『労働者人格権の研究（上）　角田邦重先生古稀記念』（信山社・2011年）25頁（31頁）。
7) 前記の多くの裁判例。
8) 例えば、東京地判昭58・12・26労働経済判例速報1181号13頁〔東京芝浦電気事件〕。
9) Vgl. MünchArbR, Bd. II., 2. Aufl., § 131 Rn. 41（Berkowsky）.
10) Flume, Rechtsgeschäft, § 1, 6.
11) Vgl. MünchArbR, Bd. II., 2. Aufl., § 131 Rn. 45（Berkowsky）.
12) 小西國友「解雇の自由(3)」法学協会雑誌86号11号（1969年）31頁（39頁）。
13) 保原喜志夫「整理解雇をめぐる判例の法理（四）」判例時報297号164頁（判例評論297号164頁（173頁））。
14) 野田進『労働契約の変更と解雇』（信山社・1997年）503頁。
15) 野田進・前掲書（注14）503頁以下。
16) 大内伸哉「解雇法制の"pro veritate"」前掲書（注13）241頁（257頁）。
17) 島田陽一「解雇規制をめぐる立法論の課題」日本労働法学会誌99号（2002年）74頁（91頁）は、実態法的な規制のみならず、雇用調整計画から始まる体系的な手続き規制が必要であると説き、唐津教授は、日本法における行政的規制を検討した上で、自治的な整理解雇規制を期待するには立法的規制が不十分であるとの認識を示しておられる（唐津博「整理解雇と使用者の法定協議義務（一）」南山法学20巻3号・4号合併号（1997年）423頁（440頁）。唐津教授は、イギリスの剰員整理に関する法定協議制度を考察した上で、「労使自治を可能にする諸条件を、法的に整備する立法的措置を講じること＝立法的な規制が必要であろう」と指摘する（前掲論文440頁）。それによって、確実な形式のもとで実質的な内容を備える労使の自治的な整理解雇規制というものを想定することができる、とする。
18) 野田進・前掲書（注14）503頁。このほか、野田教授は、労働者に対して解雇理由を告知する一般的な義務は存在しないことになると指摘する。「このため、理由告知なしで解雇された労働者は、自己のいかなる行為が非難されたのか不明であり、使用者に対する弁解や反論の機会が妨げられる」と指摘する（野田進・前掲書（注14）503頁）。
19) 野田教授は、フランスの人的解雇における「労働者助言員」のような、また経済的解雇における従業員代表の会議のような、解雇に際して個別労働者を援助し、労働者の再配置を可能にしようとする集団的サポート・システムが、手続きとして構想される余地が日本法にはないと指摘する（野田進・前掲書（注14）504頁）。
20) 毛塚勝利「賃金処遇制度の変化と労働法学の課題」日本労働法学会誌89号（1997年）5

頁（22頁）、盛誠吾「賃金処遇制度の変化と法」同号53頁（64頁）、石井保雄「最近の賃金処遇の動向と人事考課をめぐる法的課題」同号85頁（98頁）、高橋賢司「ドイツにおける人事情報の閲覧・訂正・削除請求権の法的検討」労働法律旬報1392号（1996年）31頁（37頁）。

21）　Vgl. LAG Hamburg, Urt. v. 3. 7. 1991, NZA 1992, S. 309. 四宮和夫『民法総則（第4版）』（弘文堂・1986年）33頁参照。

初 出 一 覧

「甦る解雇の自由（一）～（五）」立正法学論集第38巻第2号215頁-242頁、第39巻第1号127頁-171頁、第40巻第1号61頁-204頁、第40巻第2号155頁-181頁、第41巻第1号155頁-198頁
　（第Ⅰ部第2章、3章、第Ⅱ部第1章、第4章）
「ドイツ法における解雇の補償」季刊・労働者の権利258号81頁-96頁
　（第Ⅰ部第4章）
「労働契約法制と労働契約法理における解雇法制のあり方」季刊・労働者の権利260号71頁-81頁
　（第Ⅱ部第7章）

あ と が き

　現代において、法律学には、以前にも増して、他の分野との学際的・総合的な研究が要請されるのではないだろうか。解雇法制のみならず、あらゆる法制度を設計するにあたり、経済学、社会学等隣接する諸科学を総合的に勘案して法制度のあるべき姿を探求すべきなのは言うまでもない。一定の目的を達成するために希少な資源を最も効率的に配分しようとする経済学の理論と、正義や自由・平等等の観念に裏打ちされた紛争解決をもたらそうとする法律学とが、互いの長所と短所を相補い合えれば、将来を見通したルール作りにも一層資することになるはずである。しかし、現実には、不幸なことに、解雇法制については、効率性基準と正義基準とが正面から衝突し続けている。経済学と法律学との間の水掛け論にもなりかねない状況の下で、本書を執筆する際には、最初から、解雇法制に関して「規制ありき」という立場で議論を始めず、「解雇規制が失業を増加させるか」という命題について、積み木を積み重ねるように検討を重ねていった。解雇規制緩和の理論と効果をさまざまな観点から検証し、現実の労使関係への波及効果をも考慮し、最終的に解雇規制の存否について結論を下した（解雇規制の緩和の議論とその検討に関心のある方は、第Ⅰ部第1章5、第Ⅱ部第1章参照）。最近の書店の棚には、解雇法制に関して、経済学者らが中心となった解雇規制の規制緩和論を説く本ばかりが並べられている。しかし、これらの論議の中では、解雇された人間の声を掬い上げる努力を放棄し、現実の人間の行動とは大きく異なった行動パターンが想定され、単純なモデルを軸にして効率性が説かれている。これらの規制緩和論は、経済学者らの想定するモデルの内側では成り立つと構想されたとしても、モデルの外側である現実の労使関係や訴訟において成り立つかどうかの慎重な検討が必要だと思われるがそのような検討はなされていない。問題は、経済学の側のみならず、法律学（労働法学）の側にもある。解雇規制緩和の議論や効果を仔細に検証することなく、規範的に、時には教義的に規制の維持を説き、とりわけ整理解雇をめぐっては、四要件なのか四要素なのか、三要素なのか、という抽象的な要件論に終

始し、日本の労使関係の実態に即した法理の形成に努力してこなかった。数多くの構造改革や規制改革の結果、21世紀に入ってから貧困層が拡大しているが、経済学も法律学（労働法学）も抵抗力を失い、規制緩和と貧困の拡大に極めて無力であった。本書は、解雇・リストラの進行と規制緩和の暴走に何ら歯止めをかけられなかったという自らの反省に立ち、規制緩和という怪物に分析的にメスを入れ、その問題点を析出しようと努めている。

　また、本書においては、解雇規制緩和の論争に終始せず、法律学に携わる実務家や学者によって関心のもたれる重要な日独の解雇法理も比較・研究している。なかでも、解雇制限法の父といわれ、数多くの解雇法に関する論文を生涯執筆してきたヘルシェル教授の論文、優れた博士論文の執筆以来、解雇制限法のコメンタールを有するプライス教授の著書には、筆者は啓蒙され、本書においても法史的な観点を含め多くの示唆を受けている。本書では、判例法理や学説を中心とする法理論を法規範的に比較することにとどまらず、あくまで歴史的な発展過程や法思想を考慮している。なぜなら、法は、政治的・経済的な条件のみならず、法思想、法意識（精神構造）などがミックスした形で形成されると考えるからである。なかでも、法史は、法と正義をめぐる「時間の環（während Ringen）」を示し、歴史を通じた法観念の道筋を示す（Eisenhardt, Rechtsgeschichte, 3. Aufl., München, 1999, Einleitung）。解雇法制・法理のみならず、その法史を示すのが解雇法を考えるにあたって重要であるのは、本文で示すとおり、「解雇による使用者の恣意を抑制したい」という裁判所での営為や智恵が、学説とともに徐々に結実していったからである。

　ところで、労働法を含む法分野では、ドイツ法を摂取し、最近では、フランス法、イギリス法、アメリカ法を継受してきた。にもかかわらず、前近代的な意識が日本社会の中に残存し、書かれた法との間に深刻なずれが生じていると指摘されてきた（川島武宜『日本人の法意識』（岩波書店・1967年）はしがきⅱ）。日本の平成不況下のすべての裁判例を検討していくと、確かに、なぜ、日本では、少数の弱者とおぼしき者に対する恣意的で差別的な解雇が多いのだろうか、という疑問に遭遇する。また、労働者側の弁護士の先生からも、経営者が思いのままに労働者を解雇しているという声を聞く。しかし、「なぜ日本だけが」という、こうした疑問を払拭するきっかけを与えたのは、ドイツの裁判官

あとがき

や弁護士のインタビューのうち、連邦労働裁判所のコッホ判事の述べた言葉であった。「長年リューベックのラント労働裁判所などで裁判官をしてきたが、ドイツでは中小企業は多く、経営者は、解雇制限法を知らず、それを顧みない。解雇は、労務指揮権の行使の最たるもので、恣意的な形式をとる。これを制限するのは、当然のことである」と。つまり、この検討で明らかになったのは、解雇法制・法理と現実とのずれと問題性は、日本社会の後進性、前近代性をただちに示すというわけではなく、日本に限られず、ドイツを含むヨーロッパの資本主義社会にも通有するものである、ということだった。つまり、労務指揮権の行使として、労働力を処分する形で、労働者を恣意的または差別的に解雇するという本質は、日独変わらないのである。

但し、現実はそのように日独で変わらない本質があると観察できても、社会的観点の考慮の有無をはじめとして解雇法制・法理のレベルは、若干異なっているようにも思われる。ドイツ法や社会をアジア人たる日本人の眼で正確に捉えることは極めて困難である。本書を作成する過程では、学説や判例を検討するだけではなく、インタビューを通じてドイツの複数の学者や実務家のレンズを通じて、ドイツの解雇法制・法理と実務を正確に理解しようと努めている。本書によってなにがしかの成果を上げることができたかどうかは甚だ心許ない。今後の解雇法制の研究の一端を形成し、解雇の実務に何らかの参考となるところが少しでもあれば、それだけで筆者としてはこの上ない喜びである。

本書が出来上がるまでには実に多くの方々にお世話になった。中央大学における指導教官、角田邦重名誉教授は、大学院に入った当初右も左も分からぬ筆者の手を引くようにして教えて下さり、ドイツ法の基本から日本の労使関係の見方まで手ほどきをして下さった。大学院生の頃には、法学部長の激務の中、拙い原稿を真っ赤になるまで一語一句朱を入れ、時には厳しく、時には暖かくご指導して下さった。研究者になってからも、研究会等での報告について丹念にご指導とご示唆を与えて下さり、特に、本書については、原稿までお読みいただき、ご指導をいただいた。長年の学恩の深さは計り知れない。近藤昭雄教授からは、大学院の授業において、沼田稲次郎先生の『労働法論序説』（勁草書房・1950年）や渡辺治他『日本型企業社会の構造』（旬報社・1992年）を輪読するなど、日本の労働法の基礎にある雇用社会の構造的な問題点について常に考

慮していくべき貴重な視点をご教示いただいた。また、イギリス法の比較法的な論文をご執筆になっている山田省三教授は、私の大学院入学当初から、比較法研究の重要性を一から教えて下さり、大学院の授業では、先生の暖かい雰囲気の中で数々の英語の文献を通じて労働法をご教示いただいた。今でもセクシュアル・ハラスメントについて大学で講義する際に、先生が福岡のセクシュアル・ハラスメント事件において鑑定意見を提出され、それがこの分野の法理発展の礎をつくったと話している。研究と実務を架橋する模範を示してくださった。毛塚勝利教授は、博士課程前期課程の１年であった私にドイツ留学という新たな世界へと導き、ドイツ留学中には、日本の労使関係に対する労働法学の独創的なアプローチ創出の重要性を暖かい目線で、説いて下さり、博士論文の最終的な仕上げに迷いのあった私に論文を仕上げさせる重要な示唆を与えて下さった。先生からは、幾多の論文を通じて高度で独創な研究の道筋を示していただいただけでなく、研究会等を通じて、本書の構想や議論の仕方について、貴重なご教示を頂戴した。米津孝司教授には、大学院生時代より暖かい眼差しでご指導いただくだけにとどまらず、留学する折には海外生活が初めての私に留学生活を様々な点からご助言とご支援を賜った。林和彦教授には、留学直後、就職あぐねていた私を導いて頂き、お世話頂いた。大学院時代から末席を汚している中央大学労働判例研究会の諸先生方には、白熱した討議を通じて大変お世話になっている。小西國友教授は、学部時代研究者になることをまったく考えていなかった私に研究の道へと誘って下さり、暖かく見守って下さった。私がこれまでなんとか労働法研究者の道を歩んでこれたのは、諸先生方のご指導の賜物であり、この機会に先生方のご指導に深甚の感謝を捧げたい。

　特筆しなければならないのは、鵜飼良昭先生や鴨田哲朗先生をはじめとする日本労働弁護団のドイツ調査（解雇法制と労働時間法制に関する調査）に参加する、という幸運に恵まれた。鴨田先生には、その後も、実務的な観点から、貴重な数々のご助言やご示唆を頂戴している。心より感謝申し上げたい。

　なお、本書は、石橋湛山基金の助成を受け、立正法学論集に掲載した「甦る解雇の自由（一）〜（五）」と、「季刊・労働者の権利」掲載の論文を元にしているが、大幅に原稿に変更・加筆を加えている。

　本書の出版にあたっては、法律文化社の田靡純子代表取締役社長、秋山泰取

あとがき

締役には、本書のような学術出版を快諾していただき、小西英央氏、坂井康史氏には、本書を完成させ、校正作業をするにあたって、ひとかたならぬお世話になった。特に、小西氏には本書企画の段階から本書の出版まで並々ならぬご配慮をいただいた。本書が世に出版できたのも、社会的な良書を出版したいという小西氏の情熱に負うところが大きい。心よりお礼申し上げたい。

高橋　賢司

■著者紹介

高橋 賢司（たかはし・けんじ）

1970年　東京生まれ
1996年　中央大学大学院法学研究科博士課程（前期課程）修了
2003年　ドイツ・テュービンゲン大学　法学博士号取得
2004年　立正大学法学部専任講師
現　在　立正大学法学部准教授

主要業績

単著・Die Lohnbestimmung bei leistungs- und erfolgsabhängigen Entgelten im Spannungsfeld von Privatautonomie und Kollektivautonomie, Tübingen, 2003.
単著・『成果主義賃金の研究』（信山社・2004年）
共著・大曽根寛編『ライフステージ社会福祉法』（法律文化社・2008年）
共著・角田邦重／小西啓文編『内部告発と公益通報者保護法』（法律文化社・2008年）
共著・角田邦重／山田省三編『労働法解体新書』第3版（法律文化社・2011年）
論文・「ドイツにおける従業員代表の労働条件規整権限の正当性とその限界」日本労働法学会誌104号（2004年）134頁
論文・「労働法学における新たな法思想「社会的包摂」の可能性」山田省三／石井保雄編『労働者人格権の研究（上）　角田邦重先生古稀記念』（信山社・2011年）25頁等

Horitsu Bunka Sha

2011年11月30日　初版第1刷発行

解 雇 の 研 究
―規制緩和と解雇法理の批判的考察―

著　者　高　橋　賢　司
発行者　田　靡　純　子
発行所　株式会社　法律文化社
〒603-8053 京都市北区上賀茂岩ヶ垣内町71
電話 075(791)7131　FAX 075(721)8400
URL:http://www.hou-bun.com/

Ⓒ 2011 Kenji Takahashi Printed in Japan
印刷：共同印刷工業㈱／製本：㈱藤沢製本
ISBN 978-4-589-03304-8

角田邦重・山田省三編
労働法解体新書〔第3版〕　●2205円
初めて労働法と出会う読者が迷うことがないよう丁寧に解説した入門書。具体的な場面を想定できる会話文や時事的なコラムを設けるなど、労働法へ親近感をもてるよう工夫。2004年以降の新たな動向をふまえ全面改訂。

大曽根　寛著
ライフステージ社会福祉法 ▶いまの福祉を批判的に考える　●3045円
生まれてから死ぬまでの各成長段階において「福祉と法」のかかわりを学ぶ新しいスタイルのテキスト。身近な事例や統計を用いて、いまの福祉がおかれている問題状況を当事者の視点から考える。

角田邦重・小西啓文編
内部告発と公益通報者保護法　●2940円
内部告発の多発は公益通報者保護法の整備によるのか。告発実態の考察や重要判例の解釈、さらには欧米の内部告発にかかわる法理の比較研究を通じて同法を検証し、その限界と課題を提示する。

道幸哲也・開本英幸・淺野高宏編
変貌する労働時間法理 ▶《働くこと》を考える　●2940円
労働時間法理を判例・学説などの理論面および実務面から総合的に再検証し、その解明を試みる。実態および法理の新たな展開を踏まえ、その全体像を提示するとともに、《働くこと》とは何かを原理的に考察する。

西谷　敏著
規制が支える自己決定 ▶労働法的規制システムの再構築　●5040円
自己決定理念と国家的規制は二項対立するものではなく、双方補うことで有機性を持つと一貫して説いてきた著者の主張の集大成。労働法分野のみならず、経済、政治など他分野にも共有される問題点の解明を試みる。

―― 法律文化社 ――
表示価格は定価（税込価格）です